徐宗林 著
臺灣省立師範大學教育碩士
美國夏威夷大學教育碩士
曾任師範大學教授

現代教育思潮

五南圖書出版公司 印行

自序

在過去一面教授西洋教育史，一面作些個別相關問題的探索期間，不時興起一種深邃的感受：卽個人「好像來自於無窮的過去，而亦將回歸到無窮的歲月洪流中。」人類記載的歷史，只不過是短暫的一段片刻而已！

教育史可以說是歷史研究的一門學科。它的旨趣乃是借着吾人對過去人類經驗的重建，透析諸般活動中的教育活動，以期了然於以往人類是如何利用經驗的再造而創新了人類的文化！藉由前人所引發的教育思想，明瞭過去教育潮流的來龍去脈，以資審視將來教育所可能依循的發展方向。

坊間類似的版本已多，相似的思潮，介紹亦多。為此乃選出西方人文主義、自然主義、民族主義、兒童中心、科學中心及民本主義教育思潮，作為介紹，都三十餘萬言。

由於撰寫之問題遼濶，所用之材料又有多，有少，故內容方面缺失之處難免，尚祈教育先進多予斧正是禱。

徐宗林 謹識

民國七十七年元月

現代教育思潮　目錄

第一章 緒論

第一節 歷史與教育史

一、歷史

從歷史的意義來說，人類的歷史可以有兩層的意義，其一爲原本的歷史或眞實的歷史。那是指自有人類以來，人類——就其整體而言——過去所作的種種經驗活動的全部。從時間上來說，它涵蓋了自百萬年前，有類似人形的智人出現之後以至於今人的種種活動；就空間上來說，它包括了整個地球上人類過去活動之種種以及近人外太空之種種活動。這一廣袤的歷史範圍，是無限的遼濶而難以將其發生的種種事實予以完整地重建而形成書寫的歷史。一則受制於人類文化發展的階段；再則受制於史料的不完整。前者可視之爲根本的而難以突破的一項限制。因此，史前期——人類重建歷史之前期——的人類過去種種的經驗活動，就有賴於發現而利用不完整的人類遺物用以去推論了。

其二爲人類應用符號——語言或文字——將其過去經驗活動之種種加以重建的歷史。人類所重建的歷史，就有賴於符號的應用，特別是要等文字發明而成熟之後始得運用於記事時，才能有重建的歷史。重建的歷史也可以說就是「史書」(historiography)。這種運用文字而記載史實的歷史，在人類文化史上爲期不過五千年左右而已，若與廣袤而漫長的人類原本歷史相比，相差眞不知有多遠呢！

在人類重建其過去的種種經驗活動上，無可否認的一項事實，乃是由於人類能夠運用符號的能力所使然。在動物的王國中，人類是唯一能夠重建其歷史而有其過去歷史認識的動物。早在羅馬時期的哲學家、文學家，西塞羅(Cicero 106–43 B.C.)就曾提到人是唯一能夠將過去、現在與未來連結在一起的動物。由於人類有智慧，故人類將其經驗到的事物，可以透過記憶能力將之保存一段時間；又因爲人類能夠運用想像的能力，因此，對未來可能發生的事物，也能夠提出一些與現在及過去經驗事物相關的一些粗淺認識來。在人類重建其歷史的過程中，人類透過符號所代表的概念之組合，產生了概念化的作用，形成了對過去發生事物的再顯性的認識。

例如，在一九七三年出版之新大英百科全書卷八中，對歷史一辭有如下的解釋：

「歷史一詞可以用於二層涵義：

其一乃指構成人類過去總體的事物及行動；

其二指過去的記載及各項過去的研究，從而予以建構或獲得過去認識者，發生者及描述發生者。」

(註一)

因此，人類過去總體經驗活動及事件，就是歷史研究的全部範圍；無奈由於受到史料的限制，人類所能夠獲致確實的研究者，惟乃較偏向於其重建而獲得之認識者也。

二、歷史研究

人類以科學的態度，來重建其過去的歷史，爲時不過三百餘年的光景。因爲：

「現代史學家的主要目的，卽在重建一正確的人類活動的記載，以便獲致對人類過去活動之更深一層的了解。此一研究工作的認識實是近代的。此乃是十八及十九世紀以來，科學歷史發展之影響所致。此乃大部分是由一些專業史學家所發展而形成的一種歷史概念。」(註二)

然而，人類所能重建的歷史，往往因受有限的史料限制，僅能在建構以往的歷史時，儘量地去迫近眞實的、原本的人類歷史。在現今科學方法的應用下，不論是史料的發現、史料的鑑定、人們在態度上、程序上及技術上，亦均能儘量符合科學的研究方法。因此，在建構人類以往的歷史時，史學家所重建的歷史，自是儘量去符合人類眞實的、原本的歷史爲其職志。不過由於史學家在重建以往發生的事件和活動中，難以完全拋棄個人的一些經驗因素，諸如：個人的經驗、教育及社會背景等的影響，重建的歷史也就不可能是唯一眞實歷史的原本了。吾人可以說原本的、眞實的人類歷史爲「一」，而重建的歷史，則不限於「一」了。明乎此，歷史的研究究竟是一科學的研究？抑或是一藝術的成品呢？這一問題的解答，就有值得加以探討的必要了。

就歷史材料的搜集、發現、鑑定來說，歷史的研究在方法上是具有科學的意義與性質，因爲有時史學家在研究歷史問題時，也是從研究問題之擬定、研究假設之發展與形成、研究資料之搜集、研究資料之整理——鑑定、分類、比較、求證、分析、解釋，研究結果之發現等來着手。這些活動均具有科學研究的性質。當然歷史的研究，是無法作實驗的研究。這是可以理解的一項限制。

就史料整理後之重建工作來說，一位史學家往往由於個人所發現到的史料有限，個人對史實的了解有別，故在重建歷史時，建構過去人類所發生的一些事件上，難免會受到個人因素的影響。爲此，重建歷史實可視爲一藝術性的活動。這也就是爲什麼對同一過去的事件，會有不盡相同的重建歷史出現的緣故。

因此，這就是爲什麼有學者會認爲歷史乃科學與藝術之結合的理由（註三）。

先前提過，人類歷史的範圍是極其浩瀚的。在人類過去種種活動中，從分類的研究角度去看，一些過去人類的活動其性質是屬於教育者，自可歸屬於教育史的研究範疇。教育史家也是本諸歷史研究的一些法則，來重建人類或某一特定社會，在某一特定時期內所發生的教育活動之經驗。因此，就人類社會現象而言，許多現存的社會現象，莫不是受着過去人類經驗活動的影響。爲此，教育史的研究，其顯著的目的，至少可以引申爲以下數端：

1.了解　現在是過去的延伸。現今許多的社會制度，都有着過去決定性因素的影響。若欲了解現在，是有需要了解其過去的種種相關因素的。

2.比較　社會現象的認識，或可從橫的各個不同社會現象的比較上，獲得所欲的認識；亦可從縱的先後關係上得到一些認識。對事物深刻的認識與了解有助於各項問題的順利解決和處理。

3.借鏡　語云：「他山之石，可以攻錯」，不同時期教育問題的處理方式，或可有助於處理相似問題的參考。當然，各個社會的文化背景不盡然相同；在文化的傳播中，某些文化的移植，各個社會都會作出不同程度的調適，以期迎合社會的特殊環境。

4.預見 此處不用預測而用預見，乃是顯示對以往任何歷史問題研究結果的應用，只能提供給今人一些對現有事務的決定時，奉獻一些概略性的參考與估量性的認識，而無法極其準確地作一預測。無疑的，人類憑藉過去的認識，是可以作出一些決定性的活動來。不過，決定時的前後情境，並不全然會一致。這是預見一詞應用的緣故。

5.應用 教育史的研究工作者，當然也肩負了教育史中發現的應用責任。他從所發現到的教育史料中，據以建構正確無誤的教育史。由於對過去正確教育史之重建，始有助於教育工作者及熱衷於教育問題者，可從過去教育活動經驗之描述中，產生出一些可用的教育理論或觀念。

6.批判 現有教育實施上的各項活動，除了有歷史決定的因素外，當然也有社會中價值批判後加以認定的因素在內。因而，對過去教育史的深切認識，是有助於現況批判的功能。人類是追求價值及意義的存在者。現有的各項制度，必然是經過價值批判而後認可者。人從不斷反省、批判中，才會肯定現有活動的價值。

的確，歷史是一面鏡子。它不僅提供了人們鑑往而知來玆的認識，它也爲人們提供了一些面臨決定時可供憑藉的參考依據。研究教育歷史，不論是制度的或思想的，都可滿足於人們一項求知上的探索——現在的各項教育實施或論點，究竟是如何與以往的一些經驗活動相互關連着的呢？前人活動的經驗，可否爲我們提供一些協助呢？這些問題的了解就是研究教育史的價值所在了。

第二節 近代西方歷史重大變動

繼承古希臘、羅馬及基督教文化傳統的英、美歷史學家，對於西方歷史的劃分，多採取古希臘、羅馬爲古代歷史；西曆紀元三九五年至一五〇〇年爲中古歷史；一五〇〇年以迄廿世紀爲近代歷史；而廿世紀則稱之爲當代歷史。另外，杜南（Marcel Dunan）於一九六八年所編的拉羅斯近代史百科全書（Larousse Encyclopedia of Modern History），亦認爲近代史的開始是從西元一五〇〇年（註四）。由此可見，在西方人的眼中，東羅馬於一四五三年滅亡；十五世紀活字印刷術和火藥之傳入歐洲；回教徒於十五世紀退出西班牙半島；加以義大利地區於十五世紀產生文藝復興運動等；這一連串變動的結果，一個爲近代而不同於中古歷史階段的時期於焉開始。

近代歷史階段中，具有重大歷史意義的變動，可以推舉爲：文藝復興、宗教改革、科學興起、啓蒙運動、民主思潮、工業革命、民族覺醒及社會運動等。這些重大的歷史變動，都直接地或間接地影響到了近代西方教育思想的發展。爲了對這些變動能有一鳥瞰式的認識，現擬概括地加以描述如下：

一、文藝復興

經過了漫長的中世紀以後，歐洲人在重新發現了古希、羅非基督教古典著作之後，知識分子卽興起了强烈的追求沒有基督教文化色彩的古籍運動。這種熱衷於古典文學及其思想的運動，實卽是歐洲知識分子開始反省追逐於人世間所謂的幸福的運動。他們已經體驗到此生此世的世俗生活的滿足，遠勝過遙不可捉的來世生活。

基本上，文藝復興可以說是歐洲人沉睡近千年之久的理性，重行甦醒過來了；也是他們恢復重視現世生活的眞正意義。就字面的意義來言，文藝復興（Renaissance）意謂着「再生」（rebirth）。中世紀期間的封建社會制度、各行各業的行會組織（guilds），各層教會的隸屬制度，處處使得個人必須依附在社會團體之中而顯示出個人的重要性來。但是，經過多次的十字軍東征及東西貿易的發展，因而形成了商業的發達；加以城市的興起，在義大利的知識分子，尤其感覺到需要新觀念來適應此一新形勢。他們迫切地從古寺院、大教堂藏書所在中，覓求不是中古的各種書籍。他們追索的是奥古士都時代（Augustan Age）的古典文學名著。他們熱切想要模仿的散文體裁是古羅馬時期西塞祿（Cicero）的文體。這種狂熱地臨摹西塞祿散文的體裁，偏重其語文表達的形式，終於形成了人文主義教育實施上的所謂西塞祿主義（Ciceronianism）——只重視文章的形式要酷似古人而忽略了文章所欲表達的眞實內容。

文藝復興運動孕育了人文主義思想，揭示了人的崇高地位。人眞可以說是萬物的主宰者。神並沒有給人立下特定的律則。神反而給予了人自由，讓他自己去塑造自己。在人文主義思想的發展下，人更覺察到個人的價值及其尊嚴。他開始認識到人是一個有血、有肉的存在者。他以理性的能力開始懷疑以往的傳統、權威與信仰。他開始有了失去的自信。因此，不論是文學、藝術、經濟、教育等各方面，都有了新的嘗試與新的創造。

較爲顯著的一項文藝復興時代的教育實施，乃是恢復了古代希臘、羅馬人教育實施上重視體育的活動。文藝復興時期，人們對肉體和禁慾等傳統的看法有了改變。身體的美與力，有了新的結合。教育上不僅重視希臘文及拉丁文，而且體能方面的訓練也爲之恢復；因而游泳、體操、音樂、繪畫，就成爲教育的內容了。古希臘人所强調的身與心間的平衡發展，再次成爲教育實施上的一部分。顯然，對於中古長久以來輕視肉體而認爲一切個人的慾求、罪惡都與肉體有關連的論點，的確是有了修正。

文藝復興時期的顯學是文學及文學的精研，馴至使教育的活動，未能兼顧到自然的知識及社會實用的經驗。這也就是在人文主義發展的後期，出現了偏向具體知識與經驗獲取之感覺唯實主義、社會唯實主義及人文唯實主義的緣故。

由人文主義而興起了唯實主義，從而由感覺唯實主義影響到了自然主義的教育見解。這是可以理喻的。

其次，由義大利的文藝復興運動，擴散至日爾曼、英國、法國等地區。具體地表現在人文教育實施的活動上，如日爾曼境內的古文中學（Gymnasium）、英國境內私立古典語文特重的公學（Public School）及法國古文中學（Lycee），皆是具有人文主義教育色彩的教育機構。

二、宗教改革

在十三世紀以前，歐洲人心目當中，所抱持的「一個宗教」、「一個王國」的信念是不可動搖的。然而，十六世紀的歐洲，大一統的基督教王國，已名存實亡了。城市的自治政府，各個民族國家，小規模的封建領土中的公侯，已將歐洲的基督教大一統的王國，加以四分五裂了。羅馬天主教教皇的威望，已逐漸在衰退中。在一三〇五年時，爲了逃避羅馬城的騷動與不安，教皇若望二十二世（John XXII 1316–1334）在法王的保護下，曾避難於法國之亞維農（Avignon）。一三七七年法籍教皇格瑞哥里十一世（Gregory XI）遷回羅馬。一三七八年竟會在羅馬選出烏爾班六世（Urban VI）及在亞維農選出克里蒙七世（Clement VII），同時有二位教皇的事件。在一四一〇年的「比薩會議」（Council of Pisa）中決議罷免二位教皇，另選若望十三世（John XIII）接任，形成了一國三公的局面。至一四一四年的「康斯坦斯會議」（Council of Constance），始罷除了三位教皇，另推馬丁五世（Martin V）出任教皇。教皇在各國君王的擺佈下，權力威望大衰。

其次，在馬丁路德（Martin Luther）揭示教皇「九十五條論證」之前，已經有了反教權的運動。英國的威克力夫（John Wyclif 1320–1384）在英王的庇護下，就公開批評教皇及教會的不當而主張個人直接閱讀聖經，改革教士服裝，苛責教會腐化的生活等。

羅馬天主教會的權力在日漸衰退情形下，爲了整修聖彼得大教堂需款日殷，遂有德玆爾（Tetzel）者進入日爾曼境內推銷贖罪券事件。他提出只要購買贖罪券卽可贖罪而非只減輕在煉獄中的苦難而已。此卽引起了馬丁路德公開宣示其九十五條論證的機緣。

路德爲聖奧古斯丁派（Augustian Monk）的一位修士，因知各地教會集斂財物，神職人員又多半生活奢侈，且因去過羅馬，深覺教會敗壞，過份着重世俗物質享受之追求，因而認爲教會人員是極其醜惡的，必須靠信徒自己的堅定信仰始能得救。在一五一七年公佈的「九十五條論證」中，他主張個人須讀聖經，經由自己建立的信仰以獲得神的眷顧。他排斥了經由教會、教士，始能得救的論調。他反對教權高於政權，因而獲得不少日爾曼諸侯王公的支持。他反對只有教皇解釋聖經的權力。他也反對只有教皇才有權力召開宗教會議的規定。

一五二〇年路德被教皇認定爲邪說異端者。路德卽示反抗，當衆焚毀教皇勅令，並向各日爾曼公侯請求支援。在政權與教權的鬬爭中，在諸侯王公與教會經濟利益的衝突中，日爾曼各地諸王多採取暗中相應的態度，因而路德思想始能蔓延於日爾曼各地。

此外，在瑞士有人文學者玆文格里（Ulrich Zwingli 1484–1531）對教會中迷信的活動時有批評，並提倡因信得救論與路德遙相唱和。

其次，曾在法國宣揚新教的喀爾文（John Calvin 1509–1564），因受法國境內教會的迫害而移居於瑞士日內瓦。喀爾文以「上帝預定說」認爲信仰上帝是在個人出生之前就預先加以選定的，與個人在世的一切善行無關。此卽認定個人的善行與得救是無關連的。喀爾文强調信仰是會顯現在個人的善行中。同時認定聖經是個人一切行爲所應遵行的依據，而教會的神職人員是具有解釋聖經的任務。他們也依據聖經來制訂法律，統治教區內的教徒。就比較上言，喀爾文是採政權與教權合一，並以嚴厲的手段使信徒懾服於他的統治之下。

不久，宗教改革的浪潮，經宗教改革家的鼓吹之後，復加以地方執政者與羅馬教會間貌合神離與一般人民憎恨教會的聚斂財物等因素，因而由日爾曼擴散至北歐的瑞典、挪威、瑞士以至英國。新設教會的風起雲湧，使大一統的基督王國走向新舊教會的分裂局面。人們理性的發展，爲此又向前邁進了一大步。

宗教改革的運動，促使新舊教會着重於一般信徒的文字教育，以期自行閱讀聖經，不經教士而直接與神交通。識字能力的具備，推動了社會一般大衆教育的發展。新教強調建立眞正的信仰，尤其重視發自個人的良知所肯定的信仰，故信仰絕不能是盲目的。同時，新教對於世俗生活的價値，也有所肯定。傳統上，視教育爲來世生活之預備的論點，爲之動搖。

値得一提的是在宗教改革期間，羅馬天主教人士亦有自淸及自我反省的一些團體組織的出現。最爲著名的一個舊教修會團體，就是羅耀拉（Ignatius Loyola 1491-1556）於一五三四年所組織的耶穌會。該會所羅致者均爲聰穎幼生，施予嚴格的教育，在服從、守貧與好學的激勵下，於歐洲設立不少著名學校，作爲以教育事業，振興宗教信仰的一種方式。這可以說是天主教教士對新教徒的一種反擊運動，因而，阻止了波蘭、奧地利、西班牙等地區新教的發展。

三、科學興起

中世紀歐洲的一些大學，逐漸在十二、十三世紀緩慢地從自由講學的活動中形成。一些著名的義大利大學如：帕都亞（University of Padua），撒拉爾諾（Salerno），都有科學方面的研究活動。前者從事於物理學中運動之研究，後者從事於醫學方面之教學及研究。文藝復興時期的人文學者，對科學的興趣並不太高。但是無可諱言的，文藝復興時期的義大利則是科學研究領先的一個地區。十六世紀著名解剖學者，法洛比歐（Fallopio）、法布瑞丘斯（Fabricius）和尤斯塔琪（Eustachi）全為義大利人。就是名學者發現血液循環的法人哈維（Harvey）及開創天文學新紀元的波蘭人哥白尼（Copernicus），亦均曾在義大利遊學過（註五）。

科學的發展是跟現實的需要相互配合的。中古時期的學者安於權威所加諸的各種現象的解釋，並未引起學者們的疑惑。經由文藝復興和宗教改革時的理性之召喚，科學思想的發軔促成了科學革命中的大豐收。

另外，哥白尼的天體運行說改變了人們的宇宙觀，而伽利略（Galilio 1564–1642）的貢獻，乃在於從實驗中確定了物體運動的定律。他利用簡單的數學公式，來詮釋物體運動的現象。他的實驗研究，啓廸了科學研究方法的新里程。認識需要實驗的基礎，成為人們治學的一項方法。

另外，天文學家凱卜勒（Johannes Kepler 1571–1630）在天體行星運動方面的定律，對後世英國科學家牛頓（Issac Newton 1642–1727）的萬有引律是有其相當影響的。一六八七年出版的「數學原理」，堪稱牛頓科學發現的代表作。

在化學方面的發展，波義爾（Robert Boyle 1627–1691）定律的發現，推翻了傳統的四元素說——水、土、火、氣構成宇宙的物質。布萊克（Joseph Black 1727–1799）時，發現了二氧化碳。普瑞斯特里（Joseph Priestley 1733–1804）已能將氧予以隔離。凱文廸施（Henry Cavendish 1731–1810）發現了氫。此後，在一八五九年達爾文（Charles Darwin 1809–1882）發表了「物種原始」（Origin of Species）論，對人類的起源，提出了新的假設。

科學上的發現，不難歸之於科學研究方法的日益改進。科學工作人員在相信人的理性及能力下，復加以英哲培根（Francis Bacon 1561–1626）大力鼓吹歸納的思想方法，促使科學家深信從觀察性的經驗中，經由假設、實驗、求證才是眞實知識的來源。科學昌明對教育的影響是無與倫比的。不論是教育觀念上、課程內容上、教學方法上、知識價值上，科學都對之發生了深遠的影響。

四、啓蒙運動

西方歷史學家將十八世紀稱之爲「啓蒙時代」（The Age Enlightenment）或「理性時代」（The Age of Reason）。這是一個思想家風起雲湧的時代，也是歐洲社會各方面在科學興起與理智發展之下，對旣有的政治、經濟、社會、教育、宗教、哲學等提出質疑而謀求改進的一個時代。十八世紀的歐洲思想家，由於科學研究的成果至爲豐碩，彼等深信人類的智慧是可予以充分發揮而對各項社會制度有所增進的。啓蒙時代的歐洲思想家，對理性至爲强調；對人類未來充滿了信心；對社會現有制度則提出了改革的呼聲；對自然則提出了臨摹效法的要求。

在思想上來說，英國哲學家洛克（John Locke 1632–1704）早已提出了政府應該給予人民生命、自由及財產的天賦權利的保護責任之說。由於他深信知識起源於經驗論，對十八世紀的思想家來說是得到了不少的鼓舞與自信。旣然人的心智所有之觀念不是天賦的，那麼個人後天的努力價值，就更顯得有其意義了。

稍後法國思想家盧騷（J. J. Rousseau 1712–1778），在政治的論點上，更進一步强調全民的幸福，而不像洛克的天賦權利侷限於有產者的範圍。盧騷對教育上的衝擊，更是教育史學家所必須加以肯定的。他的兒童教育主張，提出了自然、經驗、成長、活動等各項重大的原則，影響至今而不衰。

法國思想家在啓蒙時代的改革是極其猛烈的。在政治上他們迫切於將政權從君主手中，過渡到人民手中。他們對權威主義（authoritarianism）及絕對主義（absolutism）提出了挑戰。在教育改革上，他們主張普及的、免費的教育理想，諸如：狄得特（Diderot 1713-1784)及康道士特(Condorcet 1743-1794）對教育的改革均充滿了理想與信心。

不過趨向於保守和反動的各項改革，則顯示在日爾曼境內。由於腓特烈（Frederick）帝王們對革命的抑制，日爾曼的民主政治思想及各項社會改革，都從帝制的穩定立場來評斷。因此，各項改革都是經由集權的政府從中爲之。尤其是在教育上，日爾曼的改革是非常顯著的：因爲，一七一三年及一七一七年的法令，已經有了强迫入學的規定。一七八七年日爾曼的教育已走向世俗化而脫離了教會的操縱。

當然，啓蒙運動對教育的影響，是表現在自然科學、數學、現代文學之被介紹進教育的內容中。

五、民主思潮

中古時期的政治思想，深深受到了基督教政治理論的影響。依照基督教的觀點，治理人民的政府，理應有二個：一個是管理人民精神的生活：這是由教會負責的；一個是管理人民世俗的生活：這是由帝王來負責的。中世紀後期的政治理論，多半是依據聖多瑪斯（St. Thomas Aquinas）的意見。聖多瑪斯以為所有的人民都是依神的意旨而被創有，被賦予理性，當然人人都是平等的。就是在中古的人民與君主之間亦應以平等關係對待。君主統治人民的權力，不是君主自己得來，而是接受了上帝的囑咐。因為基本上，君主也是上帝的子民的緣故。

文藝復興時期的政治理論業已有了改變。一般君主比較重視由他們自己所獲致的治權，雖然形式上他們須經由教皇的認可，不過他們並不重視經由許可後的治權。

具有民主思想而有社會契約論點的思想家，在十七世紀有英國哲學家霍布士（Thomas Hobbes 1588-1679）。氏以為人是自私的，難免因私利而互有衝突。但是為了社會的秩序及全體人民的生活，國家內必須有法律之存在，以維持社會秩序。為此各個人將其權利交予一領導者，以換取社會的秩序。這乃是社會生活所必需有的一項條件。

以後英國經驗主義哲學家洛克繼續發揚霍布士的社會契約論，不過洛克將霍布士單方面的社會契約論，修正為互惠的，雙方來往的社會契約論；亦即付出權利的人民，參與社會契約後，發現君主未能履行契約上的規定時，則人民有權實施革命予以更改之。不過，倘若君主能貫徹契約之規定，人民就得對之效忠並盡其應盡的義務。

其次，具有議會政治傳統的英國，民治思想及實施的逐漸成長，至為顯著。例如在十七世紀查理王（Charles）時，已有了議會選舉，不過這不是全民選舉的而只限於有產階級者。在威廉三世（William III.）與瑪利（Mary）女王統治期間，即通過了「權利法案」（Bill of Rights），規定法律至上，國王不得逾越；未得議會同意不得徵稅；人民有從軍之權；請願之權；議會中有自由發言之權；自由選擧之權等（註六）。

再者，一七七六年經過獨立戰爭的試煉，美國終於成爲美洲第一個民主的共和國。草擬獨立宣言的美國開國先驅，對於歐洲啓蒙運動思想家霍布士、洛克和盧騷的思想，都有深切的認識。他們採取天賦權利的觀點，肯定了個人有追求幸福、財產，自由的權利而政府則有保護個人和維持社會秩序的責任。在政府未能維護人民的天賦權利時，人民有權推翻此一不合契約規定的政府。

美國的獨立革命與成立爲第一個美洲共和國，對法國思想家是一項莫大的鼓勵。一七八九年的法國大革命，就是對當時的專制政府的一種打擊。一七八九年八月廿七日的「人權宣言」，更揭示了並確認了啓蒙思想以來的天賦人權理論。人民的「共同意志」可以表現在法律上；人民才是眞正的統治者。政治的型態因而逐漸走向了代議及憲政的體制。

這一連串的民主思潮及其實施，對後世的代議制度，憲政實施、全民選擧，人民基本權利的保護與義務的確定，都可以說是得自民主思潮運動的發展。至其對教育的一些影響，則爲全民普及而義務教育的出現；教育上平等觀念之盛行；重視教育事業對社會福祉之關連；世俗教育之再發展等等，均可說與民主思潮之發展有息息的相關。

六、工業革命

無疑的，影響現在人們生活的，工業革命也是衆多因素中的一項。工業革命的發生是逐漸發展而來的，因而工業革命不是突然產生的。它的發生是伴隨着農業革命而來的一項社會變遷。工業革命也是和農業革命同時仍在進行的一種社會文化變遷現象。直至現在，這兩種革命可以說依然是在繼續進行中。雖然工業革命的起始是沒有一個特定的歷史時期，不過史學家們多半是以一七六五年英人瓦特 (James Watt) 發明蒸汽機爲始點。實質上早在十八世紀初期紐柯門 (Thomas Newcomen) 就已經發明了一部以蒸汽推動圓筒活塞的機器。瓦特就此機器加以改良，配上具有冷却能力的凝結器而可以省下不少燃料（註七）。以後，一八〇七年英人富爾頓 (Robert Fulton) 將蒸汽機用之於汽船上；一八一四年史蒂芬遜 (George Stephenson) 發明了用蒸汽機推動的機車。這些將機器用之於紡織、交通工具的發明，開啓了所謂的工業革命。

除快速的交通工具的陸續被使用以外，紡織工業的形成也是明顯的一項史實。一七六五年的紡紗機之被發明；一七九三年的軋棉機之被使用；一八五六年的白錫謨煉鋼法 (Bessemer Process) 對工業的發展，都極其有影響力（註八）。

工業革命給西方社會帶來了鉅烈的社會變遷。這些變遷的發生，至十九世紀漸次地向歐、美以外的地區擴張，而影響到了一些古老文明的社會。

工業革命所帶來的變動，並不僅僅限於工業界而已，實際上工業革命的影響，滲透到人們社會生活的各個層面。就生產的方式言，原先由手工的生產方式，逐漸地部分改由機器取代；生產過程中，爲了增加效率起見，愈來愈走向分工生產的方式；生產的產品，亦愈來愈趨向於專門化，甚至一個生產部門或一座工廠，只生產同一類型的產品。在社會的快速變遷中，最顯著的是農村人口流向城市。新的城市分別在交通樞紐、工業集中的地區、陸續形成。在經濟的活動上，爲了配合生產集中的制度，資本形成與集中的過程中，相互配合的一些經濟組織，諸如：銀行、公司、股票公司等，也就應運而生。其次，社會變遷中，新興行業的出現，也是針對生產專門化及分工化的實際需要。由於技術勞工的出現，在因應職業生活的狀況下，家庭的組織也就爲之簡化，因而形成了所謂核心——小家庭的出現。在受到工業化的衝擊下，原有的社會階級發生了巨大的變動，促使社會的流動增加。社會階級與社會地位之由世襲式的決定的關係，也就發生了動搖。評斷個人成就的標準，不再是個人所承繼的家世關係，而是個人所累積的財富之多寡。工業化的社會是需要普遍的文字使用能力。因此大衆教育之推廣，已是勢在必需。鑑於社會所重視的是實用的科學知識與技術，教育上原先課程中的人文知識、其價值也就爲之降低。社會的變遷在重視工業發展、經濟發展及商業日漸鼎盛的狀況下，知識與技術亦較趨於功利的趨向與配合。教育內容的倚輕倚重，也就愈發成爲教育上的一個熱門問題。另外，工業上的新發展，往往迫使教育去追隨與配合，尤其是在工程及技術方面爲甚。

七、民族覺醒

十九世紀是西方世界中民族覺醒形成民族主義快速成長的一個世紀。對歐洲——特別是西歐各地——的民族主義的發展，無疑的是由於法國拿破崙（Napoleon 1769-1821）的崛起、征服及敗亡的事件而引向一個高潮。

民族主義可以說是一個民族分子的自覺與其他民族分子的差異；也是民族意識的具體顯現。古代的民族主義具體地表現在民族優越感上。古埃及人認爲埃及人遠較其他民族爲幸福，因爲他們得到了神的眷顧與喜愛。希伯來人認爲他們才是上帝的選民。他們就是神所付託而執行神意的民族。希臘人則深信他們的民族優越地位，是當時波斯人所不能相匹敵的。

倒是古羅馬人，在羅馬帝國統治各地，稱霸於地中海沿岸時，民族的優越感並不似早先的埃及人及希臘人强烈。中古時期的基督教，由於教義中講求上帝的子民一律平等，各民族間的自我意識尙不甚强烈。在民族語文及文學的發展下；在民族教會的提倡下；在新教的謀求獨立發展中；各民族國家的出現，自然助長了民族主義思想的發展。

拿破崙稱帝後（一八〇四），曾將日爾曼置於他兄弟之一的統治下。他將西班牙王撤換，代之以自己的兄弟。荷蘭王位亦是如此。另外由於拿破崙以高傲的心理，對歐洲被征服地方，實施欺壓的統治政策，逐由此而引起了歐洲被佔領地區人民的民族情感，因而强化了他們掙開枷鎖謀求獨立的意願。普魯士本不是一個統一的國家，也不是一支同一來源的民族，但因拿破崙的欺凌，而爲一些民族主義者，如費希特（J. G. Fichte 1762-1814）的起而呼籲，亟欲統一國家，解救民族的困境以反抗外來民族的統治。

拿破崙失敗，維也納會議（一八一四－一五）改變了歐洲的政治局勢，也促成了一些民族國家之爭取獨立。首先是一八三〇年比利時人脫離荷蘭人而獨立。其次是希臘人從土耳其人的統治下獲得獨立而於一八三二年成爲一個獨立的國家。一八四八年羅馬尼亞人反抗俄國人，意圖獨　失敗。後因俄土戰爭，羅國乘機於一八八一年成爲一獨立王國。一九〇八年保加利亞獨立成國。巴爾幹半島上出現了不少新與而獨立的國家。

十九世紀初，反抗外族統治的獨立風潮，擴散至中、南美洲。殖民地區的人民，謀求獨立的運動，使拉丁美洲出現了不少新興的獨立國家。委內瑞拉於一八二一年宣告脫離西班牙而獨立。之後，哥倫比亞、秘魯、阿根廷、智利、烏拉圭、巴拉圭等，先後爭取獨立而成爲新的國家。

民族主義的浪潮，使教育上不得不重視民族自身的文化——語文的、歷史的、社會的各項文化資產。民族文化便成爲教育上可資利用的一項重要工具，以圖激發民族的自尊心，民族的情感，從而經由語言的統一，走向民族意識的形成，團結一致，反抗外來民族的統治。教育深受民族主義的影響是顯明的一個事實。

八、社會運動

啓蒙時代的思想家，在理性的主導下，對未來是懷着强烈的憧憬與期待。他們也具有高度的求善精神。十八世紀工業革命發生以後的西方社會，由於機械動力逐漸取代了人力；人工的生產方式，漸次地由機器爲之取代；原有的生產關係，發生了顯著的變更。由於生產力的提高，也就改變了社會生活的面貌。在人口流向城市的過程中，原有的社會組織爲之動搖；原有的經濟活動方式產生了變動。工業革命雖然促成了生產力的提高，但卻帶給社會難以處理的分配問題。工業革命雖然使生產趨向於機器化，省卻了人力，但是財富過度集中於少數人之手，卻給社會帶來了貧富對立的問題。其次，由於工業化的進展，社會產生了技術工人及勞工的新興階級，也使生產制度走向工廠式，形成了有產者與無產者間的對立。

無可否認的，工業革命也爲西方社會帶來了諸多的社會問題。一些具有人道的、改良社會病態思想的社會學者，在一八四八年以前，就產生了一些先驅思想家，諸如：法國的聖西蒙（Saint-Simon 1760–1825）、富利葉（Fourier 1772–1837）及英國的歐文（Owen 1771–1858）（註九）。這些都是先驅性的社會思想家。他們亟欲對工業革命所衍生的社會問題，思以解決之道。

聖西蒙雖是法國的貴族，但是由於他敏銳的思想，早已預見資本家會成爲社會的支配者。同時他相信由於工業生產能力的提高，也會造成一些社會上的被剝削者。他從人道的觀點提出了未來社會中，人與人應該合作而不應有壓榨與剝削。

法人富利葉可以說是一位具有實驗色彩的社會改革家。他設置小型合作的社區，參與者依共同約定的權責來相互協助，共同過渡到社會變遷的彼岸。但是由於參加分子未能嚴守原定社會生活規章而導致失敗。不過他這種謀求新社會生活的適應，則頗有創新之意。

英國社會學家歐文也是一位實際着手於社會改革的學者。爲了照顧工廠勞工子女的教育，他就提出了教育勞工子女的措施，而付諸實行，如托兒所。另外在他自己興辦的工廠中，他改善勞工們的生活情形。他發現這些舉措，對工廠生產量的增加是有其正面的影響。

當然，對近代社會影響極大的一位社會思想家算是馬克斯（Karl Marx 1818–1883）。他自認他的社會主義是所謂「科學的」社會主義，但是實際上他所具有的烏特邦思想，却不減於前述的幾位社會思想家（註一〇）。在採納了德哲黑格爾（Hegel 1770–1831）「正」、「反」、「合」的辯證法以後，他對歷史的發展，提出了一些預言：資產階級一定會毀滅等。可是他却未能預見以後資產階級本負的許多改變，以適應社會的變遷。馬氏這種相信歷史的必然法則，使他的社會改革，帶上了革命的特質。這種武力的社會改革，無疑的給後世帶來了不少的災難。

教育能否提供社會改革一臂之力？教育可否給社會改革提供一些預備？教育的發展如何才能與社會變遷相互結合？並對社會的變遷給予一個指導性的提示？這些就是教育家面對社會改革的要求下而值得深思的一些重大問題。顯然，變動不居的社會環境，不時會給教育帶來重大的挑戰，促發教育家的深思。

由是可知，教育思想不是產生在眞空中。它是社會文化的一部分；了解教育思想就必須了解其思想相關的各項背景因素才可。

〔註　釋〕

註 一 The New Encyclopaedia Britannica Volume 8, Encyclopaedia Britannica, Inc. William Benton, Publisher 1943-73 p. 961.

註 二 同註一，p. 945.

註 三 Louis Gottschalk: Understanding History, Alfred A. Knopf, Inc. New York 1969. pp. 8-9.

註 四 Larousse Encyclopedia of Modern History p1 臺北市新月圖書版一九六八。

註五　李邁先譯：西洋近世史㈠　幼獅文化事業公司出版　五十八年　頁二九。

註六　同註五，頁二五二。

註七　同註五，頁九四。

註八　同註七。

註九　Roland N. Stromberg: A History of Westun Civilization, the Dorsey Press, Homewood, Illinois 1969 p. 639.

註一〇　同註五第二冊 一二四頁。

第二章　人文主義教育思想

第一節　人文主義的由來、意義及論點

一、人文主義的由來

從西洋教育史的觀點來論，西方所謂的古代教育—希臘與羅馬時期的學校教育，基本上可以說是利用社會精緻的文化，來陶冶自由民的一種過程。古希臘境內的斯巴達城邦，其所實施的教育，雖然是軍國民式的教育，但其目的依然是針對政府所需的武士及統治者的需求而實施的教育。教育活動乃是配合政府的理想而實施，其與實際的需求，並沒有產生脫節的現象。在爲了政府所交付的公民職責：征服與戰爭的要求下，斯巴達城邦的教育，仍是着重於强健的體魄、熟練的軍事技能、堅毅、忍耐，勇敢及機智品德的軍人之養成。本質上這仍舊是人的教育，只不過是賦予了一種社會功能的見地而已。

反觀雅典城邦在西曆紀元前五世紀所實施的教育，實質上來論，那也是一種公民養成的教育。整個城邦就像是一座教育的場所。城邦中的家庭、戲院、露天劇場、市政廳前廣場、廟宇、街口、宗教

節日及活動等，均負有教育其公民子弟的功能。公民養成的教育是强調身體與心靈和諧的發展。在雅典教育的實施上，文雅學科（liberal arts）就是教育的主要內容。在雅典人的理想中，公民養成教育的實施，須從智育、德育、體育、美育及羣育上來達成。一個健全的公民，必須接受基本的心智陶冶；從讀、寫、算、文法、修辭等的教育活動中，來培育個人的智慧；從先民的文學作品中，如荷馬（Homer）的史詩、神話、體操、音樂教育，以養成堅忍、勇敢、公正的美德；從體操訓練，軍事教育活動中的跑、跳、擲、摔交、騎術等訓練中，鍛鍊强健的體魄；從音樂教育中的樂器演奏、詩歌吟唱、舞蹈、韻律的教導中，啓發個人的優雅氣質和審美認識；另外從軍事訓練的團體生活中，培養社會團體生活所需的羣體習性。雅典教育的理想與實際，並沒有將教育置諸於社會需求之外。教育上强調一個身心平衡發展而健全的個人，乃是雅典自由民公民教育實施上的一個崇高理想。

羅馬雖是一支注重實用的民族，不過綜觀其教育的理論與實施，羅馬的教育還是具有人文教育的色彩，至少教育着重於利用文化來陶冶一個健全的人，並沒有實質上的重大改變。羅馬在紀元前一世紀的教育理想是着重具有文化素養的演講士（Orator）的造就。羅馬教育家、文學家西塞祿(Cicero)就注意到教育所擔負的使命，是養成演講士而不純粹是懂得理論的哲學家而已。演講士必須熟習修辭、文法、歷史、文學等文雅學科，始能講詞鋒利、內容堅實、出語驚人。本質上，羅馬教育也是以人的培植爲其鵠的，不過這種人是長於社會公務、擅於思想表達技巧的演講士而已。來自希臘文化中的文雅學科，就是陶冶個人的主要素材，而其教育的鵠的，實是植基於社會生活的需求上，此乃是世俗的而非出世的。

然則，自西羅馬帝國於公元四七六年覆亡之後，史學家認爲中世紀於焉爲之開始。在封建社會制度下，個人爲了生活必須依附在封建郡王的統治下，並結合在各個行業團體之中及信仰於基督教教會的主張下。

以往西方歷史學家，在重建中古歷史上，曾經用「黑暗時代」（the Dark Ages）來描述中古（約西元四七六年至一四五三年）這一段歷史。而今由於人們理智的成熟，已經深切地認識到用黑暗時代一詞，多少帶有歷史偏見的含義在內。較爲通俗的用語，已經用中性而沒有情緒意義的「中世紀」（the Middle Ages）一詞了。

中世紀的歐洲，雖然文化籠罩在基督教的教義之下，但是無可諱言的，基督教教會對北歐蠻族的教化、對歐洲學術文化的繼承、對後世新文化的孕育等，的確提供了不少的貢獻。美國教育史家博茲（Freeman Butts）在其一九七三年出版的「西方教育」（Education of the West 1973）一書中，就主張中世紀的基督教文化，實爲近代西方文化奠定了一個基礎（註一）。這也就是歐洲蠻族的拉丁化階段。從北方入侵歐洲的蠻族，在基督效文化的洗禮下，成爲近代現代化國家的先驅者，如：英、法、德、荷、比等皆爲其例。

中古時期的歐洲人民，可以說是在基督教大一統的王國中，從初生以至老死，莫不時時處處受到基督教教會的影響。從取名字、成婚到臨終告別，莫不庇護在基督教教會活動的影響下。中古時期的教育自是不能例外。

一般而言，中古教育的實施，遠遠地背離了古希臘、羅馬傳統教育的精神；出世的要求，取代了入世的要求；來世生活的預備，替代了世俗生活的準備；天國中的個人，取代了現實社會中的個人；精神生活的充實，抵消了物質生活的追逐。在文化發展遲緩的進程中，顯示了教育活動僅僅是忙碌於文化的傳遞而未能有文化上的一番創新。中古時期教育的本質，可以說是企求於人的神化，故並未能從人的現實需求上，考慮教育的實施。鑑於文化型態會影響到教育的活動，故中古教育的色彩自然是走向了來世，而忽略了世俗生活的要求。古希臘、羅馬時代重視人的理性的特質亦就爲之消失。此後，十四世紀歐洲人文主義興起，可以說是該期義大利文藝復興運動的一項產品。因爲，

「人文主義爲十四世紀後期產生於義大利的文學及哲學上的運動，繼而散播至歐洲各國，構成了近代文化的一項因素。」（註二）

於此，就人文主義一思想運動而言，其產生的原因，可解釋爲以下數端：

1.文藝復興運動之興起　單就字面的意義而言，文藝復興（Renaissance）有再生（rebirth）之意。此乃由於文藝復興運動之主旨，乃是古學研究的興起，導致了義大利學者對古希臘及羅馬文化的傾慕使然。他們從新近發現的古籍當中，如義大利學者佩脫拉克（Petrarch 1304-74）發現羅馬哲人西塞祿之作品而領略到古羅馬人異於基督教之思想，因而促成了模仿古典羅馬文學體裁的運動，終於導致了反省自身思想的運動。

2.古籍研究方法的創新　佩脫拉克被稱爲「文藝復興之晨星」（the Morning Star of the Renaissance）。氏在廿九歲時發現了西塞祿二篇不爲當時所熟知的演講文。四十歲時在來吉（Liege）又發現了西塞祿的一些函件。佩氏又致力於古典書籍之新舊版本之比較研究，藉以對過去的

認識，能有所重建。佩氏可以說是中古後期第一位現代學者及文字學者。在思想上他反對另一世界觀；另外對當時寺院哲學亦有頗多不能苟同之處。氏對自然深愛不已，酷愛藝術，喜歡旅遊，對世俗的名望至爲熱衷。

另外，由於當時人們熱衷於古籍之發現，在義大利境內之蒙弟卡西奴（Monte Cassino）、羅地（Lodi）、渥西利（Vercelli）、瑞典的聖高爾（Saint Gall）、巴黎等地，均有古代典籍之發現（註二）。

新發現的古籍，在研究的方法上，自是不能再沿襲過去的方法。這些從古典經文中發現新知的研究者，就必須作出一些搜集資料、比較資料、甚至需要運用懷疑的態度去質疑、推斷、批評、整理、重建古羅馬的歷史及其社會的一些認識。人文學者必須運用更多的理智活動，來研究他的古籍。

3.古希臘作品研究的興起　文藝復興運動初期的學者們，較爲熱衷於拉丁文學作品之發現及其宣揚。主觀上乃是由於義大利人對古代祖先所締造的羅馬帝國及其所孕育的文化，懷着民族的情感使然。這也是爲什麼西塞祿拉丁文散文文體流行的原因所在。但是在十四世紀末期，義大利學者對古希臘文學作品之研究，並不盛行。所以在中古時，眞正懂得希臘文的學者爲數並不多見。西元一三三九年及一三四二年，曾有從康士坦丁堡（Constantinople）至義大利之教士。佩脫拉克氏曾跟從他們專習希臘文。

十四世紀末期希臘文學者克雷蘇洛萊斯（Manuel Chrysoloras 1350-1415）從東羅馬之拜占庭受邀至威尼斯（Venice）、佛羅倫斯（Florence）二地講授希臘文。一四〇二年克氏在巴維亞（

Pavia）大學講授希臘文。由於希臘文的講授，才使得研究古典文學的學者得以直窺希臘文學作品的真貌，接近希臘文崇尚理性、喜愛自然的精神。這也就孕育了人文學者崇尚自然、追求美感，接近世俗事務的思想。

4. **地方文學的興起**　中古時期歐洲通行的語文是拉丁語文。一般學術的研究工具也是以拉丁語文爲主。由於教會官方語文是拉丁語文，復加以在教會權威之下，禁慾主義盛行，是故一般文學作品對人類情感之流露頗多塞礙。義大利本國文學之先驅，但丁（Dante 1265-1322）開始運用本國語文創造文學作品。其所創造的文學作品，對人類情感之流露，曾多所描述。

其後文學家如薄伽邱（Boccaccio 1313-1375）者，雖熱衷於古學之研究，亦著有浪漫文學作品，撰寫極富諷刺性之論著，批評教士生活之腐敗以印證教士生活之不夠聖潔。此等思想之散佈，不難使社會大衆對教會人士之所言、所行發生了懷疑。直接的影響是教會及教士在人們心目中的地位爲之動搖，間接的影響是提醒人們應該肯定世俗生活的價值。

5. **神本位思想的式微**　人文主義的思想，本質上就是人爲本位的思想。中古時期由於封建制度的盛行，個人都隸屬於各個社會固定的階級中，因而喪失了個人的獨特性。一般人民的思想，在基督教另一世界觀的影響下，世俗的事務也就不被重視。不論是一般人的世界觀、人生觀及學術思想等都浸潤在基督教文化的薰陶中。就是一般知識份子，在思想上也是附會於基督教教義之下。

但是在有力的皇室和商業活動逐漸的興起之後，城市生活的出現，財富的集中對教皇權力的衰退都有一些影響。以一三〇五年羅馬教皇若望二十二世爲了躲避羅馬城的騷亂，只好在法王的保護下，逃難於法國之亞維農(Avignon)。隨後又有多位教皇出現之現象。由此可見教皇之權力已有衰退之跡象。其次，商業發達的結果，出現了城市中的富豪，如：文藝復興前期的麥廸西家族(The Medicis)。在城市富豪的獎掖、鼓舞下，知識份子熱衷於現世幸福生活之追求，文學、藝術受到重視，對傳統中古以來神爲本位的思想，逐有改弦易張的趨勢。

二、人文主義的意義

在希臘文中，有 **Paideia** 一詞，意指人的教育，即有拉丁文 **humanitas** 之意；重視以所謂的人文學科，如文雅學科中的文法，修辭、邏輯、幾何、音樂等學識，在人的教育上，予以實施文化之陶冶也。故有謂 **humanism** 一詞與 humanitas 係有關連的二個辭（註三）。

單就人文主義（humanism）一詞，其意義可以列舉如下：

1. 一般而言，人文主義重視人和宇宙關係上的人的尊嚴、人的利益。
2. 十四、十五及十六世紀中，常見的教育哲學，强調古希臘、拉丁語文、文學之學習，而反對中世之經院哲學思想，但不必專指反對基督教及其形而上學之思想；因人文思想爲文藝復興運動之一部分。
3. 人文主義與人道主義係同義語。
4. 人文主義乃人爲萬物之尺度的論見；主張一切存有及眞理皆與人相關；反對一切絕對論（absolutism）；亦謂實用主義的一型（註四）。

從前述引用的人文主義的解釋上來看，吾人不難發現人文主義一辭，顯然包含着多方面的意義。因爲，以歷史的眼光來看，人文主義顯然是西方文藝復興運動中的一項產品。基本上是和中古歷史期間以神爲本位的思想的一項反省性的對立。人文主義學者從非基督教著作當中，認識到了人自身現世的生活，才是他所熱衷的對象。歷經長期壓抑的個人情感，自不應再像中古時期加以抑制；而個人的理性認識能力，也獲得了應有的尊重。這也就是說，經過人文主義思想的散播之後，個人爲之覺醒。他開始認識到了自己的能力而不必再事事聽命於超越者的啓示。個人有了自信心。人們開始有了尊重人的地位及人的價值的思想。尤其値得注意的是個人感受到此一自然現實世界的美麗，對於寄望於另一個世界的論點，產生了懷疑。人文主義的精神就在於認識到人的可貴性及其一已的能力。這便是一種以人爲中心的思想。

其次，人文主義的意義亦指「任何哲學承認人的價值或尊嚴，並使人成爲衡量一切事物的準則；或者以人性的限制，人的利益作爲研究的主題者。」(註五)

人文主義的意義，雖經先前所作的解釋，可以有一大致的了解，不過，人文主義一辭尚與下列的一些用語，有其意義上的關連性。

1實用主義　此乃由於强調人爲中心的觀點使然。正如希臘古代詭辯學者普特格拉斯（Protagoras）所主張的「人爲萬物的尺度」。實用主義有强調人爲一切事物尺度之主張。

2位格主義（Personalism）亦稱精神主義　此即重視人對永恒眞理之追求及探索的能力。肯定人有能力與超實在建立起關係來。

3.存在主義　就承認人的世界僅有一個而言，人的世界就是他所存在的世界或人的主觀世界之謂（註六）。

一般來說，人文主義的思想是先於人文主義之形成。換言之，在古希臘、羅馬時期就存在着注重人的尊嚴及價值的思想。由於人文主義和文藝復興運動是有着密切的關連性，同時，由於文藝復興時期的人文主義的發展，較爲顯著地表現在文學的創作及藝術的表達上，以致經過十五世紀的演變，人文思想有逐漸淪爲形式主義的事實，如西塞祿主義（Ciceronianism）便是。故後來漸有人文唯實思想之興起。傳統上，文藝復興所產生的人文主義就稱之爲古典人文主義（Classical Humanism）而十九世紀德國人文學者所形成的思想則稱之爲新人文主義（New humanism）。

十八及十九世紀德國哲學家歌德（Goethe 1749–1842）及謝林（Schiller 1759–1805）基本上主張以古希臘文化爲根本，致力於個人完美的實現。彼等深信人類極富創造之潛力，古文化具有陶冶人類各項能力，使之均衡發展的價值。同時人類能力亦可經由美的經驗爲之調和。

十八世紀中，强調古希臘文化乃是最完美的文化型式，甚至將古希臘文化予以理想化而成爲日爾曼民族文化發展的鵠的，乃是新人文主義學者的一項主張。不過，他們也重視個體的潛力，强調個人具有創造性的潛在能力；另外，個體的完美則必須藉由文化藝術的因素以期各項的發展爲之調和。個體的成長是要從調和的生長中獲致，因而教育就是自我的發展與自我的表現了。無庸置言的，古典文化的各項內容，不論是文學的、藝術的、哲學的、詩歌的等，都是涵泳個人最好的材料了。

三、人文主義的論點

隨着歷史的演進，不同歷史階段中，人文主義的思想，其主要的論點，雖然大致一脈相承，沒有什麼重大的變動，但是在一些時代環境影響下的差異，還是存在着的。基本上，中古時期神爲中心的思想，到了文藝復興以後有了一個顯著的變動。逐漸地在人的世俗思想下，人爲中心的思想，因而就成爲古典人文主義的圭臬。十八世紀的新人文主義依然秉持了此一理想，不過重視古文化對人的美化功用。及至近世以還，在唯物論、自然主義、科學主義的思想衝擊下，人在世界中的地位漸次低落，因而近人所强調的人文思想，多少有些對現今類似自然主義及行爲主義的思想是一種反省。人的尊嚴是在物質價值之下嗎？人的一切作爲都是基於物理化學的反應嗎？人的意志及其自由是存在的嗎？這些問題的反省，就在重新認定人自己的存在意義及其價值。從人的價值上、了解到人自己的主宰能力，從而反對物質的第一優先性。

人文主義的重要論點，可以分述如下：

1.**強調人的自由性**　文藝復興時期的古典人文主義學者比可(Pico della Mirandola 1463-1494)在其演講中「論人的尊嚴」（Oration on the Dignity of Man）時說道：

「亞當，我（卽神）已經給予你一個未予確定的地位，也未曾讓你有一特定的稟性，更未給予你某一特權，其目的卽在讓你自己經由你自己的決定與選擇，去形成你的地位、你的稟性、你的特權。其他自然界中的生物，都經由我的規律而有一定的限制。你將決定你自己的本性，而不會有任何的妨礙，因爲我給予了你自由的能力。我將你置諸於世界的中央，以便由此你可以對世界各事物看得更好些。我既沒有使你成爲天上的飛禽，也沒有使你成爲地上的走獸。你既不是有死的，也不是無朽的。爲此，其用意就是讓你像一位自由的、自主的設計家，你可以隨你所選擇的、去塑造你自己。」（註七）

從這位具有智慧而不幸短命死的思想家的論點中，不難發現文藝復興時期的這位學者，對人的自由性已經作了極其肯定的認定。人似乎是僅次於神之下的一位存在者。人可以從他的自由選擇中，塑造他自己、決定他自己，而不需像動物一樣，受着自然上的，經由神的諸多法則而加上的限制。

2.重視人的尊嚴　人是不同於動物的，這不僅是早在古希臘時的哲學家亞里斯多德（Aristotle）對人的定義——人是理性的動物——中可以窺知，而且就是在羅馬哲人、文學家西塞祿的見解中，也可以得到了明證，因爲西塞祿曾經提過，人是唯一能將過去、現在與未來相結合者。雖然，這些異教的思想家，不見得爲中古學者所强調，但是人是唯一依照神的形象而被創造則是基督教教義所承認的。人與其他被創造者之間是有其差異的。人在整個神所創的世界中，是僅次於神的地位。這不僅是由於人有自由性、自主性，更由於文藝復興以來人文學者所深信古希臘、羅馬人所具有的理性，現在人們已重新爲之復蘇了。理性不是動物所具有的特質，那麼人在世界上的地位是其他被創有者所不能相提而並論的了。人的高貴與尊嚴是可以確認的了。

3.人性是有發展的潛力　人文主義者相信，人的本性在了解上是不需要再像中古時期的學者所認爲的、必須依存在超自然的實體上，因爲人的發展是有其各種的可能性。這些可能性，並不是預先就擬定好的。先前所引過的義大利人文學者比可（Pico）就曾如此地說過：

「不過，在人的誕生時，神已經將各種的可能性賦予給人了。各種生命型式的因素，都給予了人。人將來發展成何種型式，都是會成熟的，也都會成功的。倘若他賦予了植物性，那他就成爲一植物。倘若他賦予了感覺性，那他就會成爲一野獸。倘若他具有了理性，那他將會顯示出他是一位上天的。倘若他賦予了智性，那他將是一位天使而且直如神的兒子。」（註八）

顯然比可認爲人的發展潛力是具備的，但是究竟會發展成爲何種型式，則不是必然遵循一定的型式，卽都是植物性；都是感覺性；都是理性或都是智性的。由此可見，人的發展是多樣性的。就如世俗的人生舞臺中，有的人好吃懶做，不務正業，入不敷出，只好鋌而走險，淪爲鷄鳴狗盜之徒。有的勤奮好學，深思明辨，因而孜孜於學問的追求，終於成爲學術思想上的貢獻者。更有的懷抱悲天憫人，犧牲奉獻的信念，信守眞理，終能成爲聖者。人性是可發展的，向下幾乎類似於禽獸，不僅沒有道德行爲，甚至於爲害於社會；向上則能以最完美的神性爲其鵠的，勇往追求，從不懈怠，雖不能說完全追求到，但却可以說雖不中亦不遠矣。

4.世俗生活的珍惜　基督教思想籠罩下的中古時期，人們的人生嚮往是出世的而不是入世的。他們生活的支柱是奠立在預備未來美好的天國而作各項準備的。因此他們生活的焦點是放在未來；過去與現在則都是一種手段或一種過程。未來的天國，必須是從虔誠的信仰、熱忱的期盼與相助、相愛的活動中獲致。現實生活的種種，由於不視爲一種目的而僅僅是一種手段，因而現世生活的價值是淺薄的，是不能與來世生活的價值相比較的。在這種生活價值的指引下，人的生活是偏重在精神領域的拓廣，而非着重於物質生活的追逐。同時由於中古以來的禁慾主義盛行，以至於對肉體的價值，都加以輕藐的態度對待之。

但是，文藝復興運動使人們從人文學者的主張中，認識到了現世生活的重要性。人的眞實存在，必須從他的感覺、思維及各項活動上爲之判定。他眞實存在的世界，就是此時他生活所在的世界，所以人文主義學者是反對另一世界觀的。

「啊，四月的微風是多麼的甜蜜！
在輕微的呼吸中，五月已經來臨，
當寧靜的夜晚沉睡時，喜悅的歌聲就進入了耳中；
各種鳥類都以熟悉的啼聲，讚美着清早的來臨，
躺在伴侶的身旁，顯現了喜悅與樂趣。
四月充滿了笑聲，幼鳥帶來了生命的樂章，
內心充滿了愛的思念。
啊！我的心在激盪，在鼓舞。
自然、習慣都激動着我，
我充滿了樂趣，
四周如此喜悅的歌聲，教我如何能心情不爽快呢?!」（註九）

史家們認爲：

「中古的人，在忽視個人的情感下，缺少自信，對他的過去沒有感受，對他前面的未來沒有認識」。（註一〇）

可是人文主義思想家則不然。他們有了自信，有了認識的能力，體會到享樂生活，明白到現世生活的各種潛力，因此，他們不再寄望於來世，而欲享受現在，並在世俗的生活中，追逐人生的樂趣。

5. 人文自然觀的形成　中古所盛行的基督教思想，將人的肉體視之爲罪惡的淵藪，靈魂的枷鎖。人的罪惡來源，肉體不能說不是一個主要的因素。這也是因爲人的慾求，部分是因爲來自肉體的緣故。在人文主義的思想中，人文學者領會到人是自然的一部分。人的需求，人的感覺乃是人的一部分。這是無法與人完全分離的。人的肉體也有其可以引發出喜悅之處，諸如人的感覺便是。喜悅不再是單純的心靈感受。喜悅也是身體所能產生的，而且可以成爲人的樂趣所在。

人文學者了解到人所過的生動性的生活，遠勝過思辨性的生活，就是人的社會及政治生活，也都有其價值。

在人文思想的薰陶下，人文學者的文學內容，有了情感的表達，有了感覺經驗的描述，就連對少女的愛慕之情，亦坦然地加以敍述，而不再視之爲一種罪惡。其次，人的身體的活動，一些運動如：騎術、游泳、體操，以前曾爲古希臘、羅馬人所熟練者，此時又重新受到重視。人的體力，經過十世紀的武士制度及十二世紀後的十字軍東征，已有了新的評價。這也就是人的自然觀，在人文思想中，已漸次形成，孕育了近代人熱衷於感官活動與身體運動的追逐。

6.回到古代（return to antiquity）的嚮往　文藝復興時代一句響亮的口號就是回到古代。這可以說是文藝復興時期人文思想家一句消極性的口號。不過，就其積極的意義來說，回到古代並不是要重複古希臘、羅馬人的過去歷史，而是要尋回古希臘、羅馬人所曾具備的理性能力與自信能力，以抗拒中古時期的歷史文化傳統。人文主義的學者，從古籍的搜集與整理中，發現到古代思想家所涉獵的思想是多方面的，舉凡政治、歷史、倫理、文學等，莫不是將之用於生活上。古人的生活是經由人們的智性活動爲之定奪的。人掌握了他自己的活動。這是在人具有自信心下的活動。另外古人也是將他的知識、充分地應用在生活的經驗上。這中間就可以看出人所享有的自由是多麼的明顯了。

人文主義的思想家在歷史觀上，毫無疑義的是傾向於回顧的歷史觀。在將中古歷史文化傳統與古希臘、羅馬歷史文化傳統對照下，古希臘、羅馬歷史文化傳統顯然是美好的一種類型，亦是他們所熱心而嚮往的一種類型。他們不只美化了古代的文化型式而且他們也致力於模仿古代的文化型式。顯著的一個例子就是在文學的散文體裁上，他們刻意倣效古羅馬散文作家西塞祿的文體。這種文學的模仿，終於淪爲人文學者中，過份偏向文字的形式，而忽略了文字的內容，成爲後人詬病的所在。

「回到古代」意味着脫離中古歷史階段的羈絆，找回前人的理性、自信與自由的能力。他們所强調的顯然是古人的精神作用而絕非開歷史的倒車。

7.人類的文化思想　人文主義可以說就是一種人本的、人道的、人類文化爲中心的思想體系。對於以神爲本位，神爲基礎的宗教文化觀，顯然是相互對立的。在中古期間，一切的價值、文化活動，歐洲人是圍繞着神的思想在運作。至於人類自己的而與人類息息相關的自然與物質方面的價值，則往往被列在價值體系的底層，不受到中古思想家的重視。

在基督教教義支配了中古人們的生活活動下，宗教的生活顯然是生活的中心。人們的飲食起居，婚喪喜慶、學術思想、教育內容、精神生活等，莫不是帶有宗教的色彩。庶幾可以說在中古時期，個人的生活是依附在宗教的生活下。因爲，個人的價值只是神性的開展而已，他沒有獨立的價值。

8.**思想內容的豐實**　文藝復興前期的思想家從古籍的搜集、整理、研讀、比較、分析、批判等諸種研究活動的運作上來看，他們的治學方法已經脫離了中古學者抱守殘缺，篤信權威，疏於獨立思考的治學規範。在這種思想態度與研究方法下，人文學者的研究活動，已推廣至宗教以外的文學、藝術和知識的領域了。就是個人的修煉，亦不再限於宗教的情操一隅而已。人文思想的價值就在開廣了人們心智活動的領域，擴充了人生活動的經驗範圍。

9.**反對他律的教權**　人文學者對教權上的規律往往以權威的方式來抑制個人的行爲，故採取不接受的態度。人文學者所追求的是個人自信力下的自律行爲。對於教權下的制裁、干涉、强迫的各項戒律深不以爲然。由於人文學者相信神賦予了人自由，祂並沒有給人加以一定的限制，因此人所遵循的規範，並不是完全來自於教會而應來自於人自己理性的運用。

10.**個人主義的思想**　漫長的中古時期，在政治體制上是封建的制度。大部分個人是隸屬於某一封君的領轄之下，就是在經濟上，個人亦多屬於不同的行會，以求得工作及社會生活之安定。中古時期的社會制度下，一般認爲是沒有個人的，社會組合較爲嚴密的情況下，個性也就爲之喪失了。

文藝復興運動得力於城市商業的發達及大富商賈的出現甚多。由於財富集中於富豪之手，在他們推動各項文化活動上，城市居於率先之勢。城市生活孕育了個人的思想，使個人認識到自己才是一個實在體。人文主義學者使個人了然到個人的需求才是重要的。現世的生活遠較來世的生活有價值。生動的生活遠較沉思的生活有意義。就是物質的、感覺的活動，亦不能說毫無意義可言，而這一切都得以個體的感受與評價爲基準。是故，人文思想中實含有個人主義思想的色彩。

人文主義的思想，昭示了人爲本位的思想由來已久，反映了人的尊嚴、人的自主性、自由性及人的智性是任何其他自然界中的存在者所無亦不能相匹敵的。人文主義的思想家在不同的時代裏，所面對的競爭者雖然不同，但是人文主義者無不秉持人的理性求其人性的盡善與盡美，亦即莫不期求人性的更發揮與更充實。因爲他們深信，人性的完美是可以經由不斷的努力及文化的陶冶而完成的。在肯定人的價值，重視人在自然中的地位，强調人的稟賦及能力，相信人能作最好的選擇，這些都可以說是人文思想對人類自身反省上所作的一些貢獻。

第二節　人文主義的教育思想

一、人文主義教育的需要

人是不時地從自我反省當中，去調適他的所作所爲。當然自我反省並不是在眞空中進行的。人的自我反省也是從其周遭所有的環境：物質的、社會的、文化的等，相互激盪中產生的。這也就是說在人處理各項生活問題時，這些問題是會刺激個體作一番深思熟慮的。人的可貴性就在於他能善加思想，運用思想以處理各項切身的問題。人文思想與教育的結合，一般學者以爲是在文藝復興運動發生之前就已存在了的一個事實。

人文主義可以說是西方文藝復興運動的一項產品，因爲這時的思想家們開始將人與自然作一統合，並從自然的角度來理解人。不過，以人所創有的文化來孕育、涵養人性，意識到人與其他存在物間的差異性，則遠在古希臘與羅馬時期，已經受到教育家的注意了。

古希臘人是一支崇尚理性而熱愛自然的民族。由於他們將人所創有的文化大致上區分爲文雅的（liberal arts）及實用的（practical arts）二種藝能，更由於希臘當時社會是一個奴隸制度盛行的社會。自由民所嫻習的是文雅學科的知識而一般從事勞力生產所需的實用藝能，則完全由奴隸熟練之。因而在價值的取向上，勞心的文雅藝能是優於勞力的實用技能的。這種情形也由於學校是休閒階級子弟所去的一個教學場所，實用技藝的學習則由非正規的教育方式傳授之，愈益有了評價上的不同。

由於古希臘人在紀元前五、六世紀文雅學科的發展已頗具規模，在學校教育——自由民子弟上已用來當作一種工具，以完成人的完整教育：智知的、道德的、身體的、審美的及軍事的。

就是在古希臘三哲的教育思想中，不論是蘇格拉底（Socrates 469–399 B. C.）、柏拉圖（Plato 427–347 B. C.）及亞里斯多德（Aristotle 384–322 B. C.），他們在教育見解上，基本上還是以道德來規範教育。這也就是說，他們的教育理想，並不完全是爲教育而教育、爲知識而教育，而是爲了培養一個道德的人或理想的人而實施教育。

柏氏在其「理想中」中，依各人的稟賦發展，雖有哲人王、衞士及一般工、商事務人員之分別，基本上他是重視人的理性，並注重身與心均衡發展的教育。

亞氏的教育理想，承受古希臘人培養好公民的教育傳統，着重優雅特性的培育，故其教育的鵠的，不限於心智的，尙包括有道德的，身體的優越性。再依亞氏思想上强調教育實爲一自我實現的歷程來論，教育卽在藉由外在的作用，協助個體潛力的展現，故亦可視之爲自我實現的教育。

亞氏以爲：

「最高的善則爲善而善，無其他善能超越之。因而，所有人類努力的終極目的卽在此。總之，卽自我實現或自我實現活動。」（註一〇）

其次，從歷史上吾人知曉羅馬人是一支着重實用知識的民族，但是到了紀元前二世紀羅馬文化散播各地，而其教育理想却是以理想的演講士（orator）爲目的，寄望以廣博的文化，優美的姿態，配上能言善辯的說話才能，造就服務社會的雄辯人才。在知識以外，道德的修養，依然是一教育重心所在。

從西元四七六年以後，由於西羅馬帝國的覆亡，歐洲也就陷於日爾曼人入侵的混亂局面中。歐洲文明遭遇了急驟的變遷。在政治上雖然陷於混亂之中，但是深藏在羅馬帝國裏的基督王國，則緩慢地在發展當中。西羅馬帝國滅亡以後，文化的支配力，完全由教會爲之負責推動了。

在基督教教義籠罩下，歐洲各地的教育逐漸地走上了基督教教育的理論與實施上。教育的理論來自於教會教育的材料；教育的方法以及教育的目的等，莫不是針對基督教的需要加以定奪。教育的目的乃在培養一位虔誠的信徒，追求於心靈的安逸，以備來世的天國。自此以後教育的實施也就淪爲教會培養信徒及神職人員機構的活動了。教育的各項活動因而也就依附在以神爲中心的思想體系下了。

至少在文藝復興運動發生以前，西歐各地的教育已經不再有人文思想的氣息了。因此，當文藝復興運動逐漸在歐洲開展的時候，人文思想也隨着古學研究風氣的興盛而加强。至於人文教育的發展機緣則往往因時代背景與社會現況而有其不同，故無法依同一原因予以概括之。

爲此，人文主義教育的需要，約可從下列的幾項原因當中，作一窺探，以期明瞭各時代人文思想教育之興起條件，並不全然一致。

(一)古典語文研究之需要

文藝復興的狹義意義，可以說就是古典希臘、羅馬語文研究之興起後的一項現實上的需要。以近代學校教師聞名的義大利人文學者維多利諾（Vittorino of Feltre 1278-1446）爲例，由於他首先發現了坤體良（Quitilian 35-97）的全集以及稍後發現西塞祿三册討論演講術的著作，在他所創設的人文學校「歡樂之屋」（The House of Joy）中，他對貴族子弟的教學就是以拉丁文及希臘文作爲教育的開始（註一一）。由於古典著作的研究眞正始能深入希臘人及羅馬人的思想底蘊，從而進入古希臘、羅馬人的歷史、哲學及七藝——算術、幾何、天文、音樂、修辭、文法、邏輯的研究。這些文雅學科構成了古代人文教育的核心課程。古典語言及文字的熟悉乃是登堂入室的門徑。

另外一位人文學者，義大利維羅那的瓜銳諾（Guarino of Verona 1374-1460）就認爲一位受過教育的人，其主要的特徵，就是能夠寫拉丁文的詩。他又認爲教育的基礎必須放在文法上（註一二）。

這就說明古文字的教育乃是人文教育的起步。

此外，文藝復興初期的人文學者佩脫拉克（Petrarch 1304-1374）早在西元一三三九年及一三四二年就與從康士坦丁堡至義大利的希臘教士們學習希臘文（註一三），開始了人文學者研究古學的風氣。

另外從東羅馬帝國拜占庭至義大利的學者克雷蘇洛萊斯（Chysoloras 1350-1415）就曾在佛羅倫斯（Florence）教授希臘文。「工欲善其事，必先利其器」，在熱切地追求古典語文知識的要求下，人文教育的發展，於焉也就爲之展開了。

㈡**自然主義的思想刺激**

人文教育思想的崛起，伴隨着文藝復興運動的發展，而日益散播至各地，顯見的結果後來教育上有所謂西塞祿主義（Ciceronianism），只重視文字形式的熟練而忽略了文字思想內容的理解與運用。其次，歐洲各地人文學校紛紛設立，如維多利諾（Vittorino 1378-1446）在義大利創立「宮廷學校」；流行於義大利境內之講學，研究希臘人語文、哲學之學苑。在法境內於一五三〇年設立了人文學校以古典語文：拉丁、希臘、希伯來古語研究爲主之法蘭西學校（College de France）。一五三四年設立之隗恩學校（College de Guyenne）亦以古學研究爲主。在日爾曼境內，新成立的及一些著名大學如：新成立的馬堡（Marburg 1527）等大學則有人文學科之講授，舊有大學如海得堡亦推出人文學科的講座而較爲顯著的乃是中學類型之古文學校（Gymnasium）之出現。在英國則以拉丁文法學校模式而先後設立之「公學」(Public school)；如聖保羅（St. Pauls）、溫徹斯特（Winchester

1387）等九所著名公學皆爲私人興辦，而其內容則爲人文教育（註一四）。

人文教育可以說盛行於十六世紀與十七世紀，然而，十七世紀末期，人文主義的教育已流於形式，逐有唯實教育思想之出現。

不僅教育上受唯實思想的影響，就是自然主義的發生亦受十七世紀感覺唯實論的影響（註一五）。

自十八世紀以後，西方教育思想逐漸受到自然主義思想的影響。以十八世紀的法國社會生活日漸矯揉造作，過度重視文化的人文教育而論，這就形成了一種華而不實，虛而無用的教育實施。此不僅在盧騷（J. J. Rousseau 1712–1778）的自然主義教育思想中見及，就是到十九世紀後期的英國綜合哲學及具有自然主義思想見解的斯賓塞（Herbert Spencer 1820–1903）對於英國維多利亞(Victoria)時代虛飾的人文教育，也提出了裝飾性知識和科學的與實用的對照與評論。另外，產生在二十世紀的美國，具有自然主義傾向的進步主義教育理論的泰斗——杜威（John Dewey 1859–1952），不是就受到了所謂精粹主義者（Essentialist）的教育家及永恒論者（Perannalist）教育家的批評嗎？而美國所謂精粹主義與永恒論的教育家，多強調語文及古典傳統文學名著的教育價值，即帶有人文教育的傾向。

由此可見從人文主義的教育思想流傳各地以後，唯實的，自然的教育思想，都可以認爲是企圖指正人文主義流於形式的一項教育論見。無奈在科學日漸成爲主導教育的一股勢力以後，過份重視受教者自然的稟賦以及經驗教育的結果，甚至二十世紀中的自然主義者如英哲懷海德（Whitehead 1861–1947）、羅素（Russell 1872–1970）亦將人與其他動物的差異，僅視爲程度上的一些差異，難免對傳統中，推崇人的尊嚴的人文主義，具有不便苟同的認定。

人在其成長的過程中，已不純粹是生理的一項發展而已。他的發展亦不單純就是在自然的環境當中。人在自然中的地位，也就不是一個單純的自然層面的問題了。

㈢唯物主義下的反省

在一九六六年出版的一本專著中，英國教育學者第波爾（J. W. Tibble）就曾討論到美國二十世紀初期，教育因受到科學、工藝、實用主義、自然主義以及高度工業化的社會變遷，逐有在教育上回歸於西方正統文雅教育的發展運動，而此運動的推動者則為具有人文彩色的教育思想家赫欽斯（Robert Hutchins 1899–1977）（註一六）。在赫欽斯的教育見解上，他對於當時美國高等教育上過份重視學校的物質設施以及過份重視學生的職業預備，都提出了嚴厲的批評。從赫欽斯的一些著作中，吾人可以發現到當時美國的：

「大學教育及學校教育，完全建立在崇尚物質主義、經驗主義的思想型態上，所培養出來的學生，亦幾乎是以物質主義，來評斷其價值。人性泯於物質之追逐，教育未嘗不是推波助瀾的因素之一。」（註一七）

就赫欽斯所接觸到的二十世紀初期的美國教育的變動而言，在中學的課程上，日益重視學生應付生活能力的需要及職業能力的培養，因而不得不重視培養學生職業能力的課程。課程的內容，在過份重視職業選科的結果下，難免會影響到學生的文化陶冶課程。更由於强調生活上的實用知識，因而職業選科的種類也就為之增多，顯示在課程上的是零散與龐雜。

赫欽斯對高等教育上的批評，主要的見地是當時美國大學的教育已經失去了唯智主義（Intellectualism）的理想。大學已不再着重爲知識而知識的追求眞理的教育鵠的了。因爲，美國大學所强調的是社會高級人才的專業訓練。另外，當時負責大學的人士比較重視的是學校物質環境的建設。他們所强調的是學生的人數、學校的規模，設備上的豪華，美觀與舒適。他們所看重的是學生的社會性活動，而大學課程的內容，也就隨着社會的變遷，增列了許多專業性的科目，以求配合社會的實際需要，諸如：旅館經營等是。

物質主義亦卽唯物思想的氾濫，對於長久以來作爲傳統的西方文雅教育，未嘗不是一項無情的打擊。教育上重視人文學科的價値，諸如：文學的、哲學的、藝術的等，對於實用學科的知識，究應在課程中，佔有何種的地位？教育上究應重視人文的知識？抑或科學的，技術的實用知識？因爲，近代人所强調的是豐盛的物質生活環境；講究的是視聽感覺上的享受；追求的是肉體上的喜樂；評價的標準是物質的富有程度，雖然嚴格的說，一般人未必盡信唯物論的濫調，但是在物質建設成爲各國經濟生活的主要活動下，物質利用的知識及技術以及經營物質產品的方法，實已成爲近代人們心目當中評價經濟生活的一項尺度。這也就是爲什麼人文思想，在各時代都有其擁護者和提倡者，足以指正教育偏失的原因所在。

(四)唯智敎育的偏失

學校教育在實施上，傳統的西方文雅教育一向都能着重到教育的均衡發展。及至中世紀時期的西方基督教教育，由於禁慾主義的流行，教育上難免較爲輕視情感教育的實施。俟文藝復興以後，智育、體育、情感方面的教育，始又重新受到人們的注意。

近代教育上由於科學居於指導性的地位，知識的教學向爲正規學校教育所强調。教育的實施，對於情感的教育或多或少有其欠缺之處。因爲，在教育實施上：

「我們不僅需要能思考的人，而且需要能作感受的人！我們需要的人，不僅能以智力的基礎去有所作爲的人，而且也要有能以情感的基礎去引發行動的人。我們更需要能夠了解他人的人；能夠接納，尊重他人的人！同時需要負責的人，不只對他人能了解，能接納，能尊重，甚且能對自己了解，接納並尊重。」（註一八）

唯智教育反映了知識在教育上佔盡了優勢的地位，但是無可否認的，受教者的情感教育，也就受到了不利的影響。這種教育的結果，使受教者的知識爲之豐富了，但是人際的關係則有所不逮了。也許他知道的多，但却是一位難於與人相處的個體，缺少對他人的同情、關注、尊重與接納。因爲這些人格上的特質，未必都是從知識獲取上得來。從近代偏向實用思想的教育與忽視人文思想的教育實際來看，現在教育實施上有很多地方是降低了人性發展的教育實施，諸如：班級教育實施下，缺少個別的教學活動；在大班級制度下，師生的情感不易和諧地培植起來；教師對學生的了解不夠，師生的距離不易縮短；復加以教師未能善對學生，偶而會有苛責學生、體罰學生，未能尊重學生的學動之出現。這些地方都違反了人文教育的原則。

由於學校就像是一座工廠，製造出一定型式的產品，所以，教育上過度重視一致性的要求，使教育失去了發展個性的理想。這些難免不是過份重視知識教育的一項後遺症。

(五)科學、工藝主導文化影響下的反擊

二十世紀科學與工藝先進的社會，在教育實施上，難免不會受到工藝製品的左右。在目前教育上最爲教育家所重視的莫過於將電腦應用在教學上了。教學上有了所謂的電腦輔助教學，機器的活動替代了不少人爲的教師活動。舉凡教材的提示，教學方法的改進，教學效果的增進，都可借助於教學工具而用之。然而，由於教學上過份應用機器的結果，過份强調系統性，難免會使教學活動走上了機械化、僵硬化，冷漠而無情。教學上只看到集體性的團體活動，而忽略了個別性的個人活動。

二十世紀的學校教育，在組織上因爲採取班級教學實施的結果，學校就類似一座工廠，生產着同一類型與模式的個體。在班級教學型態下，顯著的一項缺失，就是一致性的要求往往成爲教師教學上的注意焦點。個性的發展以及個別的差異，在教學上也就未能給予適切的關注了。

現代社會是一個變遷快速的社會。人們熱衷於追求新奇而特異的事物；盡情於個人的享樂；家庭組織的方式偏向於核心的家庭；個人與個人間的關係，漸趨向於淡漠。疏離的個人關係，並不因爲科學與工藝的進步而有助於人際關係的和諧。

學校處此外在社會環境下，學生在學校生活上，教室活動中，也就會不時感受到冷漠及非人道的對待措施。這也就是近代教育上，有待從人文的見地，來探討教育上人文心理化的重要性。

實質而言，方法是脫離不開人的關係。在實際教學方法的應用上，它只是個人處理教學事務時的程序性活動中的一部分。倘若將方法與人完全分離開，那麼方法本身就失去了生命。它是無法單獨存在的。故從人文教育家的見地，教學機具的應用，將永遠無法取代教室中的教師地位。

由以上討論可見，人文教育的思想，在西方社會中由來已久。在教育史的發展中，吾人清晰可見。基督教文化主導了西方社會的教育時，人文教育思想也就逐漸爲之斷絕。俟十四世紀文藝復興運動開展之後，人文教育思想始又逐漸蓬勃興盛起來。隨後則因人文教育思想在付諸實際時，日益趨於枝枝節節教學與研究，終至於流於形式，逐成爲其他教育思想家批評的對象，諸如：自然主義、實用主義等是。由是而知，在教育思想上，人文主義的教育思想，不時地以各種的形式，擠身於教育思想的舞臺上；不時地在召喚着各個時代的人們：教育實是人的養成。這一主張是經得起長久以來歷史所作的驗證，而且是可以信守不渝的。

二、人文主義教育的理想

西方十四世紀的文藝復興運動，喚起了沉睡已久的人類理性。當時的學者從古籍的發現、搜集、閱讀、了解等研究活動中，深切地認識到古代希臘人及羅馬人的語文、歷史以及各種的生活方式深具價值。他們開始浸潤在古希臘及羅馬人的文化當中。從此，他們也領略到了古希臘人的文雅教育，乃是較切合於人的一種教育方式。

由於人爲本位的世界觀和人生觀的思想，日益取代了神本位的世界觀及人生觀，因而教育的實施，漸次地使人與自然，人與超自然之間的關係，有了一個新的調整。人是自然中的一部分。人的物質成分是不可抹殺的一種存在。以往一向重視沉思的生活，精神靈魂的修煉和道德情操的精進，現在則不得不注意到人的精神層面以外的一些問題了。

人本的教育是認定人爲自然的一部分，雖然人側身於自然界中，但是人却不同於其他的動物。「人是萬物的尺度」、「人爲萬物之靈」等，都充分地說明人在自然中的地位是極其優越而無與倫比的——除了神以外。人也可以說是價值的源泉；是他評定了價值何等第，賦予了事物的意義。由於人的理性稟賦，使人具有了其他動物所無法具備的特質：自由、自主、自尊、自信以及自我的超越。人以外的動植物，都受到神所制約的定律而無法超越，但是人却是一個自主而獨立的設計者。他自己去依照自己的選擇，作自我的塑造（註一九）。人是自我形成者；是自我選擇下的結果，而不是預先定型的存在者。因爲，人可以努力，修行，內斂而成爲一聖哲；同時，人也可以放蕩下羈，爲惡多端而成爲一盜賊。取捨之間，完全存乎個人的抉擇。

人所生存的環境，除了自然的因素以外，尚有社會文化的因素。一個人的成長，就像動植物一般，需要得到良好的滋養，才能茁壯豐碩。同理，人的成長也要獲得文化的滋養以便孕育人性，使人更具有人的品性——因爲人性是需要文化與教育加以薰陶的。從人文主義的觀點，教育的材料，實質上就是人性開拓的材料。

人文主義的教育理想，約略可以從下列各項主張上，得以窺知其梗概：

(一)注重完美人格的教育

人文學者的教育理想，基本上認爲教育就是在培養一個理想的文化人。在其人格特徵上，顯示了身心的均衡，有感性、能自動、肯思考、富於人性，而且能接納他人、負責一己的行爲、肯作爲、具有創造能力、主動而積極地參與社會生活的活動，並從這些人與人相互交往活動當中，期使自我繼續擴大。完整的人格，一位完全有作爲的人（a fully functinally person）（註二〇）的養成，就是人文主義學者所强調的教育理想。人文學者期望的個體是一位德、智、體、羣、美，各項教育均衡發展的個人。自我的實現與充實，則被認爲是一持續地向完美個人開展的歷程。

一個具有文化素養的個人，也是一個充滿自信，能了解到自己的優點與限制且能重視他人，能認識他人是自己可發展的憑藉而不是阻力的人。同時，經過文化薰陶過的個體，尚需明瞭到，在自我開展的過程中，個人亦可從諸項錯誤當中，認識到該項經驗對個體成熟上所提供的價值。

另外，一個人文主義者心目中的理想個體，在心理特徵上，尚應具備對其周遭人物感到興趣，富好奇心，充滿活力。是故，在教育實際上，就不能再偏向於唯智的教育活動了。

(二)强調人文知識的薫陶

人文學者深信，作爲一個社會中的個人，不是來自天賦而是需要經過長時期的學習與教育，從文化的吸吮中，逐漸形成的。人要是沒有文化的洗禮，其行爲舉止，直如動物一般。古典的人文學者，强調古希臘、羅馬的博雅文化，認爲此等文化的精髓，對個人的完美塑造深具影響。尤其在文藝復興初期，古典語文的學習就被認爲是通往古典文化的不二門徑。證諸十八世紀德國人文學者將古羅馬文化加以理想化，即可見出人文學者對文化倚重的程度了。

從人文學者所重視的人文知識來看，似乎文化的嫻熟，對人的開展，最關重要。例如：

「人文學科知識具有特殊功能，如若正確地認識到的話，有助於個人理智、道德，諸能力的成熟及感性的昂揚。」（註二一）

「人文學科知識使人了解到前人的思想，創作及行動。經由人類的各個時代及思想，人文學科必能使人更成其爲人。」（註二二）

「人文學科研究的目的及內容是完整的人，使心靈與情感結合，使創造及批判結合。人文學科研究歷史及哲學，藝術及文學，直接地使人溶入於他人的喜，怒，哀，樂，成就與期盼中；使人領受到久存的藝術、道德價值及個人信念的各項問題中。」（註二三）

從以上所列的引言中，不難看出人文學者對人文知識的重視。於此也可切實地了然到人文學者所認爲的文化是採取狹偏狹的認定立場，重視人所創造的精緻文化。這點傳統希臘人的思想，依舊顯現在近代西方人的心目中。

㈢增進人羣社會的發展

人文的教育可以說是入世的教育。人羣社會乃是人文教育的目的所在。就社會而言，任何對社會的改進，並不單單着眼於社會制度的更迭，更重要的是人的素質之改良。因爲人文學者深信，改良社會即需從個人的改良上着手。他所需要的個人是對社會生活作出效率的個人。同時，也需要個人富有創造能力，以改進他所處的人羣社會環境。個人也藉由創造性的活動，帶動人羣社會的進步。因此，現代人文學者也强調個人能夠良好地適應社會。如此，個人也需具備肆應生活的各項能力，包括謀生的能力。有效地構思解決問題的能力，並對個人的生計問題作出各項的試探。一個受過現代人文陶冶的人，對現今社會、經濟、政治以及現代人在環境、道德各方面的事務都會表示深切的關注。人文教育的實踐，是置諸於個人的奉獻，並反饋於人羣社會的進步上。

(四)社會文化生命的延續

一個文化生命的延續，有賴於教育活動至爲顯著。文化的延續必須藉由上一代成熟的社會分子，利用各種教學的方式，伴隨着個人對社會中文化的學習，始能一代傳遞至另一代，綿延而不絕；而社會本身的存在，也就得以繼續下去。人文主義者的理想，即在將社會中的文化各項主要因素，予以保存下來。傳統的文化中，所孕育的價值體系，信仰結構，就讓受教者去欣賞、珍惜以便維護之。由於他們對古典語文學科的懷念，所以，在教材上難免是會偏重於文化遺產的傳授。同時對文化中的信仰規範，亦較爲着重，冀能保持一致，不致中斷。

不過，現代的人文主義者，已感染到了民主思想的觀念。他們已經把文化的保存、繼續及維繫社會的生命，加上了文化的發揚與開展。其次，以開放的胸襟，在教育實施上，重視到多元文化因素的存在，强調文化間的相互了解與彼此分享的重要性。

社會文化的成長與發展，亦如個體生命的成長與發展。社會文化的成長，不只有賴於舊文化的保存與傳遞，而且也需要創新文化，培植具有創新文化的個人。這種因果上的關係是爲發生的，但也說明了人文教育的重點所在。

(五)自我潛能的在開展

常爲人文學者所提到的一個教育涵義，就是自我的實現 (Self-actualization)。自我的成長和實現，就被視爲是一項個人內在的發展。個體內在的成長乃是認定自我賦予了，一些潛在的能力。每一位受教者，都可視之爲一個單一性的存在體。其他的單一存在體，亦有着它自己的潛能，有待外在條件的配合而予開展。

個人來自稟賦的理智能力，諸如：思改能力、推理能力、想像能力、記憶能力等，莫不是教育上可資利用的重要稟賦。甚至有人文學者如近代美國永恒論教育哲學家赫欽斯，認爲人本性中就有求善的能力（註二二）。基於此項假定，所以人文學者似乎對於個體自我實現過程當中，會有自我發展至理想自我之可能性，自是深信而不疑。從人文學者對自我實現懷抱着一種樂觀、期待的態度來言，顯然他們是相信這些潛在的能力或傾向是可以藉由社會環境的交互活動而加以開展的。這也就是說單憑潛力和開展的條件是不夠的。但是這也說明了人文學者相信人的自我實現是有賴於人文科學知識以及人與人相互的社會互動。

由於人文主義者重視語言、文字能力的培養，其目的即在使自我隨着先前既有的古人思想，來擴大自我的領域，超越自我認知的界限，以期實現自我。當代具有人文傾向的教育家則比較重視人際溝通的技術。個體從人與人相互交往中，經由思想、意念的交通，對自我的擴張、自然是相當有幫助的。人文學者所强調的、就是要求自我能夠與過去最具有價值的人類智慧結晶相互交往，使自我的思想，可以與過去的偉人思想相結合。如此，自我的實現、自我的提昇、自我的超越、也就愈發爲之可能。

人文學者對自我實現的基本內涵，就近人的論點而言，相當看重從人與人的交往當中，去致力於自我的開展。這顯然已不再侷限於古典人文學者所强調的人文學科知識了，如康貝斯 (Arthur W. Combs) 在討論教育的目標時、提出了自我實現的個體必須是：

1.博學的 (Well-informed)；

2.具有積極的自我認識(Possessed of Positive Self-concepts)；

3.其經驗領域是開放的(Open to their experience)；

4.具有深切的情感以便認同別人(Possessed of deep feeling of identification with others)。

(註一二)

這就可以看出來，當代具有人文思想傾向的學者，深切地認識到，人的充分實現或發展，並不是完全浸潤在古人的思想當中，也不限於走向自然界中，而是在人的交互作用當中。是故，理智固然重要，但是人的情感、心理動機、歸屬感、喜悅、價值的澄清、生活的充實而有意義、個人完全投入生活當中、積極地探求各項經驗對個人的意義等也是重要的。如此個人的實現，才有其內容，才有其方向。

人是要美化的；且應以樂觀而積極進取的態度，投注到自我的開展上。因此人文主義者似乎是更能對人的自尊予以肯定！這方面，不論是古典的人文主義者及近代的人文主義者，所見都是相同的。

三、人文主義教育的內容

教育的內容，依人文學者的論點，自然是來自於社會文化當中。在文藝復興時期，古人文學者的思想都夠得上稱之爲進步的，因爲他們堅信中古時期的一些學識，早已經過時了，應該以古典的傳統的人文學科知識取而代之。當然，人文學科的知識，在作爲教育的內容時，也不是絕對的新穎，絕對的進步。由於時間的更迭，教育上進步的與保守的立場，也會因時而變異(註一三)。因爲，到了十九世紀英國教育學者對人文學科知識，就冠上了裝飾知識的名稱，而認爲科學知識才是眞正實用的，眞正進步的知識呢！

其次，每每會成爲人們誤會的一個事實乃是人們會認爲文藝復興時期的人文教育家，在教育的課程上，並沒有太多的改進，還不是把古典文學的知識，取代了中古以來的七藝課程而已。例如，教育史學家埃比（Ferderick Eby）就認爲有人會：

「對於文藝復興時期教育內容上的一大誤解，就是誤認古典的拉丁文和希臘文，取代了中古的拉丁文和七藝而已。一個死的知識取代了另一個死的知識而已！」（註一四）

類似這種見解，恐怕是難以避免的。因爲人們對人文主義教育家的課程理想，總認爲是偏向於人文學科，對自然科學知識總是不能夠兼容而並包的。事實上，這種通則性的論斷，並不見得完全能概括所有具有人文思想的教育家。因爲有些文藝復興時期的教育家，對於自然知識，並沒有完全揚棄。

文藝復興時期的教育家，眞正對近世西方教育實施上的貢獻，可以說是引進了各國方言的教學以及自然科學的知識。另外值得後人注意的是隨着自然有關知識之被介紹進學校教育的同時，一些研究的精神及方法，也被引進到西方的教育實施上。雖然在人文主義者所設立的學校中，未必會如此，但是這種見解對以後科學教育的推動，實具有啓廸的作用。

文藝復興以後的歐洲教育，在課程上的變動，可以從下列的敍述中得出一個梗概：

1.希臘文　在一三九六年希臘文學者克雷蘇洛萊斯（Chrysoloras）未到義大利的佛羅倫斯（Florence）以前，西歐學術界對希臘語文，甚少爲學者所注意。由於克氏在一三九六年至一四〇〇年分別在佛羅倫斯及威尼斯（Venice）傳授希臘語文，而文藝復興時期人文學者維多利諾（Vittorino）亦熱衷於希臘語文的學習，故希臘語文之教學，僅次於古典拉丁語文之學習。

貝蒂士塔（Battista）的父親受教於克氏，他對於希臘文的評價，有如下的說法：

「我曾說過以拉丁文寫詩的能力乃是一位受過教育的人的基本特徵。我現在願再加上一種語文，至少對我而言是同等重要的，即對希臘文學及希臘語文的熟悉。我們必須毫不懷疑地說希臘語文對學者的要求是無所疑慮的。」（註二五）

2.拉丁文　拉丁文本來就是中世紀中教會、學術界、學校中所通行的語言及文字。拉丁文也是進入知識寶藏的主要管道。同時拉丁語也是基督教王國中共通使用的一種語言。然而由於文藝復興時期，古典書籍的陸續被發現，語文的使用上，逐有恢復古人文章語法的運動，甚至文章的體裁、風格、用字、遣辭，都刻意模仿古羅馬散文大家西塞祿的作品，因而拉丁語文的教學，就逐漸流於純模仿的窠臼，形成了所謂西塞祿主義、語文主義（Verbalism）的教學現象。不過拉丁文對後世的人文主義學校，却成爲一門重要的課程內容了。

3.本國語文　在文藝復興運動之前，一些方言文學的作品，已經流傳一段時日了，如義大利詩人但丁（Dante 1265-1321）的作品便是。不過，人文教育家維多利諾還是重視拉丁文的教育價值，以爲方言並不足以表達一些重要的新觀念，因爲字彙不足之故。了解文化的主要媒介，還是拉丁語文，所以他是反對教授本國語文的。

不過，有人文思想傾向的阿爾貝蒂（Alberti）及費來羅福（Filelfo）則認爲方言是有教育的價值。另一位學者史羅烏斯（Aeneas Syloius）則說得很明白：

「鼓勵母親與孩子講本國語；學校中要使用本國語；鼓勵教師用方言，以便使教學更加有趣，更加容易。一切法律條文，應以本國語文書寫，以本國語文解釋，更須以淸晰的語文爲之。」（註二六）

另一位偏向於實際事務的人文學者，著有「庭士」（The Courtier）一書的卡士蒂利歐（Castiglione 1478-1529）則鼓勵庭士在古典語文之外，尙須學習西班牙文及法文。他的「庭士」一書，便是以義大利文書寫的。

4.文法　文法爲希臘文雅學科之一，亦爲羅馬七藝之一。在文藝復興時期，人文學者維多利諾就認爲文法爲一切學問的基礎。文法也是文字使用，口語表達正確無誤的一種藝術，但文法不是文學的全部。人文學者瓜銳諾（Guarino 1374-1460）則主張文法可以說是個人教育的基礎。只有將文法學習透徹後，個人學識的進步、才有把握。否則的話他認爲就像一座危險的房子，植基於鬆軟的基礎上一樣。（註二七）

人文學者爲什麼這樣重視文法的學習呢？主要的理由乃是他們見到文法在教學時，可使學者學習到正確治學的方法及注意細節習慣的養成。這對於治學態度是有其陶冶作用的。其次，文字的精練，須注意到文字應用的正確性，如此對於將來從事秘書、教師或高級行政人員，始能運用自如，得心應手。

5.歷史　中古時期一般學者醉心於哲學、神學、法律之研究，往往不認爲歷史也是一門學識。文藝復興時期，人文學者體認出歷史是一門知識學科而有豐富的道德教育材料。同時人文學者——以義大利人爲甚——爲了尋求其文化的根，因而認同了羅馬人的文化及歷史。人文學者也注意到歷史有實用的價值，因爲政治家可以擁有鑑往知來的啓示。爲了明白過去的人做了些什麼？說了些什麼？歷史是需要去學習的。同時人文學者也理解到古人言行可以作爲典範者，就含有道德教育的意義。歷史被介紹進入了學校課程的內容，對近代教育內容實是一大進步。

6. **算術、幾何**　中世紀是神學盛行的時代。教育家重視到算術及幾何的教育價值則是中世紀以後的事。在文藝復興前期，阿拉伯人的數字符號已經傳入了歐洲。人文學者如維多利諾就看到算術一科不僅有訓練正確思想的工具價值，而且在商業活動上，亦具有實用性的價值。對於幾何學的研究，維氏不僅提倡教導幾何學而已，而且他自己僱請教師傳授給他歐幾里得幾何學知識。他覺得幾何學的知識，也有着實用性的一面，諸如：繪圖、測量等是。另一位人文教育家史羅烏斯則强調幾何學要較邏輯更富有推理思考陶冶的價值。

7. **自然史**　文藝復興時期的人文學者，固然他們教育的內容重點是放在古典的語文上，不過亦有一些教育家，認識到語文的學習，必須植基於一個廣濶的基礎上，因爲語彙是涉及到古人生活的各方面，而不僅僅侷限於文學一隅而已。雖則人文學者提到了自然史的學習，不過他們的注意力，還是放在名人的著作上。所强調的是風格而非內容及知識。他們對自然知識之有興趣，也是爲了有助於詩、散文、演講辭的了解與解釋之用。嚴格的說，還是爲了語文表達及了解的需要。

人文學者阿爾貝蒂談到自然事物的教學價值時說道：

「關於自然事實的知識…我要你們愼重地加以注意，因而在海、河、池、小溪、深淵中的魚，你們都能認識到。所有的鳥、樹、灌木、花、果實、地上的草、深穴中的礦物金屬、天地間的神密、海洋，你們也都能夠予以了解。」（註二八）

一般的了解，總以爲人文學者所提出的教育內容，侷限於文學的範疇，對於自然的知識及數學的知識是不會重視的。從前述資料的論調來看，這種過分强調人文學者教育內容的偏頗性，無異抹殺了人文學者對後世教育內容擴充上的貢獻。爲此，這顯然是值得吾人加以注意的一項史實。

8.體育 中世紀時期，基督教在教育上的二大理論依據，其一爲人性本惡，絕不能縱容人性的自然發展。教育實施必須以管束，限制人所具有的一些自然傾向。故體罰在教育上並無不當。其二爲禁慾主義之流行。人所具有之慾求，被視爲人性墮落的根源。惟有克制人的慾求，人的行爲舉止，始有善行的獲致。中古時期的寺院教育，就是强調節慾、貧窮、勤勞與刻苦精神的修煉。

由於基督教深信靈魂的聖潔與肉體的汚穢，所以身體的發展，在教育的理想上，始終並無其應有的地位。經過第十世紀以後騎士教育的實施演變，一位基督教紳士的體育發展，逐開始有了轉變，但是正規的教會學校，並無古希臘及羅馬人所重視的體育活動。及至文藝復興運動開展以後，世俗生活的價值重獲肯定，體育活動才又重新受到了人文學者的注意。教育史家克伯萊(Ellwood P. Cubberley)在其「教育史」中，提到了人文主義學者所偏好的體育活動，有劈劍、摔跤、打球、跑、跳、擲、舞蹈等（註二九）。

其次，義大利人文學者卡士蒂利歐 (Castiglione) 在「庭士」的教育內容中，體育活動方面列有：狩獵、游泳、網球、舞蹈及武器之使用，因爲他理想中的「庭士」，不僅是一位文雅的「文人」(a man of letters)，而且也是一位有所爲的「行動者」(a man of action)。

這些世俗教育的實際發展，自然對後世教育的內容，不能說沒有任何的影響。教育上西方人所强調的德、智、體三育的活動，再一次充分地顯示在以後各個時代的教育理論與實施上。

晚近人文學者對於教育的內容，除了依舊重視人文學科的教育價值外，對於教育的內容，已逐漸趨向於採取一廣博的見地，而不再以人文學科的範圍爲滿足。

「或許皮銳(Ralph Barton Perry)表示的最爲切實：任何一個人，或關係、或情境、或活動，凡能具有文雅的教育效果、開展學識、刺激想像、激發同情心、鼓舞人性尊嚴，正確地與人溝通，產生此等影響者，均可稱之爲具有人文學識的特性。」(註三〇)

又如：

「實在的，吾人先前已了解到，任何科目都能以人文的方式教導之：數學、地質學、體育、家政、音樂、藝術及文學。杜威(John Dewey)曾睿智地說道：知識具有人文的性質，並不因爲這類知識是涉及到過去人類的智慧產物，而是因爲這類知識，的確啓廸了人類的智性及人類的同情心。良好的人文教學，就是保有此等結果。」(註三一)

由是觀之，晚近人文教育家對教育的內容，已不再限於固定的科目了；已經把人文的和科學的知識、作了一種結合，注意到引出人文教育的效果。

人文主義學者在教學內容方面，無疑的是比較集中注意於人所創有的那些文化資產，尤其是要學習者知曉人爲一創造者的特性。藉由教學的內容，令學習者認識到個體對人所創有的文學、藝術、知識能產生出欣賞，規範及創造的意義及價值來。人文學者在近年來所設計的課程上，也有採取整合科際方式的學習內容之提出，諸如：

1. 何謂人？（What is Man?）
2. 找出我是誰？（Discovering Who I am?）

其次，在教學內容上，亦有採取主題方式，探討下列的一些相關問題：誠實、大公無私、自我接受、友誼、責任、反對。這些研討的題材，學習者可以從不同的層次入手，諸如：文學、哲學、宗教、詩、戲劇、故事、倫理學、法律等相關學科之資料中覓找，從而作一整合性的論述。

又如美國賓西凡尼亞州人文協會所提出之人文課程，則從一人爲中心的主題上，輻射地引出一些關連性的問題：

1. 人之追求眞理；
2. 人之追求自由；
3. 人之追求美；
4. 人之追求與自然的關係；
5. 人與社會的關係；
6. 人與神的關係。（註三二）

如若討論第二項問題，則可令學生討論自由之理論與實際；討論希臘、羅馬、文藝復興、十八世紀歐洲哲學家、宗教預言家、改革家、政府反對者、革命家等對自由的論點。這種方式可以說傾向於文化史的角度，集中焦點地深論某一特殊問題。使學生產生一歷史性的感受，了解到社會制度、現象之繼續性，影響性及變遷性。

再如一位現代人文學校中的體育教師，亦可採取學習活動，介紹給學生一些生理學、營養學的知識、急救常識、團隊精神，德性涵泳，如公平競爭之風度等。

單就這種整合知識的角度，就可理會到具有人文思想傾向的教師，在善用人、物、事件、活動、情境等時，盡其可能地留意於人文教育的理想，則教材的人文性，就不會太過於偏狹了。是故，圍繞在人周圍的各項問題，皆可以列爲人文教育的內容，以提示給學習者。

四、人文主義教育的方法

教育的實施，脫離不了教育的內容及教育的方法。由於人文教育學者在教育內容上，多少偏愛於與人有關的人所創造的人文學科知識，但是人文學科的知識，在教育實際活動上，所要求達到的目的，並不限於所欲認知的知識而已，且要擴及於個人情感的充實、情意的加深與興趣的培養。是故，就教育的方法來說，人文教育學者當然有其較爲偏好的一些教育方法了。

基本上，人文學科中所包含的事實性知識，跟自然科學中所包含的事實性知識，是沒有什麼差異的。就以歷史中的事實，作爲教學的資料而言，凡涉及到事實性的陳述，如：古希臘時斯巴達人打敗過雅典人；英王亨利八世解散了羅馬天主教教會；林肯於一八六一年解放黑奴；一九一七年俄國沙皇帝制被革命者推翻；一九五七年第一顆人造衞星升入太空等等，在學習事實性的認識上，幾乎與科學知識之教學，沒有什麼太大的差異。

「當然，事實是可以教導的。不過，就人文科學來說，它不像科學知識，而事實（理性化了的教材）並不是很重要的。眞正重要的乃是學生自己在學此一科目時的個人體驗性的認識。他無法從另一人處得到這些認識，甚至無法從一位專家處得到。」（註三三）

之所以如此重視學習者個人體驗的活動，乃是因爲人文主義教育家希望個人的自我實現，能經由個人的興趣、個人的喜好、個人的贊同、個人的作爲，去充實自我的經驗。這些教育上的期求，也仰賴於教育的內容及教育的方法。這些目標的達成，絕不像事實性的認識，是可以加以驗證的。

回顧文藝復興時期的人文教育家，在受到中古傳統大學中、主以演講式及討論式教學實際的影響，因而當語言文字成爲文藝復興時期教育的主要活動時，也就難免會回到以記憶及模仿爲主的教學方法上了。現在爲了方便起見，擬將人文主義教育的方法，分爲古典的及近代的二個層次，分別加以陳述如次：

(一)古典的人文主義教育方法

古典時期的人文教育家，由於教育的重點爲語文類的知識，在方法上難免是以記憶，反覆練習、模仿爲主。至其方法約有下列數則：

1.**概念**(praecepta)、**範例**(exempla)、**模仿**(imitatio)可以說是人文學科教師的不二法

門。教學活動主在文字語言表達上，儘量刻意地做效古拉丁語文的章法，體裁、風格、用語、遣辭，如此，難免會過份重視文字的形式而忽略了文字所欲代表的思想。

2.**重視記憶** 以人文學者伊拉士莫斯（Erasmus 1466-1536）爲例，他雖强調記憶，但已注意到記憶的相關條件，故不能僅作機械式的記憶。他以爲良好的記憶，須將所記的內容予以明瞭（understand），且作適當的安排（arrange），並不時地加以重複（repeat）。如此記憶始能持久而鮮明。

3.**親身經驗** 具有社會唯實思想的法國人文學者蒙台因（Michel de Montaigne 1533-1592）就重視受教者的親身體驗。

「只要是兒童所能到的地方，一些不常去的所在，就讓他去一下好了；一棟華麗的房屋；一座高雅的噴泉；會晤一下有名的人士；瀏覽一下古戰場所遺留下的痕跡。」（註三四）

人文學者在教育上，是珍惜個人的體驗及感受的。這不僅是認知上的目標而已，尙包括了情意的薰陶在內。

4.**雙向翻譯** 英國人文教育家阿契姆（Rager Ascham 1515-1568）在教導拉丁文時，提倡雙向翻譯的學習方法。先將古拉丁文譯爲英文，稍爲過了一段時間之後，再將所譯成的英文字句，譯回成爲拉丁文。如此可從比較，對應的文句中，了解到自己學習語文上的疏忽之處。

5.**日常談話** 文藝復興期的人文學者，在口語的練習上，喜歡用非正規的會談方式；利用日常生活經驗，作爲學習拉丁語文的途徑。時間上是在兒童幼小時卽開始，以期學習效果良好。

6.**社會競爭** 在採取團體教學方式下，人文教育家注意到學生間相互學習、相互競爭以及在衆人面前受稱讚、獲鼓勵的教育價值。

7.**嚴禁體罰** 長久以來，西方教育在基督教人性本惡的觀點下，體罰成了學習的一項激動因素。也誤認體罰是教學上的指導作用。人文學者的教師，傾向於人性本善的觀點，主張對受教者要仁慈、反對懲罰、强制、威脅，因為任何方式的體罰，都會使受教者懷恨於心、厭惡他所學的科目。

掀起宗教革命的馬丁路德（Martin Luther 1483-1546）曾批評當時日爾曼學校中流行的體罰現象。他譏諷地認為當時教師只知鞭打學生、折磨學生，使學校淪如地獄、監牢，而教師則如同暴君及獄卒（註三五）。

8.**專書研讀** 不可否認的，在人文主義的教師心目中，知識還是主要地保留在書本當中。因此書本的精讀，實是人文教育活動中，極其重要的一項活動。以文藝復興時期中的「學者中的學者」伊拉士莫斯來說，他就提出一本專書的研讀方法是：

首先要仔細地欣賞作者；了解其生平背景及重要事實；估量其智慧程度；個人風格特徵；然後明瞭作者的觀點。隨後教師須批判作者的用語、比喻、諷喻性人物及其風格上的特性以及優雅的表現，並說出前人未曾批評或評價之處。

9.**興趣原則** 伊拉士莫斯以為教學須配合學習者成熟的機會，並注重受教者的興趣。他認為：

「第一，學習是不能急躁的，只要到達適當的時機，學習自然容易；

第二，容易忽略的及延緩的困難，必須避免；

第三，學習上遇有難題時，必須使學生逐漸接近它，儘量使學生感到興趣。」（註三六）

10. 模仿原則　人文教師在教學活動上，無可置疑的，他們常用的一種教學方法，就是模仿的教學方法。這種語文學習上儘量仿效古人文章的體裁方式，實際上也包括了一些分類、分析、記錄、記憶的活動。就是這種教學方法使得西方古典的文化遺產得以承繼，終於成爲歐洲思想上不可分割的一部分（註三七）。

11. 重視指導　人文教師在教學上，重視兒童的活動，不過教學情境中的兒童活動是在教師的指導下完成的。人文教師在指導學習活動時，一方面重視介紹性的學習，一方面也重視材料中某一部分的專精研究與深入學習。至少學習的形式，已不止於演講式的教學活動了。

12. 形式訓練　從人文主義者在教學上强調語文的學習價值上來論，他們並不完全認爲語文的學習，就止於語文的知識而已。語文學習實則上包含了學習者對語文形式辨認能力的練習，思辨能力的訓練以及記憶能力的訓練。

13. 適應個性　人文教育思想家衞威斯（Vives 1492–1540）主張不論是教或學，均需兼顧到學生的能力。教學活動應該依據學生個人能力適當地予以配合，才能收到教學宏效。

古典人文主義的教育方法，尚未重視到感官活動的教育價值，至少這些教學方法上的轉變，都是發生在唯實的，自然的教育思想產生以後。到了十八、十九世紀的西方教育思想，在這方面就有了相當多的教育家加以鼓吹。在他們的教育論著中，充分地予以發揮了，例如：盧騷（J. J. Rousseau 1712–1778）、裴斯泰洛齊（Pestalozzi 1746–1827）等是。他們的教育思想與近代的關係，已經是非常的密切了。

晚近人文教育因受科技之過份發達及存在主義思想之影響，在教育上又有活動頻繁之勢。具體的教學實施，在英、美亦皆可見，如英國的夏山學校（Summer Hill School）美國的通才教育便是。

晚近人文教育思想上的一項貢獻，就是經過了西方人的啓蒙運動，科學發達，工業革命等社會重大變遷以後，教育上又重新恢復了重視情意教育的價值，正如派特生（C. H. Patterson）所說的：

「人是一個有感覺、情感、思想及行動的存在者。我們目前的社會及教育制度，不僅使得個體零散了，而且也忽視了感覺及情感且未予以發展。情意的教育目的，即在使教育均衡地發展，以便培養完整的、統合的自我，獲得自我的實現。」（註三八）

基於這種認識，近來人文教育家在教育方法上，也就着著個人認知以外的情意教育了。

1. **演講教學**　文藝復興及中古時期之大學，在教學上也用演講教育方法。不過現在的人文教師，已將演講式教學作了一番觀念上的更正。教師利用演講式教育活動，被視爲激動學生作更多活動的一個引子。學習當不限於教師所講的範圍。同時學生所接受的材料，亦須經過思考、批判從而作爲進一步學習的跳板。

2. **經驗價值**　經驗是學習的來源。自我親身經驗，實地去體會則是學習的一種方法，所以人文教師不止安排適宜的學習內容（experience），而且也選擇適當的情境，令學生去親身經驗（experiencing）如：實地參觀、參與活動等是。

3. **激發動機**　人文教師深知學習的效果，有賴個體充份地投入學習的情境，然而充份地投入學習情境，又需强烈的心理動機。教學固然涉及到認知的因素，但更重要的是激發個體殷切的求知慾望，興趣和決意。教學的成敗，就在於能否培養學生懷着熾烈的求知心理，期盼學的更多，讀的更多和領受的更多。

4.強調領受　認知資料或事實，往往是一般教學的焦點所在，不過偏向人文教育精神的教師，則能注意到對所學的各類經驗，令學生作一領受。從學生的學習活動當中，產生意義的認識，享用的觀點及激賞的情懷。

5.重視體驗　傳統的教學活動中，對於學生的認知活動看得很重，所重視的是認知活動過程中對事實的搜集，證據的保留以及證明的求取。至於在認知過程中，對於認知對象所產生的個人印象，意見及喜好則往往予以忽視，或者不予重視。因爲一般强調事實性認知的教師，在科學知識至上的觀念下，認知事實、覓找證據、謹愼求證，似乎才是眞正的求知或學習。人文教師覺得個人認識的印象，意見或喜悅，同樣是個人寶貴的認知經驗。

6.欣賞教學　人文學科所涉及的範圍中，諸如：文學、藝術、詩歌，在教學活動上，可不限於知識獲取一途而已。人文學科的教學可應用欣賞教學的方法，直接有助於個人的體驗。如此人文學科的教學活動，就不能僅限於知識的獲得。如何藉由人文學科欣賞的教學活動，涵泳個人開廣的胸懷，卓越的遠見，關懷他人的心胸，以求取一和諧的人際關係，則是人文教師希求從欣賞教學中，增進學生品格的期盼所在。

7.注重表達　人文教師在教學的要求上，特別着重受教者個人內在體驗與情感的表達，教師所注意到的教學效果，不一定就是可以數量化的事實性知識。受到他注重的，無寧是受教者經由教學經驗後的感想，感覺和印象。這些屬於感性的經驗，對個人意義的追求，價値的肯定，無寧是極爲有助的學習成果。

8. **鼓勵想像**　人文學科中，甚多科目的內容，都涉及到受教者想像能力的運用。舉凡歷史的，文學的、詩歌的、戲劇的，凡涉及到語文的，符號的內容時，受教者的想像能力，往往成爲了解語文與否的關鍵所在。人文學者爲了欣賞、表達及創造更完美的文學、藝術作品，自然重視受教者想像能力的陶冶。其次，實際的教學活動中，也是無法忽略利用想像能力，以增進教學的功效。

9. **着重創造**　人文教師在教學上，由於認識到受教者是一個獨立而自主的單一個體，因此，他個人的學習活動，並不一定過份强調受教者間須有共同一致的學習成效。由於個人豐盛的情感，歷史的背景，獨特的偏好，實在無法要求學習效果的一致性，如：藝術製品，文學作品等是。創造是個性的發揮。創造也是自我的表現。因此，自我的認知、情感、意願，均可在創造某一成品的過程中，盡情地表達出來。

10. **利用討論**　教學上常爲人文教師所用的一種方法，就是討論式教學方法。在團體討論方式中，教師是具有引導討論活動的重心所在。討論並不是機械式地一問一答。討論是個人經驗完全的投入，毫不保留地參與經驗的交流。討論教學的方式，不同於複誦的活動。複誦着意於特定的答案，而討論則不必。

11. **個人知識**　知識有證驗性與組織良好而系統化的科學知識，但是也有較爲主觀性的個人認知，例如來自於個人的體驗、領悟、質疑、想像、沉思者。人文學者對於後者的重視是不亞於對前者的重視。

12.真誠對談　人文教師了解到班級教學型態上的缺失，主要是在於未能兼顧到個別的差異。因爲一位教師甚難兼顧到四、五十人的學習情形。在人文教師的教學過程中，他會利用個別化的教學方式，並採取對話式的教學方式。此處所謂的眞誠對話，並不是輪流交替式的談話而已。在眞誠、坦然的交談當中，顯現的是雙方自我的相交，心靈的溝通、意見的協同、情感的關連以及人與人的互相約定。交談的極致是引起心靈上的共鳴與激盪。

13.講求人師　教師在工作上的主要活動，並不限於知識、技能的傳授而已。教師所扮演的另一個角色，就是作爲學習者的一個範例（Model），提供學生在行爲上，情操上，道德上的模仿樣本。更重要的是一位教師也是一位心理學家，肩負了矯治學生生長上各項缺失的責任。

> 「每一位教師在他而言，就是一位心理學家。不管他做什麼、說什麼、教什麼，他都會產生一些心理的影響。他所提示的，有助於兒童去發現自己的特長及自己的限制。在無數的情境中，協助學生作自我的實現或接受自己，或觸發學生形成自卑、羞恥，反對及自我的褒貶。教師可爲這些活動的中心所在。」（註三九）

教育的本質是人的發展，而一個健全的人格，是一個完整的人格，不偏向於任何一方面，心智的、身體的、審美的等。因此人文主義的教學方法，就得兼顧此一理想目標之達成始可。教學也就不能再偏執於認知活動的一隅而已。尤有甚者，人文教育家並不強調經由教學所獲致的知識之多寡，反而重視的是個人的態度及心理上的各項條件，如：接納、盡責、眞誠、盡心、探知、關切、質疑等。

五、人文主義教育與教師

教師是推動教育工作的重心。一般教育理論對於教育的材料及教育的方法，多給予莫大的關注，因爲教育的實施，有時被認爲就是教育內容的傳授，而有效的傳授教育內容，非得優良的教學方法不可。尤其晚近教育方法，在配合視聽教具的日新月異的狀況下，教育工作者莫不躍躍欲試，誤認爲教育的素質必將有重大的改進。

從人文主義的教育觀點來看，教育的工作，其主要的成敗條件，並不完全繫乎教材的內容以及教學方法的良窳。教育的活動，必須取決於教師的一些基本態度。縱然有着良好的教育內容和教學工具，倘若沒有一位眞誠的、熱心的、純正的教師，面對其受教者，給予個人迫切的指導與協助，則受教者個人的成長，個人的自我實現，往往就有落空的可能。

現實上，不免有一些對教師的誤解，亟待加以澄清，以期在教學活動中，更加有助於個人的成長，而不致於迷失於傳統中對教師的誤解。

傳統上要求一位教師在教室情境中，不論發生什麼，教師都必須冷靜，以冷漠的態度，處理所發生的事故，因而要求教師不發怒、不激動，能控制個人的情緒。

然而，人文主義者的教師是一個活生生的個人。他或她不可能沒有一絲絲個人的情感或情緒的表現。因此，前述的要求是不合情理的。

一般上要求教師能夠節制，對任何爭議都不要介入，保持中立的態度，最好不要表示個人的意見。

然而這不是一位人文教師所應有的態度。任何教師都不能沒有他的主見、立場及對問題的觀點。要符合眞實的情境，一位教師須表白出他個人的見解及對爭議的立場。教師是不能作一位鄉愿的。教師也不應該是一位隨風的符和者。

有時流行的一種論見是孩童們情感遠較教師的情感爲重要。

可是就事實的眞相而言，社會情境中的行爲是互相影響的。孩童對教師的影響，不能說是沒有的。教師的情感也會因學生情感的表現而有所顯露。這是自然的且無法加以掩飾的。何況這種交互的情感，在教學活動中也是極有價值的。

偶而吾人會聽到要求教師對待學生一律平等，毫無軒輊；喜歡所有的孩童，不能有所偏好。實則上一位人文教師就是一位眞實的個人。他的行爲、思想是不會有任何的虛假性，也不會有任何的做作。因而個人的好、惡是難以一視同仁的。只苛求於不實的假象，而不將眞實的自我表露出來，那是自欺欺人的愚行。一位人文教師是不能苟同這點的。

有時對教師的要求上，總希望教師不要傷及孩童的情感，隱藏教師的情感不露以及認爲教師是無所不知的。這些都可能是傳統上對一位教師所作的要求。

可是，教師也是一位普通的人。他情感的表達，也有可能在疏於辨別下，影響到了孩童。面對教學的情境時，教師的內在情感，也會表露出來而無法完全加以掩飾。教師也會有所不知，也會偶而犯了錯誤。一個普通的人，有情感、有理智、這才是人文教師的特徵。

其次，一般觀瞻上往往認爲一位教師是一位佼佼者。他能應付環境，解決問題，應用自如，沒有壓力、沒有焦慮、沒有衝突。

對人文主義的教師而言，這不是眞切的。人文教師也像其他普通人一樣，有着煩惱、困惑，難以處理的衝突。說得淸楚一些，人文主義的教師，不能完全擺脫開人性的一面。他是一位眞誠的個人。因而人文教師是一位心胸開拓、熱誠、眞實的自我。他不會拘泥於社會的小節，也不會說出言不由衷的話語，更不會是一位僞君子。

在教學活動上，他是一位知多少講多少，絕對不會自我吹噓的人。他不是一位宣傳家或推銷員。在教學上，任何方法的應用，都須建立在人的基礎的。因此，對一位人文教師而言，他的態度是坦誠的、合作的，迎向眞理，絕不以非當是，以是當非。

在管教上，他也許不能算是一位嚴師，因爲他的管教基礎不是奠立在權威上，而是以愛心，以柔克剛的方式，在互相體認對方的處境下，解決班級教學型態下的管教問題。

在眞理的宣揚上，他並不斤斤計較於學生所獲得的認識有多少。他所期盼的，無寧是要學生尊重眞理、敬畏眞理，對眞理具有强烈的追求態度，永不休止地探求眞理的精神。

在與學生相處上，他不會劃淸師生關係上明顯的鴻溝。他樂意以年長者的態度，協助孩童、青少年們去面對現實的世界。人文教師與學生之間，經由眞誠的對談，毫不保留的態度，彼此之間已經是無話不談了。他已經可以夠得上稱之爲一位心理治療師了。

在對待學生上，一位人文主義的教師，就是一位眞心能夠尊重學生的成人。他將兒童、青少年，青年發自內心地視之爲一個獨立、自主的個人。他不可能去侮辱他的學生，斥責他的學生，更不用說體罰他的學生了。每一位學生，他都覺得有其自我的尊嚴，所以，作教師的是不能隨意加以欺凌的。

總之，人文教師並不貴乎他傳授了多少知識給受教者，也不認爲把全部技術給了學生是值得驕傲的。眞心的學習，必然是在教師與學生之間有着和諧的人際關係時，產生了共鳴、發生了心靈上的交流。因是之故，人文教師的特徵，就是他能夠尊重學生、關懷學生，具有開放的心態，能眞誠地協助學生作自我的實現者。

六、人文主義教育家

人文主義教育家甚衆，在此謹擇重要者數人作爲代表，以窺其教育思想之一斑。

1.布德（Guillaume Bude 1468-1540）爲法國人文教育家，著有「論皇子的教育」（On the Education of a Prince）。該書爲第一本以法文書寫的教育論著。布德可以說是基督教人文學者，因其觀點多在闡揚教會中具有人文教育思想家之意見。跟其他人文學者一樣，希德雖以法文著書，但他鼓吹完整的教育，必須從廣泛的瀏覽古代典籍中加以完成。他曾批評巴黎大學當時雖已設有哲學及神學教授人員，但並未重視文字的教育價值。布德的貢獻乃是使法國的教育理論與實施，受到了人文思想的影響。他的教育論點，使人們將教育理論與良好的學者風範結而爲一。一五三〇年他設校講授希臘文、希伯來文、拉丁文及數學等科，創立法境人文學校之前驅。

2. 柯力特（John Colet 1467–1519） 爲英國人文主義教育家，也是將人文教育思想實際地展現在聖保羅（St. Paul's）公學的一位教育家，因爲他的影響，遂奠定了英國公學人文教育的楷模。

柯力特也是屬於基督教人文主義思想家的類型。他認爲古典文學的教學是可以與品德修養結合起來的。他相信古典文學不僅可以培養學者，亦可增進人的虔誠。不過他以爲古典文學的研究，首先須以客觀而純正的態度，仔細地辨識其意義，不要有先入爲主的意念，加在書籍的內容上。

柯氏在聖保羅學校所實施的教育，着重學生對語文的認眞學習，强調西塞祿作品的說與寫。另外學生用筆記作記載，不時的背誦及重複。除古典著名作家外，柯力特也令學生選讀較著名的基督教作家的書。

3. 海吉斯 （Alexander Hegius 1433–1498） 爲德人，曾爲德境內文藝復興中心之丹德特（Deventer）學校校長。在一五〇〇年前該校曾經印刷了四百五十本古典名著，廣爲流傳，形成境內人文思想的重鎭。（註四〇）

4. 維佛林（Jacob Winpheling 1450–1528） 亦爲德境內人文教育家，由於主持海德堡研究中心（Studium）訓練出不少人文教師，故有「日爾曼教師」之尊稱。氏著有「日爾曼青年之指導」（Guide to German Youth）一書，爲日爾曼人以德文發表之第一本教育論著。氏强調古典文學名著與宗教情操與道德品性之關係。氏以爲培養一個只有知識而不愛鄰人，只有知識而沒有虔誠，只有智慧而沒有謙虛的人，那麼研究學問又有什麼作用呢？

5. 伊拉士莫斯（Erasmus 1469–1536） 係出生在現今荷蘭之鹿特丹（Rotterdam）。氏爲基督教人文主義者。基本上是以培養基督教紳士爲其教育理想。氏曾到過英國，在劍橋大學任教，教授神學及希臘文三年，並協助英國人文學者柯力特改組聖保羅公學。氏學識淵博，著論甚多，如：「愚行之讚」(**Praise of Folly**) 對寺院學派及文法教學多所批評；「一位基督徒的教育」(The Education of a Christian Man)；及「論早期男孩的文雅教育」(On the Liberal Education of Boys from the **Beginning**)。這些均爲人文教育討論性之著作。另外氏所著之拉丁文教科書，流傳甚廣，影響不小。

伊氏可以說是將人文思想從南歐介紹至英國的人文學者。他的教育見解，强調文雅學科的知識，主在培養宗教上的虔誠心理。教育的理想即在使學生喜好文雅學科，以便將來履行現實生活上的責任，同時及早熟悉良好的禮儀規範。伊氏不强調從文法規則中去學習語文。他認爲語言的學習，應從日常生活的談話中去學習才好。文法固然重要，但其規條必須有內容；同時必須事先有所經驗，才能學習起來順適。古典文學的學習，不應孤立起來學習，而需與歷史、農業、地理、天文、自然史等科目相連貫。

伊氏在教育主張上，呼籲兒童須及早接受教育，不要錯過機會。另外，學習的活動，可以經由玩遊戲、說故事來激勵學生的學習動機。故不可一味地用體罰的方式。伊氏以爲教育的目的，不全是爲個人。教育亦負有爲國家而實施的需要。良好個人的培養，自然有助於國家的發展。伊氏在人性觀點上，主張人性爲善的說法。他以爲個人之增進，乃是得力於三項因素：自然 (Natnre)，個人有天賦的能力，故須加以訓練；個人亦有內在的力量，趨向於優越。訓練 (Training) 即利用教學及指導促使個人進步。實習（Practice）乃係個人自行的活動，培植自然的向善能力並以訓練再向前推進。由於個人內在能力不同，故伊氏在教學上留意到個別的差異。個人傾向於數學，修辭、詩，軍事之特長不一，故教育實施，自然不應一致。

伊氏也認識到了體育的價值。在教學上注重實際的活動，學習寫作就得從寫作中學習，頗似今人主張之從做中學。

伊氏一度被認爲是「學者中的學者」，故其影響不小，不過伊氏的人文教育理想是放在個人德性的涵泳上。所以，他也是一位虔誠派基督教人文主義者。不過，值得吾人注意的是氏以爲理性對人的幸福至爲重要，因爲唯一獲致幸福的道路就是認識自己，不要讓自己被情慾迷惑了。同時要讓理性判斷去支配一切。另外，過多的彌撒、晚禱、連續九天的祈禱，如沒有心靈上的認可，那也是無濟於事的！（註四一）

6.卡士帝利歐（Castiglione 1478–1529）爲義大利人。他的人文主義教育理想是培養一個理想的「庭士」（Courtier）。「庭士」的理想可以說是揉合了基督教與騎士的教育理想。一則由於卡氏心目中的「庭士」乃是一位懂得文字學識的人（a man of letters），但也是一位實際行動的人（a man of action）。這樣一位完人，不僅有着健美的身裁、身體結實、四肢均勻、行動輕軟、熟練戰技、精通各種武器、擅長於騎術、而且對於摔角、游泳、跳躍、投擲、狩獵，都能精通。另外在人格特性上，庭士是一位寬宏大量的人，公正而慷慨，勇敢而有遠見。同時在藝術方面，如繪圖、作畫、吟詩、跳舞，都有所專長。在卡氏的心目中，一位庭士就是一位具有文化素養的君子。不過，庭士的理想已經含有實用的見地，故不能只認識到文字而已，他必須對世俗的事務，能夠有所承擔，有所作爲，才符合卡氏的理想。

先前曾經提到，人文主義思想到了十八世紀的德國，在哲學家康德（Kant 1724-1804）、席勒（Schiller 1759-1805）等人的影響下，人文主義思想注入了新的氣息，强調以文化來教育，培養人之外，更以美的經驗來提昇人，這就是新人文主義了。其中對德國教育較具影響力的要算洪寶德（Friederich Wilhelm Von Humboldt 1767-1835）。

7. 洪寶德 爲德國人，思想上受康德哲學影響甚大。教育見解上，主張新人文主義教育思想，而且具體地將新人文主義教育思想，付諸於教育的各項改革上。

最值得注意的是洪氏出任德國教育部長時，於一八〇八年設立了柏林大學，成爲德境內自由講學、自由研究的重要學府。一切均以創意的研究爲主，不着重於教學及考試的要求。在中學方面，將一些舊式的文法學校，改爲古文中學（Gymnasiun）成爲大學之預備學校；其課程則以拉丁文、希臘文、德文、數學及科學爲主。尤其是將古希臘文、拉丁文作爲中學的核心課程，放棄了傳統上强調拉丁作文爲主的教學方式，改以認識古代偉大名家之作品，重視前人在思想上的成就。由於洪氏的教育改革，人文教育奠立了良好的基礎，但也爲科學的研究，樹立了範式。

8. 赫胥黎（Thomas Huxley 1825-1895）爲英國人，係科學的人文主義者（註四二）。赫氏爲英國維多利亞時代的學者，精通歷史、哲學、文學、科學，尤其對生物學頗有研究心得。赫氏雖是一位典型的科學家，但却有濃郁的人文學者的氣息。赫氏以爲單憑科學知識是無法培養出一位理想的人文性格而必須藉由文學、藝術、宗教等學科始可。一位文雅教育的理想人格，他認爲應該是：

「我想凡是接受過文雅教育（Liberal education）的人，就是青年時期，訓練其身體，爲意志的僕人；任何工作均以樂趣、安逸爲之，就像一座機器所能做的；其心智是清晰而冷靜，並且富有邏輯思考；心理的能力是均衡的，運用和諧而有秩序，就像一座蒸汽引擎，可以擔任任何性質的工作，可以紡心中的薄紗，也可以鑄造心中的大錨；受過文雅教育的人，其心靈儲藏着自然的基本與偉大眞理，知識以及自然運行之各項法則；受過文雅教育的人，不是一位受制於禁慾主義者，而是一位充滿了生命與熱力的人。不過，他的熱情是經過陶冶，而受制於堅强之意志，是細膩良知的奴僕。他學得喜愛一切的美，不論是自然美或藝術美；他學得恨一切的罪惡，而尊敬他人，就像是尊敬他自己一樣。

我認爲就是這種人，而不是別的人，才是受過文雅教育的人；因爲他就像一個完全能與自然相一致的人。」（註四三）

顯然，赫氏所主張的人文教育，多少帶有自然知識的成分，一位文雅的人士，不只熟稔人文科學的知識，就是自然科學的知識，他也要有所了解。基於此一信念，赫氏在教育人的實際上，對於人的智慧固然强調，對於藝術之欣賞，詩歌之吟唱，亦認爲是充實生活之所需。赫氏對於人文學科中之音樂、繪畫二科至爲重視。對於一位大學的知識分子，他强調教育上不僅須注重到「精」，同時也要注意到「博」。這樣的教育，赫氏就不强調過份依賴於書本的知識。鑑於他對教育的知識較爲着重科學的，故稱之爲科學的人文主義者，自不爲過。

9.赫欽斯（R. M. Hutchins 1899-1977）爲美國人，哲學思想傾向於新多瑪斯派（Neo-Thomasism）；教育思想則較近於人文主義學派。赫氏是美國廿世紀卅年代提倡古典名著大學課程者，也是積極提倡通才教育（general education）——實質上具有文雅教育（liberal education）之意，不過，添加了美國民主的政治理想——反對美國當時教育上過分傾向唯物主義、職業教育、專業教育的一位思想家。

「一般批評家因此而蜂湧興起，諸如赫欽斯及梅克禮賀（Alexander Mei Klejohn）之呼籲保持住文雅學院，避免專業主義（Professionalism）及職業主義（Vocationalism）教育實施之侵入。他們試圖力挽狂流，不過在大學部，的確產生了一些廣泛的課程類型，就某種方法上言，乃在冀使所有的學生，均能對人文學科、社會科學、自然科學、數學、純粹藝術各方面，有所涉獵，而文雅教育或通才教育，乃在硏討此等領域的知識。」（註四四）

赫氏在教育理想上，强調一個文化陶冶的人，但是較爲看重人的智性發展。他以爲教育就是人性的培植，透過教育使個體更能夠認識到古人的思想結晶，從而對現在及未來人類的思想之發展有一認識。

教育的目的，不應只顧及到實利及實用的要求；眞正人類的教育，應該置諸於幸福生活的實現。人類的活動雖衆，型試雖多，不過總括而言，人類的各項活動，諸如：職業的、教育的、道德的，都可視之爲欲實現幸福生活的一工具，獲致幸福生活才是各項活動的最終目的。赫氏在其一九六八年出版的「前瞻之社會」（The Learning Society）一書中，就提道：

「本論著曾經定教育爲有組織的、有計畫的嘗試，以協助人民成爲智者。本論著曾經堅持認爲教育的目的，並不是人力（Manpower）而是全人（Manhood）的發展。」

又說：

「經常所着重的教育目的，並不是促進人的瞭解，或者是提高其智慧的水準，或者是協助人民經由心靈之使用而成其爲人。教育所着重的是經濟的成長。此種教育目的，若以本論著對教育的定義而言，則爲非人的（Nonhuman），不近人情的（inhuman），或違反人性的(antihuman)。」（註四五）

赫氏從人性觀上，認定人性是向善的、智的及自由的。教育即在引出這些人性的特質來。不過，鑑於他重視的是古典名著的教育功能，因此，在他建議的通才教育中，大學前期二年的課程，就集中於百本西方名著之研究；從柏拉圖之「理想國」到愛因斯坦（Einstein 1879–1955）的「相對論」。他以爲這些名著中的思想精華，都有助於使人更成其爲人。教育若以職業能力，專業技能爲鵠的時，無疑是沒有把握住教育的本質。是故，任何不以全人的發展爲主旨的教育，都犯了違反人性的嫌疑。

10.馬瑞坦（Jacques Maritain 1882–1964）爲美國天主教教會人士而傾向於人文教育之思想家。氏雖生在法國，但是大半生涯都是在美國渡過。他在思想上是與赫欽斯之哲學思想淵流較爲接近，都是對聖多瑪斯（St. Thomas 1225–1274）之哲思想有所景仰，相信人不僅是一位自然的存在者，而且也賦予了超自然的目的。氏以爲人雖是動物的一類，但應強調其所賦有的理性。因爲人有理性，故使人具有了優越性而不被限制於物質或自然的範圍之內。對人的解釋，他並不苟同於唯物論者的見地，完全從人的物質面去了解人。

馬氏相信人是單一體的；具有智慧、意志力；其存在不能視之爲一物質的存在；人可藉由知識、愛、意志而走向超越；人與自然有其同，亦有其異；人的活動在精神層面；人是一個完全的整體（Whole），所以，任何對人的了解，不可單從一個層次爲之（註四六）。

馬氏以爲教育的實施，必須乘勢而利導；重視學習者內在的潛力及主動的認知精神和發乎內在的實踐能力。他覺得以往由於對學習及兒童的不甚了解，故教育上多以强制方式，達到教育的目的。而今教育心理知識方面之增加，使得教育的途徑有了重大的更改。氏以爲教育的理想應該是：

「教育指向智慧，以人爲中心，其目的是在發展人之正確的思考能力，沉潛於眞理及美的鑑賞中。教育係爲自由，亦卽文雅教育之所爲。」（註四七）

馬氏對於教育的涵義是掌握了教育的本質：卽人的養成。是故在氏所著的「人的教育」（The Education of Man 1962）一書中，他極力强調一個完整的人，就是智性、德性完善地涵泳的一個人。

馬氏也提示人的教育，必須有賴於人文學科的知識，不過，人文學科的內涵必須擴大，應該將物理，科學史、人類學、文明史、手工史等科目包括進去。跟先前赫胥黎一樣，馬氏也是一位重視科學的人文學者。不過，科學的重要性是他們二人所重視的，但是絕不會讓科學完全主宰或支配了人的教育。這點二位不同時代的人文學者，則是所見略同的。値得注意的是他也重視宗教在人的培育上的價値。這也是教會人士中，信奉人文思想者共同具有的特色。

從先前主要的人文學者的介紹中，不難窺見人文教育思想家，在教育的論點上，都能把握住人的教育這一主題。人爲中心或人爲本位的教育信念，從文藝復興運動以來，就被堅守而不渝。這對於西方古代——古希臘與羅馬人的教育觀，似乎都有所倚重，這也是研習教育歷史的價值所在了。

七、晚近人文教育的實際

人文教育思想的傳統，就西方的教育歷史來說，是有着相當長的一個歷史階段。雖然，文藝復興運動引出了人文主義的教育實施，但是古希臘與羅馬的教育，在思想的本質上，依然是具有人文的彩色。因爲那時教育的要求，實際上是着重於一個現實世界人的養成，期求於一個各方面均衡發展的個體。中世紀出世的人生觀，替代了入世的人生觀。教育的重點從人的世界，轉移至神的世界，失去了人本思想的特質。人文的教育，也就爲之淪喪。直到文藝復興運動興起，人文思想的教育，始又恢復起來，重新成爲西方教育的一個主流。

往後，由於自然主義、唯實主義、唯物主義、功利主義分別在各個時期，各個地方流傳着，對人文教育形成了不同程度的衝擊。各地區的人文教育，也就以不同的型式，分別出現在教育歷史的舞台上。

一八四四年在丹麥成立的「國民中學」(folk high School)，就是人文教育思想下的一個實例。丹麥國民中學是由格蘭帝維格 (N. E. S. Grundtvig 1783-1873) 主教所創立。在發展上，由一所廿人的學校，逐漸地成長至一九一〇年的八十三所，學生人數到達五六〇〇人之衆。目前丹麥國民中學，已經構成了丹麥境內强調文化陶冶、給予學生充分自由、沒有考試、沒有畢業證書的人文氣息瀰漫甚重的學校了。

丹麥國民中學之創立是處在拉丁語文及德國語文主宰了當時教育界的環境下。格氏認爲丹麥人應着重自己國家的歷史文化及語言文字的教育。同時，應將人文教育的內容擴及到一般平民子弟和農工人家的子弟。因此，在課程內容上是以丹麥語言文字、歷史、文化教材爲其課程主要的內容。

丹麥國民中學的設置，採取住校方式；就讀的方式是採取自由而非强迫的方式。由於師生共同住校，是故師生得以建立起極爲密切的相互了解的關係來。在課程上，至少有一半係非職業性的文化陶冶課程，通常情形下，政府並未作任何的規定。

國民中學中沒有年級制；沒有一般的考試制度，所以教師有充分的選擇教材和教學的自由；學生則因沒有標準化的考試，所以學習上享有充分的學習自由。國民中學的教育實際，由於擺脫開了傳統上的升學預備及職業預備的習慣，因此教育上就較能充分地顧及到學生的成長，而沒有給予成人的及社會的任何干預行動。

「許多人相信，丹麥的國民中學，已經影響到了丹麥的社會，諸如：提高了識字的人數、發展了合作的社會運動、促進了社會的立法。國民中學的成功，可以從它已經存在了一百廿年得到明證。」（註四八）

值得留意的是，由於學生沒有外在的學習壓力，推動學生的學習，因此勢必自己在內心中形成自我學習的强烈動機，作爲學習的激動因素。這種自發，自動的學習精神，雖然沒有考試、學分、證書、但依然維持了良好的學習氣氛、培植了個人自律的行爲規範、養成了自我尊重，同時尊重他人的習慣。這種學習，在人文教育家看來，才是眞正的學習；所接受的教育，才是眞正的教育。

廿世紀的英、美教育，在思想上深受科學思想，自然主義、自由主義，唯實主義、功利主義，個人主義等，意識型態的影響，因而促成了廿世紀西方教育之重視兒童經驗及自然發展的趨向；影響所及，在美國造成了進步主義教育思想之流行，而在英國則有所謂尼爾（A. S. Neill）的「夏山學校」之創立與發展。美國進步主義教育雖不完全着意於利用文化來陶冶個人成長，但是主導該派理論的美國大哲杜成，却依然刻意於一個有智性人的培植。他所欲培養的個人，的確是偏向於智性之發展而較爲輕視感性之發展。

雖然在廿世紀美國高等教育方面，一度有赫欽斯（Hutchins）之提出通才教育的理論與實施；另外，一九四五年美國哈佛大學教授委員會提出了「自由社會中的通才教育」（General Education in a Free Society）以及一九四七年「美國總統高等教育委員會之報告書」（the Report of the President's Commission on Higher Education）等，都有文雅教育之主張，不過所顯示的重心較爲着重於教育之過度專門化之討論，認爲一般學生却未能有一良好的英文、文學、科學、數學、社會科學方面的知識（註四九）。這些發展，就人文教育的見地言是不及尼爾的夏山學校給予教育界人士一項重大的啓示。

「夏山學校」(Summer Hill School）是尼爾於一九二一年在倫敦附近夏山所創立的一所學校。尼爾所設立的該所學校，純粹是一座擺脫開傳統教育實施的小型學校，其所招收的學生年齡在五歲左右；離校年齡在十八歲左右。夏山學校沒有嚴厲的教師，只有以愛心、耐心、同情與了解關懷學生的教師；夏山學校不是完全以傳授知識，準備升入大學的一所學校，它是讓學生從教育歷程中，眞實地了解生活意義，培養快樂生活的一所學校；夏山學校沒有豪華的教學設施，沒有嚴密的學校規章；沒有考試；沒有處罰，沒有嚴格的管理；只有在賦予自由下的自我約束；只有自行安排下的學習活動；只有依照學生自我發展的能力，來接受的教育。夏山學校在尼爾的教育理想下，不著重教師或學校對學生的干預和指導，因爲過多的干預和指導，尼爾認爲會埋滅了兒童的自主性和自由性。兒童給予充分的機會，令其選擇，也是夏山學校的一項特點。

對於夏山學校教育的理想，尼爾揭櫫的是幸福生活。尼爾不認爲幸福單純的就是喜樂。眞正的幸福是內心的知足，感受到平衡和福祉……幸福卽是善。所有的惡，都會限制或摧毁幸福。因此，尼爾所渴望的個人乃是一個自我充實，自我信任的個體。

尼爾的夏山學校重視的是人的培養，而不完全是知識與技能的傳授。這是一所教導人與人如何和諧相處與生活的學校。在自由的氣氛中，自我養成了行爲的規範。在夏山學校中，學生所學的內容，不僅僅是學識的，尙包括了社會的，情緒的經驗。在師生互相尊重、互相敬愛，彼此了解，共同忍讓的氣氛中，尼爾提到卅年的夏山學校生活中、從未發生過學生打鬪事件，就可證明自由的賦予，並不意謂着放縱。這就可見他教學的成功了。

一九六九年一位從事美國紐約「第一街學校」(The First Street School) 教師丹尼遜 (George Dennison) 寫了一本「孩子們的生活」(The Lives of Children)，描述他個人在紐約從事第一街學校的教育工作經驗。第一街學校在紐約的東區，包括了廿三條街中低收入爲主的白人及波多黎哥（Puerto Rico）人的社區。丹氏顯然受到英國夏山學校創始人尼爾的影響，因爲在第一街學校中，僅有三位教師，一位半日制教師，學校中沒有班級組織、沒有成績單、沒有標準測驗、沒有上課表、也沒有課外作業、沒有學校行政人員、只有教學的教師。

學校的學習主在學生的自行選擇、參與，沒有强迫的學習活動。甚多學習活動是以自由遊戲的方式來提供。教師主在學習機會的提供，學習不是被動的等學生的要求提供，反而是主動地提供，不過學生是可以加以拒絕的。學習的活動，除了教師提供機會以外，也利用社區中成人提供人際關係的相處之道。教學並不强調知識的提供，而是着重於行爲，態度的轉變。主要的教學目標是在於使學生能自我尊重、有信心、可信賴、消除恥辱感、敵視態度及輕視自己的不當習性。

丹氏的教育理想是放在人羣關係的建立上。所以他覺得教育應該重視學生的經驗、不要施予强制、對孩童的社會性本性，要深信不疑。在他的諄諄指導下，所謂「問題兒童」亦能改過向善，改變了他的對人態度，成爲正常的兒童。

其次，從一九六八年起，美國北方的北達可特州（North Dakota），在經過小學制度的縝密研究之後，採取了顯然是受到英國人影響的非正規性小學教學活動型態。至一九七一年時，在全州六百五十所小學中，已有七十所小學採取了較爲開放性的非正規性的教學活動（註五〇）。

在開放性的小學裏，一般反應情形尙爲良好。學生都能積極地適應這種改變；就學率爲之增加；家長雖然依舊關心孩子的學業，但也能接受此項改革。大致上言，這些開放性小學依然較英國學校多了些學術性的活動。不過，由於傳統性的年級制、成績要求及指定的課程，是故施行開放性教學依然有其困難。可是顯見的一些轉變乃是教學已經注意到了個別化的教學、教師已經能視學生爲一個人，而且學生的興趣發展，已經成爲編製課程時的重要考慮因素了。這些都顯示了人文教育的特性，已經爲美國部分教育單位所實現了。

第三節　人文主義教育的價值

由於人類教育的發展乃係隨着所屬社會文化的發展而日益有所進展，因此教育的興衰與發達與其所處的社會環境，就形成了交互影響和相互滋生的一種社會現象。在自然界中，教育是不會滋生與成長的。唯有在人類的社會文化環境中，教育才能成爲社會的一項制度，一項重要的文化活動，來提昇人。

人們爲了使此一重大的社會制度與文化活動，更能切合於人們的需要，因而有賴於教育的思想，以期能對教育的實際提示指正，有所增進。

回顧人文主義教育思想，雖然有其發生的歷史背景，社會需要與文化條件，不過在認識到教育的基本特質、乃是涉及到人的發展這一主題時，人文主義的教育就有其不尋常的價值了。再者從教育歷史的演變上來看，雖然歷史發展的階段不同，變遷特多，但是教育思想上，不時會湧現出對人文教育的呼籲與追求，這也就在說明教育雖然與社會文化的發展相呼應，不過，教育實施的指引，卻不時地受到人文教育思想的誘導。這一點也是一項令人值得加以注意的史實；故而人文主義教育的價值，也就被這些不時出現的教育活動漣漪所肯定了。

綜觀人文主義教育思想的價值，約可歸納爲下列六點，特加以說明如次：

一、人為中心的教育觀

在社會文化的發展過程中，教育往往也會成爲人們實現其社會文化價值的一項工具。在日益增加生活的經驗情形下，教育就成爲傳授生活經驗的有效工具；在工業技術快速發展下，教育與工業技術爲之結合，成爲一個社會或國家謀求工業化的條件；在少數治者統轄衆人的社會裏，教育又被視爲治者的一項特權，而具備治者的條件則非由教育途徑不爲功；在科學知識進步的社會中，教育的重心又會被科學知識所佔據，以求科學知識的迅速擴散與科學知識的累積；在自然知識受到重視的時候，教育又會受制於自然中的一些原則。教育與其他社會現象間諸如此類的關係，不一而足。

人文主義的教育思想，明確地指出教育是以人爲中心的事業，不能淪爲神爲本位的教育，亦不能處處以自然中的原則，來規劃教育。在人類物質文化日益進步之下的今日，教育的實際，亦不可偏重於物質價值的評估；在知識爆發的現在，教育亦不應唯知識是問。教育的實際、教育的歷程、總需要有些階段，有些內容，看重於「人」的形成、人的發展與人的提昇才是！

二、注重完人的教育

教育的本質是人的發展，因此任何教育的實施，就不應偏向於人的某一層面的發展，否則人的教育，就有被割裂而分解之嫌。在討論教育實施上，人們爲了方便起見，雖然有德、智、體、羣、美等型式上的分類，然而從人文主義者的觀點來看，一個完整的人、一個健全的人格，並不是偏限於人的某一特性的發展上。自西方十八世紀以來，鑑於啓蒙運動的發展，西方人對理性、智慧的重視，雖然造成了科學知識的大量進步，但是對教育上的影響，則不能說不是偏向於知識；過份重視智育的結果，導致了人文教育家對情意教育之重視。一個完整的人格，不僅須保持身心均衡的發展，就連他的感覺、智覺、情緒、情感、意志，也需要適宜地平衡發展。往昔教育上似乎過份強調理性在人格上的份量，因此導致了對上述非理性人格因素的忽視。在人文主義家的宣揚下，今日的教育已逐漸地在矯正已往教育實施上的偏失，爾後對於人格的健全發展，當會有所裨益。

三、強調情意的教育價值

二十世紀人類社會大部分已經處處受到了科技發展與工業化的影響；大都市的形成、人口從農村湧向都市、社會愈形趨於制度化、組織化；家庭組織之走向核心家庭型態、人人忙碌於生活問題的解決等，在激烈的生活競爭下，人們的價值觀多半趨向於才智能力的評估上。人的智慧被視爲幸福與成功的基礎，難免忽略了人對自己情感的關注及對他人的關切。現今都市生活所表現的冷漠、孤寂、不易溝通等，都顯示了人們欠缺的是對別人的了解、關注，熱心、同情、合作等的態度。

人文教育確定了人性的深邃內涵，摒棄了主智的教育觀，提出了人的情意層面之培育，注意到了受教育對他人的關懷、同情、尊重、了解，和諧相處等現實社會生活所必需的態度之培養。更重要的是受教育能產生人與人相愛的情感，以淨化人性的品質，使人的品德更爲精進。這種超越的理想，在教育上頗能有振興人類沉迷於個人私利追逐之弊，對現代社會生活亦多有所指鍼之作用。

四、追求眞誠自我的實現

人類在社會文化的環境中，尋求自我的實現，因此人文教育並不希望自我的實現是孤立於人羣之外，脫離開社會文化的環境。在自我實現的過程中，人文主義的教育家亦不希望自我的眞誠、坦然、天眞、無邪的特性爲之喪失了。人文教育實施上要的是培養自我不時地反省；在發自內心深處的良知，不時的召喚下、引導下，保持住純然的自我。自我追求實現的過程，也需要不時地使自我批評的精神得以樹立。自我中的超我，要始終把握住眞、善、美的原則，激勵自我，鞭策自我。同時要在道德的時時薰陶下，自我保持着高貴的良知、良能，絕不爲外在險惡的環境有所湮滅。在個人責任感的指引下，眞誠的自我才是個人提昇與致力的對象。

五、提出第四個R的教育

傳統的教育實施上，一向都重視基本能力的陶冶，即所謂的三R：算術（Arithematic）、讀（Reading）、寫（Writing）。這三種基本能力的形成，往往被認爲就是個人適應社會文化的先決條件。在一個現代工業化的社會裏，這三種能力已經是一個社會分子所必需的素養了。然而現在社會也是一個人際關係疏離的社會。人與人的關係並不顯得和諧與圓滿。人際間的衝突、不協調，就是人文學者對現今社會人羣關係所詬病的地方。因此在教育上，他們特別提出第四個R來，即人際關係（Relationship）的教育問題。

人文教育思想家深切地體會到，倘若人人都能夠發自內心地去自我尊重、眞誠地待人，將別人實實在在地當爲一個人看待，而不加以輕視，自然有助於人際關係的改善了。是故人文主義教育家以爲要改善社會上的冷漠、孤寂的人際關係，必須以眞誠的態度互相信任、互相取得了解，互相認識對方不同的社會角色，坦然地溝通雙方的思想，這樣對於人與人的關係才有可能加以改善。人文主義者所要的一個個體乃是個人社會化及人性化的個體，只有社會化而無視於人性化，這並非是人文教育家所企盼的。

六、強調開放的教育

人文教育家相信自我的實現，必須是在自由的原則下進行。這裏所重視的是教育的價值，貴乎自我的抉擇。能夠促進自我抉擇的教育，並不在乎有着外在的週詳規則以令遵循。開放式的教育實施，不能剝奪受教育價值上的選擇機會。他們覺得自我實現，就是要藉着教育提供衆多的自由選擇機會，那怕一時的選擇是錯誤的，在自我成長上，也有其教育的意義。開放式的教育，因此也就重視個人的興趣、需要、能力，在決定教育歷程上的各項考慮因素了。開放式教育的重點是置諸於受教者的身上。傳統性的班級式教學，就有必要由個別化的教學方式來爲之取代了。非正規的學習活動，也就受到人文教育家的注意了。因爲這種個別化的，非正規的教學，都能使個體自願、自動、自發地去學習，因而不致於使學習成爲個人的一項心理負擔，反而成爲個人的一項樂趣。學習的成效，自然顯得明確而實在了。

人文教育思想的價值，除了前述的六點以外，尙可以發現現今人文教育思想對於受教者個性的發揮、自我教育的重視及教學上之採行個別化活動等之重視，以求因應目前教育之日漸制度化、僵硬化下的缺失而思有以補正之。

教育思想的價值，就在於指鍼教育實施上的弊端。吾人或可從教育思想發展的明瞭上，酌情對教育上的實際，提出可能導正的途徑，以便使教育理論與實際產生相互的有利影響。

〔註　釋〕

註　一　徐宗林譯　西洋教育史　黎明文化事業公司出版　七十一年　上册　頁三六九。

註　二　The Encyclopedia of Philosophy the Macmillan Company & the Free Press 1967 Vol. 4 pp. 69-70.

註　三　Ellwood P. Cubberley: The History of Education　翻印本 p. 244.

註　四　同註一。

註　五　同註一。

註 六 同註一。

註 七 同註二 p. 70.

註 八 James L. Jarrett: the Humanities and Humanistic Education Addison-Wesley Publishing Company 1973 p. 15.

註 九 同註三 p. 234.

註一〇 C. H. Patterson: Humanistic Education Prentice-Hall, Inc., Englewood Cliffs, New Jersey 1973 p. 33.

註一一 William Boyd: the History of Western Education Adam & Charles Black p. 167.

註一二 同註一一 p. 165.

註一三 同註三 p. 247.

註一四 林玉體 西洋教育史 文景書局 六十九年 頁一六一—一七一。

註一五 Carter V. Good: Dictionary of Education McGraw-Hill Book Company New York 1959 p. 360.

註一六 J. W. Tibble: The Study of Education 1966 p. 75.

註一七 徐宗林 赫欽教育思想之研究 文景出版社 六十二年 頁一〇九。

註一八 同註一〇 p. 21.

註一九 同註二。

註二〇 同註一〇 p. 22.

註二一 Arthur W. Combs: Humanistic Goals of Education edited by Donald A. Read & Sidney B. Simon Humanistic Education Sourcebook Prentice-Hall, Inc. Englewood Cliffs, New Jersey 1975 pp. 91-92.

註二二 同註二一。

註二三 R. Freeman Butts: Accultural History of West Education McGraw-Hill Book Company, Inc. New York 1955, pp. 192-3.

註二四 Frederick Eby & Charles Flinn Arrowood: the History and Philosophy of Education, Englewood Cliffs, N. J. Prentice-Hall, Inc, 1958 p. 905.

註二五 同註二四 p. 908.

註二六 同註二四 p. 906.

註二七 同註二四 p. 910.

註二八 同註二四 p. 916.

註二九 同註三 p. 267.

註三〇 John Martin Rich: Humanistic Foundations of Education, Charles A. Jones Publishing Company Worthington, Ohio 1971, p. 213.

註三一 同註八 p. 16l.

註三二 同註八 p. 173.

註三三 同註八 p. 142.

註三四 John S. Brubacher: A Hstiory of the Problems of Education, McGraw-Hill Book Company New York 1966 p. 185.

註三五 同註三四 p. 186.

註三六 同註三四 p. 184.

註三七 Edward J. Power: Main Currents in the History of Education, McGraw-Hill Book Company New York 1970 p. 373.

註三八 同註一〇 p. 161.

註三九 D. A. Read & S. B. Simon: Humanistic Education Sourcebook Prentice-Hall, Inc. Englewood Cliffs. New Jersey 1975. p. 135.

註四〇 同註三七 p. 365.

註四一 James Bowen: A History of Western Education, Methren & Co. Ltd., 11. New Petter Lane, London Ec4 p. 329.

註四二 Paul Nash: the Educated Man 1965 p. 249.

註四三 Thomas Henry Huxley: Collected Essays Vol. VI. pp. 317-318.

註四四 同註一七，頁一一一—一一二。

註四五 同註一七頁二八。

註四六 徐宗林 西洋教育思想史 文景書局 六十九年出版 頁三一四。

註四七 同註四六頁三一七。

註四八　同註一〇 p. 51.

註四九　同註三七 p. 609.

註五〇　同註一〇 p. 57.

第三章 自然主義教育思想

第一節 自然主義思想概要

十八世紀後期，西方教育理論與實際，興起了一片傾向於自然的思潮運動。若欲了解此一運動形成與發展的背景，就必須對早先西方歷史上的一些變動，求得一些了解才可。據美國著名教育史學者孟祿（Paul Monroe）的看法，西方教育上的傾向自然思想，實是對十八世紀歐洲形式主義（formalism）的一項挑戰與衝擊；而這裏的所謂形式主義，又表現在二種思潮的運動上：其一爲正統的宗教形式主義；其二爲啓蒙運動帶來的理性形式主義（the rationalistic formalism）（註一）。

就正統的宗教形式主義言，乃是指基督教新教中德境內的虔誠主義、法境內的詹辛主義（Jansenism）及英境內的清教徒思想。在宗教思想上，這三派都是反對早先存在的宗教形式主義。他們强調虔誠的信仰、堅定不移的宗教信念、反對透過繁瑣的宗教儀式、來表達宗教的情感。但是由於過份着重這些信仰的關係，終至於形成了少數人才能實現此等理想。他們的信徒甚至連極本平常的喜樂活動，都以嚴肅的態度對待之，認爲這也是罪惡的起源，有失虔誠之意。在過份重視信仰的要求下，人的情感、情緒，又一次成爲被抑制的對象了。

就理性的形式主義而言，從十八世紀初期開始，一些哲學家、神學家、自由思想家、文學家，逐漸興起了崇尚理性以開拓人類自由思想的所謂啓蒙運動。他們對傳統的宗教信仰，興起了懷疑的論調。他們對早先熱衷於獻身宗教的虔誠人士，不表苟同。他們對流行的許多絕對權威，諸如：教會的、君主的、思想的，興起了反抗的思潮。他們對當時社會少數的統治者、貴族，發出了不滿的心聲，而開始關注一般平民大衆，漸有民主思想的傾向。

啓蒙運動的結果，使學者們深信個人的理智功用至大。他們熱切期盼國家的公正性、渴望獲致宗教的自由、企求個人獲致政治上的自由以及人所擁有的一些權利。理智發展的極致，人們以其悟性能力，作爲一切評斷的最高規準；理性逐淪爲形式的尺度了。這就形成了思想家反而趨向於對情感的追逐；對啓蒙運動以來傳統上的理性規律，形成了新的挑戰。在自然主義思想體系中，盧騷（J. J. Rousseau 1712-1778）的思想就是一位情緒主義（Emotionalism）者，顯示了上述的一些特徵。

在了解自然主義（Naturalism）之前，吾人須先行對自然的涵義，作一字辭性的探討，以增加相關性之認識。

一、自然的意義

英文自然（nature），亦有本性、天性之意。自然一字，來自拉丁文 natura。該拉丁文字與希臘文字 physis 同義，均與出生意義有所關連。至自然一辭的涵義，約可提出下列的各項解釋：

1. 指生命體生來或成長時出現的特徵。

2.指任何存有物，從其起源卽已具有的本質特性。可譯之爲天性、本性或自然。

3.寓於每一存有物之內的構造計畫，因此也是限定它活動的標準；這也就是說：自然律植基於天性。

4. nature 也指具變化天性的事物之整體，可譯爲自然界或大自然。

5.一切以無意識方式，依其本能衝動而發展自己，尤其是生物領域內，均屬於自然。

6.自然和文化相區別。自然是一切可經驗事物的原始狀態。在原始狀態下，人與事物由自然律發生，永遠在生與滅的輪子中週而復始，沒有歷史可言。

7.自然和超自然相區別。從有神論觀點而言，「凡是屬於受造事物的組成部分（如人的靈魂、肉體、完整的肢體）或者是由此而來的特性、傾向、活動力量（如意志、理智）或者是某種事物得以存在，發展自己並達到目的之必要方法（如食物、教育）以這一層意義而言，全部受造物及其天性所應有的一切，均屬於自然秩序。與之相對立的超自然，則在於受造精神實體之分享神的本性，亦卽由神的恩寵，分享神性生命。」（註二）

8.就基督教的觀點言，自然亦可指亞當與夏娃墮落之前的原本狀態。

9.自然亦可指外在的世界，並未受到——不管是直接的或間接的——超越的實在或人的作用之響影下的歷程。

10.自然也是神的一項精心作品。

由先前所引列的文句可知，自然一辭的意義，至爲複雜，不易就單一層面，捕捉其意義。任何單一層面意義的確定，都是因爲申論者已採取了某一特定的立場使然。基本上，自然可從自然及本性二點來了解。從由自然律所支配下的一切事物的總體來看，這一自然，顯然就與人是相對立的一個範疇了。因爲人的事務，不完全受制於自然之謂也。這就可以認定自然是一個籠統而概括性的概念；此處着重於自然物質層面的意義。這一意義亦可顯示出自然與文化，自然與超自然的對待關係來。就文化而言，所有文化都不是自然；自然中也沒有文化，但是一切的文化，却都是來自於人的創有。另外，就自然與超自然言，超自然之存有，亦有賴於人的信仰爲之。就是自然與超自然的關係，亦有賴於人去探究之。是故，單就人的物質層面而言，人也是隸屬於自然中的一部分，不過，人的精神創有層面，則應溢出於自然之外，而不能視爲自然原有的一部分。

因此，在討論自然主義思想時，則前列之自然意義，尤以第1、第2、第3、第4、第5、第6等項的文句及其所涵攝的意義，較有參酌的價值。

在西洋教育史上，具有唯實（Reealist）及自然思想傾向之康門紐斯（Johann Amos Comenius 1592-1670）及深信情緒主義論點的盧騷，對自然則採取不同的論見。康氏較傾向於第三論點。他心目中的自然，就是一個有秩序的展現歷程。一些規律支配下的變化。對盧騷言，自然則指個人的本性及與文化相對待的一個範疇。有時他也以社會與自然相對立。顯而易見，他的自然觀，較爲傾向於原本的狀態及非人爲改變下的境況。

另外，爲了打破二元論的自然觀，如：自然與超自然；自然與人；自然與文化的分隔，吾人亦可採取一包容、統合的見解，即自然指一切事物的總稱，不論是具體的事物、或人。可以理解的，自然主義者一般而言，是比較喜歡這種涵蓋面廣的意義，即認自然中又包含了各種型式的整體(entities)，因而自然也就被認爲是廣袤、遼濶而無垠的一個總體了。

二、自然與人

西方人對於自然與人之間關係的看法，約略可以歸納爲以下八項，現擬逐一陳述如次（註三）：

1.視自然爲人的敵人　人所圍繞的物質環境，並不是一個和祥無爭的環境。作爲自然世界中的一分子——人，無時無刻不在受到洪水、山崩、地震、風災、火山、海嘯等的威脅。在人與自然力量的對抗上，人是顯得多麼的渺小而微不足道。這些自然環境中物理方面的變化，對人的生存威脅是永遠擺脫不了的。再從人與其他看不見而時時在攫取人的生命的許多有害細菌、病毒、傳染病菌，則無時無刻、隨時隨地都在威脅着人的生命及其存在。從這層意義上言，人與自然就處在一種對立的狀態下。但是反過來說，在自然加諸於人的危害與壓迫下，人也奮力迎戰來自自然的挑戰，因而製成了各種不同程度的保護措施。這就是人的文化和自然是相對立的緣故。倘若自然對人形成不了威脅，那人類的文明，也就不會如此地發達了。

2.視自然爲人的阻碍　就自然視爲人的阻碍而言，這種看法亦如先前將自然視爲人的敵人一樣，也是一種人與自然間的消極對立的關係。自然對人而言，顯係弊多而利少。自然中的高山、大川、廣濶的沙漠、深廣的海洋，處處似乎對人類形成了一種隔絕。自然就像對人的一項負擔一樣，肩上背着一個天天需要果腹，照料的肉體，忙碌於生存必需品的獲取上。肉體對個人來言，就是自然；也就是一個自然的負擔，需要減輕，需要克服。非物質的精神，就是與自然相對應的靈魂。它可以跳出自然的限制，翺翔於自我思維的領域中。

再者，例如一位自然科學家，孜孜矻矻於自然科學的研究，亟欲對自然所呈現在他面前的問題，能夠有一個解決。但是他費盡心力、用盡力氣，自然就像擋住了他的去路一樣，他碰得頭破血流。自然對他絲毫不肯讓步！有時雖然科學家幾經折騰，得到了解決問題之道，但是有時候，也會沮喪不已，奈何自然不得。

對一個呱呱墜地的嬰兒來說，在沒有得到成人的協助下，他或她想在自然環境中維持一個短暫的生存，都會成爲一個重大的問題。

對於一個熱衷於自然知識追求的科學家，自然奧秘也不是短時間內就可以完全解答的。自然好像是一個頑固的老人，一個笨重的擔子，人必需要有耐心、毅力、鍥而不捨的精神，才能迎向自然，轉阻力爲助力。

3. 視自然為人的資源　人類生存活動中所需要的一切物質材料，都是有賴於自然的提供。食物是人類所需要的物質。它是來自於自然的土壤，或是來自動物。但是動物却又是依賴於自然提供的食物。自然對生命維持所需要的空氣、水分、氮、氫、氧等以及動物所依賴的植物，都給予充分的支應，而植物又從陽光所提供的光與熱中，產生光合作用，維持植物的生命及生長。

除此以外，人類物質生活中所涉及到的，衣、住、行所需的原料，亦莫不有賴於自然的提供。尤其工業化以後機器的使用，主要的動力有賴於能源的提供。這些能源原料都是來自於自然。從這一層次言，自然對人似乎並不構成任何的威脅，反而它是人的資源，人的必需工具，以及改善人的物質生活的條件。

自然雖是人的資源，但是人已經愈來愈認識到這些資源的可貴性、有限性。自然不可能再被視為取之不盡，用之不渴的無盡寶藏了。人類必須想盡各項方法，妥善地使用自然的資源。它也迫使人作更大、更久的努力，企求新的發現，以便減低自然資源消耗的速率。

4.**視自然為審美對象**　自然圍繞在人的周圍，人的感覺與思維活動，隨時都可以接觸到自然。自然中的高山頂峯，對一個有感性的人來說，聳立的山頂，可以啓示給他一些堅毅不拔、雄偉氣概萬千的感受。落日的餘暉、平靜的湖面、一望無際的草原，都可使人領受到安詳、平靜、恬適的美感。假如他再深入地了解一下自然界中的各種生物，亦莫不會觸發出一些審美的氣息來。從一個生龍活虎，蹦跳不停，巡遊各地的老虎身上，人可以發覺到祂美麗花紋的外皮，雄昂的氣勢，懾人心胸的虎威。這一切的一切，都可以說是自然本身，就是一個精心構造的藝術成品。它可以為人欣賞，而人也可以經由與自然的交往，產生創造藝術的經驗。一片旭日東昇的景象，說不定引發了他繪出一幅不易多見的日出作品；一段森林的散步，或許培養了一位音樂家譜出一首動人心田的交響樂曲呢！

自然的美感，並不見得人人都能夠產生去欣賞，但是對少數具有靈異敏感的人來說，自然不啻是一座培養藝術氣質的大寶藏。這裏可以提供他各種的顏色之美、形狀之美、線條之美、對稱之美、節奏之美等。人在自然的撫育下，受自然的提攜是無可置疑的。

值得令人警惕的是隨着人對自然資源的應用，以改善其物質生活的需要，自然已經受到了文明的傷害。自然的美感，已經被人造的房屋、城鎭、港口、堤防、道路等所取代。顯然，因爲人類要更舒暢的生活，而須付出極高的代價，因爲人與自然的交互作用，已減少了不少。

5.**視自然爲知識的來源**　從認知的角度論，人對自然的認識與探究的結果，就形成了自然科學知識。人對自然的深奧特性，對自然追尋的了解，一方面是出自於人對自然的好奇，一方面也出自於想利用自然以爲己用。自然就像一本艱澀難懂的天書，讓科學家一頁一頁耐心地去閱讀着。也許一位獻身於求眞的科學家，他不會計較於他的認識結果會有什麼功用。他只是默默地，逐一求取一個明白。這種求知的活動，是沒有任何實用價値觀的，可以說是純粹研究範圍內的探索活動。

對於一個成長的個人，他可以從感覺的活動上，認識到橫阻在他行進路上的各種物體。這些外在的東西，逐可以讓他形成所謂的非我這一概念。自我的認識與發展，不可避免的是需要借助於這些外界存有的非我。

自然除提供了科學的知識以外，也提供了美的認識及道德的認識。人們從自然中領受到了秩序、規則、合作等的教誨。人的生活準則，亦可傾慕於自然的法則。這似乎認定自然是一個教師，具有指正的價値。無疑的，人對自然的認識，就是一個永不休止的探索歷程。自然科學家的研究對象，不就是完全以自然爲其研究的對象嗎？而亟欲求取徹底的了解嗎？

6.**自然爲人的褓姆**　人來自於自然，人也要歸之於自然。自然是人的生存褓姆，維繫生命所必需的依賴者。自然也提供了一切養育人成長的條件。人與自然的關係，就如子女依賴於父母一樣。這一層關係說明了人想要掙脫開自然，顯然是一個非常愚昧無知的想法。人的來源，至今雖然仍舊是一個謎，不過，倘若從進化的觀點來論，人可以說是此一進化歷程中最高、最複雜的一項產物。也許從生物進化論的觀點，可以支持此一說法。人的最原始來源，就得追溯到無機物的一些原素了。如此，則人和自然原本一體，從原始起源來看，人與自然也就沒有什麼軒輊了。

單就這一層意義來論，人對於自然，就應該產生出尊敬、喜愛和回饋的感情了。可是由於人的短視、無知，竟對自然給他的恩賜，幾乎已忘得一乾二淨了。因而，現代文明中，處處顯得人對自然的無情；人對自然的冒犯、凌辱；對自然所加諸的傷害，恐怕只有人自己爾後去品嚐這種苦果了吧！

7.**視自然為人崇拜的對象**　另一層自然與人的關係，可以從人對自然的敬仰上窺知。人對自然的敬畏，主要是由於早先人類對自然現象的無知。斯時人並不知道如何去解釋他所面對的那些複雜的自然現象，諸如：風如何的來？雨如何的下？電聲又是怎麼一會事？甚至他每天所仰仗的食物的生長、變化、結實，他也是一無所知。對於這些神秘運作的自然力量，不自覺地他會認定爲一超自然的力量在支配着。凡是可以決定與支配人的生命的種種勢力，在無知的情況下，都成了他所敬畏及信仰的對象了。

8.**視自然為神性的象徵**　人對自然的認識，當然是來自於他與自然的交互活動。先前提過，人有時認爲自然是可資利用的資源，但有時人從自然深奧的現象上，又體認出自然是難以完全了解的。人有時對自然的偉大，又會形成發自內心的敬仰心理。從人對自然的了解，人對自然的敬畏，又會興起人對自然感到神奇，以爲蘊藏着巨大的力量，故而甚至將自然神性化。這種態度，使得人與自然不是處在對立的立場，人也不是依附在自然之上。凡是自然界存有的萬物，都賦予了一種神聖性，都視之爲神的精心製品的顯示。自然以及自然中的萬事萬物，雖然不是神，但却是顯示神性的代表物。萬物就是神性的表徵。由於人是據有精神作用的，有心智的能力，故超越於自然中的其他存在物。由於這些存在物是低於人的，人當然不能以他們作爲崇拜、敬仰的對象。不過，自然中的存在物，只是神的象徵，所以，對這些象徵物的敬仰、崇拜，並不有損於人在自然界中的地位。

在人維持其生命的存在中，人所食用的乃係自然所供應的物質。這些都是神的恩賜，也都顯示着神對人的眷愛。這種人與自然的關係，乃是將自然作爲神的化身。自然雖不就是神，但却是神的代表。

人與自然的關係，從西方人的觀點，雖然約略可以歸納出以上八種來，不過，仔細推敲一下，其中有的雖爲自然主義者所承認，有的則爲宗教人士所樂於認可；有的則爲其他思想家，如唯實論者所承認。就自然與人的相互關係而言，自然主義者深信人與自然並不是處在一個對立的關係上。因此，諸如認爲自然是人的敵人、認自然是人的阻礙、認自然是人的資源，都不會成爲自然主義者所認可而接受的人與自然的關係。自然主義者所承認的，無寧是認定人來自於自然，人與自然是息息相關着的，因爲：

「人所認爲的自然，實際上就是他所形成的自我；不過，尤甚於此者，自然是人成其爲自己的母體；是設計自己的搖籃；自然也提供了人養育與成長的滋養品。人有力量去試探自然，並不算是一回難事；自然實則上塑造了而且引出了人。」(註四)

自然主義者相信人的本性就是自然，而本性的—自然的反可以視爲一眞、善、美的準繩。凡是自然的，就沒有任何人爲、矯揉的造作，或虛幻而不實。故自然的不啻爲眞而且也是善。從自然主義者盧騷觀之，人的本性—自然—是善的；人的墮落不是他的自然本性使然，反而是人所作爲的社會文化使然。是故，自然主義者是會承認自然係人崇拜的對象；認知的對象；審美的對象；模仿、效法的對象以及人生存的依靠者—褓姆。人與自然是不能對立的；人須與自然求取一個和諧，一個順適；因爲，人的本性就是自然之故。

三、自然主義釋義

倘若思想發展成爲一種體系時，多半會圍繞在幾個基本的核心觀念上。從這裏開展下去，組織下去，嚴謹的體系就隨着邏輯思考的運用，因而能夠建立起特定的思想系統來。自然主義思想體系，顯然是以「自然」爲一切思想的中心所在，順着這一基本的認定而形成的一個思想體系。

(一)自然主義（naturalism）涵義

「用自然作爲解釋一切的最重要或甚至唯一的鎖鑰。這一類思想概稱自然主義，其主要特色在於反對精神或反對超自然。作爲一種普通的哲學看法，自然主義一面倒向人以下尤其是生物領域的自然界，把原屬於人的精神事件及歷史，視爲物理及生物界的繼續，而且以物理及生物的標準去觀察。希魯諾（Giordano Bruno）與謝林（Schelling）更把此觀點擴充成泛神論，把自然界現象整體視若機體，而視之爲絕對者所支持的生命統一體。

在道德領域中，自然主義(1)往往勸人滿足自然的衝動而不受異於衝動的規律所領導。自然主義又認爲藝術應儘可能忠實地效法自然，而不必表現出更高觀念。神學的自然主義⑵反對超自然，認爲神對人的啓示只能夠是人性所應用的，不能超越過這個界線。」（註五）

從這一段自然主義涵義的陳述上，不難認識到：

1.自然主義的思想準繩是以自然爲一切評量的尺度；如果說「人爲萬物的尺度」，具有人文思想的傾向，那麼「自然爲萬物的尺度」，則可以認定是具有自然主義的傾向。因爲，自然爲人所認識的主體；自然爲評價的尺度；自然爲效法的準則；自然又爲一切行動的依據。

2.人的精神性，在自然主義思想中，已爲支配自然現象的自然律所支配。人在自然中與其他自然存在物一般，無法超越自然的限制。

3.人的了解與研究，多循自然科學研究的途徑爲之。人也是生物中的一個類別而已。

4.强調人的自然本性；對於人的自然衝動，並不認爲是罪惡的。

5.對形式化的外在規律，具有約束人的自然傾向者，不示同意。

6.反對超自然的存在。

「自然爲整體實在，以爲研究自然的方法，可以擴及於任何知識或經驗領域。基本上反對超自然或超越之存在論。自然主義不同於唯物論或機械論；後者將一切歷程歸諸於物質運動。」（註六）

此一自然主義涵義的敍述，也是認定自然主義、作一普遍哲學思想看時，顯然强調研究自然的方法，可用於研究其他的領域。自然是唯一的實在，故反對任何超越自然之實在。不過，自然主義是不同於唯物論的，這點有待留意。

(一)自然主義派別

依恩格里斯（Peter A. Angeles）所編的「哲學辭典」（Dictionary of Philosophy），自然主義就其思想上所強調的重點之不同，可區分爲以下五個派別：

1.**一元論**（monistic） 自然爲唯一的實在。宇宙（自然）是永恒的、自動的、自存的、自含的、自行獨立的、自行運轉的、自行解釋的。宇宙不是出自超自然，亦不必依附於超越的實在或存在。自然現象是不能干預的、冒犯的、懸疑的。自然界中是沒有靈魂、精神、非物質的力量。

2.**反超自然論**（Antisupernaturalistic） 反超自然論認爲一切現象均能從自然事件的內在關連性上加以解釋，而無需訴諸於超自然的解釋。除了時、空中的歷程（事件、物體、發生）外，是沒有其他實體的。一切存在都有自然之因。宇宙有其自己的構造，並產生出自己的結構。宇宙所顯示的實在是多層次的，但均非由超自然的因所引起。

3.**偏科學論**（Proscientific） 自然現象可以由進步的科學方法，加以適當地研究、解釋。故認科學方法可以解釋自然中的新發生的一切現象。人的知識僅能由科學的邏輯經驗方法獲得；領悟、神秘經驗、信仰、啓示，並不被認爲是直接的、適宜的、探討實在、獲致眞理的確切方法。

4.**人文論**（Humanstic） 人類僅是宇宙顯示存有的一種型式。從宇宙觀點言，人在宇宙中，並不高居於要津的地位。一切人類行爲之了解與解釋，乃是基於下列幾個角度：

(1)人的行爲與其他動物的行爲類似，只不過較爲複雜而已。

(2)社會及自然的環境，產生了並制約了人類的需要及認知。人的倫理的及美的習性，乃植基於自然現象之上。

⑶以經驗的方法，研究人在自然中的地位及人性，可以提供給吾人倫理及美的價值。人類依此可以相互合作地生存，並生活的愉快些。

價值是人的產物，但實際上却植基於自然的基礎。價值並沒有一個超自然的來源，亦無需超自然之認可。

5. 批判論（Critical naturalism） 批判論的自然主義，以爲單純的機械或物質地解釋實在是有欠不足的。爲人所批評的心靈、生命、價值，乃是實體的另一層次。這些存有的效應是不能否定的。在解釋上，自然不能完全依賴物質的運動爲之解釋（註七）。

自然主義的派別甚衆，其形成的原因主在對於以自然爲主的中心思想相關之問題的認識有別。各派所重視的問題及所作之解釋迥異，但其中心見解—以自然爲一切思想之本則大致相同。

㈢教育哲學之一

「由盧騷以後裴斯泰洛齊（Pestalozzi 1746–1827）、赫爾巴特（Herbart 1776–1841）、赫爾（G. Stanley Hall 1844–1924）及杜威（John Dewey 1859–1952）所倡議者；該派思想出自感覺唯實論（Senoe Realism）。

自然主義對十八世紀法國生活之虛飾，矯揉造作有所反對；它强調返歸於自然—一個理想的、假設的、原始的社會情境。它承認兒童自然發展階段之存在性；承認預備階段；個別差異；着重教育須與自然的人類發展相結合；重視活動及經驗的學習；重視自我的陶冶；個別教學；重視感官，身體健康及由內而外的道德成長；不贊成外來的灌輸以發展品德；該派思想對十八世紀的神學及理性主義（Rationalism）均不苟同。」（註八）

西方教育哲學中的自然主義，與其他傳統上的教育哲學派別並不完全類似。傳統上的觀念主義教育哲學、唯實主義教育哲學、實驗主義教育哲學，都有着哲學上嚴謹的體系，就是近代的存在主義教育哲學，概念分析教育哲學，亦都有其哲學的派別，可以找出教育與哲學間的關連來。自然主義在哲學思想的發展上，則不像其他哲學體系、架構來得嚴密。因此，自然主義教育哲學的體系，亦較欠完整。另外，雖然根據古德的意見，將裴斯泰洛齊、赫爾巴特也歸類在自然主義教育哲學之中，一般來說尙爲學者所接受，不過赫爾的教育思想則主要是立基於心理學之上，而杜威則又歸諸於實驗主義的教育哲學，因而通常是不歸併在自然主義教育哲學中的。

以渥爾德斯（Elmer H. Wilds）及羅底乞（Kenneth V. Lottich）所著之「現代教育基礎」（The Foundations of Modern Education 1965）一書，對自然主義之教育理論的討論，僅以盧騷及巴斯多（Johann Bernard Basedow 1723–1790）兩人爲代表。另外在魯斯克（Robert R. Rusk）的「教育的哲學基礎」中，自然主義教育哲學代表人物則以斯賓塞（Herbert Spencer 1820–1903）羅素（Bertrand Russell 1872–1970）等人爲代表。由此可見各人取捨之間是有所不同的。較爲具有權威性的早期西洋教育史家孟祿（Paul Monroe）在討論自然主義教育趨勢時，是以盧騷、巴斯多、凱普（Joachim Heinrich Campe 1746–1818）、薩爾滋曼（Christian Gotthelf Salzmann 1744–1811）爲討論之代表人物（註九）。

鑑於前述資料之顯示，故在討論自然主義教育哲學時，一般以盧騷、巴斯多、裴斯泰洛齊即可以爲之代表了。當然爲了將近代人的自然教育觀涵蓋進去，那麼依照魯斯克的見解，也是一項可取的途徑。

四、自然主義思想要旨

自然主義的思想，部分見解，已經在前面所引述的資料中—主要是在自然主義一辭的解釋上—窺見其梗概。在此擬就自然主義思想大要，擇其要者而尤其與教育相關者，列舉數端，以便有助於了解自然主義教育思想的概要。

(一)自然爲中心的思想

自然主義在起源上，與所謂感覺唯實論（Sense Realism）頗有關連。因此，在說明上不得不作一些溯源探初的活動。首先値得人們注意的是自然主義思想家，對於自然均特別予以注意。這點就是先於自然主義思想的感覺唯實論者亦復如是，例如康米紐斯（Comenius）的思想，就極爲顯著，而可作爲一例。

康氏雖然是一位基督教的虔誠論者，但是他深切地認識到自然的勢力，支配了整個生物的成長現象。具體地說，他將自然歸諸於自然現象背後的規律。一切事物的發生、變化、都脫離不了規律（Order）的作用。因此在他著名的「大教育學」（The Great Didactic）中，隨處都可以見到他對自然法則和自然順序的敬畏與遵奉。

康氏在「大教育學」中提到教育機構—「學校—改革的基礎，必須取自一切事物所依循的正確順序」（註一〇），就是「教學的正確順序」，亦須「借重於自然；而且在教學中，不得阻礙了此一自然順序」（註一一）。其他在康氏所擬定的教育原理中，諸如：「自然觀察到一適切的時間」；「自然準備好了材料，在自然給予事物一形式之前」；「在所有自然發展的運作上，均係由內而外」；「在形成的歷程中，自然係從普遍開始，終至特殊」；「自然不會跨越，而是逐步發展」；「如果自然開展任何事物，自然都不會半途而廢，必至其運作完成爲止。」（註一二）顯然，一切教育的實施，都必須植基於自然的基礎上，而康氏所認爲的自然，只是自然界中生物成長的順序、規則以及非人爲的一些過程。康氏的感覺唯實論，在認識上特別重視到個人感覺活動，在心靈作用上的功能。同時也使教育所遵循的法則，從人的領域，轉移到自然；一個遠較人爲客觀的指導原則—自然，就爲之承認了。

自然主義思想家盧騷，在其思想體系中，對於自然的推崇、嚮往、尊敬，不難從他的論著中，得到佐證。例如：

「仔細觀察自然，進而追隨自然的脚步；是自然，它激動了兒童去活動；是自然，它提供了種種的艱辛工作，作爲磨鍊兒童的試金石。自然很早就開始教導兒童。兒童早已知曉了那些是痛苦的，那些是悲傷的。」

「新生的嬰兒，實際上就是自然的學生，而非教師的學生。」

「自然以它自己的法則，强化了個人的身體，容許其生長。人唯一所能關照的，就是不要妨害了

此種自然的法則。」(註一三)

「不過，國家的治理，何以類似家庭的治理呢？因爲二者的基礎是如此的不同。父親在體力上，強於他的孩子；他的父權建立在孩子需要保護上；合理地說，這是由自然而建立起來的。」(註一四)

從這些引文中，不難使人認識到，自然主義思想家盧騷，不僅認爲自然是教育所應遵循的原則，就是兒童的成長、政治的運作、理想社會的形態、人類生活的目的等等，都是圍繞在自然爲中心的思想上。

(二)人性本善的主張

從西方基督教的論點來說，自從人類的祖先亞當與夏娃在伊甸樂園中，聽信於魔鬼的讒言、食用了智慧之果，人類的祖先認識到了善惡，而被逐出伊甸樂園後，人類的後裔，都冒犯了神的戒律。因此本質上，人就是有罪的。人的本性就是墮落的了。歷經中世紀千餘年的宗教信仰的散播，西方人都是秉持着性本惡的論調。顯現在教育上乃是附會了禁慾主義的盛行，使來自人的自然傾向，抹上了邪惡的彩色。應用在教育實施上，就是嚴厲的懲罰、控制、防堵、壓抑人的許多自然傾向了。

文藝復興時期的學者伊拉士莫斯（Erasmus 1466–1536），對人性已有性善的論調（註一五）。伊氏以爲祇要經由古典文學的陶冶，人就可以得到適當的培育和發展。

此後感覺唯實論者，如先前提過的康米紐斯，亦認爲人是由神依其形象而造成的人的本性上，天賦地具有智性——求知識、接受學識；德性——向善；求道德及虔誠——追求神聖的種籽。這些種籽藉由教育而可以發展至完善的地步。

盧騷則是一位最積極鼓吹人性本善論的思想家。在其「愛彌兒」(Emile, 1762),一書中,他開宗明義的第一句話,就提到「凡是來自自然之手的都是善的;一經人手則都變的墮落了」(註一六)。

「它(愛彌兒)實在是一本哲學的論著,主要是在討論作者(卽盧騷自稱)所主張的人性本善的論見」(註一七)。

盧騷以爲人的自然本性是善良的。人的行爲在純自然的狀態下,是無由區分爲善,爲惡的。因爲他並沒有善惡判斷的社會文化標準。是故,在順從人的自然本性下,就不會有惡的問題發生。

盧騷深信:

「人生而自由、平等、自足、沒有偏見,且是一整體;而如今人有了枷鎖——受人治理——或者人沒有參與法律的制定,而形成了不平等的關係——貧與富;貴與賤;主與僕。今日人是依賴的,有不正確的意見、迷信,因責任及個性而有所區分。」(註一八)

另外,盧騷亦深信,在自然狀況中,

「自然使人成爲一個動物,他愉快而善良;歷史——人是唯一有歷史的動物,由於心智發展,使得人有了文明,但卻失去了快樂與道德。」(註一九)

廿世紀的卅年代,由於生物學及心理學發達的結果,近代自然主義者强調人的本能的重要性。將本能視爲一普遍性的範疇;而且將本能認爲是一生物的,心理的及社會生活解釋的依據。是故,處此情形下，人的本性就以與生而俱有的本能——無所謂善或惡的觀點，來解釋人性了。當時有的心理學家，竟將人的本能歸併成爲三百餘種之多（註二〇）。爲當時人性論，開闢了一個新的領域。

㈢人爲動物的一類

在古希臘時期的哲人亞里斯多德（Aristotle 384-322 B. C.），就曾爲人下了一個古典式但流傳至今不衰的定義：「人爲理性的動物」。這一個本質定義是强調了人是動物外延中的一部分。人是動物中的一個副類。但是人與其他動物之間却是有着以理性爲相互之差異的。迨至以後的基督教教義，從人是神的形象及人是神獨特的一項創作物，都逐漸地將人在動物王國中的地位，提高至僅次於神的地位。人爲動物的一類；人是自然中的一部分；這些論點也就漸次消沉下去了。文藝復興時期的人文主義者，雖然恢復了對人所有的理性的强調，同時也注意到人爲自然中的一部分，但是人文主義者依然重視的是人與動物的差異性以及人較之動物爲高貴，爲重要的精神特性一面。人還是與動物有着一個相當大的差距。

可是自然主義的思想家，就採取了前所不同的論點。他們的看法——不論是十八世紀的或廿世紀的，幾乎都認定人與動物之間的差別，主在程度上而不是類別上，例如：

盧騷就以爲：

「由於動物有感覺，所以每一動物都有其意念（ideas）。動物甚至可以將此等意念，作某種程度的聯合。就這方面而論，人與動物的差別，僅是程度上的不同而已。」（註二一）

盧騷心目中的人，應該類似一位野蠻人：有着健壯而靈活的身手；行動敏捷、心地善良、思想單

純。這就難怪他在教育上，希望先成爲一個好動物，然後才能成爲一個好人了。（註二二）

英國教育哲學家魯斯克（Robert R. Rusk），在「教育的哲學基礎」（The Philosophical Bases of Education 1966）一書中，於自然主義的討論時，提到廿世紀的生物學家，對自然主義思想，迭有發展上的影響。以英國哲學家羅素（B. Russell 1872-1970），在廿世紀初期，就提到「人來自動物。在人與阿米巴（amoeba）之間是沒有很大的差別」。他又認爲「在原生動物(Protozoa)與人之間，在構造上或行動上，都沒有太廣的鴻溝。由此一事實可以作一高度可能的推論：即在心理的鴻溝上，也是沒有太大的差別。」（註二三）

由這些資料的顯示，可知傾向於自然主義思想的學者，對於人與動物之間的差別，已經摒棄了以理性作爲二者間差異的認定標準。他們所採取的認定標準，祇承認人與動物之間，僅爲複雜程度的不同而已。

這種視人與動物間僅爲複雜程度上的差別，亦即所謂「還原的分析說」(Reductive Analysis)。「基本上人祇爲一高度複雜的動物而已。人與低等動物之間，沒有種類上的不同，而祇是複雜程度上的不同。」（註二四）由是可知，自然主義學者對於人的認定，已非神學家、人文學家一向都强調人的高貴性；强調人的自由意志，心智能力和理性方面的優越了。

(四)否定超自然實在的存在

自然主義的盧騷，由於生活在十八世紀，對於宗教信仰並未像今日因受到了科學、技術的衝擊而受到排斥。在「愛彌兒」中，他還是提到了愛彌兒年歲增大至十八歲以後，可以接受宗教問題時，才予以討論之。他尚不像近代的自然主義者，對神學上的一些論點，加以排斥。

近代自然主義學者，對於絕對的神是不會贊同的。基督教教義中認爲整個世界都是神所創造的。一切的萬物是由神所創始。可是依據十九世紀生物學家達爾文（Charles Darwin 1809-1882）的進化論——此亦爲自然主義者所採信的，則進化論才是解釋世界萬物起源的依據。他們所相信的是進化論而非創造論。其次，近代自然主義者亦否定人的靈魂不朽說。他們認爲肉體消滅時，靈魂亦隨之而消失。其次，對於經由神聖而得來的啓示，則保持懷疑的態度。至於基督教相信人有來世使命的，自然論者則以對現世的追求爲其生活的主要鵠的。這些都顯示了自然主義者對超自然實在的懷疑。

㈤重視非理性的因素

若從自然主義思想之興起來了解時，自然主義思想可以說是對十八世紀過份强調理性，以期使理性成爲人們思想的一個主導勢力而終於淪爲形式化的一項反擊。

自然主義思想家盧騷的思想，就具有這種思想的特徵。他從嬰兒發展到成人的這段成長歷程去觀察，認識到成長是有其一定的序階。在嬰兒、幼兒、兒童、青少年這幾年過程中，感覺的發展，情慾（passions）的發展，都先於理性而發生。這也就是說人所擁有的理性，不是初生下來時就具備的。盧騷在其名著「愛彌兒」中提到：

「在理性年齡以前，任何道德事實或社會關係觀念的形成，都是不可能的」。又說：

「對孩子要講理性，是洛克（John Locke 1632-1704）的座右銘，也是現在最流行的時髦話。但是我並不認爲那是會成功而有效的。……在人的心智能力上，據說理性是最複雜的。它的發展

最慢，同時也最困難。」（註二五）

在盧騷的發展觀念下，人的感官能力是天賦的，係由自然作爲其教師以使其成長。感官能力也是最早出現的能力。稍後才有情慾的成長。情慾可以說是屬於非理性的範圍。它涉及到個人的一些心理認知上的特質，諸如：妒嫉、、自私、好奇、感情、意志、良知、或良心、想像等。這些都是理性論者所不欲强調的。在盧騷的心目中，却都是個人成長中的一部分。這些非理性的因素，在人的經驗中，跟理性是同樣的重要；有時反而有過之而無不及呢！

在人的發展初期，一旦感官活動得以進行時，個人的感覺，就能以是否對個人產生喜悅或厭惡，來作爲迎向或避開引起感覺的活動。個體發展至十二或十三歲時，盧騷以爲體力的發展，超過了他的需求的發展。此時，他尚不會被想像中的苦痛所折磨，故認識不到即將來臨的危險。

盧騷相信一切人的智力是有限的。他不可能知道每一樣事情。他也不可能獲得別人不完整的所有知識。他對所謂理性活動的結果——知識的資料，並不一味地讚不絕口。這其中的原因乃是由於他覺得當時的所謂知識性資料，有的是錯誤的；有的是無用的；有的祇是作爲擁有者吹噓的材料而已！他警惕地告誡後人，一個人不僅必須知道這是些什麼，而且要知道這些是有什麼用處（註二六）。

至於非理性的其他因素，其重要性，約略歸結如下：

1. 經驗　個人必須從參與的活動中，才能形成經驗；作爲對以後類似情境支配的參考；
2. 想像　想像是由發展而形成的。在想像能力未顯現，依然沉睡中時，想像不會使個人認識到尚未來臨的危險，因而不會感到焦慮、不安！不過對於將要來臨事件的預見，則有賴於想像能力的運

用，

3.情感　不論個人屬於任何性別，一旦他成長至成熟年齡時，他或她在本能的支使下，他或她就需要一位伴侶。內在情感的滋長，有了愛的追求與滿足的需要。此時內心（heart）爲之打開，成爲社會人際關係建立的動力。

4.良心　善惡的斷定，不能單憑個人外在的行動。如果是善的，則它必須與個人內心深處的良心、良知的認定合而爲一。道德的善，須與人的本性相符應，祇有在人的身、心都是善的狀態下，個人才是健康的。虛飾而不眞的外表行爲，須與良心求取一致。處此情形下，爲善是會自咎的。

5.意志　意志是在理性發展後才出現的。意志是個人德性的條件；也是使個人的理智、節制情慾的依據。不過，限制個人的情感是有賴於理智和意志的作用。

就這些非理性的因素而論，人並不僅僅是一個理性動物而已。他也是一個情感動物；一個有欲求、需求、意志的動物。如果人祇是拘泥於理性所制定的規則去行動，久而久之，規則會轉化成爲形式的教條。虛僞的行動固然迎合了理性規則的要求，但是這種表裏不一的假象，並非求眞的人所樂意接納的。何況過份崇高形式化的規則，對人的眞性流露，何嘗不是一種抑制和阻塞呢！

(六)**自我的底蘊——理與慾**

此處先以自然主義思想家盧騷來論。氏在「愛彌兒」中對於人的本性之探索，提出了他對人性底蘊所包含的二個不同部分的看法。他以爲人性中的一個原則，對於自我的提昇是有幫助的。它會提醒個人向着高貴、恆久的眞理去努力、求取認識。這一可貴的原則，能夠讓人理會到眞正的道德；引發他去愛眞理，進入到抽象思考的領域。此一原則也會教人鼓起他的意志，作出堅定不移的行動，以便貫徹他個人的一些主張。在理的召喚下，自我體會到自己才是眞正的主宰，不願屈服於欲求的追逐下；就是在情欲的誘導下，個人也會發出抗拒的意念。

可是人性的底處，尙有另一原則，另一支配個體的勢力。它促使個人追求感覺上的滿足，甚至淪爲感覺的奴僕，接受感覺的命令，做出沉淪不拔的罪行來。在此情況下，個人也就變成了情慾的工具。凡是來自前一原則，理的指導，均予以排拒，予以反對！個人內心的衝突，於焉而起。個人失去了主動的行動力，反而淪爲一被動的行動者。

人的內裏，雖有理與慾的二個不同原則的出現，但是實質上皆係來自人的本性發展的結果，尤以因受社會、文化之洗禮，自我的本性，始因社會生活的需要，而有道德行爲的產生。理與慾都是來自人的本性；是人在社會、文化環境中成長出來的。但其人的根源本性，依舊是純樸的，無所紛擾的。

十八、十九世紀的瑞士教育家裴斯泰洛齊（Johann Heinrich Pestalozzi 1746-1827），也是一位自然主義的思想家。依照裴氏的論點，人性是本善的，並且在人性的底部，潛藏着向善、向智及身體發展的可能性。

「據裴氏之論見，人內在地具有德性、智性及身體發展的潛力。這些明確的特性，組成了人的基本構造。從功能方面言，這些能力，如果要生長以達到完善的境界，則必須予以鍛鍊之。人的生長與自然中的生長是平行的。這乃是因爲二者均受制於同樣的功能性法則之故」。（註二七）

由是而知，自然主義學者皆肯定了自我具有向善發展的可能性，一反基督教人性本惡，非得嚴厲懲罰實施教育不爲功的論調。對於人的順應本性之發展，提出了新的肯定。理與慾的衝突，裴氏所論並不多見。

(七)提倡發展論

自然主義的最大貢獻，就是重新調整了人與自然的關係。一般而言，自然主義的思想家，已經修正了以往思想家採取二元對立論的觀點，卽人與自然是二個對立的存有。人並非自然的一部分；人的了解，人的行爲之解釋，不能完全以自然的規則去說明。迨自人文主義思想家出現以後，這種二元論的觀點，逐由一元論的觀點取而代之。人是自然中的一部分；人必須相應於自然的規則，絕不能有所違背。由於當時物理學的研究，深受牛頓（Isaac Newton 1642-1727）學說的影響而自然律的應用，幾乎已被後人廣泛地採用在各方面了。

人既然是自然中的一部分，同時人也和其他自然界的動物、植物一樣，也是順應着自然的律則逐漸生長。人的成長和發展，不止是身體的，就是心智的，也是逐漸成長的。這其間的各個階段，都會顯示在人的發展歷程中。

人是經過胎兒、嬰兒、幼兒、兒童、青少年、青年、成年、老年的幾個顯著階段；其先後的次序，都是確定的。

「自然要兒童成爲大人之前，先須是兒童。如果吾人刻意地脫離了此一順序，吾人將得到不成熟的，沒有香味的，很快消萎的果實。吾人將有年輕的聖者，老年的兒童。」（註二八）

盧騷所說的這段話，顯示了自十七世紀以後，自然已經跟自然的律則或秩序，牢牢地速在一起了。順應自然的發展，實際上就是順應自然發展的秩序。另外，這種重視人的發展理論，使得人的了解，就須從其發展的各個歷程階段着手。

其次，裴斯泰洛齊對於人的成長，也提出了下列的一段話：「自然也是一個發展或生長作用的歷程。植物、動物以及人的成長，都依照構造上的設計而成長。自然發展是繼續的，逐漸的。」(註二九)

這種將人的發展，重新找回了自然的基礎，委實是自然主義學者開啓了一個新的探究領域。人不再單從靜態上去明瞭，反而提出了從動態方面去了解的需要性。

其次，值得注意的是人不僅有身體方面的生長現象；人也有着心智方面的生長現象。這種人的發展觀，自然提高了生長所涉及到的幾個條件：生長者、物質環境及兩者的和諧問題。人與自然的調和，於此也就顯得格外重要了。

(八)强調經驗的認識論

先於自然主義思想的感觀唯實論，在認識論的歷程上，已注意到了一些利用感覺活動的價值。以該派教育家康米紐斯爲例，康氏就强調感覺的訓練和提示具體的事物和範例的重要性，而不要一味地只教導抽象的原理或原則。在認識的歷程上，重視由特殊事物至普遍原則的認知心理過程。這些主張都可以從康氏的教育名著「大教育學」中找到。

自然主義教育思想家盧騷，更爲明顯地提出了經驗在認識歷程中的重要性。這裏所謂强調經驗的認識論，約可從下列幾方面加以討論：

1. **認識的活動須重視感覺的運用**　從個人的發展來看，在個人尚未能自主運動其軀體前，早已有了感覺的活動。感覺活動能提供認識事物的經驗。

2. **認識的活動，須強調觀察的價值**　兒童對其周遭環境中事物的有意觀察活動，能夠培養出兒童對事物的好奇心。個人的好奇心，是求取知識的心理動機。具備了好奇心，有助於新知的發現與獲得。

3. **知識是要自我去發現的，不要太依賴他人的教導**　具有好奇心的個體，對於知識的探求，會較主動地去追尋。疑難的問題，需要個人全心的去投入，而不是置身事外。此即「不要將知識教導給他，而要讓他自己去發現知識。」（註三〇）

4. **疑難問題是要自己解決而非他人代勞**　所謂認識需要經驗，即在強調知識的形成，必須個體完全地參與認識的活動。一些疑難性的問題，必須自行設法獲得解決；必須自行從觀察、思考、了解、分析、綜合各項有關資料中，尋求完滿的解答。

5. **認識的活動，須個體運用其理智，不能借助於權威**　此即強調經驗在知識中的重要性，也就是側重個體在認知活動過程中的重要性。這裏所指的經驗，當然是認知者個人的經驗活動。如果處處都是以他人的權威，作爲自我認知的評斷尺度，那麼個人就成爲他人思想的一個玩偶了。（註三一）

6. **自我認知活動中，必須強調認知的確實、正確、徹底**　認知到事物的多寡並不是重要的；重要的是認知的確實無誤；認知的明白而不含混；認知的徹底而無疑惑。於此，親身經驗的事物就成爲自我的一部分，顯明而不易忘懷。

㈨主張個體復演社會文化發展之歷程

不論是自然主義思想家盧騷或裴斯泰洛齊，對於個體的成長，都傾向於復演的觀點（the theory of Recapitulation）。

以盧騷來論，他以爲人類的歷史，就是一個由野蠻進入文明的發展過程。野蠻人的本性是善良的、無邪的、沒有社會的法律，需要去遵守的。單從沒有法律的觀點而言，野蠻人似乎享受了不少的自由——如果認爲法律是限制個人行爲的話。然而隨着社會文明的進展，野蠻人進入了文明的階段，爲了換取社會對個人生存的保障，個人必須犧牲某些自由。在初有文明而尚不甚發達的時期，人是屬於半開化、半文明的階段。對於社會團體中的法律、社會規範，他就需去了解、去遵守。然後人爲的法律、社會規範愈多，人也就愈成爲文明人。

從人類社會文化歷史的見地，顯著地存在着三個明顯的階段：野蠻人期、半文明人期及文明人期。

由於人的成長，也是一個發展的過程，兒童期可以比擬成爲野蠻期。此時期的兒童，尚不熟習社會中的法律及社會規範。這些來自社會文化的人爲規則，兒童也不甚了然。行爲的動力，尚多由其自然的本性爲之主導。兒童期的個體眞如一個野蠻人；內心純潔、無邪、思想單純。及至青少年期，個體漸次了解到社會中的法律及社會規範在決定個人行爲上的重要性。此時期的個人行爲，已非單純的自然本性就爲之決定了。成人期個體各方面均漸臻成熟，類似一個文明階段的個人。本然的習性已由人爲的社會與道德的習性所取代。這就說明了個人，從嬰孩至成人，實在就是重演整個人類社會文化歷史發展的過程。

裴斯泰洛齊同樣地認爲人類的歷史發展，也是經歷着三個顯著的階段。其一爲原始自然狀態期（the Primitive Natural State）、其二爲社會狀態期（the Social State）、其三爲道德狀態期（the Moral State）（註三二）。在第一期中，兒童未能熟習社會各項規則之前，個人的需求，都是直接取決於個人的自然傾向。及至青少年期時，滿足個人自然需求時，已能考慮到社會行爲規範的影響。在第三個時期中，個人逐漸成熟，任何需要的滿足，已經能夠以善惡的條件，作爲評斷事物的依據了。這是眞正成熟個體的一項表徵。

㈩重視生物學上的基本概念，如：生長、適應、本能等

先於自然主義思想者的感覺唯實論者，以康米紐斯爲例，康氏認爲自然顯現在動、植物的生長規則上。一切生物的生長，康氏都覺得有一定的生長次序，默默中逐一地展現出來。這不僅不會躐等，而且不到生長的極致是不會停止的。顯然康氏對於生物界的生長，是寄以莫大的關切。同時從他對生物生長的內在條件的驚訝，亦可看出他對自然律的敬畏了。

以人的生長來說，他以爲每一個人的內裏，都包含有隨個人生存而存有的向善、求智及獲致虔誠的種籽。這些潛在於人身上的種籽，是會隨人的成長，經由後天適當的教育漸次地顯現出來。就像一只鷄的卵一樣，卵的肉裏，早已包含了得以展現出來且足以構成爲鷄的各項構造物，鷄的骨架、羽毛、雌雄特性、肌肉、脚、脚趾等。

於此，生長是一朝向特定目的的開展歷程。構成此一生物個體的特徵，經由生長而逐漸地顯現出來。順乎此一自然的生長現象，人也是需要從生長上去了解的。何況教育就是一種協助個人生長的歷程呢！將生物上生長的概念，應用在教育上，當然以具有自然主義教育思想傾向的杜威（John Dewey 1859–1952），所提出的「教育卽生長」最爲明顯（註三三）。

其次，自然主義學者，在十九世紀後期，由於生物學研究的發達，使得他們深信，若欲了解實在，最有效的途徑，不是經由物理學和化學，而是經由生物學。特別是對人自身的探討，多已集中在應用生物學的知識上。他們並不像唯物論者，將人簡約成爲物質的，或機械的存有。他們從生命持續的現象上，認定人是一生物的有機體。因而，在一八五九年英國生物學家達爾文的「物種原始」（The Oringin of Species）出版以後，進化或演化（evolution）的觀點，也就被社會科學的各學科所採取；如後來的社會學便是。至於教育學上接受歷程（Process）的觀念，又何嘗不是受生物學的影響呢?!

另外，以生物學上的本能（instinct）一概念，去詮釋人類行爲之發生及行爲之動機。故重視人類行爲上的先天決定性的勢力，甚至推廣而應用在心理及社會方面。雖然當時有些學者强調本能不祇可以解釋動物的行爲，而且亦可以解釋人類的行爲。由於本能一概念，亟欲作爲一廣泛的解釋基礎，甚至連人類的宗教活動，都欲以本能爲之說明。不過，這點是難以應用在動物方面的。這也是學者們無以自圓其說的地方。

其次，二十世紀初期，教育上有重視社會適應的說法，當然也是受了生物學提倡適應說的影響所致。連帶的，對所要適應的環境、生長的環境等，這些來自生物學上的重要概念，不止構成了生物學的一些學理，同時亦影響到社會學、教育學上對相似情境的比擬。

自然主義在重新調整人與自然的關係上、在決定人在自然中的地位上、在重視自然作爲人的一項研究學習、仿效的範型上、在提示人的自然生活方式的價值上、在低估超自然爲人所追求的活動上，都給予人們一些反覆思考，重新確定其見解的一個良好機會。無可諱言的，由於科學研究上的進展，對自然主義思想的發展，自是提供了一些助益。但是在科學庇護之下，過份强調自然的重要性，則又會引起一些思想上的質疑活動。這似乎也是可以預見的了。

第二節　自然主義與教育

西元一六八七年，英國物理學家牛頓（Sir Isaac Newton 1642–1727）劃時代的鉅著「自然哲學的數學原理」（Mathematical Principles of Natural Philosophy）出版問世，開啓了西方人對宇宙的新觀瞻。自然或宇宙就像一部大機器一樣，循着一定的定律運行着。支配自然的自然律，就像科學上的福音一樣，迅速地擴散到歐洲各地的學術界；爲哲人、思想家、科學家所採信。對自然現象的解釋，不再訴諸神聖的超自然存在，而求諸於自然律。自然現象的發生，也就捨棄了偶發的，創新的變化，因爲自然中一切的變化，都是順應着自然的規律，不會有突變的發生。

啓蒙運動對西方人的影響是歌頌人的理性、强調知識的力量、充滿了追求理想的熱忱、渴望於以理智的力量、消除人們的無知、貧窮、迷信、奴役、疾病、戰爭、暴虐。特別是在英國哲人洛克（

John Locke 1632-1704）及休謨（David Hume 1711-1766）的經驗論（Empiricism）倡行以後，認爲人心如白板，後天的經驗活動，對心靈的影響至大，創立了人對認識能力的莫大信心。然而過份重視理性的結果，使理性形式化了。人的一切都須按規律行事，對人的理性以外的因素，顯有疏忽與遺漏之嫌。不過，由於對自然律重視的結果，使人們對人與自然的關係，亟思重新予以調整。以自然爲主的思想，也就滲入到教育理論的重建架構的活動中了。

自然主義與教育的探討，依下列的次序，分別予以探究：自然教育、教育對象、教育實施、家庭教育及道德教育。

一、自然教育

法國不可一世的拿破崙（Bonaparte Napoleon 1769-1821）曾經說過，倘若沒有盧騷，也許就沒有法國的大革命了。不過，從教育上來論，盧騷也引發了教育理論與實施上的大革命（註三四）。因爲，盧騷所倡導的教育理論，並不附和於啓蒙思想運動以來，闡揚理性的哲學觀。相反的，他從自然的角度，重新思考自然與社會、人性、道德、政治、法律與教育等重要問題的關連性。他急欲擺脫開傳統的教育實施，以新的個人及新的個人所組成的社會，來徹底整頓當時遠離自然、完全順從人爲的各項社會文化活動。在他看來，這種針對人爲的方式而適應的教育，愈少去接受愈好。因爲人爲方式的種種活動，都遠離了自然，對個體的自然傾向，形成了壓抑、枷鎖。個人天賦的本性，無由發揮。因此，他覺得教育的實施，必須返回到自然的本貌上才好。最好的教育，在個人發展前期，就是實施消極教育（Negative education）：保護兒童的自然本性，免於罪行和過失的發生。

盧騷從自然的觀點，認爲人的教育，來自三方面：自然、人及事物。

個人身體內的各種器官及能力的內在成長是來自自然的教育。

個人運用所學以使各種器官及能力得以增進成長是來自人的教育。

個人從周遭環境或經驗中獲得學習是來自事物的教育。

上述三類教育的和諧進行，才能使教育的功效發揮出來，才能算是一種好的教育。如果三者間有任何的衝突，個人所受的教育，就不是所謂良好的教育了。更爲重要的是不管來自人的教育或來自事物的教育，根本上都須與來自自然的教育相一致，不能有任何的牴觸。在上述的三類教育中，自然的教育完全是由自然的條件決定的，非人爲的因素所能控制。來自事物的教育，亦甚難完全由人來作最理想的安排與設計，是故也不在人的控制之下。人對教育中所能支配而節制的，只有來自人的教育了。

此處盧騷所提及的教育，實指個人的自然成長。教育的實施，在他看來不是要去符合個人外在社會、文化所加諸於個人的要求，而是要避開這些外來的要求，順着個人本性的發展才是。這種發展可以視爲自然的、不加人爲干預的發展，因爲人的本性是善的緣故。

盧騷以爲自然乃習慣也；教育亦不外是一項習慣而已。自然的習慣本性，乃未經人爲的改變，保留住原本的性質。在個人判斷上則訴諸於本能性的判斷。因此，他所强調的不是來自他人的經驗、知識、思想，而是個人所具有的本性與本能。

在教育實際上，盧騷曾提到：

「當吾人試圖教一個人但却是爲了別人而不是爲了他自己時，這顯然是不可能的事。如果在社會與自然之間有了衝突，吾人必須在培養一個人與培養一個公民之間作一選擇。二者都培養是不可能的。這兩者間目標的衝突也是不可避免的。因此，勢必需要二種不同的教育：其一爲公共的、公立的；其二爲個人的、家庭的。」（註三五）

從這段文字的內容上，不難認識到盧騷所重視的教育乃是一個自然人的造就，而非一位公民的養成。一個自然人的養成，不是讓他完全以社會的習性來取代他原本有的自然性。他體格健碩、熟悉生存之道，內心眞誠、純潔、無邪、無私、胸懷磊磊、無爭而快樂。在自然的狀態下，享受着自由、平等、快樂的生活。基本上，做一個人（Manhood）才是教育的主要課題。

因是之故，盧騷心目中的教育，除了個人身體的自然成長外，尚含有盡其可能地將個人的本性，作一自由的發展，不加任何外來的干預和抑制。至於向何處發展？簡單的答案乃是向自然而非社會的指標去發展。

秉持以教育改進社會的瑞士教育家裴斯泰洛齊，對於教育的看法，可簡單歸納爲：

「教育即兒童內在能力發展的歷程。」（註三六）

氏以爲一個人，如果他內在的能力：向善的、求智的及體格的，沒有加以發展，則他不能算是一個人；就人這個字嚴謹的意義而言。

氏又以爲，眞正的教育目的乃是：

「人性的發展，人的能力和稟賦的和諧陶冶以及人的生活之改進。」（註三七）

裴氏認爲教育絕非外在因素的加添；教育乃是致力於使兒童的內在本性，得到充分的成熟。

值得注意的是裴氏對於教育的功能至爲重視。他有見於當時社會風氣的墮落、腐敗、人民的無知、犯罪、不守道德規範等，處處引起他對人性中所含有的善良本性，有需要藉教育以協助個人發展的責任感。這也是他以教育作爲改革社會理論濫觴的由來。他以爲當時在教育實施上，已經設立了拼字學校、寫作學校、問答學校，可是，迫切需要的是要有「人的學校」(man's schools)。因爲，社會中各行業人員的培植，非正規的教育已可培養出一位好裁縫、好鞋匠、好士兵，然而教育却不見得能培養出一位好人——就該一字彙所含有的崇高意義而言。

另外，裴氏深信教育卽在爲受教育者提供機會、安排指導、使其個人內在的激動，在教育的過程中，不論是生理的能力、心智的能力或道德的能力、有最和諧的發展。良好個人的養成，才是形成良好社會的保證。

從先前的討論中，不難發現十八世紀的自然主義教育家盧騷，對於自然教育的涵義，係採取了「回歸自然」、「保持本性」、「做一個自然人」，以期減少當時歐洲貴族社會階級家庭中，過份形式化的教育傾向。另外，顯著的一個事實是他對教育上個體的發展，不是以當時的社會爲其指引的方向，而是以自然的狀態爲之。這與十九世紀的裴斯泰洛齊的觀點，就稍有出入。裴氏也爲教育的發展，提出了一項指引的方向，但是這一指標乃是一個道德的理想社會，其先決的條件則寄望於理想的道德個人的造就。至於强調自然本性的發展，則爲自然主義者所共同認定者，殆無疑義。

二、教育對象

教育對象亦卽受教者，在文藝復興以前的教育實施上，可以說並未得到應有的、充分的重視；就是對受教者——兒童，亦欠缺充分的了解，更遑論重視兒童的研究了。西方人文主義崛起以後，由於人性本善的觀點，已經在萌芽之中，復加以人文主義學者提出了對人的尊嚴，應加以關注的論點以及十八世紀啓蒙運動以來的人道主義思想盛行，這些自然地對傾向於自然主義的盧騷不免發生了影響。兒童在成人心目中的地位、兒童在人成長發展上的特徵以及兒童的眞正本性，這些問題，到了盧騷時代，都有了不少的新觀點，開啓了教育上對兒童的關注，形成了以後兒童爲中心的教育理論與實施，更奠定了兒童研究的新學術基礎。

西洋教育史家博玆（Freeman R. Butts）在談到自然主義教育的幾個基本核心觀念時，曾經提出了四個核心的觀念；而這四個核心觀念，實質上都是由於對兒童本性的逐漸了然的結果。這四個基本觀念，他認爲卽：生長、自由、與趣與活動（註三八）。

「兒童不是成人的縮影」；兒童有着他自己的獨立人格；兒童是一個成長中的個體；兒童只是成人成熟之前的一個發展階段。這些觀點，可以說隨着自然主義思想的擴散，流傳，逐漸地成爲兒童教育上，不可忽視的論見了。

1. 成長　最顯著的說明，表達在盧騷的「愛彌兒」（Emile）一書中。愛彌兒在其成爲大人之前，他經過了嬰兒期（初生至五歲）、兒童期（五歲至十二歲）、青少年前期（十二歲至十五歲）、青少年後期（十五歲至廿歲）。兒童是成長的；他的成長是依自然的規律爲之。因此，兒童是存在於一個動的生長歷程中，充滿了自然的活力。

2.自由　兒童本性是自由的，不願意受到外界的壓抑。從身體的發展上，盧騷主張嬰兒時期，就不應該緊緊地包裹住嬰兒的軀體，限制嬰兒的活動。其次，就心智的成長言，兒童的外來限制愈少，愈有助於兒童本性的、潛在能力的發展。在肯定兒童自由的前提下，兒童才能依其個人的意願，作出自己的選擇，獲取自己的抉擇。

「沒有緊縮的帽子；沒有包紮；沒有包片；寬而大的嬰兒裝，能使嬰兒肢體自由。嬰兒裝不僅要輕、不妨碍其活動，而且也不至於太暖，以免阻隔了他對空氣冷暖的認識。」（三八）

顯然，在自然狀態中的個人，單就限制少而言，「自然人」所享受到的消極性自由是較一位「公民」爲多。

3.興趣　兒童是不同於成人的。這不僅是體型的不同而已，而且在心理發展上也是不同的。兒童的需要，在童年期，往往不會超過他的能力。他的需要大多在可滿足的範圍內。成人則不然。兒童期極易對周遭的事物感到好奇。兒童對新的事物亦極易產生興趣，具有熱切的求知慾。其次，兒童不像成人，對事物的好惡，多以喜歡與否爲之取捨。這就是他強調的自然要兒童成爲大人之前，先須爲兒童的理由了。

4.活動　以青少年期的個體而論，這一階段的青少年，身體的力量超過他的需求。在情慾尚未來臨之前，在體力方面他有着過剩的精力，需要溢出。活動成爲他向外探尋的一條途徑。惟有經由活動的參與，他才能得到新的經驗，新的認識。活動也是兒童及青少年所樂意加入的。這就難怪自然主義的教育家，總是利用設計性的或教育性的活動，來增加受教者的經驗了。

三、教育實施

面對着這樣一個生長、自由、活動、好奇的兒童，在教育實施上，就是儘量順其本性的發展，而不作人爲的抑制，以防止扭曲了他的成長。至於可行的教育途徑是些什麼呢？現擬就其犖犖大者，陳述如下：

(一)消極教育

消極教育（negative education）並不是不實施教育。消極教育的反面是積極教育。依照盧騷的評斷，當時社會所實施的語文教學、書本教育，與實際生活相脫節的教育，即文化陶冶，就可稱之爲積極教育。他個人所主張的順應個人自然發展的教育即消極教育。消極教育並不着重教以社會文化的內容，而是以個人身體的、官能的、實際生活的內容爲主。兒童早期的教育，即應爲消極教育。

「因此，第一種教育應該是純粹消極的教育。消極教育即不教以德性或眞理的原則，而是保護其內心、避免罪過，使心靈免於錯誤」（註三九）。

由此可見，消極教育並不是反對教育。消極教育即在維護個體的純眞本性，不使他有任何的傷害。

(二)循序教育

鑑於個體是在一個自然發展歷程中，任何一個個體，都必須經歷嬰兒期、兒童期、青少年前期及青少年後期四個階段。這四個顯著的教育發展階段，不論是教育內容、教育方法、教育目標，都應該依各個階段的區分而實施教育。

1.初生至五歲　此爲嬰兒及幼兒期。教育的實施，主在提供自然的環境，令其作適宜的身體動作、感覺、情感方面的發展。此期絕不施以道德教條的教學，因爲此時期的幼兒，直如動物一般，尙未成熟至了解道德規律的地步。此期以認識各項事物之必然性爲主。同時以認識周遭環境中的事物爲主，不施以外在的强制學習活動；不以一般的教育方式，要求某一個體的配合。總之教育上須顧及個性的發展及個別的需要。

2.五歲至十二歲　此期的教育，依然以消極教育爲主，不實施任何語言、文字、書本的教育；完全以遊戲、運動、手工、替代傳統的讀書式教育。此一階段依舊着重感官的訓練。藉由各項活動增加個人的經驗。各種的學習，皆以個體的需求爲激動的因素，絕不以社會及道德的要求爲準。此期教育的目標主爲健康、自信、自足及獨立的獲得。

3.十二歲至十五歲　此一時期是兒童成長中，最爲重要的一個階段，因爲理性是在這一個階段中出現的。一切的學習，當以個人的好奇爲主；好奇是理性的來源。在此一時期中，個體還是獨立於社會之中，沒有道德、社會關係的關連。個體此時所學的內容，當以實用爲考慮的先決條件，而不以貯存作爲將來應用的考慮。一些知識性的學習，此期將予以開始，諸如：天文、地理、農事、手藝、自然科學知識。這些知識的獲取，不是爲了宣耀門楣、誇示個人的博學，而是爲了現實生活上的生存需要。此期學習的重點，尚需對獲取知識方法，有所熟習，以便將來自行應用各項求知方法，獲取知識，勿需依賴於他人。更重要的是個體必須從實際行動中，去形成知識，而非從語言、文字中獲取知識。

4. 十五歲至廿歲　此期是個人第二性徵出現的時期。性的感受與經驗，觸發了個人求取異性伙伴的要求。也由於有了求得異性伴侶的需求，使個體在社會、道德關係的發展上，形成了社會生活的德性：同情、友情、奉獻、利他等是。道德教育上，就得注意到不可過於自我中心、貪婪、惡意、妒嫉心理的作祟。其次利用自然懲罰及經驗的方式，認識公正、人道、愛、犧牲等社會所需的美德。這一階段是人際關係合理地建立起來的時期。個人有必要去學習有關人性方面的知識及社會、道德、倫理方面的知識。歷史、文學、戲劇、修辭、語文是這一時期學習的內容，但是，一切的學習，還是以實用爲主旨。

㈢感官訓練

在自然教育實施上，受教者初期的教育活動，主要的卽在實施感官訓練，期望從自然的教育中，對感覺能力有所增進。受教者從周遭自然環境及所發生的現象中，鍛鍊感官能力的正確性，例如，受教者對於自然中氣溫的變化，冷、暖、溫、濕、乾燥等；個人身體的渴、饑、累，亦都需要有所體認。自然可以說就是一個很好的刺激者，觸發起個人不同的感覺認識來。在野外實施的訓練就是一種機會教育。當受教者走到一條小溪邊時，他就得利用觀察、判斷一下溪流的寬度；思量一下自己是否可以跨越過去。當快要中午時，他就得利用太陽的位置，來估量一下大致的時間，以便判斷一下，是否該回家吃中飯了？受教者從這些活動中，形成了經驗，應用於生活的情境上。

㈣自然教室

盧騷心目中的兒童期教學活動，不是在學校裏的教室實施，而是走向大自然，在野外自然的環境中實施。自然環境中的花、草、樹木、動物、氣象、地形，都是實施自然教學的材料。在青少年前期，教學活動的內容，多與實際生活的活動相關，絕不以書本經驗爲主。盧騷曾經提出「魯賓遜漂流記」（Robinson Crosae）極具教育價值。蓋因此書有助於個人的自我保存、體力勞動、生活需要的實現故也。至少在青少年前期，可以不實施書本教育。自然就是一本最好的教科書，足夠兒童仔細地去研習了。

㈤個別教學

自然主義者盧騷以爲，打從嬰兒誕生以後，他或她就需要有適當的大人，隨時隨地給予協助，使個體的自然能力，得到最完善的發展。他對當時歐洲一般貴族家庭，多由護士及家庭教師擔任兒童的看護及教師，頗不以爲然。在他看來，最好的護士不是別人，就是嬰兒的母親；最好的家庭教師，不是別人，就是兒童的父親。他覺得在青少年前期結束前，尚不需要語文性的知識。故父親的指導是可以勝任的。盧騷在愛彌兒一書中，對受教者所安排的教學型態，就是個別化的教學，因爲愛彌兒並不需要去學校接受傳統社會文化的教育內容之故。

㈥重質教學

在教育論著愛彌兒中，盧騷曾提及他教學上的一項基本論點，就是不給孩子教太多的事物，絕不讓孩子形成不正確的或含混不淸的觀念。在他的觀點中，孩子們所學的不甚多，並不是一件令人過份擔心的事。眞正令人擔憂的事，乃是孩子們對所學的內容，一知半解，不能把握住重點及了解的不夠徹底。在個人成長的過程中，理性和正確判斷能力來的較晚，因此個人必須注意偏見的侵入，免受其害。

其次，知識的教學，亦須從相關知識上加以探索，以便使所學的知識，不會孤立。從相關的知識上，個體的認識，就能有一延續的開展，去發現更多的知識。個人已知的知識，只是進一步獲取其他知識的一項引子，一項發酵劑而已。

(七)發現知識

自然主義學者不可避免的，較爲强調自然知識的發現。不過在教學實施上，他們重視的是要個體自行去發現出現象間的關連性，不願過份依賴教師的傳授、講解與示範。由於認定學生本身具有强烈的好奇心，因此在學生提出任何的問題時，就不需要立卽將問題的答案，直接了當地告訴給學生。這樣教學活動雖快速，但是學生却缺少了自行思考的活動，所獲得的知識，亦不甚淸楚明白。因此不如將答案逐次地，在學生思考後，如能自行思考獲致時，就自行思考求取；否則漸漸地引導學生，作各項試探，然後才形成知識。

「教導你的學生去觀察自然現象，很快的你就引起他的好奇心；不過如果你要他的好奇心成長，就不要使他的好奇，過於太快地加以滿足。將問題呈現在他面前，讓他自己去解決。不要因爲你教了，他才知道，而要讓他學了，他才知道。」(註四〇)

運用自己思考所形成的知識是自己的；否則很可能是他人思想上的一個玩偶。

㈧實物教學

自然主義學者**裴斯泰洛齊**，在教學上的重要貢獻，就在於教學的心理化。實物教學（the Object lesson）是重視抽象觀念的形成，有賴於具體的事物及經由感覺、知覺之應用。「自然使眼睛去看、耳去聽、心去思考」（註四一）。在實施教學時，提示具體事物給年幼兒童去經驗，是形成一般觀念的最佳途徑。單憑語文符號的提示，學習效果是不高的。實物教學的目標，卽在於：

1. 分離實物與感覺，從而消除感覺印象中含混的部分；
2. 提示類似實物，以便使所欲認知者，有一淸晰的了解；
3. 將所形成的觀念，提昇至確切、明白的地位。

其次，實物教學的重要因素，就是令兒童在具體事物呈現其面前時，能夠掌握住實物的數、形、語文三項基本認識。

(1)從數字上：面前的實物究竟有多少？其種類有多少？以期形成數量的觀念；
(2)從形狀上：呈現在面前的實物，其形式如何？類似何物？以便形成形式的觀念；
(3)從語文上：此一實物的名稱爲何？如何讀？如何寫？以便熟悉實物的符號。

實物教學的原則，對於當時歐洲過份偏重語文符號的教學，實爲一重大的改進。

㈨教學原則

裴氏在教學上，與盧騷不盡相似的是認識到學校教育的價值。因爲，個別化教學所需人力甚鉅，並不經濟。在同時學習情形下，一位教師可以教多位學生：班級教學活動自然有其價値了。至於教學的原則則有：

1.**感覺原則** 利用感官活動，作爲提供個人心靈形成知識的資料。惟對所感覺的對象，須注意其對相關事物的感覺活動。

2.**觀念原則** 感官活動的結果，乃在正確、淸晰觀念的形成。至其過程則爲：「從含混至明顯；從明顯至淸晰；從淸晰至確定。」

3.**練習原則** 所獲致的觀念及知識，必須置諸於行動之中，就是道德、愛、信心、亦須在適宜的活動中，予以發展。運用和練習的活動，增強了學習的效果。

4.**經驗原則** 教學時須注意到學生的舊經驗，因爲一切的學習，都涉及到從已知到未知的發展歷程。另外，從安排性的活動中，增加個人經驗的獲致，以形成新舊經驗結合的機會。

5.**邏輯原則** 從教師所提示的教學內容上，學生須應用邏輯思考法則，從類比、比較中，形成觀念，產生知識。教師可藉此一原則，作提示內容的整理工作。

6.**具體原則** 各種感官活動的運用，有助於學習的效果，可產生具體的經驗。幼兒讀出聲音，較默讀爲佳，因爲聲音、視覺合起來較爲有具體之感受也。

㈩**同情態度**

受教育是一個成長中的個體，就像一棵生長的植物幼苗，不時地需要人的關注：給予灌溉、施以肥料、修剪枝葉、淸除雜草、疏通水道、除去遮蔭，如此一棵幼苗才能在人的悉心照拂下，日漸茁壯，發展至完善狀態。自然主義者對各該成長中的動植物，所具有的成長性，深信不疑，並且對於成長至完全境界的信念，亦堅定不移。因爲他們深信人是可發展至完全狀態（perfectialility），是故總希望受教者在發展過程中，應堅持到底，不要隨意半途而廢。另外教師必須以同情、協助的態度，對待兒童，絕不能有傷害於兒童的擧動。這也難怪自然主義學者每每期望將學習的活動趣味化、遊戲化，例如：將盧騷愛彌兒一書中重要的論點，付諸於實際教育活動的巴斯多（Johann Bernard Basedow 1724–1790），就從人道的，同情的立場，來推展他的教育活動（註四二）。而成爲歷史上的汎愛主義教育運動者。

裴斯泰洛齊的教育生涯，更是充滿了改進社會人羣、協助貧苦人家子弟的人道主義者的教育使命感。一七七五年開辦貧民學校，收容五十位兒童，開啓了他以教育實施人道主義理想的行動。使教育活動不得不注意到感化教育（卽愛的教育）的價値（註四三）。

「教育愛」可以說不像一般的愛。它往往是着重於施予。它也不必强求於回饋。這完全是教師對受教者所給予的關切、同情和犧牲。「教育愛」是純精神上的一種提携和一種投入。它並不計較於一定的條件或形式，而係着重於實質的施予性的愛。從智性的發展言，教育愛是成人對受教者的一種提昇；協助受教者開展其智慧的成長：從倫理的培育言，教育愛就是年長者對年幼者的關懷，使受教者獲得倫理方面的認識；從社會經驗成長言，教育愛可以說就是受教育者在教育情境中，得到人與人相愛、關注的經驗所在。這位教育思想家，具體地將教育上的理想化諸於實施，堪稱爲後人的範式。

四、家庭教育

家庭是社會的基礎，也是任何個體初次投入的一個社會組織。在家庭中，個人從實際生活當中獲得一些從事社會生活的基本經驗。不過，家庭的組合，有着自然的因素，因爲這是父母與子女的自然結合下的結果；但這也是倫理規範下的一種結合，因爲男女的結合，尙存在着社會所約定的一些關係。

自然主義者盧騷，在其「社會民約論」中，對於家庭有着下列的一些論見。他說：

「在所有社會中，最古老而且是唯一自然的社會，那就是家庭。只有在子女需要依附於父親以求保存時，才結合在一起。一旦此一需求終了，自然的連結關係亦爲之解散。子女不再需服從於父親；父親不再需照顧其子女，如果依舊結合在一起，則不再出於自然的需求，而是出於自願性。家庭本身的維持，就靠社會習性了。」（註四四）

家庭組成分子的關係，依上述引文所見，自是含有血緣的關係。這不是後天習性的關係，也不是社會倫理規範的關係。家庭中年幼的成員，爲了維護其生存的需要，也爲了養護年幼的家庭成員，這種血緣的關係，是盧騷所認爲的自然關係。當然，在家庭組織中，年幼者是獲得了年長者的關懷與養育，得到了社會經驗成長的條件以及生理成長的條件。唯有在個體初生時，得到了成人的照應，脆弱的個體始克開始其生命的過程。

家庭的功能，除了年幼個體可得到生理及社會成長的條件外，家庭也提供了教與養的功能。不過，由於社會文化發展的結果，時至十八世紀歐洲一些貴族人家的家庭，在家庭的功能上，已經有了一些轉變。家庭中教與養的功能，雖然依舊存在，但是從事年幼者的教與養的工作，已從父母之手，轉交給家庭教師及褓姆和護士。原來是自然組合的社會組織，已經由於社會文化的演進而有所改觀。自然結合的關係，已由社會關係加以取代。在盧騷看來，這就是人爲的關係，取代了自然的關係。

其次依照盧騷的理想，家庭就應該肩負起自然所交代的任務。父親是孩子的教師；在孩子長大成人的過程中，父親不只是孩子的保護者，也是將生活上的各項知能，教給孩子的導師。尋找一個家庭教師，那是不得已的事情；要不然就得找一位親近的朋友，來擔任這件教導孩子的工作。

家庭中最好的護士或褓姆，不是別人而是自己的母親。依照盧騷的觀點，沒有母親，就沒有孩童。因爲母親與孩童之間的關係是自然的；兩者之間產生了自然的情操—愛。這是社會關係擴大的基礎，也是建立社會關係的管道。

英國著名教育史學者波德（William Boyd），在關於盧騷的一本教育論著選集中提出：一個好家庭，就應該對其周遭情境加以控制；對個體加以指導，就像對想像中的愛彌兒一樣教導。對盧騷時代他的讀者和對我們這時的讀者，都是一樣的眞：即家庭擔負了一個基本的責任，對孩子正確的生活給予安排。當然依照盧騷的見解，這些安排，都得與自然相一致（註四五）。

家庭教育的實施，絕不因爲學校的設立而完全放棄。這種觀點，在裴斯泰洛齊的教育學說中，深爲他所推崇。蓋因家庭的關係，可以引出相互關愛的社會關係來。個人對義務、責任的認識，初期的了解，也是來自於家庭。其次，依照裴氏的看法，家庭教育的延伸，就是學校教育。學校教育是補救家庭教育之不足。主因社會的分工、知識的增加，家庭成員的職業問題才有學校之興起。當孩童年幼時，家庭中的母親，就是一位適宜的教師。裴氏覺得母親可以給孩子實施讀、寫、算、家務、秩序、淸潔習慣，道德認識的各項教學活動。更重要的，經由母親自然母愛的流露，卽可將兒童深藏在內心的愛，加以喚醒。在一個充滿愛的家庭環境中，個人的人格成長，較能獲得穩定的發展。裴斯泰洛齊以爲：

「這不會是假的；卽在家庭中可以找到愛及能愛的人時，吾人可以確切地預言，家庭中所實施的教育是不會失敗的。」（註四六）

在兒童教育歷程中，原先在家庭中所建立起來的父母與孩子的關係，在兒童進入學校之後，就由師生的關係所取而代之。不過，依據裴斯泰洛齊的意見，家庭和學校所實施的教育，都應該是愛的教育。其次，學校教育的目的，卽在繼續家庭生活。學校教育的活動，愈能接近家庭生活，則愈接近成功的教育；否則爲一失敗的教育。

總之，强調教育上人道理想的裴斯泰洛齊，深信家庭是建立在愛的基礎上。家庭教育倘若在父母悉心推動下，卽可將孩童的道德教育、智識教育與身體之養護及教育等統合起來。在完善的家庭條件下，社會的安定才是可能的。

五、道德教育

教育活動中，教育家都會對人們道德的提昇，給予莫大的關注。不論人文主義學者或自然主義學者，基本上對於道德教育的討論，都是極爲重視的。因爲，他們都早已認識到人總是需要經營其社會的生活。現在過一個魯濱遜式的生活，其機會是微乎其微的。

自然主義學者盧騷秉持自然至善的觀點，一切教育的實施，都是以順應自然爲主，就是道德教育亦不例外。在個人成長的過程中，十六歲以前是個體的自我爲主生活期。他是一個獨立的個體，並未與社會中其他成熟分子，有任何的關連—除了家庭中的成員以外。由於個體生活的環境單純，沒有其他的人際關係，因而，此時尚不需要任何的道德教育，除了個體從自然環境中，從自我經驗中所形成的一些道德教育外。

道德教育的要旨，就盧騷的觀點，約略可以提出以下數端：

1. **在未施行道德教育以前兒童有需要認識到自然中的必然律**　年幼的幼兒或兒童，對於個人的一些行動，必須從經驗中理解到行動的必需性。一些行動是出諸於需要而非出諸於請求。一些行動是必要而非義務。因此在兒童的成長期間，有需要認識到行爲之發生乃是外在自然當中的情勢、力量和必要之使然。

2. **道德的認識是發展來的**　在兒童成長過程中，一些善、惡的認識，並不是與生而俱來的。個體在理性尚未成熟之前，有些道德觀念的了解，尚不夠明瞭。這一時期的教導，就顯得有些過早。

3. **道德知識的形成是可以來自經驗**　「道德知識或可以由他人經驗，或可以經由吾人自己的經驗得到。」（註四七）換言之，道德經驗的形成，不必完全訴諸於成人的教導。不可諱言的，當時一般的道德教育，主要的是透過成人的教導爲之。對於由個人的經驗，去形成道德的知識，尚有所懷疑。

這也就是道德教育論爲教條指示的原因所在。

4.道德教學不宜完全採取說教式　道德是社會情境中，人與人相處的行爲規範。在個人尚未有社會生活需要之前，亦卽在他尚未覺察出道德的需要之前，道德的教學，倘若以說教的方式爲之，則許多重要的觀念，孩童尚不能有所理解。講授道德的戒律，並不見得有其妥切性。處此情境下，不如令學生從實際生活情境的經驗中，幫助孩童發展必需的道德知識。

5.道德教學不可以權威、命令，限止孩童的行爲　通常情形下，成人或教師對孩童的行爲，多採取限制式的口氣，指定孩童如何如何；如：

「你絕不可以做它！
爲什麼不可以？
因爲它是錯的。
爲什麼是錯的？
因爲它是被禁止的。
爲什麼是被禁止的？
因爲它是錯的。」（註四八）

如果跟孩童這樣循環不止地辯論下去，道德戒律的意義，並沒有弄明白，反而浪費了唇舌，無助於孩童道德的認知發展。

6.道德的教學，可以利用自然懲罰　自然主義的教育家，不論盧騷也好，十九世紀的英國綜合哲學家斯賓塞也好，都提到了道德教育上、利用自然懲罰。此一理論乃是認定凡是一個行爲的發生，都會引起關連性的結果。人們對於行爲的結果，總會給予一苦樂的評定。凡是苦的行爲結果，勢必在類似行爲發生時，個人會有所警惕，而欲加以迴避。凡是樂的行爲結果，自然會增强其類似行爲的選擇，並使其發生。自然主義學者以爲在行爲發生與行爲結果的出現上，個人自然地就受到苦樂的啓示。這就具有了教育的意義。顯然，這是有賴於個人從行爲結果上，體認行爲的價值，提供道德認知的參考。這種提示與教導是無需於人爲的教學活動。簡言之，自然就是一位道德教育活動的執行者。

7.道德的教學須令學生感受到而不是談論到　裴斯泰洛齊和盧騷的見解，甚爲接近：即道德不純是一種觀念的認識，須與實際的經驗活動相結合，如此才可以使學生對道德規範，能有一實際的經驗感受，不致於有空泛，不實的誤解。裴氏認爲道德的體認，不能只是說教或口頭訓誡，就能產生效果。道德—涉及到觀念性的認知，亦須經由從具體至抽象；從已知至未知；從含混至淸晰的認知歷程。

8.家庭是道德教育的第一站　裴氏個人深受家庭教育的啓廸和薰陶，對於父母可給予兒童道德教育，評價甚高。氏以爲孩童與父母的關係，當能引出愛的情操，由此而漸次地擴散至社會。同時，家庭生活也足以產生義務和責任的認識。不過，裴氏在家庭道德教育的實施上，着重於道德行爲的習慣化。他覺得孩提時代，道德教育就應該令兒童對善的行爲，加以習慣化。此時並不急需一一理解道德的觀念。鑑於裴氏假定個人內心存有愛及善的潛力，故家庭就是最早乘勢引導兒童內在求善潛力向外發展的教育機構。

自然主義教育家在道德教育上，單從理論的見地來看，盧騷是較爲傾向於快樂主義的觀點；以爲道德行爲的結果是會產生苦與樂的。個人從行爲結果的苦樂感受上，就會減少或增强其行爲動機。氏同時認爲行爲存心和行爲結果間，存有着必然的連接關係。苦的行爲結果，對於爾後類似行爲的選擇，當然會趨於謹愼，甚至迴避。因爲行爲結果本身，就帶有獎懲的作用。惟值得注意的是盧騷對於自然行爲結果之危險性，亦主張需加以考慮，免得造成重大的傷害。

其次，自然主義學者都認識到兒童早期由於認知能力之不逮，在理性能力未來臨前，告以規律，在兒童理解不夠成熟下，道德的情境，眞可以說是一無律的境況。惟有個人理性能力逐漸成熟，規律的教導，始有意義。不過，任何抽象規律的教導，都需由簡至繁；由具體至抽象。當然道德教學，亦不例外。這種體認道德認知能力是由發展而來，不是由天賦而來，不能說不是自然主義學者的一大貢獻。

第三節 自然主義教育家

先前曾經提過，十八世紀自然主義的興起，與唯實主義中的感覺論，關係至爲密切。從歷史發展中，兩者前後的關係來論，自然主義是在唯實思想崛起以後，才逐漸形成。它不像理性論者重視人的理性。它所重視的是人的情感。其次由於自然主義者執着於自然的成長一重要概念，因而成爲後來十九世紀末期，心理學中發展論（Developmentalism）的濫觴。

不過從自然主義思想的演進來看，自然主義的思想，一些唯實論的教育思想家如：培根（Francis Bacon 1561-1629）、拉特凱（Wolfgang Ratke 1571-1635）及康門紐斯（John Amos Comenius 1592-1670）皆深信教育家應該勤奮地觀察自然，並從自然中學習。一般而言，教育史家並不把上述三位教育家劃歸到自然主義思想家的範圍內，不過這三位感覺唯實論者，却鼓吹遵循自然論，爲其他當時學者所不能匹敵的（註四九）。

培根爲英人，一般都推崇他在思想方法上的貢獻以及他頌揚科學知識的價值。雖則他本人並不是一位科學家—從事實際自然現象的研究—不過由於他在社會、學術地位上極有影響力，是故十七世紀的歐洲社會，還是深受他的思想之影響。

氏以爲求知識的目的，就是能讓人利用科學知識以駕御自然；從事物的變化中，找出其原因，然後將之應用於人的生活以產生所欲的效應。這種作用，幾乎已是絕對可行的了。氏以爲若欲獲得研究自然的方法，就須揚棄傳統的老套，而以歸納方法研究自然現象。歸納法並不單純地就是由特殊事件，推出一般原則。歸納法是研究個別事物所具有的特性，找出不爲其他事物所具有者，使之分離，使之彰顯出來。氏以爲只要具有耐心及良好的感官經驗，定能有新知的發現。是故在學術研究領域中，有需要將現有的知識分門別類，檢查一下那些知識已經被發現，那些尚未被發現，以便運用科學方法，作進一步的研究。尤其在培根的名著：「學識的進步」（The Advancement of Learning）及新亞特蘭特斯（The New Atlantis 1624）出版後，對教育上依然重視人文學識而不重視科學知

識，他提出了批評。（註五〇）

拉特凱爲德人，出生於德境之荷斯丁（Holstein），原擬研究神學，後轉至荷蘭修習語言及數學。氏在教育見解上，强調教育之接受，應推廣至國民全體，並認爲教育應遵循自然之法則，順序漸進；由已知推向未知；由簡單推向複雜。教學上氏尤其看重實例之提示，再進而至抽象原則之了解。氏以爲教學時，應注意的事項有：

「1.自然順序須探尋並遵守；

2.一時只教一事；但須學得徹底；

3.重複以便保留得久些；

4.以母語教學；以母語教一切語文；

5.不以强制方式教學；教師教，學生守秩序，接受陶冶；

6.不用記憶，代之以發問及了解；

7.書本須統一，方法須一致；

8.事物的知識，須先於代表事物之文字的知識；

9.以個別經驗、接觸、研究取代權威。」（註五一）

顯然拉氏在教育實施上，已有了自然主義教育思想及兒童中心的教育見解。（註五二）於此，拉氏的教育經驗實爲康米紐斯教育思想立下了個良好開端。

屬於感覺唯實論的康米紐斯，出生於馬渥維亞（Moravia）的尼維尼玆（Nivnitz）。信仰上，康氏一本虔誠的基督教思想，對教育理論提出了不少意見，尤其值得注意的是他的汎教育思想，堪稱爲近代普及教育之發軔。氏著有「大教授學」(The Great Didactic 1657)，提出了母親學校(School of the Mother's Knee) 六年、國語學校 (Vernacular School) 六年、拉丁學校 (Latin School) 六年及大學教育的近代系統學校雛型的計畫。氏以爲一切教育的實施，均應依照兒童發展的自然順序實施之。是故，不論康氏教育理論上的課程安排、方法運用，莫不悉以自然的發展順序爲之。在康氏心目中，自然是一個最好的遵循者。因爲自然所表現的特徵，就是秩序，就是逐級而運行，從不休止的運行歷程。

教育上，氏是一位感覺唯實論者，但是宗教信仰上，卻是一位虔誠主義者、和平主義者。因爲宗教而發生的卅年戰爭（一六一八至一六四八年），使他家破人亡，備嚐戰火的肆虐。氏深信每一個人，都是依照着神的形象而被創造出來的。本性上，每一個人就類似於他的創造主。人本性上具有向善的德性、求眞的智性及虔誠的心性。這些本性上具備的特性，就像植物的核仁，動物的胚胎一樣，具有可發展至完全狀態的潛在能力。教育就是發展這些潛在特性的最佳媒介。同時他深切地期望，人人皆能接受教育，事事物物均成爲教育的內容。這種泛智的教育，是符合個人的求智本性。

氏更從基督教教義的觀點上，鼓吹教育平等的理想。他覺得在神的面前，每個人都是上蒼的子民；不論其社會地位的尊卑，經濟生活的富庶或貧窮，智慧能力的高低、出生性別的不同，皆有接受教育的權利——上蒼所給予的求智本性。爲此，教育的實施就需普及；並利用一切教材、一切教法、一切人員，來達成普及教育的理想。

教育須遵守自然的發展程序。這可以說是康米紐斯教育理論的主體。氏以爲一切發展，皆有一定的順序。教育就不能爲之躐等。在未明瞭特殊事件之先，就不應該教以抽象的原則。自然在一切發展之前，都有了很妥善的預備。是故在教學活動展開之前，教師必須對教育活動所需要的材料、工具、諸如：教材、課本、教學儀器、掛圖，表格等、均應有所安排，準備妥當，以配合教學的進行。

氏以爲自然的發展，都是由內而向外的發展，不能用外在的勢力，强制其發展。就像一隻鷄的卵，成爲一隻鷄的一切：骨骼、羽毛、肌肉、血液、皮膚、硬脚趾等，要加以發展的原生物質，都已經潛藏在鷄卵之中，不需外求。這種由內而向外的發展，也就是一種由普遍的性質，趨向於特殊的發展。發展之初，類皆相似；俟發展成熟之後則各自差異甚多。就像讀國小的兒童，在其發展之初，差異不大，但是經過一段較長的成長過程，至其終了，則人人所獲成就迥異；有成爲科學家者，有成爲文學家者，有成爲商人者，有成爲工人者，其發展結果，不一而足。

由於康氏認定自然本性的一致性，故他在教育上，就提出二種認定來：

「1教育的確實順序，必須來自於自然；

2因爲自然本性一致，運作類似，是故同樣教學方法，必可應用在各種類型之知識，各種類型之藝術以及各種語文之學習。」（註五三）

從前述的唯實論者的思想看來，一些利用自然法則於教育上的主張，在自然主義學者提出其教育見解前，已經認識到自然在教育理論與實施上的重要性。顯然這些學者已爲自然主義教育家的思想，作了開路的急先鋒。

一、盧騷

盧騷的原籍是法國。由於他父親追求宗教信仰的自由，因而遷居於瑞士的日內瓦。當時宗教上較爲自由的地區，除了瑞士外，尚有荷蘭地區。盧騷的母親在盧騷出生後一週卽因產病去世。此事對盧騷一生影響甚大，而盧騷亦有以母親之性命，換來一已性命之感喟。由於盧騷在幼年時期缺乏家人的關愛，所以大部分的時間都是在父執輩、親朋家及教會中度過，因而未曾接受正規的學校教育。正規教育的經驗，盧騷只有二年而已。這也許讓他可以從其他不同的角度去思考、去面對要解決的問題，從而有不受傳統思想約束的特殊發展。

盧騷幼年時，其父親對盧騷的語文教育，甚爲熱心。晚上每每以古籍親自教授。故盧騷甚早就親近文學，或許就是他文字優美的一項合理解釋吧。在盧騷十歲時，其父繫獄，逐由姑母從旁照料。一七二四年嘗拜公證師習藝，不旋久卽離開。後又習雕藝，因受不了師傅的嚴厲態度而出走；漫遊瑞士各地，對上層及下層社會生活多有接觸。後來與寡婦華倫斯夫人（Madame de Warens）共同生活。此後盧騷的工作，多半以家管、秘書、音樂教師，來維持其生活。在與華倫斯夫人分手後，盧騷至巴黎求發展，任杜賓（Dupin）家秘書。此時結交了當時的百科全書派學者（the Encyclopaedists），如：狄得特（Diderot 1713-1784）等。

一七四三年盧騷與旅社女僕瓦賽爾（Therese le Vasseur）相識，終於結合而爲夫妻。在他們二十年婚姻生活中，育有五位子女，盧騷均未教養，一一送入育幼院。晚年時盧騷痛哭流涕，唏噓於子女的流散，不知歸向何處（註五四）。

一七五〇年盧騷出版了他第一篇第周學院（The Academy of Dijon）的論文：「科學與藝術的進步，對道德的純化或墮落是否有助」？（Has the Progress of Sciences and the Arts tended to the Purification or the Ccrruption of Morals?）。在該篇論文中，盧騷採｜否定的立場，竟榮獲第一名，爲他爭得不少聲譽。

一七六二年他出版了「社會民約論」（the Social Contract）及「愛彌兒」（Emile），聲名又大課，成爲觸發法國大革命思想的奠基者。同時也成爲自然主義、兒童本位教育思想的導源者。

一七六五年盧騷爲情勢所迫，出走於英國，得當時經驗論哲學家休謨（David Hume 1711-1776）之庇護。在平靜的日子中，盧騷着手寫他的「懺悔錄」（Confessions），敍述他個人的一生際遇。五年後他返回巴黎，以作曲維生。晚年時期的盧騷，對人猜忌甚深，連跟隨他二十多年的妻子亦頗多猜忌。在一七七八年七月二日終因心臟病結束了他多彩多姿的一生。他留下了甚多的爭論，也留下了不少的火花，引發出連串的火焰，帶來不少巨大的變動。

在教育理論上，盧騷本着人性本善的論點，認爲兒童的天性是善良的，有着自然發展的潛力，可資發展。他强調兒童的發展是要順從自然的程序，必須俟時機成熟，兒童的學習才會產生效益，否則時機不到，學習效應不顯。氏認爲由於早期人們對兒童了解的不夠，總認爲兒童是大人的縮影，給兒童佩劍、穿大人款式衣服、行動舉止酷似成人，不啻泯滅兒童本性。他懇求大人們想想，在兒童成爲大人之前，要讓兒童成其爲兒童才好。

服從自然，順應自然，就應該實施消極教育。消極教育並不是實施文字教育；相反的，所實施的教育是自然的教育，是在日常環境中，隨機取物實施的教育，但不是指學習語文教本的傳統教育。因此，消極教育不是沒有學習，沒有教育的眞空狀態。氏以爲在消極教育階段，認眞地對個人的感官充分地加以應用，自然就會把教育做得盡善盡美！

盧騷重視每個人都須加以經歷的階段。各個階段不應將之視爲下一個階段的預備。每一發展階段，都應充分而盡力地生活着，使該一階段的發展，盡量爲之充實。任何强迫式的發展，都不會產生所預期的效益；而及早地發展下一個階段，也不會有所成功的。揠苗助長是牴觸自然的定律，有害於正常的生長。

在討論政治經濟論文（the Discouse on Political Economy），「社會民約論」及「對波蘭政府之考慮」（Considerations on the Government of Poland）諸文中，氏一再提及公衆教育之重要性。因爲從理想社會的實現途徑而言，擺在面前的選擇不外二項：其一透過教育方式，培養理想的個人，從而組成理想的社會；其二經由理想社會的建樹，因而使個體在理想社會中美化個體。爲此任何一個良好的國家，從未曾有漠視教育者。

盧騷極力反對專門性的教育。他以爲教育是無法作爲事先的預備。生活情境的變化是無法作一預測的。此時若過早提出預備性的教育活動，將來是否可以配合、銜接？殊難逆料。任何預備性的教育，都會失去確實性，終而流於形式。教育實施上所提示的應爲一般性的、切合於現階段所需要者。在衡量知識的標準上，他就以有何用？是否有助於生存？作爲知識取捨的尺度。在此可以顯見他的實用思想了。另外他在兒童十二歲以前，不主張書本教育；意即所學之材料、應該講究的是實用性價值。他倒覺得此期若要讀書，不妨令兒童讀「魯濱遜漂流記」（Robinson Crusoe）。因爲這本書涉及到了各項生存知能的學習。

另外盧騷保持了傳統上男性中心社會的思想。對於女子教育所採取的立場，尚有他認識到男女性別上的自然差別。氏以爲女子的教育，基本上就是以迎合男子的需要爲主。他以爲鑑於男女性別的不同，女子所接受的教育，並不是獨立的獲致。她是要附從於男性的生活當中。女子是歸於男子去節制的。女子在教育上，當以奉侍其丈夫、生兒育女、取悅其夫婿、純粹是一賢妻良母、體健勤奮的賢內助而已。由於女子勿需就業，故亦不需多習語言文字。若能從兩性差異上，各司其職，家家生活定能美滿。

盧騷的教育思想，基本上樹立了兒童中心教育的理論基礎。在對舊式傳統教育的挑戰下，提出了自然主義教育的核心觀念：生長、興趣、自由及活動、對於當時盛行的絕對主義、權威主義不啻是一猛烈的攻勢（註五五）。這就是盧騷在教育上掀起所謂哥白尼式（Copernicus）革命之所在。

二、巴斯多（Johann Bernhard Basedow 17274–1790）

氏爲德人，出身平民家庭。父親爲一假髮製造師，脾氣不佳。幼年巴氏因父親管教過嚴，曾離家出走。後因遇善人之指導，返家鄉後，即能立志向學，先後就讀過古文中學、來比錫大學（Leipzig）。後在開爾大學（Kiel），獲碩士學位。在從事家館期間，氏逐漸對兒童教育產生了興趣。

氏曾讀過盧騷的「愛彌兒」(Emile) 及查勞泰斯 (La Chalotais) 的「論國家教育」(Essay on National Education)；對當時教育不盡如人意的地方，逐興起了改革的心意。(註五六) 氏對德境內教育之影響，不僅有實際的學校設立經驗，而且亦有教育方面的論著。一七七〇年氏出版「家庭父母及國家教育方法」(Book of Methods for Fathers and Mothers of Families and for Nations)。一年半後，又出版了「基礎課本」(The Elementary Book)。稍後兩書合併成册，被評爲康米紐斯後另一偉大教育名著。該書所討論的，爲初生至十八歲的個人教育方式。至該書所揭示的目標則爲：

1. 文字及事物知識方面的基本教學；
2. 經驗的教學方法；教導兒童閱讀不至於廢時、疲憊；
3. 自然知識之教導；
4. 道德、心靈及推理方面之知識；
5. 徹底而具有印象深刻的自然宗教式的教學方法；
6. 社會責任及商業方面之知識。(註五七)

巴氏教育理想，因得當時利奧波德王子 (Prince Leopold of Anhalt-Dessan) 的青睞，故於一七七四年在狄珊 (Dessan) 設立學校，悉依氏的見解，聘用人員、設計課程、選擇教材、決定教育目標。氏以泛愛的心胸、人道主義的立場，經營此一學校，並立名爲泛愛學校 (Philanthropinum)，以表示人道主義的教育目的、泛愛衆人的精神以及眷愛兒童之德意。從學校收容上層社會子弟及下層社會子弟，可見其人道的理想一斑。

又氏所教授的課程，以第四級爲例則計有：

「德文、道德、運動、騎術、或舞蹈、歷史、實用哲學、手工、打穀、繪圖設計、木工、地理、生理學、數學；以法文教世界史、時事；物理、自然研究、天文及希臘文。」（註五八）

至於教學方式，則充分顯示了自然主義教育的傾向：

1. 充分利用實物、圖片、模型於教學上；因爲知識來自感覺及事物的經驗；
2. 會話、直接教學法，實施拉丁、法、德語文之教學；
3. 教育勝過教學；不能以學習的內容爲重，而應注意到兒童多方面的成長；
4. 所學的事物，以實用爲主；
5. 懲罰須適宜，不可過份。（註五九）

巴氏秉持自然主義教育原則，注重兒童順其自然的發展，復加信守人道教育的理想，眞可謂在實踐自然主義的教育思想者。西方兒童教育的發展，逐由這些自然主義教育家，奠下了深厚的基礎。

三、裴斯泰洛齊

在瑞士的一個小鎭布魯格（Brugg），立有一座裴斯泰洛齊的墓碑，上面寫着：

這兒安息着裴斯泰洛齊（Henry Pestalozzi）

一七四六年一月十二日生於蘇利世（Zurich）

一八二七年二月十七日逝於布魯格
紐奧佛（Neuhof）及斯坦茲（Stanz）貧民的救星
貝多福（Burgdof）及慕琴布士（Munchenbuchsee）孤兒之父
耶維頓（Yverdon）各校的創立者。人類的教師；
君子、基督徒及公民。一切爲他人，無一爲自己。祈求靈魂之安息。
我們敬愛的父輩　裴斯泰洛齊

裴斯泰洛齊爲瑞士人，生後五歲，作醫生的父親就過世了。在母親及女僕的細心照料下，裴斯泰洛齊生長在一個女性的家庭生活環境中；受到她母親、妹妹、女僕的影響爲主。尤其裴氏的母親對子女之奉獻、熱愛、教導、極爲盡心，此對裴氏的人格影響甚大。裴氏自覺幼時，性格上常有害羞、教育不良、體型小於一般常人、心不在焉、不切實際諸種缺陷。不過，裴氏母親常利用夜晚，藉夜讀、說故事、指示裴氏一些做人處事的道理。大部分的童年時光，裴氏是消磨在室內而非室外。

偶而裴氏亦去蘇利世他祖父工作的教會處。這是他童年記憶中最清新的地方。在他童年的記憶中，充滿了社會不平等的經驗，因爲他目睹了富有社會人家及一般工人家庭生活上的懸殊情形。

裴氏九歲接受正規學校教育，然後進入拉丁學校就讀。他的大學教育是在蘇利世大學度過。在校受到文學教授布銳特格爾（J. J. Breitinger）及史學教授布德曼(J. J. Bodmer）之影響。（註六〇）這些家庭及教育的背景，使裴氏傾向於理想的追求，人道胸懷的實踐，懷抱着以教育來改造社會，默化個人的職志，追社會的正義。也就因爲這些理想，使裴氏的思想與現實的社會，有了一些距離，造成了他多次教育事業上的失敗。不過，這些教育事業上的活動，却對當時及後來的西方教育發展，投注了不少的影響。

● 裴氏的著作，計有「一位隱士的夜晚」(The Evening Hours of a Hermint 1780)、「賢伉儷」(Leonard and Gertrude 1781) 及「個人對民族性發展之研究」(My Investigation Into the Course of Nature in the Development of she Human Race 1792)。「賢伉儷」以小說方式描述教育力量，改變鄉村農民酗酒墮落的情形。學術性著作則以「個人對民族性發展之研究爲主」。

裴氏是以深信教育可以改造現實社會之不良環境爲職志，進而從事實際貧民子弟及平民子弟之教育工作，從實際教學的兒童經驗中，針對盧騷的自然主義教育思想有所改進，從而提出了切合兒童實際發展的教育見解。這點是裴氏的特長所在。這些實際的教育經驗，可以說是他屢次教育事業失敗經驗的累積；也是他與兒童共同生活，對兒童學習發展了解的總結。

裴斯泰洛齊身經歐洲社會生活上的貧富懸殊，極欲以教育作爲改造社會的手段。當時蘇利世地區祇有五千名左右的大地主，但却控制了十四萬餘的佃農（註六一）。佃農生活之痛苦、悽慘、貧困，使裴氏覺得，首先得以教育作爲消除人們的無知，拯救貧苦人民大衆有力的工具。氏以爲社會的改進，必須先從個人的改進上下手。單單要求有好的政府、好的教會、好的社會而忽略了個人，是前後倒置的。要有良好的社會，必須先要有良好的個人；而個人的良窳則端賴教育的推行。社會的改良，不能祇賴救濟事業。社會若欲改善其處境，唯有先使個人有自尊，再經由自助，始有益於社會的改善。

裴氏在教育理論上，主張有機發展論。他以爲人的發展，猶如植物的發展。人就如一棵植物，需要照顧。

在他的言論及各種見解的解釋中，尤其是在他的故事中，他總是將人的教育，就連心智和道德也一樣，和一棵植物的發展與生長相比較。顯然，在他的理解中，此一對比是完整的。有次他甚至這樣說：「由塵土做成的人，其生長、成熟，就像埋在土中的植物一樣。」(註六二)

有機的個人，由於需要與周遭環境的交往，故從感覺活動中，形成了經驗。這是有機的個人，有着心智的成分所致。有機個人有身體的成分，這是各項運動活動的來源。其次有機個人有着宗教道德的成分。這可以使個人與其他個體建立關係，並與超自然建立關係。此即裴氏所强調的三個H：頭（head）——指心智之活動主宰；手（hands）——指控制身體之活動；心（heart）——指道德、倫理活動方面的主使。從有機發展論，裴氏引申出了一些教育的見解(註六三)：

1. **發展必須是和諧的**　即心智的、身體的和內心的；或頭、手、內心之活動，須相互配合並和諧活動。

2. **通才教育先於職業教育**　一般品性，才能的發展，須先於職業技術的養成。

4. **求知能力的增進基於其他**　知識的獲致，不及獲致知識能力的重要。單單知道一些傳統文化是不夠深入的，必須眞實地了解傳統文化內裏才好。

4. **兒童的能力由內向外發芽**　喚起內在自然的衝動，就有生長之發生；生長不全是環境的影響結果。

5.發展是漸次的，不是突進的　教育兒童就應依其能力之開展階段，予以教導，即依兒童的能力、思想、判斷之程度，予以配合之。

6.隨自然順序的教學方法　教育就像園丁，使上千棵的花，草，樹木盛開。園丁不施以什麼，因爲生長的原因是在內裏。

裴斯泰洛齊在智育的實施上，最大的貢獻就是將教學的內容，從抽象的符號，轉變爲具體的實物。他以爲雖然在他之前，已經有了哲學家、教育家、注意到了感覺經驗在知識形成上的重要性，不過像康米紐斯、巴斯多，還是以象形的圖書，輔助文字的教學，對學習中的兒童，在應用經驗上，依然不會產生顯明的感覺經驗。他相信當兒童學習一個抽象的觀念時，如果有具體的事物，可以令兒童利用，以產生感覺的經驗時，則學習效果一定不錯。他也相信個體的心智不是一被動的，僅僅在於吸收外在的事物經驗而已！個體的心靈也會主動的去區別、分析、抽象事物的性質；主動地將感覺經驗作一安排，適時地加以應用。

裴氏將他的這些見解，運用在實際的教學上，如：

1.地理教學　不用地圖、教本、圖片，而實際到野外熟悉地理的環境。在經驗某一地理環境後，即對此一活動內所涉及之地理環境，作一經驗重組的活動。

2.繪圖教學　從實際觀察實物的形式，物體的形狀，讓學生畫出角度、線條、曲線，從而進至文字的書寫。

3.語文教學　先習近代語文，再學古代語文；語文的學習不能使字與其內容脫節。

4.音樂教學　從感覺經驗中，令學生經驗到不同的聲音組合和音調。以漸進的方式，學習各種不同的歌曲。

裴斯泰洛齊對於道德教育，亦如他的智育見解。他以爲個體天賦了本能性的情感。由於人類幼兒在初生時的無助性及依賴性，使得個體與母親之間，產生了愛的情感。母親對幼兒的保護，照料，逐形成爲信任、忍耐的情感。高尚的德性，就是從這裏逐漸發展出來的。

隨着個人各項能力的逐漸增加，個體依賴父母的份量就在減少。然後他與別人的相處中，建立了社會的關係，日漸依賴於他人。道德的需要性，也就日益增多。終至他會領受到對超越實在的依賴性。他一再强調，他並不教道德，也不教宗教，他所做的工作，祇不過喚醒，激發出個人所有的道德、宗教的本性而已。

人的智性，身體及德性的發展中，裴氏强調德性的發展是其根本。因爲智性及身體方面的發展，是由情緒生活予以提供活動的力量，引出强烈的動機。祇有在德性引領下的智性及身體的發展，才能得到內心的平靜和快樂。由於裴氏有着個人教育的理想及實際的教育經驗，再加上他與兒童相處甚久，故對兒童教育頗能有獨到的見地。這也就奠定了他對後來兒童教育的基礎。

四、赫爾（Granville Stanley Hall 1846-1924）

赫爾誕生在美國新英格蘭地區麻色秋塞斯（Massachusetts）州。父母均爲清教徒，這就影響到在教育過程中，他曾去研究過神學的經歷。一八七一年神學院學業告一段落後，氏即去歐州柏林、波昂(Bonn)等地研究哲學及神學。一八七六年跟隨詹姆斯(William James 1842-1910)在哈佛大學研究心理學。此後，再次赴歐洲跟溫德(Wilhelm Wundt 1832-1920)研究心理學。因而對當時，歐洲之哲學、心理學、神學、人類學、生理學方面之發展情形，頗多了解。

赫氏爲美國第一位建立心理學實驗室的學者。他在約翰霍布金斯大學(Johns Hopkins University)，教學期間，教育學者杜威及心理學家卡特爾(J. Mckeen Cattell)都曾受業於赫爾。

赫爾可以說是美國教育心理化的一位貢獻者。他著有「兒童入學時心靈內容之研究」(The Contents of Children's Minds on Entering School 1880)，「青少年研究」(Adolescence 1904)。一八八七年並創立美國心理學期刊(American Journal of Psychology)，推廣人們心理學的知識。

赫爾在留學歐洲期間，難免會涉獵到英國生物學家，達爾文、斯賓塞及赫胥黎之著作。氏以爲進化的觀點，也可以應用到心的演進上。生理上的演進是件隨着心理方面的演進。自有單細胞生物開始，就潛藏了心理行爲發展的可能性。生理上的飢餓，是心理上好奇及產生興趣的來源。這就是他主張心靈演化的理論依據。

赫爾也是一位鼓吹復演說者。他認爲從嬰兒發展至成人，其間是在重複民族演化的各項過程。他也是一位遺傳心理學理論的倡導者，以爲民族的經驗，會遺傳給下一代(註六四)。不過，這些理論的倡導，都不及他對兒童研究運動的推廣來得重要。由於他深信，對兒童教得好，就必須對兒童有徹底的了解。這就是他在一八八〇年出版「兒童入學時心靈內容之研究」結果的動機。另外，一九〇四年的「青少年：與心理學、生理學、人類學、社會學、性別、犯罪、宗教及教育之關係」(Adolescence:Its

Psychology and Its Relations to Physiology, Anthropology, Sociology, Sex, Crime, Religion, and Education）, 則爲一教育心理學之作品，提供了教師、父母、社會工作者，對青少年期個人身心發展的認識。從發展上了解兒童和青少年，就是赫氏對後人重大貢獻所在。

兒童是處在一個身心發展的階段。教育的活動卽在配合兒童身心各個發展的顯著階段，實施教育。在成長過程中，每一個體，都會經歷嬰兒、兒童、青少年及青年階段。在嬰兒階段，感覺器官的發展是首要的工作；運動能力的培養，對自我保存是需要的。在兒童期，兒童有着豐富的想像力，教育上就可利用文化經驗，促其想像能力得到適切的發展。另外，遊戲對兒童想像能力的培育，也是有所幫助的。這一階段，詩、故事、童話都是好的教育內容。青少年期的個體，有需要從事一些教材上的演練以引發對知識探求的興趣。青年期則需注重到個人學習上認知能力的具備，諸如：理解能力、欣賞能力之具備是。

赫爾對兒童的教育理論，本着自然發展的論點，要求兒童教育上，不論是課程、方法、訓導、學習環境、教育目標、教科書等，都須建立在兒童發展的基礎上。教育工作者對兒童的徹底了解與科學研究兒童時的發現，當會有助於利用兒童的能力、興趣、需要、性向、作出妥切的教育設計，使各個階段的兒童，得到最大的成長，裨便對社會文化作出有利的貢獻。

前述自然主義教育家，對近代兒童教育之影響甚大。至其他可列爲自然主義教育家者如：英國之南恩（Nunn）及羅素，在此不擬贅述。總之，自然主義教育思想，爲兒童中心教育觀，提供了不少立論上的見解，殆無疑義。

第四節　自然主義教育思想的貢獻

自然主義教育思想，可以說遠自十八世紀盧騷發源以來，經由十八世紀德人巴斯多（Basedow）之實行及十九世紀裴斯泰洛齊的整理，精進，發揚而光大，再經德國教育思想家赫爾巴特（Herbart 1776–1841）的贊助，由廿世紀的心理學家的鼓吹，如美國心理學家赫爾（G. Stanley Hall 1844–1924），並得到美國教育學家杜威之闡述，在廿世紀逐形成了新自然主義（New Naturalism）思想運動。其具體的教育活動，可以概括在美國廿世紀初期至四十年代之新教育運動或進步主義教育思想的流傳上。在歐洲則顯現在各地初等教育的發展上。

在未進行討論自然主義教育思想，所產生的貢獻之前，不妨參考一下渥爾兹（Elmer Harrison Wilds）對自然主義教育所作的一番歸納、整理工作。氏從自然主義教育之目的、類型、內容、機構、組織及方法上，作了各項歸納，玆陳述如下：

1. **教育目的**

依自然而實施教育；

保存個人的自然本性；

締造尊重個人權利的新社會；

保留人的自然狀態。

2. 教育類型

消極教育；

通才教育而非專門教育；

非正規的訓練及自然循序的體、德、智及宗教陶冶；

民主及公衆教育之推行。

3. 教育內容

依自然順序、提示自然現象；

依兒童興趣及本性之活動；

非正規的訓練各項感官、肌肉及說話能力；

從教育及社會觀點，實施手工教學；

了解人性及社會制度的知識。

4. 教育機構

自然卽教育實施之主體；

父母親；

護士及家庭教師；

公立學校中，經訓練過的教師。

5. 教育組織

依自然生長律，仔細而系統地加以組織；

嬰兒期——初生至五歲；

兒童期——五歲至十二歲；

青少年前期——十二歲至十五歲；

青少年後期——十五歲至廿歲。

6. 教育方法

兒童中心的程序；

兒童本性及生長——自然秩序——決定教學方法；

一般教學原則之應用：

生長原則、

學生活動原則、

個別化原則，

自然懲罰的訓導方式。（註六五）

從前述渥氏所作的歸納意見中，不難窺知自然主義教育思想，的確有不少是早先傳統教育理論上，曾爲人所忽視的觀點。這些獨到的論見，對後來的教育實際，產生了不少重大的影響。現擬就其重要的部分，簡要提示如下：

一、提出客觀的教育原則

往昔教育實施上,並無一可資遵循的客觀而普遍的教育原則,以作爲指導教育理論與實施的準則。往常在教育的理論與實際上,是以主事者個人的經驗爲決定者爲多。因此所構想出來的教育準則,多不能運用以求普遍而具效應。自然主義教育家提出了一個外在客觀且具有普效性的自然原則來,作爲教育活動的最高準則;一則可以使人爲的各項教育活動,有一客觀的準繩,不因人爲的因素而有任何的改變;再則自然原則作爲教育理論與實施的準則,就自然主義學者觀之,較爲具有普效性。蓋因自然的規則,不受時間及空間之限制。他們相信自然法則是一永恒不變的法則,其眞實性、可靠性及實用性是勿庸置疑的。

以自然原則來指導教育活動,當然所重視的就是受教者的身心生長和發展了。這種强調受教者身心方面的成長和發展,對十九世紀歐洲各地教育實施上,重視受教者感官能力的訓練以及二十世紀美國教育理論與實施上强調教育經驗之成長,都可以說是有着顯著的影響。教育所重視的是受教者的自然成長而非文化材料的吸吮。無形中使教育的中心,由社會傳統的文化,轉移至受教者。這一鉅變,增進了受教者在教育歷程中的地位。當然多少是受了自然主義學者之賜。

二、兒童研究運動的興起

就以盧騷所處的十八世紀歐洲法境及其鄰近地區而論,在以成人爲中心的社會中,兒童可以說根本沒有任何地位可言。兒童是成人的縮影；兒童是小大人；兒童是成人的附屬品；總之兒童尚未被學者發現到。種種對兒童的不當認識，肇因於對兒童的無知；在對兒童沒有淸楚的了解情況下，更遑論研究結果的發現了。

可是由於自然主義學者對兒童的體驗，瞭解到了兒童的一些本性是絕然不同於成人的。兒童有着他自己的需求、與趣、能力。在成爲成人之前，不應讓兒童就先成爲成人。

對兒童作深入體驗的除了盧騷外，像裴斯泰洛齊、赫爾巴特（Herbart 1776–1841）、福祿培爾（Froebel 1782–1852），都對兒童有着仔細的觀察、深切的了解以及實際的指導經驗。他們對兒童發展的知識以及對兒童的研究心得，都獲致了明顯的結果。此後，美國兒童心理學家赫爾（G. Stanley Hall 1844–1924）、法國學者比奈（Binet 1857–1911）等，都有着實證方法研究兒童的資料。兒童的本性及其與成人之間的差異，已不再是一些臆測、意見而已，而是具有實證科學方法研究得來的客觀知識。

由於兒童研究運動的結果，促成了兒童中心教育的興起，强化了兒童教育所應遵循的原理原則，即不能再以成人的主觀論斷爲依據，必須求諸於對兒童科學研究上的一些發現。這就使得成人不得不重視兒童，重估兒童在成人社會中的地位。隨着兒童地位的日漸抬頭，終於使二十世紀成爲兒童的世紀。著名的兒童教育家如愛倫凱（Ellen Key 1849–1926）、蒙臺梭利（Maria Montessori 1870–1952），對兒童教育的推展，都有以兒童研究的結果，作爲其支柱的論見。

三、經驗活動的教育內容

在知識日益發展與累積下，系統知識的組織結果，形成了各種不同的學習科目。這些成型的知識，逐漸成爲正規學校的教學內容。由於學習的活動，着重在抽象的定型知識——全爲符號化的經驗，因而學生的學習，也就日漸脫離了直接經驗的活動。在此情形下，學習變成了呆滯的、刻板的符號性知識的接受，而無法從直接的經驗活動中，去形成知識。來自直接參與經驗的生動性，也就爲之喪失。學習活動中原有的新奇、生動、顯明感，也就爲之喪失。

自然主義教育家認識到了知識的形成，還是落在受教者個人主動的、積極的、參與的學習活動上。同時在正統的教學上，不能再以抽象的、符號化後的經驗爲之，而須以受教者參與教學的、設計性的活動爲之；積極性的活動，替代被動性、非參與性的學習活動。自然主義教育家使後人把握住了活動的經驗價值。使知識的形成，着重在個體的參與上。這就使後來的新教育，不論教學的內容、教學的方法，都强調學習者需從設計性及非設計性的活動中去獲得經驗的重要性。因此舉凡參觀、訪問、實驗、旅行、實習、觀察等活動，就都認定在教育上有利用的價值了。

四、兒童中心的教育實施

以往由於兒童在成人社會中的地位不彰，兒童只有依附於成人而沒有獨立的價值。因此傳統上教育的中心，要不是放在成人，就是放在社會的文化經驗上。在自然主義興起之前，尚未有過以兒童爲教育的中心觀。

在成人爲中心的教育實施上，教育的種種決定，都是以成人的認定爲標準，忽略了兒童的成長、興趣、能力及需要。在社會爲中心的教育實施上，教育難免處處以社會的經驗爲準則，以社會的需要，社會的價值爲衡量的尺度，置受教者個人的需求於不顧。

由於自然主義的教育思想，改變了成人對兒童的觀點，連帶的也改變了兒童教育的方式、內容與要求。在實際教育推展上，也就賦予了兒童較多的自由，肯定了兒童的自主價值，確認了兒童的獨立地位。這些改變，都可以說是兒童中心教育家積極提倡的成果。

五、崇尚個性發展的教育

教育應以本性之順從爲前提，不應以社會的要求爲主，否則會戕害了兒童的本性發展。這種教育的提出，使教育實施上强調一致、統一、劃一的要求，無疑的就忽略了兒童個性上的差異、能力上的不同以及需要上的不一致。教學活動勢必從兒童的立場，來作爲各項取捨的依據才行。

由於自然主義學者提出個性、自由之發展，故在教育實施上，遂有漸次放棄嚴格的訓練、揚棄教育上過份着重統一行爲型式，改正教育實施上要求標準化的不當。個性自由發展的强調，使教育實施上，對統一性的班級制、評分制、升留級制、要求教育效果一致的獎懲制、統一的制服、整齊劃一的課表等等，都有了不同的衝擊，進而舊有的方式不得不有所更改。在美國的進步主義教育學校中，傳統上偏向成人中心的、科目中心的學校，就促成了轉變的發生。

尤其在個別教學化上，各種教育測驗的運用上，着重個別差異，以作適性之安排而予以發展的教育，終於成爲晚近教育實施上的一大改革趨向。

自然主義的教育思想，對於教育上着重生物層面的認識，諸如：不可忽略身體方面之發展、注重衞生保健知識之教導、看重遺傳、環境，在個體教育上的價值，對於個體潛在能力的適宜發展等，都能與教育相結合。更重要的，將自然的知識，介紹進教育內容中——雖然科學的發展亦有關連，這些顯著的教育變動，多少都與自然主義思想有些關連。當然這也是自然主義教育思想家，對後來教育上的一些重大貢獻。

〔註釋〕

註一 Paul Manroe: A Text-Book in the History of Education, The Macmillan Company New York 1960, p. 533.

註二 布魯格編著 項退結編譯 西洋哲學辭典 先知出版社 一九七六年印 頁二七八至二八〇

註三 Philip H. Phenix: Philosphy of Education, Halt, Rinehart and Winston, New York 1958 pp. 177-163.

註四 George F. McLean edited: Man and Nature, Oxford University Press 1978 p. 32.

註五 同註二頁 275-6

註 六 Carter V. Good: Dictionary of Education, McGraw-Hill Book Company, New York 1959 p. 360.

註 七 Peter A. Angeles: Dictionary of Education, Barnes & Noble Books 1981 pp. 185-6.

註 八 同註六

註 九 同註一 p. 583.

註一〇 John Amos Comenius: The Great Didactic translated by M. W. Keating Adam and Charles Black, London 1986. 見徐宗林編 教育名著選讀 文景出版社 p. 102.

註一一 同註一〇 p. 103.

註一二 同註一〇 p. 104-108.

註一三 J. J. Roussean: Emile Translated by Barbara Foxley, Everyman's Library (I) 19-20 (I) 38 (V) 28 (I) 71 (V) 50.

註一四 J. J. Roussean: The Social Contract and Discourses, Translated with an Introduction by G. D. H. Cole 臺北市雙葉書局印 六十二年 p. 286.

註一五 R. Freeman Butts: A Cultural History of Western Education, McGraw-Hill Book Company, Inc. 1955, p. 186.

註一六 J. J. Roussean: Emile Or On Education, Introduction, Translation and Notes By Allen Bloom, Basic Books, Inc., Publishers, New York 1979, p. 37.

註一七 Roger D. Masters: The Political Philosophy of Roussean, Princeton, New Jersey

Princeton University Press 1968 p. 3.

註一八　同註一六 p. 3.

註一九　同註一八

註二〇　Robert R. Rusk: The Philosophical Bases of Education, University of London Press LT.D 1966, p. 40.

註二一　同註一四 p. 208.

註二二　J. J. Roussean: Emile 選錄於徐宗林教育名著選讀　臺北文景書局

註二三　同註二〇 p. 39.

註二四　Philip H. Phenix: Philosophy of Education, Holt, Rinehart and Winston, New York 1958, p. 462.

註二五　The Emile of J. J Roussean Selections Translated and Edited by William Boyd, Teachers College Preess, Teachers College. Columbia University, New York 1971, p. 38.

註二六　同註二三 p. 149.

註二七　Gerald Lee Gutek: Pestalozzi and Education, Random House, New York 1968. p. 55.

註二八　同註二五 p. 38.

註二九　同註二七 p. 54.

註三〇　同註一〇 p. 150.

註三一　同註三〇

註三二　同註二七 p. 60.

註三三　John Dewey: Democary and Education, The Free Press, New York 1966 p. 41.

註三四　同註一 p. 548.

註三五　同註二五 p. 13.

註三六　J. A. Green: The Educational Ideas of Pestalozzi, Groeenwood Press Publishers New York, 1969 p. 34.

註三七　同註三六 p. 72.

註三八　J. J. Roussean: Emile Selections from Volume 1. Translation by Rosalie Filtenstein Barron's Educational Series, Inc. Great Neck, N. Y. 1950 p. 15.

註三九　同註一 p. 557.

註四〇　J. J. Roussean: Emile translated by Barbara Foxley, Everyman's Library 徐宗林編 教育名著選讀　文景出版社印行　六十六年　頁一五〇

註四一　同註三六 p. 83.

註四二　Edward J. Power: Main Currents in the History of Education, McGraw-Hill Book Company New York 1970. p. 468.

註四三　雷通羣　西洋教育通史　商務六十九年　臺一版　頁二八四

註四四　J. J. Roussean: The Social Contract and Discourses, Translated with an Introduction by G. D. H. 臺北市雙葉書店 p. 4.

註四五 Emile For Today, The Emile of J. J. Roussean Selected, Translated and Interpreted By William Boyd, Heineman London, 1975 pp. 169-70.

註四六 同註三七 p. 133.

註四七 同註四五 p. 112.

註四八 同註四五 p. 38.

註四九 Elmer Harrison Wilds: The Foundations of Modern Education Rinehart Company, Inc. Publishers New York 1950, p. 401.

註五〇 William Boyd: The History of Western Education, Adam & Charles Black 1968 p. 235-6.

註五一 Ellwood P. Cubberley: The History of Education 1920, 臺灣版 p. 407-8.

註五二 同註四三頁一七五

註五三 同註五〇 p. 249.

註五四 S. E. Forst JR: Historical and Philosophical Foundations of Western Education, Merrill's International Education Series 1968 p. 291.

註五五 R. Freeman Butts: A Cultural History of Western Education McGraw-Hill Book Company, Inc. New York, 1955 p. 291.

註五六 Frederick Eby: The Development of Modern Education, Prentice-Hall, Inc. Englewood

Cliffs, N. J. 1960, p. 379.

註五七　同註五六

註五八　Luella Cole: A History of Education, Holt, Rinehart and Winston, New York, 1950, p. 418.

註五九　同註五六 p. 380-381.

註六〇　同註五四 p. 346.

註六一　同註五六 p. 441.

註六二　同註五六 p. 444-448.

註六三　同註六二

註六四　同註五四 p. 427.

註六五　同註四九 p. 401.

第四章 民族主義教育思想

第一節 民族主義的由來

依照美國史學家伊士頓 (Stewart C. Eston) 的看法，民族主義 (nationalism) 簡略地可以界定爲：

「個人的情感和他所屬民族的情感，以及同一民族各個同胞的情感，彼此感應，相互一致的一種精神狀態。」(註一)

這種個人隸屬於民族的情感，認同於民族的精神作用，早在十九世紀西方的民族主義出現以前，就已經隨着歷史的進展，分別以各種的形式，先後出現在人類的歷史舞臺上。

以往，古埃及人自認自己民族得到了神的眷顧，沒有像巴比倫人一樣，過着奴隸般的生活。希伯來人自認爲是上帝的選民，只有希伯來人才找到了眞正的神，因爲當時其他民族的宗教信仰，尚停留在偶像崇拜的信仰階段，未能進化至一神論的境界。古希臘人的民族優越感，也是非常明顯的。因爲他們堅信希臘人的文明是優於當時波斯人的。古希臘人深信波斯人是文明落後的野蠻人。就是在古希臘被羅馬人征服之後，及吸吮希臘人文化的羅馬人，也自認羅馬人所擁有的文化，都不是周遭被征服的民族或地區所能匹敵的。古代歷史中，由於這種民族情感上的優越自負，民族意識的或多或少存在，當然是無需置疑的。然而當時由於政治、經濟、社會、文化、教育、軍事等各方面的發展，尚在繼續之中，民族的凝聚，當然無法與十九世紀新興民族國家所揭櫫的民族主義相拮抗。

中古時期，由於主張大一統的基督教勢力興起，在秉承了羅馬人的統一世界觀以及在羅馬帝國崩潰而形成了封建割據之勢以後，此一歷史階段，尚無民族國家（National State）之出現。隨後由於商業逐漸發達，十五世紀文藝復興運動及十六世紀宗教革命，民族教會初現，復加以戰爭連綿不絕，逐漸激發了語言相同、血緣相同、信仰相近民族之結合。這些變動漸次發展的結果，逐開啓了近代歐洲歷史的序幕。

民族主義—作爲個人對民族情感的認同與自信自我民族的優越感，當然也是隨着歷史的演進而逐漸形成的一種意識型態。民族主義的思想體系，也是隨着歷史的脚步，緩慢地發展而成。

在十六世紀初期，歐洲主要國家，如：英格蘭、法蘭西、西班牙、葡萄牙，已粗具民族國家的雛型。至於歐洲其他國家，如：丹麥、挪威、俄羅斯、波蘭、匈牙利、土耳其，則相繼發展，走向民族國家之林。因此，民族國家的形成，乃是民族主義日漸興起的一個先決條件。不過，値得注意的是民族主義的興起，實在也是由於一些其他構成條件成熟才始然。現擬就民族主義形成的一些條件，扼要地論述如下：

一、民族國家的茁壯

國父曾經提過，民族是自然力量形成的，卽血統、語言、風俗、習慣及宗教，而國家則是武力形成的。民族的形成，血統和語言實爲構成民族的重要條件。同屬一族的人，由於體型、膚色、先天的遺傳條件和後天生活習慣的相似，復加以語言相同，溝通方便，故易形成相似的風俗習慣。這些條件，構成了通婚的基礎，造成了血統上的相近。歐洲民族國家的出現，實在是經歷了相當長的一段歷史，而後才產生出的一種結果。

英格蘭在十四世紀初，尙附屬於法蘭西。英格蘭地區的人民以盎格魯(Anglo)和撒克遜(Saxon)人爲主。但是二者均爲日爾曼人。在十四世紀，英格蘭統治者，均以法語爲通行語言。百年戰爭後（1337—1453），英人戰爭失利，但卻使民族心、愛國心高漲，遂能以盎格魯撒克遜語與諾爾曼法蘭西語（Norman French）結合爲英語。玆後根據本身環境制訂政策、統一政法、致力於建設，逐步完成國家之體制。至亨利七世（Henry VII）卽都鐸（Tudor）王朝時，他強化政權、增加稅收、國力漸盛，民族國家於焉形成。

一五〇〇年時法國已顯現民族國家之規模。在英法百年戰爭期間，法人民族自覺心，亦甚爲高漲。證諸一四二九年法境聖女貞德（Joan of Arc）號召法人奮起抵抗英人的史實及從軍報國，犧牲奉獻、振奮民族意識，提倡愛國心；法人又在語言統一，血統單純的條件下，至十六世紀初期，民族國家已奠其基礎。一四九四年在查理八世的執政下，已能漸向外擴張了（註二）。

在民族國家的形成上，民族意識的發展、民族情感的滋長、個人對民族文化的認同，當然也提供了不少的力量。就是這些因素，促成了民族國家的凝聚力。反過來說，就是因爲民族國家的發展，才使民族主義得到了鼓舞和支持。

二、民族文學作品之出現

鼓吹民族優越感的文學作品，散播愛國思想的作品，對於民族主義的發展，甚爲有幫助。英國作家雪萊（Shelley）、克慈（Keats）、柯里技（Coleridge），均曾發表過關於自由與民族的作品。另外佛勞德（Froude）、麥考來（Macauley）、布朗寧夫人（Mrs. Browning）的作品中，均曾有對民族主義思想擴散的文句。較爲顯著的有普魯士戰敗後，德國哲學家費希特（Fichte 1762–1814）在法軍之監視下，於柏林科學院公開演講告德意志國民書（Address to the German Nations），呼籲重振德人的愛國心，最後終能從教育上振興國家，擊潰法人。另有善肯多夫（Schenkendorf）在其詩篇：「自由、國語與安諸亞斯哈非」（Freedom, Mother Tongue and Andreas Hofer）中，宣揚熱愛民族的情感。卜菲色爾（Pfizer）有言：「民族爲人類第一條件，也就等於身體爲靈魂的第一條件。」（註三）

此外，在義大利的民族思想，亦表露在一些文學的作品上，如：基爾柏提（Gioberti）主張教皇應領導信徒以統一整個義大利。孟朱尼（Manzoni）的小說讚揚革命，極力抵制專制。里爾巴底（Leopardi）詩中有揭示義大利無希望，常常受到外人輕視的文句，以刺激義大利人的民族意識，喚起義大利人的民族情感。除此以外，法國、西班牙、葡萄牙、比利時、波蘭、希臘、拉丁美洲地區，均有愛國文學作品的問世。除文學作品以外，藝術、音樂、戲劇，亦帶有民族情感的宣揚。這些對民族主義精神之激昂，自有幫助矣（註四）。

三、秘密會社的活動

歐洲各民族國家在其發展上，常有一些政治思想急進者，秘密結合成團體，一則鼓吹民族意識的重要性，再則糾合成衆，號召同志，齊心協力推展特定的政治理想，如民主政治，或人道思想，例如：盛行於歐洲之共濟會社（Freemason），即在宣揚人道主義與宗教自由。在西班牙、葡萄牙及義大利之政治狂熱分子，則多傾向於立憲政治與民族主義的宣揚。其次，迦爾波那里（Carbonari）社則以鼓吹民族自由，政治釋放爲口號，對於歐洲一八二〇年及一八四八年各地之政治革命，息息相關（註五）。一八三一年義大利之少年義大利黨成立，對於推動政治之革命，甚爲積極。另外德境內亦有學生組織，闡揚民族意識之覺醒。

四、美國獨立革命成功

一七七六年位於北美洲的美利堅合衆國獨立成功，爭脫了英國的統轄，成爲美洲第一個民族國家。雖然，美國構成的移民，係來自許多不同的歐洲民族，但是在經歷獨立戰爭的共同經驗中，復加以獨立戰爭期間，參與其事的領導者，普遍接受了歐洲當時盛行的民主政治理想；在追求自由、平等、博愛的理想下，他們具備了共同奮鬥的目標、體驗了共同戰火的經驗，使他們心理上，陶熔了共同的歷史觀。在羣策、羣力、激發共同命運的號召下，各地移居美國的移民，有了共同一致的信念，加速了民族國家的凝聚力和向心力。在美國立國成功以後，除了僅有的一次致命的內戰(1861—1865)以外，國家、民族的意識，隨着歷史的演進及向外的擴張，如：與西班牙爭奪現在屬於美國西南部臨接墨西哥的大片地區，以及與法國爭奪屬於現在美國東南地區之路易士安那、佛羅里達州等地區，然後向海外擴張、民族意識因而高漲。這些向外擴張行動中，對於民族國家的愈形統一，自然有其顯著的貢獻；甚而就是對於歐洲各地、中南美各地之邁向民族國家之林，亦有其不少鼓舞的作用。

由於美國獨立成功，所涵攝的意義甚廣，不過，其中之一可以說是民主政治的向前推進。人們開始覺醒到需要消除專制的君主政體，走向民主共和的政體，才能有助於人民幸福生活的獲致。人民從民主政治思想的散播上，也認識到了君主的存在並不見得重要，更重要的是要有國家的存在。這也就是在一七八九年法國爆發大革命時，執政者路易十六逃出巴黎時，一般人民心理上並不以爲有何不妥，因爲他們相信：「國王逃走了，國家却還在這裏。」國家，民族的價值，遠遠超過了君王及其王朝的價值。這種價值上的轉變，對民主政治的推行，助益不小。

五、戰爭的迭起

在交通不甚發達的往昔，人們由於甚少有相互接觸的機會，因而不論是語言，風俗、生活習慣、思想觀念，都處在一閉瑣的社會生活環境當中，唯一有着大規模的接觸，則是來自於戰爭和貿易。戰爭使得不同地區的人民，有了面對面的接觸；也有了通婚、交易的活動。每一次的戰爭，對交戰雙方，都是思想領域的一次開拓。

歐洲地區由於各民族散居各地，除了高山大川可以隔絕相互之間的交往外，然而由於相互鄰接的情形，戰爭的衝突，就不時發生。先前曾經提過的英、法百年戰爭，對二個民族的民族意識，不無激盪的作用。一七七六年的美國獨立戰爭，對殖民於北美洲的歐洲移民，提供了建立共同意識、共同歷史經驗的機會。一八〇五年後歐洲拿破崙挑起的各項戰役，對被侵凌的民族，都形成了莫大的民族精神鼓舞的作用。以一八〇八年法軍入侵西班牙，佔領了馬德里，但是「拿破崙對西班牙的用兵，係法蘭西帝國開始崩潰的預兆。兩萬三千法國軍隊在貝倫（Baylen）的被俘虜，證明西班牙民族主義的新興力量。」（註六）戰爭對民族之自覺，當有其一定的催化作用。

一八一二年法軍攻入俄國境內，拿破崙雖然進駐了克林姆林宮，但是由於俄人實施焦土政策，火燒莫斯科，法國軍隊在不耐嚴寒的狀況下，只好撤離俄境。這場戰火對俄國人民的民族精神之振奮，自是有所助益。

另外，「一八一三年德國民族的解放戰爭，促成了拿破崙在中歐勢力的崩潰，同時也散播了德國民族愛國心理的種子。」（註七）一八三〇年的波蘭革命戰爭，亦激發了波蘭人民的民族精神。稍後的一八六六年至一八六七年間的普奧戰爭，促成了德國民族間的統一，民族間的向心力大爲凝聚。

歐洲各民族國家的獨立，當然不能一概而斷言爲民族主義的作用使然，因爲「民族主義並不是促成歐洲各國獨立運動的唯一動力。自由的思想，雖然在很多尋求獨立的國家中極不易看到，但在其他國家中，卻有顯著的影響。」（註八）

當然一個社會或歷史上的變動，絕不是單純的用一個因素就足以解釋整個的社會或歷史的現象。

不過，民族主義的思想，在各個民族國家紛紛尋求獨立的過程中，民族主義思想的作用，無疑的提供了一些激動的力量。民族國家的興起、統一以及向外擴張，都跟民族主義思想的滋長息息相關着。十九世紀的普魯士、統一成爲一民族國家，而後向外擴張，終於釀成了二十世紀的二次世界大戰，足資證明此一歷史發展的軌跡。

第二節　民族主義的意義

在歐洲政治的舞臺上，鑑於大一統的局面維持甚久，如羅馬帝國興起於公元前一世紀，覆亡於公元後四七六年；而東羅馬帝國則於公元一四五三年始消失於歐洲的政治舞臺上。在基督教教會影響下的歐洲，人們依舊有着一個大一統的政治理想。雖然各地區是處在封建郡王的統治之下以及隨後出現的專制帝王治理下，但是一般來說，歐洲民族的覺醒和興起，則是後於國家（State）成立的事情。

民族是自然形成的，國家是武力造成的。國父的見解可以說是至爲中肯而實在。因爲，一個民族的形成，同樣的語言和同樣的文化，往往是促成人們共同生活的條件。由於語言中充滿了豐富的思想和概念，而且語言也是一種特殊思考的方式，故而民族的結合與向心力，語言的近似，往往會促成人們的團結和排外。其次，一個民族的結合，也需要具備共同的文化遺產。由於他們有着共同的歷史、共同的苦難經驗、共同生活的意願，故能保存共同的文化遺產，使之綿延不輟。除此以外，一個民族也具備了共同的生活目的。在同一領土範圍內，共同生活着，維護着相近似的生活方式和生活理想。

這些結合成民族的各項因素，都不是憑藉着武力而强迫形成的。在相似的生活方式下，人們自然地通婚，使得血統爲之一致，而凝聚的勢力，也就不是其他因素所可匹敵的了。

一、一般的涵義

民族主義（nationalism）的意義，往往因其界定標準的差異，而有所不同；下列的一些意義，可提供參考：

1. 民族主義爲個人對一個民族忠誠的情感。此一意義較爲偏重隸屬於某一民族的個人，對所屬民族的擁戴、愛護和效忠的情操（sentiment）。

2. 民族主義爲一羣結合的個人，對其民族利益尊重的習性。在民族利益相衝突下，排斥其他民族的利益，保障自己民族的利益，絕不容他族的侵犯。

此一意義着重在民族利益牴觸時，個人傾向於自我民族利益維護的態度。

3. 民族主義可以視之爲對自我民族特性極度的重視。

該項民族主義的意義，偏向於個人對自身民族特性之重視，與先前意義均甚相近，着重個人對民族文化價值的維護。

4. 民族主義爲一種理論，鼓吹民族文化的保存。

民族主義者莫不珍惜其民族生活經驗的保存，不僅如此，民族主義者對民族文化之發揚，亦不遺餘力。

5.民族主義亦爲一政治的與人類學的理論。此一理論認定人類自然地區分爲各個民族。各個民族如能各自組成國家，就政治而言，世界即可有一良好的組織秩序。

民族是自然形成的；各個民族去形成自身的政治組織，則不致於產生同一國家中，有其他民族求取獨立的事件發生。

6.若從民族國家的政治生活而言，民族主義即愛國主義（Patriotism）。

愛國主義一辭中的愛國（Patriot），拉丁文有從父之義。意謂以父權之擁戴爲重。

7.民族主義即將民族的價值，置諸於一切價值之上。此一意義與民族情感、民族意識相近。

8.民族主義，就廣義來講，意指將民族性的價值，推爲最高的價值。

此一意義强調民族性的最高價值，與對民族之熱忱態度。

9.民族主義，就個人的情感和他所屬民族的情感以及同一民族各個同胞的情感，彼此感應、相互一致的一種精神狀態。

此一意義强調個人對民族情感上的認同。但是此一情感究竟是自然地形成？抑或人爲的培育而成？殊難定論。

10.「民族主義致力於鼓吹、强調一個民族的價值、利益之獨立性，以不同於着重地區性或國際性之價值。」（註九）

此一意義，亦爲一强調個人態度的定義，或可稱之爲自我民族中心的思想。

前述民族主義的涵義，雖然在形式上略有不同，不過，就其主要見解上，則爲注重個人的民族意識、民族情感及愛國心的認定。對一個民族的認同心，就是民族情感產生的來源。在民族利益超乎一切的條件下，民族的價值是價值階層中的最高峯。是故，大多數的意義，似乎偏重於個人對民族的情感及情操上。

二、海耶斯的論述

根據一九五〇年美國哥倫比亞大學教授海耶斯（Carlton J. H. Hayes）著述的「現代民族主義之歷史演進」（The Historical Evolution of Modern Nationalism）（註一〇）一書的看法，民族主義的意義，因歷史發展階段的不同，而有着意義上的差異。

1.**人道的民族主義**　爲十八世紀啓蒙運動中所興起者。此一思想不僅流行於歐洲，亦傳至美國。依該一民族主義思想之主張，應限制政府的權威，並保證人民的權利。此一民族主義的信仰，植基於個人的政治自由。十八世紀的城市人民，認爲民族主義即在消除各項不正義的事務。在實質的平等關係上，民族主義者容許各民族自決；因爲各民族間不盡然一一相同。故任何的民族衝突，均應和平地集會研商，以爲之解決。

2.**理想而激進的民族主義**　原先服務於個人的國家，現今不僅成爲各階級的神密實體，亦爲個人的神密實在。在法國大革命之後，愛國的社團，好戰公民組成的軍隊，使民族的情感爲之狂熱。使民族主義思想蒙上了傳統的歷史及習俗而失去了理性與進步。此時民族主義着重於歷史遺留下來的權利、貴族的特權、忠於國、忠於階級、忠於基督教，以不同於自然權利、民主權利及大國之有絕對主權的思想。

3. **自由的民族主義** 十九世紀中，由於中產階級及知識分子的鼓吹，此時社會、政治思想已有所修正，顯示了返回到啓蒙運動所揭示的一些理想之實現上。功利主義者邊沁 (Jeremy Bentham 1748-1832) 深信英國語文最具優越性。他强調心靈和政治自由的價值，認爲只要追求並實現個人的利益時，不可避免的也就會使他人獲得利益。自由的民族主義見解，促成了國家設置學校、推廣平民教育、產生了普遍性的軍事訓練、大衆新聞之出版以及愛國社團的組成。

4. **統一的民族主義** 民族國家統一完成之後，由於爭取霸權的關係，各國逐有以自己國家政策爲前導，排除他國政策之舉。這種新民族主義的最大特徵，就是盲目地崇尚武力，作爲稱霸的憑藉。以法國爲例，在統一的民族主義信仰下，對於法國語文特別强調；對於羅馬天主教至爲推崇；敬仰、歌頌法國民族英雄，並且向海外擴張領土；對德國則以仇視的態度相對待。但是，統一的民族主義，在法國並未贏得光彩，反而在法西斯的義大利，納粹德國及共黨蘇聯佔盡了優勢。統一的民族主義，思想上是反個人主義的；同時也反對民主政治制度。個人的忠誠，必須全心奉獻給國家。在統一的民族主義國家中，在那些執政者的心目中，權利與武力是無所區分的。

5. **初期世界主義** (incipient internationalism) 從二十世紀中期開始，民族主義隨着人類社會、文化、思想的發展，進入至一極其複雜的情況中。以歐洲各國的情況而論，在貿易日漸頻繁及經濟國際社會出現之後，民族主義的形式，有着極大的改變。由於經濟利益受到重視，原先具有敵對，仇視的法、德，也就趨向於國際間的合作。民族間過去所發生的衝突，已經成爲歷史的陳跡，雖然有些人並未完全釋懷於過去，不過，在現實國際社會生活中，爲了經濟、科技、文化等方面的合作，這些往事，必須理智地加以揚棄始可。因此，在二十世紀的八十年代，歐洲各國的民族主義已不甚激烈，其狂熱的程度，已不能與往日相提並論了。

三、具體定義

民族主義的確切定義，現在擬從辭典及學者方面加以探討，以求取較爲明確的意義。

㈠西洋方面的

1.韋氏大辭典　民族主義即「對一個民族的忠誠與奉獻；尤其是指一種民族意識的感覺；一種將某一民族高擧於其他所有民族之上的作爲；一種强調對某一民族的忠誠，並提倡某一民族的文化與權益（如政治上的獨立），反對出現附屬地區或民族及超國家的團體等等所形成的一種態度、感情或信念。」

2.社會科學大辭典　民族主義泛指「(1)一種團體意識的形式。此種意識即一個民族的成員的意識。它通常被稱爲部族意識（Consciousness of nationality），而且它將團體的成員們的命運，認同於一個期望中的或已經建立的民族國家；(2)民族主義也可以指一種專爲民族國家乃政治組織的理想形式而辯護的主義。民族主義者期望成爲一個將要成立的民族國家的成員，甚或願以他們自己的認同，而奉獻於一個已存在的民族國家；(3)民族主義也可以指各民族建立獨立的政治單元的一種現代歷史過程。」（註一一）

3.柯恩（Hans Kohn）「民族主義是一種心靈狀態……它認爲民族國家是政治組織的理想型式」。其次，「民族主義爲一政治條件……它將絕大多數人民至高的忠誠，集中於現存的或期望有的民族國家。這種民族國家，不但被認爲是理想的、自然的、或典型的政治組織形式，而且被認爲是所有社會的、文化的及經濟的活動，所不可或缺的體制。」

4.柯勒曼（James S. Coleman）「民族主義是對一個民族或部族(nationality）的隸屬意識；在情操和活動中表現欲獲得或維持該團體的福祉，繁榮和完整以及盡量擴大其政治自治權的願望。」（註一二）

(二)中國方面的

1.國父孫中山先生　「民族主義卽世界人類各族平等。一種族絕不能爲他種族所壓制。」「民族主義是對外國打不平的。」「甚麼是民族主義呢？就是要中國和外國平等的主義；要中國和英國、法國、美國那些强盛國家都是一律平等的主義。」「民族自決的一說，就是本黨的民族主義。」「民族主義就是國族主義。」「民族主義是國家發達和種族圖生存的寶貝。」（註一三）

2.先總統蔣中正先生　「民族主義乃是一種文化意識，其中包括着民族思想，也包括着民族情感。一個民族珍惜他自己的歷史；愛護他自己的文化，維護他自己的尊嚴，恢復他自己國家的獨立。這就是民族主義的精神所在。」（註一四）

3.蒲薛鳳教授　蒲教授將民族主義譯爲「族國主義」。他認爲「族國主義乃是一種信仰，認爲一己的國度，係世界上最好的國度；或一己的民族係世界上最好的民族。族國主義有時也可指一種信仰，認為一己的國度，應當奮發圖強，俾能獨行其是，而不與其他任何國度，維持密切關係。在其最優狀態時，族國主義只是對一己的國度，抱持一種健全的驕傲。在其最劣狀態時，族國主義可使一個族國虐待其他弱小族國。」（註一五）

4.羅時實教授　「所謂民族主義，是指人們對其民族國家自覺有其忠誠義務的一種心理狀態。是某些具有相同文化，羣居一地區的人們，相信他們是同一來源，同一命運，且有光榮的歷史遺產。由此而產生一種複雜情感，以效忠本族，視本族繁榮、幸福、威望為無上光榮。」（註一六）

由前述各引用的具體民族主義定義而知，民族主義在定義上也是極為分歧，各有所本。倘若加以硬性統合為一，論說上亦至為不易。蓋因民族主義的型式，往往因出現的歷史階段的不同，而有其顯著的意義上的差別。這就是美國哥倫比亞大學海耶斯教授，從歷史上探究民族主義思想發展的緣故。

不過，從前面討論的內容來看，民族主義可以說是一種思想上的意識型態。凡是一個隸屬於民族的個體，覺醒到民族間的差異，具有民族意識，且將自身所隸屬的民族，所具有之生活方式、文化、列為最優秀者。個人與團體的情感與民族的情感結合在一起，將民族置諸於價值系統的最高層次，並認識到自己民族的歷史、傳統、理想及奮鬥的目標。另外，並在態度上，強調自我民族中心，此即可稱之為民族主義也。

第三節　民族主義與教育論點

從十九世紀起，西方的教育理論和實施，都直接或間接地受到了民族主義思想浪潮的侵襲。具體地說，由於民族主義思潮的醞釀，助長了自十八世紀以來，啓蒙運動思想家及開明君主對公共教育的熱心推廣。在十九世紀中的民族主義思想籠罩下，各民族國家多積極於公衆教育之推廣。教育國家化的呼聲，也就此起彼落，演變爲教育權，須由政府執行的改革先聲。民族國家在教育上，爲了保持國家的榮譽，民族光榮的歷史傳統，莫不極力於普及的，强迫的初等教育的推廣。由政府控制並支助的公共教育制度的興起，就着眼於民族文化及愛國情感的必須加强。公共教育不希望成爲宗教團體的御用工具，因而學校的控制，成爲民族主義者所極力爭取的一項對象。

一、教育目的

民族主義者認識到教育是推行民族主義的一項利器，希望藉由教育國家化的實現，獲致服從，忠誠公民的養成。經由國家教育的實施，培育愛國家，重視民族文化，具有民族意識，能夠獲得共同民族理想實現的精神；對內不僅建立起統一的國家；對外尙能夠維持一獨立的、自由的國家政策。

「民族主義在教育的目的上，其最終極的願望，卽在國家的維護與榮耀的保存上。」（註一七）

「民族主義者認爲教育乃一有效的工具以協助政府功能之實現。教育的維持，因而就是一愛國的職責。教育被用來發展軍事的準備與侵略，開發國家的財富，達成經濟的獨立，並且經由共同的理想與傳統，實現國家的統一。民族主義强調教育乃是國家維持其生存進而追求其國家理想的一項工具（註一八）。

從前面所引渥爾茲（E.H. Wilds）的看法不難得知，西方民族主義盛行的國家，法、德兩國——在其教育目的要求上，從民族國家的統一，到民族國家光榮傳統的維護及國家生存的保持，進而要求培養服從、服務、奉公、犧牲、愛國的公民。這些教育上的理想，不只顯示在法、德二國教育的理論與實施上，就是成爲美洲第一個共和國的美國，其在教育理想上，初期也是標榜着民族主義的教育思想。現擬分別列述如下：

㈠法　國

一七八九年的法國大革命，雖然人民獲得了一些從未曾有過的政治自由，但是强烈的社會變動，使得人民必須利用教育來保障他們的自由，以與保守的各國帝王相抗衡。這種思想早在大革命發生之前，就已經逐漸地成爲啓蒙運動中，推動社會改革的學者所重視。一七六三年拉・查勞特斯（La Chalotas）發表「論國家教育」（Essay on National Education）；羅蘭（Roland）於一七六八年提出「對巴黎議會之教育報告」（Report on Education to the Parliament of Paris）以及狄德特（Diderot）於一七九一年提出提供教育（Provision on Education）之論見。三人的意見，都在呼籲設立國家教育制度，以便實現國家的團結以及人民對國家的忠誠服務。在這些具有自由思想的學者鼓吹之下，教育的理想，已不再集中於傳統的宗教和人文的理想上。他們轉而重視公民德性的培育了。教育應該是一政府的事務，以便去發展民族的精神，維護個人的權利，從而爲國家犧牲、奉獻和服務。

㈡德　國

民族主義教育的理想，在法國自由思想家中，有着廣泛的討論，但是教育的國家化，實施起來，却不是首先發生在法國，而是產生在德國。早在一七一七年德王費特烈一世（Frederick William I 1713-1740）時，就曾頒佈過强迫入學，設立學校、支助教師、收取學費及政府支助教育的勅令。一七四〇年至一七八六年的費特烈大帝（Frederick The Great），就主張學校應該屬於國家而不應該屬於家庭（註一八）。氏爲一開明的君主，心懷大志，能顧及一般平民大衆，故對於教育之國家化，不遺餘力；因爲氏認爲教育乃推廣新教信仰，免除人民無知的最好利器。在一七九四年的一般民法法規（General Civil Code）中，費特烈大帝，就有如下的一段文告：

「學校及大學係國家設置之機構，主在教導青年實用知識及科學知識。此等機構之設置，只有在國家的認可與贊同之下爲之。所有公立學校及教育機構均在國家監督之下，均須接受國家的考驗與督導。」（註一九）

一八〇六年德、法耶那（Jena）之戰，德國失利，在法軍佔領下，普魯士人的民族主義，經熱心國事的愛國者的奔走，疾呼而重新喚起。其中當以菲希特（Johann Gottlieb Fichte 1762-1814）的「告德意志國民書」（Addresses to the German Nation）最能引起民族心的共鳴。

菲氏認爲德國失利，主要原因在於德國人民的個人主義及自私自利思想使然。德國人必須認識到自己民族的特性，自己民族的命運，經由教育的努力，重整德國人的道德、思想；使身體强健，職業能力充實，獻身於國家，寄望於將來健全兒童的造就。庶幾才能挽回頹勢，重建德國人的光榮歷史。因此，教育上就在於養成忠於國，愛於鄉，大公無私的個人。菲氏以爲：

「個人實現完整自我的唯一途徑，就是經由對國家的服務，促進國家的進步，從而使個人認同於國家。」（註二〇）

另外有一段文字，出現在普魯士一般教育法規概要（Sketch of a general Education Law）中，頗能說明民族主義下的德國教育之目的：

「道德的基本特性，即在效忠於國王及國家，無條件地對法律及規定的服從。所有男女教師的神聖責任，就是喚醒及强化此等德性，並經由各種方式要求學校，致力於此等德性的培植。」（註二一）

在民族意識覺醒下，普魯士終能邁向德意志的統一之路。同時在費特烈一世、費特烈大帝、費特烈三世對教育推動下，對民族主義教育理想之實現，多有所建樹，逐奠定了德國教育國家化的基礎。不幸在進入二十世紀後，由於殖民主義與民族主義相結合而演變成爲帝國主義，終於使德國人的民族主義思想，爲禍於第一次及第二次的世界大戰。

㈢美　國

美國的獨立運動，大致上是從一七五〇年起開始醞釀的。一七七六年終於獲致獨立。在此以前，可以說是外人殖民時期。各級學校的教育目的，宗教的色彩顯得極爲濃厚，而大部分學校亦多與教會團體發生關連。殆至獨立革命成功，教育的目的，已不再僅僅限於宗教的需求。在美國獨立宣言中，擁有自由思想的起草人，深信人人均生而平等；上蒼均賦予各人一些不可剝奪的權利。爲了獲致這些權利並予以維護，政府的責任即在人民的容許下，公正地執行其權力。他們深信人類的生活是會改進的。人所具有的權利：生命、自由、追求幸福的權利，爲政府所應保障者。是故早先美國的建國者，在思想上充滿了啓蒙運動以來天賦人權、個人自由以及人道的社會觀。他們對教育的看法，也採取了非傳統的論點：即不再强調個人德性的涵泳而已。他們同意教育乃是政府用來保障人民權利和福祉的一項重要手段。

在一七九一年美國憲法修正案中，終於確定教育爲各地方的事務，不應隸屬於全國性之事務，亦卽聯邦政府不可作任何形式的干預。這也是自由思想家們的一項勝利；抗拒了聯邦政府對教育之專權，或可能妨碍人們心靈上的自由之慮。不過，美國的開國領袖，的確已認識到一個共和國的教育目的，理應置諸於良好公民的培育上。一個合乎國家社會所需要的公民之培植，顯示了民族主義教育的旨趣所在。

在一七九六年的一篇國會報告中，美國開國英雄華盛頓（George Washington 1732-1799），對教育之目的，有着下面的一段話：

「我因而提議國會加以考慮撥付經費設立一所國立大學及一所軍事學院的需要性……。經由我們青年中的一部分接受共同性的教育，以期在意見上、態度上、做人做事的原則上，有一相似性，這可以說是成立這些機構的理由所在。這就值得人們加以注意了。我們愈有相同的公民，我們愈會有一長久的聯合政府組織。此類機構的主要目的，卽在對青年實施有關政府方面知識的教育。在一個共和國裏，那些知識、那些責任、在立法上的重要性，有甚於擬定計畫，將此等知識傳給成爲這一國家自由的未來保護者呢？」

華盛頓的建議，並沒有完全實現；國立大學的設立，雖有醞釀，但是並未實現；倒是軍事學院的設置成功了，如美國的西點軍校，堪爲一代表。其次，從文句中，不難發現到教育的目的，乃是配合國家未來的發展。是故，民主的公民乃是促成政府恪守民主規範的最佳保證。

一八三二年美國林肯（Lincoin 1809-65）總統也曾如此說道：

「關於教育問題，我在此不擬提出任何計畫或教育的系統。我只是强調我認爲教育乃是我們人民所能從事的最重要的事務。每一個人都應接受適量的教育，從而能夠讀自己國家的歷史及他國的歷史，因而他能珍惜自由社會的價值。這是相當重要的事情。」（註二三）

美國的民族主義教育思想，主在認定知識的價值，强調公民須具備應有的知識，以維護民主政府於不衰。其次，强調經由公衆教育的實施，使共和的體制益形鞏固。不過，隨着美國國力的強大，在逐漸與世界列國的日益競爭狀況下，美國的公民教育，也漸由珍惜自身民主社會的價值，蛻變而重視個人愛國情操的養成。二十世紀的二次世界大戰期間，教育上的愛國思潮，愈爲明顯。例如一九一八年「中等教育改造委員會」（Commission on the Reorganization of Secondary Education）提出公民效率的教育目標。在一九一九年至一九二〇年間推動的幼稚教育，就强調幼稚園的「美國化」（Americanization）功能。「任何適宜的美國化計畫，均必須始於幼稚園。」另外，「幼稚園的孩童，不僅學習語言，而且學習行爲的規準，生活實際上的基本態度；及早學習到愛國情感，而與其父母所愛的有所不同。」（註二四）

這些文句都充分地說明教育實爲貫徹民族主義理想的一項有力武器。

二、教育類型

● 民族主義教育的實施，有賴於多種不同的教育型態爲之。一般而言，一個强調民族主義教育的國家，必然會致力於教育的國家化，希望教育的主權，操諸在國家或政府的手中。故所實施的教育，實質上就是一種非宗教性的教育，即世俗的教育之謂。教育機構的設立，雖然也容許人民團體、包括宗教團體來設置學校，不過國家或政府所醉心創辦的學校制度，乃是一公衆的、免費的、强迫的、普及的學校教育。這些公共經費支助下的學校，才是推行公民教育最得力的機構。

1.宗教教育　民族主義教育的推展，並不是說一定要排擠宗教教育的活動。不同文化背景下的不同社會，對宗教教育與民族主義的關係，有着不同的認定。在德國，新教的宗教教育活動，常常與教育活動結合，成爲教育中道德教育的一環。宗教教育在個人品德的養成上，擔任了重要的角色。

在美國，由於獨立成功以後，當時各教派甚多，爲了免於宗教信仰上的無謂紛爭，美國的開國先驅，在洞察當時情況後，逐將宗教教育排除於公共教育之外，使宗教教育與教育了有一個明確的分界線。因此，宗教教育在民族主義教育的推廣上，也就地位輕微而不足以稱道了。

2.道德教育　民族主義教育的推行，往往藉着道德教育的活動，提示一些公民行爲的規範，以期養成能爲國家奉獻、犧牲、自足、守法、服從，有效率的公民。

3.體育　民族主義的教育實施，强調體育的價值。體育有助於健康個體的培植，更重要的，經由個人體格的鍛鍊，使個人能有自信力、過人的膽量、機警的應變力，以及團隊合作、相互關照的品性。一般民族主義國家，在推展體育活動上，每每將體育訓練與國防訓練相結合，以養成為國效勞的保國衞士。其次，體育的實施，也會强調國家榮譽感的激發，尤其在世界奧運會或國際體育競賽活動時為然。

4.**職業教育**　民族主義的教育，認識到國家的生存與發展，是奠立在强大的經濟能力上，尤其是雄厚的工業生產能力，以及有效的生產方式。為了配合工業能力的增加，民族國家在教育上，就重視各類職業之訓練，以期配合國家的生存與發展。不論歐洲各民族國家或美國，都注意到有效率的工廠勞工，乃是國家生存與發展的確切保證。

5.**歷史教育**　歷史具有鑑往知來的功用。歷史教育的實施，可以使人們形成相近的歷史觀，知悉自己民族的歷史演變，明瞭自己民族的痛苦經驗，因而能夠產生民族的認同感，激發民族的意識。民族國家在推展民族主義教育上，從未有忽視歷史教育者。美國義務教育中，歷史教育總會强調美國獨立戰爭的經過；美國開國志士所揭櫫的政治理想等。

6.**公共教育**　民族主義國家，在推進其教育國家化的過程中，莫不仰仗於以公共經費支助、免費、强迫以及普及的教育制度之建立與執行。普及教育（Universal education）早在康米紐斯（Comenius 1592-1670）時，就從基督教平等的理想上，提出了普及教育的呼籲。普魯士於一七一七年費特烈・威廉一世（Frederick William I 1713-1740）就發出强迫教育的指令。在美國，普及教育在初等教育階段加以實施，則有賴於賀銳斯・曼（Horace Mann 1769-1859）及亨利・巴納德（Henry Barnard 1811-1900）二人在新英格蘭地區的努力。公共教育經費支助的公立學校，提供了國民接受基本教育的機會，同時對於民族主義教育的實施，亦具備了法律的依據。

三、教育內容

民族國家的領導者，深深覺得一個統一的國家，必須使其人民能夠共享同一的生活方式，具有同一的文化，近似的態度與價值認識才好。爲了達到這些目標，基本的一項要求，就是務期使人們的語言，文字能夠獲得統一。語言的統一，有助於人民對民族向心力的提高。職是之故，民族國家的教育，在實現民族主義理想的大前提下，對於教育內容，也就不得不留心到下列的一些要項了：

1.**本國語言和文字之重視**　法國大革命的先知先覺人士，已經提到法國語文的優美性；主張教導標準的法語，以消除部分地區人民講德語、西班牙語、義大利語及其他地區之方言。德國學校教育內，不僅國民學校，就是中學、大學中，亦强調德語及德國文學的重要性。在美國，英語被認定爲統一的標準語言。學校教育上，對文學的價值，除了認定具有文化陶冶之意義外，特別重視文學所蘊藏的文化內容。英語被用來作爲對外來之移民實施濡化的材料，此即在實現美國化之國家目標。

2.**本國歷史和地理之教學**　歷史的知識，可以告訴學生民族過去的生活經驗，以期產生共同的經驗，認同於共同的民族來源。地理則可啓發學生了解同一民族所生活的自然物質環境；了解共同生活環境中的山、川、城、鎮、人口數量、物產類型，以便形成國民對國家整體的認識。

3.**政府及公民責任的認識**　美國公民教育中，看重其先民的獨立宣言及美國憲法。這些資料，教育上多要求熟讀背誦，就像早期宗教教育上要求背誦經文一般。於今，在公民教育內容中，本國政府之組織、經濟、社會、法律、道德規範等，亦列入公民教育之內容，務期未來公民，能對其國家有關各方面，均能有一較為清楚的了解：明白公民應盡的義務為何？應享的權利為何？美國內華達州（Nevada）立法規定公立學校須授公民一科，以培育公民的責任，不論是戰時或平時。其次，藉由公民學科，教導學生愛國思想，對國家應盡忠，有效地為國服務。一九一七年美國對德宣戰後，紐約州就立法要求各校教導愛國主義思想（註二五）。

4. **愛國音樂之學習** 在民族主義國家中，本國音樂的歌曲、樂器，由於對民族文化的珍惜，在教育上也就極為重視。若是屆臨戰爭時期，音樂教育上，對於愛國歌曲、軍樂會特別顯得看重。在美國的馬利蘭州曾經立法規定，以愛國歌曲之演奏，為各級學校舉行典禮之前奏曲。

5. **體育訓練之加強** 強身乃強國之根本，這點似乎已早為民族國家的領導者所體認。體育訓練之強化，其目的乃在於人民體魄之強健、活力之充沛、健康之保障以及動作之敏捷，不論戰時適應戰場之需要，或平時適應工作之需要，均有裨益。體育訓練亦有與國防體育相結合者，如：一次大戰後，德國青年參與滑翔、跳傘、射擊訓練皆與軍事訓練所需之技能相呼應。

6. **宗教教育的重視** 在十九世紀的普魯士，宗教教育兼顧到了道德德目的培育，如服從上級命令、自我奉獻、犧牲精神、堅毅態度等，都是亟欲培植的德性項目。

7. **國民道德的加強** 民族主義國家，對其人民道德水準的維護不遺餘力。除宗教教育外，尚寄望於從家庭生活、社團活動、公衆集會、相互體育之競賽中，涵泳公民的道德行為，諸如：守秩序、重視法律規定、克盡個人職責、守法納稅等。學校教育則經由相關之教材，實施道德的認知和實踐方面的教學。

8.**職業技能的教授**　工業進步的民族國家，於公民的養成上，對於職業技能的教授，主在期望人人能有一技之長，以配合國家工業化的需要。爲此，在普及之中等教育實施上，在課程內容中，對於無學術研究興趣及潛能者，多希望受教者能具有一技之長，以促成國家生產能力之提高及個人生活的適應。

四、教育機構

推行民族主義教育者，莫不寄望於建立一公共支助、公衆控制、免費、普及、非宗派的學校制度，以貫徹民族主義的教育思想。早在一七九二年時，法國啓蒙思想家康道士特（Condorcet 1743-1794），在其「對立法議會中的公衆教育委員會的報告」（Report to the Legislative Assembly of the Committee on Public Instruction）裏，就擬妥了設置完全民主的公共教育制度。康氏擬議中的普及學校制度，不僅市鎮中予以設置，就是鄉村裏亦設置學校，以期實施全民教育。

拿破崙執政後，於一八〇二年積極推行公共教育。一八〇八年設立法蘭西大學（University of France），以統轄教育行政。舉凡教育行政之監督、考試、視導及節制全國各級學校之教育，但非一教學機構。一八三三年法國師範學校負責人考辛（Cousin 1792-1867）至德境考察教育，對德國公衆教育制度留下深刻之印象。當年法國卽立法制訂有關公立學校中之初等、中等及高等教育之法律條文。

十九及二十世紀中，法國教育朝向國家控制方面之努力，以期人民能效忠於民族國家。這一政策，基本上沒有太大的改變。一八七一年第三共和建立，至一九四〇年被入侵的德軍推翻爲止，法國公共教育的推展，基本上都是受制於國內天主教教會的阻撓。直至一九〇四年法國政府始能通過法律，將公立學校中具有神職人員之教師，排除於教師之外。一九〇五年，政治和宗教始算正式分離。

一次大戰後，法國傳統上的雙軌制，帶有階級意識的學校制度，屢受攻擊。人民普遍地要求平等的、免費的、較好的職業及技術學校教育。二次世界大戰以後，法國教育之改革，受到了較大的關注。在世界民主化的潮流下，一九四七年由郎之萬（Paul Langevin）負責研議，提出了廢除雙軌制的教育制度。在戴高樂當政時期，教育與民族主義又有了新的結合。

「戴高樂（De Gaulle）時期，教育受到了極大的壓力，布望在青年人心底，建立起民族主義的思想。此卽指教育部對學校之控制加緊。在初等學校中，透過科目的專精，培養學生對法國的忠誠和對法國理想的信守不二。教科書由教育部規定；教育部的考試，決定了學生的前途。」

（註二六）

於今，法國在政策上，自行發展核子軍備、自訂外交政策、獨立於二大集團之外；此等追求民族獨立的願望，擠身於國際事務領導之林，均爲反映其民族主義性格的所在。

德國於一七一三年，在費特烈、威廉一世的主政下，奠定了國家教育制度的基礎。一七三七年訂定有基本學校法（Fundamental School Law）。一七九四年一般民法法規制訂公立學校由政府支助經費及由政府控制之法律條文。一八〇八年設置公衆教學廳，隸屬於內政部。一八一七年公衆教學廳改組爲部。一八三四年古文中學規定畢業生須考試，由各州政府舉辦，成爲升入大學之依據。此後公衆教育制度日臻完備。

「在威廉一世至威康二世的執政下，從一八七一年至一九一八年，教育乃是統一帝國的工具。在國家統轄之下，學校顯得保守、國家化及中央統治的行政體制。雙軌制被强化了。廿世紀開始，威廉二世皇位鞏固，德國教育致力於與社會主義及共產主義的戰鬪，益使德國成爲一個統一的整體，聽令於其統治者的呼喚。」（註二七）

德國在納粹統治期間，諸多學校制度上的改革，均渴望於實現一個教育的目的：即使學校成爲納粹思想散播的場所。各地學校均統率於普魯士教育部；教會學校完全消失；設立希特勒學校、國家政治教育機構（National Palitical Educational Institution），培養黨工人員；猶太籍及不可信的教師均予以免職。整個德國教育機構，均陷於狂熱的民族主義浪潮中。民族主義思想的狂瀾已成，在人爲的導演與指揮下，終於走上了帝國主義及其覆亡的道路，對人類社會形成了莫大的傷害。

美國於一七七六年獨立。開國先驅之一的傑佛遜（Thomas Jefferson 1743-1826），就曾爲維吉尼亞提出普及教育的計畫：以鄉村設小學、各地分設中學，並以州立學院爲最高學校機構，形成一普及教育制度。一八一〇年維州以經費支應貧民子弟入學；一八二〇年設立維吉尼亞大學（the University of Virginia），在在顯示教育發展受到了爲國者之注意。

紐約州於一八一二年成立教育視導室，負責經費撥付事宜。一八三七年馬色秋塞斯（Massachusetts）州成爲第一個設立州教育委員會的州，主受卡特（James G. Carter 1795-1849）之影響甚大。一八二七年馬州成立第一所由州政府經費支助的中學；一八七二年克拉馬遜案例（the Kalamazoo Case），判定州可以稅收之經費提供中學設置之用。一八六〇年止，美國州立大學已有十六所之多，大多爲接受聯邦政府土地贈與法案之受助者。

由於聯邦政府對教育活動之參與日增，國會在一八六七年授權成立教育廳。由於部分州深怕聯邦政府對教育之控制，至一八七〇年逐改爲教育局。一九三〇年又改爲教育局。一九五三年，教育局改爲聯邦政府中，衞生、教育、福利部中的一個單位。一九六五年，美國詹生(President Johnson)總統在位，經由國會之立法，擴大了聯邦教育經費支助地方教育發展之計畫。在一九六五年七月一日起的聯邦教育補助計畫中，其動用的金額超過了四十億美元。顯見了美國聯邦政府對全國教育機構，不論是公立的、私立的、教會的，均給予某些項目上的支助，以求全國人民教育質的提昇，迎合美國化教育目的之達成。

五、教育組織

民族主義教育之推行，除了需要有執行的教育機構外，尚有賴於健全的教育組織功能的發揮。於此，民族主義的教育活動，就勢必從各項制度的運作上，始能達到其預懸的教育目標。

以法國來言，從一九一四年至一九四五年，法國人歷經二次世界大戰，遭受了空前未有的戰火蹂躪之痛。直至一九五〇年起，法國始步入了戰後積極重建國家的過程中。

在戴高樂的領導下，法國人的重建工作，逐漸有了信心。他們以法國出產的卡拉維爾(Caravelle

）噴射客機和設在撒克雷（Saclay）的原子研究中心爲傲。執政的領導人物，深切地認識到教育在國家整體發展上的重要性。戴高樂就曾如此地說道：

「我們必須……發展我們的教育制度，以適應現在愉悅地成長的年輕一代，並合乎現代生活的需要。」（註二八）

法國的學前教育，採取自由發展，重視遊戲、音樂、歌唱的活動。適齡兒童進入幼嬰學校的人數，在一九六二至一九六三年，佔五至六歲兒童的百分之六十九。至於學校經費則有教育部之補助；教師薪俸及學校建築，亦由教育部支應。

小學以收受六至十一歲的兒童爲主。每一里區（Commune）均設有一所：所授課程中，對本國史地，語文教材特別看重。

中學在每一分區（Canton）均設有；現已揚棄精英教育的歷史傳統，採取大衆均可進入中學的民主教育原則。惟在重視學生心智能力發展下，中學在課程上，採取下列四種方式：

1. **短期普通教育** 以四年時間，就讀完全學校，接受生活預備及就業方面的知識。
2. **短期職業教育** 以三年時間，就讀技術學校，作爲技術勞工的來源。
3. **長期普通教育** 以國立中學及市立中學爲基幹，實施較爲偏向於人文的教育；惟科學知識亦受到重視。
4. **長期職業教育** 以較長期之技術中學爲主，相當高中程度，提供六至七年的技術教育。

至於法國在教育組織上的特色，就是中央集權的教育行政制度。著名的英國比較教育學者，愛德慕・金恩（Edmund King）在其一九七五年出版的「各國學校制度」（Other Schools and Ours）一書中，曾提到：

「考試在各地都是一樣的——在巴黎、在貝銳塔那（Brittany）、在銳維葉（Rivilra）以及遠在熱帶的法國人社區。此即說明各項考試，均由官方制訂，受到中央政府的節制。」（註二九）

由於法國有着悠久的二千年歷史文明，文化的氣息較之其他歐洲人爲甚，歷史的使命感，亦較他國人爲强。因此，在國家教育實施上，其顯著的特色爲：國家統制師範教育之師資訓練；大學校長由中央教育行政機關負責任命。舉凡教育行政之體制、考試、課程，均由政府制訂。國家政治理想，早先的歷史傳統，均溶入了教育活動之中（註三〇）。

其次，作爲一位法國教育工作人員，必須了解到個人的主要任務乃在乎：對學生實施理智之訓練。此點說明法人頗受早期哲學家對教育見解之影響。其次，係對學生倫理之訓練。是故重視道德之涵泳；至於公民之訓練，亦爲教師所應盡力者，以「使兒童崇尚民主原則，視共和爲最高的與唯一的體制，並激發其愛國心，期能肩負國民應盡的軍事義務，而保衛祖國的主權獨立與領土完整。」（註三一）

顯然的，整個教育的組織，就是以國家的發展爲其終極的鵠的。教育的目的與政治理想之實現，也就爲之結合在一起了。

十九世紀中的德國教育，是籠罩在保守的思想及極端的民族主義浪潮之下。在十九世紀結束之前，德國的教育，主由三種學校類型顯示之：其一爲國民學校（Volksschule）；此係免費的小學，爲六歲至十四歲兒童進入者；學習完畢者可以進入中間學校（Mittel schule）；課程有實用、商用學科及一科現代語文。大多爲中下層社會子弟者進入，以便結業後能進入工、商界服務。上層人家子弟則在十八、十九歲時，由古文中學（Gymnasium）、唯實古文中學（Realgymnasium）及實科中學（Realschule）結業，通過會考（Abitur）後則可申請進入大學就讀。

就是在此一學校體系裏，政府實施忠於國家精神之教導，期使每一位兒童及青少年，均能在國家中，尋得適於他個人的工作場合。同時揀出未來國家的領導者，而予以培植（註三二）。二次大戰後盟軍在波茨坦（Potsdom）擬定德國教育民主化的目標，以消除納粹思想及黷武意識。因此，初等教育機構改爲基礎學校（Grundschule）；英軍佔領區採六年制；法軍佔領地區採四年制。此後有修業五年的國民中學爲之銜接。

現今德國的義務教育，頗爲重視本國語文的教育，全部免費，不實施職業性的預備訓練。在二次大戰後，由於德國被英、美、法、蘇四國分區佔領，西德的教育，在英、美、法督導下，已走向民主化。東德在蘇聯佔領下，一如其他共黨地區，教育難免要服膺於政治的要求。

美國的教育組織，其演進往往隨着社會發展的情況而有所更改。大致上，美國學校的體制，係採取八—四—四制或六—三—三—四制。美國是第一個北美洲的共和國。在教育的理想上，一向都重視着及教育的實施。同時，由於自由主義的思想，使美國憲法規定教育事務係地方人民的事務，非聯邦政府應挿手的事務。從實際上來看，美國教育在行政體制上，採取地方分權制。一般教育的主權，都交由各地方學區的教育委員會掌理。舉凡涉及本學區的重大教育決定，悉由地方教育委員會負責決定。州雖設有教育廳，但僅係在州長任命或民選條件下，處理事務性或資料性的業務，並非下達指導性的命令者。自一九一七年史密斯·休斯法案（Smith-Hughes Act）經國會通過後，聯邦政府分配給地方之經費，逐年均有增加。至一九六五年已達四十餘億美元之多。州教育廳的工作，即在妥善地分配應用各項教育經費，使各地教育素質，有一均匀的發展。

美國在中央雖設有教育部——一九七九年卡特總統時設置，但並非掌理全國教育行政事務者，僅爲從事教育研究、提供資料、分配聯邦教育補助經費之機構；對各地方政府，並無指揮與監督之權。早先美國教育政策性的問題，有時亦有賴於最高法院所判定的案例，作爲各州遭遇同樣問題時的依循根據，如：克拉馬遜案例（Kalamazoo Case 1874），裁定可徵收稅款，維持地方中學的教學。

美國初等教育機構爲小學。通常有六年制及八年制者。前者爲六至十二歲兒童入學者；後者爲六歲至十四歲兒童入學者。小學教室中，均置有國旗，時時有向國旗敬禮之儀式。課程中重視美國傳統歷史經驗的分享；公民養成之教育，主在國家理想實現者的培養是也。

美國中等教育機構有四年制，連接八年制小學者；有六年制中學，或採一貫制，或採三、三分開制，以接納小學六年制之卒業生。另有四年制或六年制之後三年，爲綜合中學者，學生可以自由選課；分普通及專門二種，以應專爲升學或專爲就業者之所需。

美國的公共學校制度，常常是美國人引以自豪的一項教育創舉。因爲他們消除了歐洲社會中早先存在的雙軌制的學校制度，採取了單軌制。一九七〇年代初期，在公立學校就讀的兒童及青少年，高達四千萬人；而全國年度的教育經費則超過五百億美金（其中三分之二用之於小學及中學）

（註三三）。從這些數字，不難發現美國在公共教育上的發展情形。

自一九一七年史密斯—休斯法案實施後，一九四四年的退伍軍人權利法案（G. I. Bill of Rights）；一九五〇年創立全國科學基金（the National Science Foundation）；一九五八年因應蘇聯第一顆人造衞星之進入太空（一九五七年）而通過了國防教育法案（the National Defense Education Act）；一九六四年之經濟機會法案（the Economic Opportunity Act）；一九六五年之中小教育法案（the Elementary Education Act）；一九六五年之高等教育法案（the Higher Education Act），這些法案的實行逐使美國聯邦政府，對全國教育經費之補助大增。這也是聯邦政府透過經費的補助，影響各地教育發展的一項策略的運用。

六、教育方法

民族主義教育實施上，自然難免利用一些演用甚久的教學方法，如：訓練、教誨、講演等是。民族主義教育的推行者，深切地認識到教育的實施，除了堅定個人的民族意識，崇尚自身的文化傳統外，尚應熟練生產物品的技能。爲此，教學實施上，自然偏重民族國家與社會需求之肆應，而少顧及到個人的需求。教學的方式，因此也就多以團體方式實施，刻意獲致統一性的教育成效之達成。

1.**訓練**　民族主義國家所採用的教學方式，多半喜歡運用訓練的方式，來達成一些教育的目標，例如：在軍事技能上、國防體育上、團隊精神上、道德品性上。訓練：强調單向式的溝通方式；顯示學生在學習過程中的被動性；忽視學習者個人的意願性及外在要求上的一致性；處處顯示活動進行時的學生順從，而不顧及到學習者的心理條件。

2.教誨　在教學實施上，以社會成人所認可的材料，經權威性人員教導給受教者。個人在學習上，因教導者具有社會所賦予的權威，故不便質疑、討論、或充分的溝通。學習者總被認爲是一社會中未成熟者，沒有社會地位，唯有接受權威人員所教授之觀念、思想、信條、知識或行爲模式。實際教學活動上，自然未能兼顧到學習者的興趣、能力和需要。至於教材內容之編輯，也是注重到教材理論的邏輯組織。教誨者往往較受誨者，具有社會地位，權威及影響力。

3.講演　講演在教學方式上，較爲便捷，是衆人同時學習的一種便捷之道。這種主爲單向式的溝通方式，在教學活動上，較爲簡單易行；因場地易尋，三五十人以及數百人的集會，都可以實施此種教學活動。在介紹一般性觀念或提示新知時，均可利用此法。

4.練習　特定的動作，需要操作的活動，或應用器具之學習，就需要練習活動。練習的動作，求其正確與熟練，因而重複特定的動作，熟練指定的動作過程，就是練習上所强調的重要因素了。

5.示範　涉及到特定動作及器具之操作，必須有賴於動作之熟練，技巧純熟之教官的指導，始能從演示的正確動作上，經由模仿而獲得；再經反復的演練動作，始克使動作正確無誤；純熟能形成習慣性的行爲。

6.灌輸　在不重視個人自由思考價值之下，一些觀念的學習，就是以灌輸的方式爲之。教學內容的眞僞，不單是從知識上去認定執政者的信念，反而常常具有決定性的影響力。也許傳授或教導某些思想的成熟分子，亦未必完全明瞭其所任教的某些思想內容；故教學活動，就是重複他所學習的認定過程而已。

7.宣傳 此爲非依眞理認定的命題，在因應外在的需求下，將之傳授給受教者。在宣傳的教學活動下，所教授的內容，脫離了眞理的標準。一些教授的內容，甚至眞僞難辨。二次大戰中，納粹鼓吹日爾曼民族的優越性及日本宣揚大和民族的優越性，都是顯著的宣傳題材。

8.訓誡 在行爲規範的建立上，帶有權威性的告誡，往往被認爲是可行的一項方式。訓誡的方式，或採取個別式的或採取團體式的，多半着重國家所需順服的個人行爲模式的養成。以團體生活規範爲訓誡的內容，或對個人行爲不當的告誡，均可視之爲一種行爲上的矯治過程，但是訓誡式的教導方式，並未能獲致當事人內心的誠意接受。在懾於權威的約束下及缺乏個人獨立思考的習慣下，個人有時亦未能明察事理，有不得不接受之感觸。

第四節 民族主義教育家

民族主義教育思想，需要有見識的思想家爲之鼓吹，也需要執政者的採納，將之付諸於實際，轉變成爲教育的政策或教育的制度。不過，値得注意的是一種以民族自我生存、自我振興的民族主義教育思想，在未被惡化而轉變爲帝國式的侵略主義的教育思想之前，積極的提倡，實未可厚非。如若從民族振興，民族復蘇上來論，自救的民族主義教育思想，對民族自身的貢獻，自是不能予以抹殺的。

在朋德爾（Frederick M. Binder）所編的「西方文明史中的教育」（Education in the History of Western Civilization 1972）一書中，朋氏將華盛頓（George Washington）及威伯斯特（Noah Webster）的教育見解，列在美國民族主義教育思想家之林。這二位知名人士，對美國民族主義教育思想，具有啓示性的影響。

一、喬治・華盛頓（George Washington 1732-1799）

爲美國開國元勳並領導美國獨立革命運動。美國獨立成功之後，擔任美國第一任開國總統。在一七九六年十二月七日的第八篇年度報告中，華氏提出了一些教育國家化的實施計畫。

1. **設立國家大學** 華盛頓在國會報告中，提請國會注意到設立國家大學的需要。華盛頓以爲一個國家的興旺、聲譽，有賴於國家學術界——不論是科學和藝術，都須蓬勃發展才行。華盛頓以爲當時美國境內雖然有神學研究機構，但因其基金有限，不易物色到卓越的教授擔任教學。

2. **設立軍事學院** 在青年人當中，必須培養一些具有共同信仰、認識與禮節者。因爲公民之間愈相類似，則對國家之統一愈有幫助。

3. **在國立教育機構中，有關政府方面的知識，可以提供給青年學習了解** 公民具有政府有關方面的知識之後，就有能力維護一般人民的權利。

4. **軍事學院設立的宗旨，乃在教授戰爭藝術** 衡諸實情，戰爭既然不易避免，國人具備戰爭方面的藝術，乃勢所必需。

5. **前述軍事教育機構的教學，須制訂完整的各科考試制度** 以評量其教學的成效。

二、威伯斯特（Noah Webster 1758-1843）

氏爲一熱心鼓吹美國民族主義的思想家。亦爲一著論學者、新聞記者、辭典編輯家、教科書作家。氏所著論文章，多以闡揚愛國思想爲主。除了著論愛國思想文章外，對於社會世道人心，亦至爲關注。在教育論見上，氏對於美國國語的提倡，不遺餘力。以下所引有關威氏民族主義教育思想之見解，分別是威氏在一七八八年及一七九〇年所發表的兩篇文章。威氏一方面評論當時美國教育實施上的缺失；一方面針對缺失，威氏提出了一些更新美國教育的計畫。在字裏行間，不時流露出民族主義的教育思想。

1注重本國語文　早期美國殖民者在教育實施上，承襲了歐洲教育的傳統。教育內容上，多以文雅學科爲主，因而，十八世紀的美國殖民者的學校中，拉丁語文及希臘語文的學習，依然普受重視。但是，獨立後的美國，其教育的方針，亟應針對自身社會實際情形，改弦更張，尤其是語文教育爲然。

「我要提的第一項錯誤，就是教育上過份重視死的語文，忽略了我們自己的語文……這種忽略太普遍了，以至在國內很少能找到一個機構，將英語正式地、規律地教授其文法與散文及詩的習作。」（註三四）

移民美國地區的歐洲殖民者，由於英人所佔比例較多，又加以移居新英格蘭地區之英國清教徒多係擧家遷入；教育程度較高（註三五）。故在美國移民地區之歐洲人中，能勝過荷蘭人、法國人，而使英語成爲美國的國語。但是，在難於擺脫其歐洲傳統教育的情況下，古典語文的重視，已不能迎合民族主義教育者的見解。這就是提倡英語教學的緣故。

2.認識自己的國家　教育的積極意義，乃在認識自己的國家；明瞭國家的歷史、地理環境、物產狀況、民情風俗，以便使個體對國家事務之參與，更能有所適應。

威伯斯特以爲：

「不過，在美國的每一小孩，都應該認識到他自己的國家。他應該讀那些提供給他實際生活上有目的的觀念。一旦他張口時，他應該說出他自己國家的歷史。他應該讚美自由、讚美那些英雄、政治人物；是他們促成了革命的成功。」（註三六）

美國獨立運動成功，使美國開國先哲們對於獨立宣言所揭示的人民享有自由、平等、博愛的信念，深深地感覺到需要珍惜。這些重視個人自由的思想，就成爲爾後美國公民教育的最佳內容了。

3.民族主義教育的材料　威伯斯特的教育內容，主張將美國地理、殖民史、革命史、聯邦政府之憲法、地方政府之規條、隸屬個人教育的內容；其顯著的教育目的，就在擴大學生對國家的了解範圍，使個體對國家能夠產生一種歸屬感；一種唇亡齒寒的感受。如此，對於民族的凝聚力、國家的向心力，均會提高。

威氏以爲學生學習的內容，將不再是拼音書；不是新約，而應該是倫理學、法律原理、商業、政府原理、財政等方面的知識。這些涉及到美國本身社會、經濟、文化方面的知識，有助於個人歸屬感的建立與增進。顯然，宗教教學的內容，對此是無所裨益的。

4.人民智識的啓迪　美國是美洲的第一個民主共和國。在民有、民治、民享的國度裏，政府是操諸於人民之手。政府的事務，人民是有權利，亦有責任加以了解和參與的。這些作爲公民應該享有的權利及應該擔負的責任，法律上將會有明確的說明；同時個人權利的運用，政府所具有的機能，公民亦應有所認識。這些方面的知識，就有賴於經由公立學校而將之散播給全體國民。一個民主共和的政府，能否健全，因而就有賴於其國民知識程度的高低了。

5.提昇教師的素質　民族主義教育的良窳，繫乎學校教師素質的好壞。威氏深切地覺察到，當時美國教育實施上的一項缺失，就是教師素質的偏低。一般的評斷是當時美國的教師，不見得能夠勝任他所教授的科目。在此情況下，於其接受不良教師的教導，倒不如不接受教育爲好。其次，伯氏對師資的要求，並不完全以知識、能力爲準；他所强調的是教師的品格，因爲這會影響到未來公民的行爲舉止。他希望一位教師在品德上，能夠爲人謹愼、有成就感、善與人交往、並能獲得人們的尊敬。

伯氏提到：

「大體來說，教育養成人的德性；因爲道德是政府的基礎，因此，教育應受到立法者的關注。這不僅是學校機構之設置而已，而且是要爲學校提供良好的教師。」（註三七）

一般而論，民族主義教育思想家，多半會鼓吹教育的國家化、設立公立學校、强調公民教育、維護國家文化的傳統。這些論點，在前述二位美國民族主義教育思想家的論見中，已略可知曉。美國教育實施上，所謂的美國化（Americanization），就是一種民族主義教育的型式，不難想見。

三、菲希特

菲希特（Johann Gottlieb Fichte 1762-1814）爲德人，出生在薩克森尼（Saxony）的雷蒙那（Rammenau）。氏出生於貧家，自幼因家境清寒，無法接受學校教育。由於菲希特幼小表現聰慧，常能早上至教堂聆聽牧師講道，下午即可模仿牧師講道，表現給兒童觀賞。由於菲氏表現非凡，深得士紳 Baron Von Miltitz 之賞識，決心資助菲希特就學。一七八〇年氏註册就讀於耶拿大學（the University of Jena），攻讀神學。稍後轉至威丁堡（Wittenberg）及萊比錫（Leipzig）大學就讀。

一七九一年菲氏在華沙擔任家館後，返回德國；此後曾至哥尼斯堡（Konigsberg）謁見哲學大師康德（Kant 1724-1804）。康德對菲希特並未款以盛情。稍後菲氏以引申康德哲學論見，著文以期獲得康氏之青睞。故有次年「論各項啓示之批判」（Essay towards a Critique of all Revelation）一文之發表。斯時因文章未署名，衆人猜測爲大哲學家康德的論著。後來康德指出該文爲菲希特所撰，菲氏聲名因而大著，一夜成名。

一七九二年氏任教於耶拿大學，擔任哲學教授。二年後發表「科學之整體理論基礎」（the Basis of the Entire Theory of Science），顯示了他在哲學上追隨康德之批判哲學的精神。一七九六年發表「天賦權利的基礎」（Basis of Natural Right）；一七九八年著有「倫理學體系」（the System of Ethics）。這兩篇論著都顯示了菲希特倫理學上的觀念主義思想體系。一八一〇年發表「一般性科學理論」（The Theory of Science in its General Lines）及「意識之事實」（Facts of Consciousness）二文。

一八〇六年時，普魯士遭受到法國拿破崙軍隊的入侵。斯時菲希特亟欲加入普軍擔任隨軍牧師性質的工作，但未獲政府之首肯。之後，普軍失利，法軍佔領柏林。菲希特有見於普人軍事失利，實肇因於德人自私自利，置國家民族於不顧。在民族主義思想激盪下，於一八〇七年至一八〇八年，受法軍監督下，於柏林科學院舉行「告德意志國民書」（Addresses to the German Nation）之公開演講。每二週一次，歷十四講始完成。每次蒞臨演講時，都抱有必死之決心及有去無回之志節，諄諄而教誨德人須肩負文化之使命，振奮起救亡圖存的心志。此項演講文稿，逐成爲以教育振興文化，恢復國家聲望的不朽作品。

一八一〇年菲氏轉任柏林大學教職，擔任哲學教授。一八一一年至一八一二年擔任該校校長。一八一四年元月廿九日得斑疹傷寒症過世。

菲希特對哲學的註釋是與當時的浪漫思想家有差別的。他以爲哲學至少應該是一門知識。哲學是由許多命題組合而成的。每項命題均在整體邏輯體系中，佔有一適切的地位。其次，每一門知識，都有其先驗性或根本性的命題。否則就不會成其爲該門知識了。對菲希特來說，哲學是科學的科學或知識的知識。因此哲學的根本命題，必須是非演示的；應是自明的，自證其爲眞的。

菲希特又認爲哲學的功能，就在於將所有的經驗基礎，加以澄清。菲氏認爲吾人在自我思想活動中所呈現者，以及周遭事物必然呈現於吾人的認識時，可稱之爲各種表象之內容卽爲之經驗。菲氏對於個人所經驗之事物，並不像康德一樣，將之統攝在物自如（thing-in-itself）一概念之中。菲氏以為解釋個人的經驗，還是要返歸於自我（ego）。

在哲學上的知識論，菲希特是採取行動哲學論。氏以為任何哲學若執着於理論的建立，都會走上了多元論的方向，無法肯定地走向單一理論的基礎。因為最簡單的來說，每一理論都是有其正，亦有其反。基於這一認識，菲希特就强調個人的認識主體——自我，才是思想的出發點，而非一般哲學上的理性與經驗。自我的認識是來自個人的理智直觀。自我才是行動之由；自我才是行動之出發者。

「自我是行動、是奮發。在吾人考量意識的實踐演繹時，個人奮發時所採取的基本形式，就組成了自我，亦卽下意識之衝動或激動。因此，從某一論點而言，人乃一衝動之體系。此一衝動之體系，主在自我之保存而已。於此，人亦可以說是自然中一組織的產物。在認識到自我為一衝動的體系時，我可以說，『我發現到我自己是自然的組織性產物』。亦卽我確定自我是如此；自我乃一存在之物。」（註三八）

自我既然是行動之源，但是，自我的存在是由於道德實踐之需要，以肩負道德的責任。由於個人具有理性意識，因而由自我之認識而建立了自我的存在。菲氏對於自我之存在，採取同一律的說法，卽我立我是由於主語我與述語我之間必有一關係。前者之肯定，卽可使後者加以肯定故也。

由我而引申出一客觀存在之物質世界，此卽非我是也。我與非我是一對立的正論（Thesis）與反論（Antithesis）。非我之存在、除了正反兩論的邏輯關係外，菲氏認識到非我之存在，乃是為了自我道德實踐上的需要所致。自我與外在客觀物質世界，不時形成對抗的情形。自我若順服於外在的物質，感官所接觸的世界，無疑的這便會對自我蒙上一層陰影，障蔽了眞實自我所具有的實踐理性。倘若個人能夠在自由意志的判斷下，擺脫開外在邪惡的勢力，保持住一己的實踐理性並克服慾求，則自我之自由與獨立，庶幾可得。道德的價值，也就可以獲致了。

我與非我之合一，乃是主體與客體，主觀與客觀之溶合，爲正論與反論之合論（synthesis）。我與非我若各自分離不相交往，則自我實踐理性之作用，便無交往之對象。是故，道德的實踐，不只是要對主觀自我的肯定，尙需對客觀外在世界的認定。惟有在自我與非我發生交往而溶於一體時，自我的道德行爲，始有其眞實的涵義存在。

菲希特對於道德行爲的判斷標準，訴諸於個人良心。「行動須符合你的良心；良心卽吾人決定責任時的立卽意識是也。」（註三九）良心是個人瞬間對義務、責任的認知。由於良心在道德判斷上是立卽的，直接的認識，所以，良心不是經過長期的思索所作的認知反應。良心在此情況下，就不會產生錯誤。菲希特以良心爲善惡裁決的依據，乃在找出一個絕對的是非判斷標準。菲希特跟康德一樣，避免去找一外在的道德判斷標準。從這些觀點來討論，菲希特在道德理論上，也是採取嚴格主義的論點，强調個人對義務，責任的實踐。

至於教育上的論見，菲希特可被劃歸於觀念主義（Idealism）教育哲學派中；一則由於他堅信一些絕對的觀念，爲眞實知識的主要來源；再則因他個人有着崇高的理想，以教育振興德意志的國家文化。

在法軍佔領德意志的情況下，菲希特逐漸放棄了他早先所懷抱的世界主義（Cosmopolitanism）轉而注重民族國家的生存與發展。他提到教育是法國人留給德人自由行動的唯一領域。菲氏以爲在當時的情況下，教育可以說是唯一的可行途徑，以之用來振奮人心，喚醒民族意識。

非氏覺得這時是實施新教育，廢棄舊教育的時機。傳統的舊教育，過分看重記憶和被動的吸取知識。新教育則在喚醒心智的能力，使之有適當的活動，並鼓勵作獨立的思考活動。新教育必須使學生的個人活動感到喜悅。如此，學習的活動，就不會有所失誤。其次，新教育須着眼於公民的培養。未來良好公民的養成，就得及早注意到兒童的教育；更重要的，不要讓兒童與腐化的社會有過多的交往；最好使兒童單獨地在一個獨立的社區中長大。非希特認爲在這樣一個分離的、理想的社區中，「沒有被動的服從、沒有懲罰、沒有獎賞。每一個人都是全心全意地爲全體的福祉而努力工作。」(註四〇)

再者，新教育不能僅限於有閒階級。國家中最重要的構成分子—平民，必須給予適當的教育才可。教育中可將手工訓練，列爲全體兒童均需接受的科目之一，以期使每一個接受教育者，均能成爲自給自足的個體，對全體社會提供一已的服務。

非希特希望在新教育中，兩性學生應該在一起接受教育、一起成長、一起接受相同的教育，除非是因性別的差異，而需實施不同的教育。

非希特的教育理想，一言以蔽之，即在發展德國人的道德品性，改頭換面，成爲一個嶄新的德意志。至於如何始克實現此一理想呢？似可藉由下列一些途徑完成之。(註四一)

1. **培養善良意志**　自由意志不可亂用；人人具有善良意志，即能知善行善，知惡去惡。

2. **道德教育重於知識教育**　傳統教育多以知識傳授爲其鵠的。新教育應以「道德心」和「愛」爲教育目的。

3.宗教修養　具有宗教信仰，有助於道德教育。

4.身心健全　實施全人的、整個人的教育。

5.陶冶團體愛　教育不全爲專家、學者的培養；因菲氏的教育係全民教育。其次，教育應使受教者能去愛同胞，愛民族。

6.獨立自信的涵養　學生從自力更生，勞動服務中，培養自信和自足的精神。

7.造成德國人　教育必須使德國人，皆成爲有品格者。

至於教育的內容，菲希特所提示的有：語文、宗教、勞動生產、數學和體育。關於教學方法則重視：行以致知、直觀教學、由思維至感覺、導生制以及個別指導。在訓導方式上，鑑於訓導的目的，在培養個人的善良意志、克己精神、犧牲精神、獨立精神，故菲氏主張男女合校，使學生有正常的人際關係之體認；賞罰不可行，實施賞罰的結果，使個人會失去了獨立行善的精神，成爲外在勢力的奴隸；以博愛，宗教感化，避免惡習的沾染及學習勞動，訓導一元化。(註四二)

菲希特對德國社會的安定及國家的獨立，提供了不少的心力。這也是他能體察到教育工具價值的原因所在，並在大無畏的精神下，雖在法軍的監視下，終能完成他的「告德意志國民的演講」系列。這對法軍而言，未嘗不是一失策之處；亦可看出當時人們對於教育與政治以及軍事的關係，尚未有一確切的體認。

第五節　民族主義教育思想特色

先前對於民族主義的緣起、民族主義的意義、內涵、教育思想及實施，均有所陳述。今就整體來言，民族主義教育思想特色，可以概括地歸納如下：

1.教育制度的國家化　民族國家的領導人、開明的君主、民族主義的教育家，已經深切地了解到，教育的設施，特別是教育的行政及教育的機構，必須由政府執掌，由公共的經費來支應，始能符合國家的利益。這就是歐洲各國十八世紀以來，致力於教育國家化的理由。當然，部分的原因是人道的、開明的、啓蒙思想家，想藉由廣泛的教育以消除人民的無知，但是一般統治者、對於教育操諸於教會之手，已漸漸地不能容忍了。當然，歐洲人民的覺醒，也是其中的一項原因。在法國，教育權的爭執，在政府與天主教教會之間的長久爭議，就是教育國家化中的一些阻礙。

教育國家化的理想是表現在公共教育制度的建立上。免費的、強迫的、義務的教育實施，走上了法律的制訂，促使接受某種程度的教育，成爲國民的權利及義務。

2.學校教育的社會化　在傳統的社會型態下，教育的機構——學校，僅是少數有閒階級子弟去接受知識教學的一個機構而已。學校是孤立於社會之外的。因爲所教授的知識，並未從社會文化經驗及實用的生活角度來衡量。但是民族主義的國家，將學校視爲青少年及兒童社會化的場所；是青少年及兒童熟悉社會生活中的政治、經濟、文化、風俗、習慣、法律、行爲規範，道德標準以及政府政策的一個機構。人們注意到了學校是下一代國民及未來公民的養成所在。學校所擔負的任務擴大了；政府對學校的要求改變了——學校應培養有效率的公民。

3.公民教育的注重　民族國家對於公民的要求，往往因其本國社會、文化、經濟、政治、歷史，傳統等因素的差別而有所不同。雖然公民的內涵，會因此等因素而有差異，不過公民教育的推廣，良好公民的養成，莫非一般現代國家所强調者。公民素養（Citizenship）可以從多方面去討論。一位良好的公民，須是一位身心健全的個人；對所屬社會的歷史文化，有着基本的認識；對社會大衆所秉持的生活理想，有積極的態度；對社會中公民的權利與義務、有正確的認識；對政府的各項事務，有明白的了解，而且可作適當的參與性活動；同時個人具有服務國家的工作能力。如此才是一位有效率的公民。公民教育包括了有形的學校教育，透過公民及其他相關科目，施以教導；和無形的家庭、社會、職業團體，所實施的教育。

4.專注的教育內容　無可諱言的，民族主義教育，在實施上尙需借助於一些專門性的課程內容以實現其目的。通常語言、文字、尤其是國語的教學，向爲民族主義國家所重視。國語的教學是民族國家實現內部統一的利器。除此以外，歷史可以加强民族的認同感；地理可促進個人對國家的歸屬感。體育則是爲了强健公民而設計，不過體育的教學內容，注重與軍事技能訓練的配合；强調精神上的鍛鍊，諸如具備犧牲、奉獻、服務、勇敢、合作諸德性。音樂爲振與民族文化起見，亦列爲課程內容，偏重愛國歌曲、民俗音樂之學習；有時鼓勵學校成立軍樂隊，演奏進行曲等。爲了公民的養成，有關政府之組織和法律方面的知識，也是民族主義課程中所不可缺少者。

另外，爲了培養青少年們勤奮工作的效率，課程中安排了手工訓練及勞動服務。這些都是以配合國家所需要的未來公民之養成爲目的。

5. 強調民族意識的教學　在民族主義教育實施上，民族文化的過份強調，往往使教學的活動，帶上了自我民族爲中心的色彩，例如：法國人在教育上，非常讚賞法國人的文化；以爲法文，法語是最優美的語文；回教國家會強調回教的優越性，他們宗教的創始者才是眞主。日爾曼人在納粹統治時期，認定日爾曼人是上帝唯一的選民。諸如這類的自我民族的優越感，多與民族意識的覺醒及不當的引導有關。民族主義教育實施上，處在爭取國家獨立的地位上，往往會以民族自尊心的培養爲重點。如此：民族意識是被喚起了，但是也會逐漸形成了民族自我中心的思想。當然，這都是以自我民族爲歷史描述的重心，以自我民族爲中心的世界觀及以自我民族爲文化中心的結果。

6. 教師為民族文化的捍衛者　早期民族主義教育實施上，對於教師的培養，重視由國家統籌負責培養。因爲，士兵是荷鎗保護國家領土的戰鬥人員，而教師則是民族文化的維護者。教師不應該被視爲一普通的職業；教師的工作，主要是民族文化的播種者、耕耘者。因此，一般民族國家，在公立學校中，是不容教會神職人員充任的。鑑於教師的工作特殊，因此師資的養成，就需經由特定的國家教育機構來擔任。這也就是閉瑣的師範教育制度形成的原因所在。

總之，民族主義與教育的關係，是可以從前人歷史的痕跡中，看出其相互影響的變動情形來。在民族主義受到重視的國家裏，教育就是一個很好的利器，作爲民族國家生存與發展的一項寶貝。不過，値得特別注意的是如何在一適度的範圍內，運用教育，而不至於使民族主義淪爲狂妄的自我民族中心的思想，因而妨礙了前瞻性的民胞物與思想的發展。

〔註　釋〕

註一　伊士頓著　李邁先譯　西洋近世史　幼獅書店　五十八年　第二冊　頁二

註二　吳舜文　西洋近世史　三民書局，民六十一年出版　頁五

註三　余協中　西洋全史　啓明書局　四十七年版　頁八七三至八七七

註四　同註三

註五　同註三

註六　張致遠　西洋通史　中華文化出版事業委員會出版　四十四年　頁九八五

註七　同上頁九八七

註八　同註一㈠頁一〇

註九　Carter V. Good: Dictionary of Education, McGraw-Hill Book Company New York 1959 P. 360.

註一〇　P. Balcock Gove (ed): Webster's Third International Dictionary, 1966, p. 1505.

註一一　Julius Gould & W. L. Kolb(eds.): A Dictionary of the Social Sciences, 1974. p. 455.

註一二　洪泉湖　國父民族自決論之研究　中央文物供應社印行　六十八年　頁廿八

註一三　國父孫中山先生著三民主義　民族主義一講　中央文物供應社

註一四　同註一二，頁廿九

註一五　同註一四　頁卅

註一六　同註一四

註一七　Elmer Harrison Wilds: The Foundations of Modern Education Rinehart & Company, Inc. Publishers, New York 1950, p. 410.

註一八　同註一七 p413.

註一九　同註一七 p414.

註二〇　同註一七 p415.

註二一　同註一七 p416.

註二二　Frederick M. Binder: Education in the History of Western Civilization The Mac millan Company 1970 p. 289

註二三　同註一七 pp 419-420.

註二四　Gladye A. Wiggin: Education and Nationalism McGraw-Hill Book Company, Inc.1962 p. 485

註二五　同註一七 p430.

註二六　S. E. Frost: Historical and Philosophicol Foundations of Western Education 1968. p. 472,

註二七 同註二六 p.473.

註二八 王文科等編著 各國教育制度 文景出版社 六十二年 頁六十二

註二九 Edmund J. King: Other Schools and Ours, Billing and Sons Ltd, Guildford, Surrey 1975. p. 131.

註三〇 同註二八 頁一〇〇

註三一 雷國鼎 比較教育制度 臺灣書店 五十六年 頁三十九

註三二 同註二六 p.473.

註三三 同註二九 p.264.

註三四 同註三二 p.290.

註三五 徐宗林譯 西洋教育史 國立編譯館主編黎明文化事業公司出版 七十一年出版 上册頁四五五見：「據估計在西元一六四〇年代，新英格蘭地區有一百三十位受過大學教育者；幾乎百分之九十是教會的教士。這就是說大約在一百到二百人口數中，就有一位大學畢業生；或許每四十或五十家，就有一位大學生。倘若將進入過文法學校及英式學校者，合併計算在內則移居新英格蘭地區的英國人，其在教育上的素質，給新英格蘭人一個發展良好的基礎，遠較其他殖民地區爲佳。」

註三六 同註三二 p. 294.

註三七 同註三二 p. 293

註三八 Frederick Copleston: A History of Philosophy, Barns and Oates Limited London 1963, Volume VII p. 61.

註三九 同註三八 p. 65.

註四〇 William Boyd: The History of Western Education Adam & Charles Black, London 1968 p. 335.

註四一 歐陽教 菲希特教育思想簡述 師大教育研究所集刊 第六輯 頁二〇六

註四二 同註四一 頁二〇八至二〇九

第五章　兒童中心教育思想

第一節　名辭釋義

西方自然主義教育思想家盧騷，通常被認爲是兒童中心教育思想的濫觴，不過將兒童視爲如同成人一般，享有獨立自尊的地位，則有人將之歸諸於耶穌（Jesus）的兒童觀和教誨（註一）。不管如何，廿世紀兒童的社會地位，的確有了甚大的改變。在已開發和開發中的國家裏，兒童獨立的人格，受到了成人的尊重；兒童的福祉，受到了成人的保護；兒童全人格的發展，受到了教育家的注重。現在的兒童，多半有了他她們自己的玩具、衣着款式、娛樂活動，讀物等。逐漸地兒童受到了成人們的注意，從而加强了成人對兒童的了解與認識，提高了兒童在社會、法律、文化各方面活動時成人的關注，也從而擺脫開了成人的縮影或小大人的譏諷。人們實在不能不對自然主義教育家盧騷以來的如：裴斯泰洛齊、赫爾巴特（Herbart 1776–1841）、福祿培爾（Froebel 1782–1852）、派克爾（Francis W. Parker 1831–1902）、赫爾（G. Stanley Hall 1846–1924）、杜威（John Dewey 1859–1952）、蒙台梭利（Montessori 1870–1952）等人，給予最高的敬意。如果不是這些傾向於兒童中心的教育思想家之鼓吹與推廣此一教育運動，那應恐怕教育上對兒童的重視，是不會像今日這樣地能對兒童如此的禮遇了。

兒童中心教育（Child-Centered education）是和課程中心教育（Curriculum-centered education）相對立的一種教育型式（註二）。前者是以兒童的需要、能力、興趣及其發展，作爲實施教育的依據，以不同於以課程、科目、教學材料及成人社會的各項實施，作爲兒童各項教育活動的準則。兒童中心教育，亦可視之爲以學習者爲導向的教育；而課程中心的教育，則可以說是以學習知識爲導向的教育。

是故兩者之間的差異性是極其明顯的。兒童中心教育，雖然發軔於十八世紀的自然主義思想，但是兒童中心教育思想的發展，則得力於十九世紀後期及廿世紀初期心理學研究的發展和兒童研究的協助。在心理學家和兒童研究專家的努力下，成人對於兒童的成長過程，有了較爲明確的認識。這也使兒童中心的教育家，有了更多足以信賴的資料和更多的發現以印證早先傾向於兒童中心教育家的信念。

兒童中心教育，亦可視之爲「新教育」（the New Education），以不同於以課程爲中心，以教材爲中心以及以客觀知識爲中心的「傳統教育」（the Traditional Education）。美國教育家尼玲（Scott Nearing）於一九一五年曾經對風行於美國各地而積極推行的「進步教育」（Progressive education），作了一次各地巡查，並作成了一份報告，其書名卽爲「新教育」，副標題爲：「今日進步教育運動之省視」（A Review of Progressive Educational Movements of the Day）（註三）。進步教育卽可謂兒童中心教育也。

其次，一般人都以為杜威（John Dewey 1859–1952）是美國進步教育之父，不過，這一論點是頗為有所爭議的，因為：

「杜威曾經被宣稱是進步教育之父。杜威曾因此而受到非難。可是杜威也因負有進步教育之父的盛名而對推行中之進步教育運動一事獲得到了一些諒解。」（註四）

的確杜威與美國進步教育運動之間的關係，乃是一個值得探討的問題。不過值得吾人注意的一個論點是進步主義的教育，不論其功過如何，都不應該一古腦兒將其功過委諸於杜威。這才是一個持平的論調。無可置疑的，杜威的教育理論，曾成為美國進步教育運動的一位代言人，而他也為美國進步教育提供了一個較為健全的教育理論基礎。杜威在其一九一六年出版的教育哲學——「民本主義與教育」（Democracy and Education）的第六章，用了教育的保守性與進步性的標題。他提出了二種不同的教育涵義。然而，在二十二年之後，美國進步教育運動登上了高峯的時候，杜威在其為進步教育理論作一辯白與指正時，所出版的「經驗與教育」（Experience and Education）的第一章，對傳統教育與進步教育，就作了極為明確而較具體的對比。因為第一章的標題即為傳統教育對進步教育（Traditional Vs Progressive Education）。

杜威將傳統教育解釋為舊教育，而進步教育解釋為新教育或兒童中心教育。簡略地加以鑑別時，前者的教育中心涵義是「由外而內的形成」（formation from without），而後者的重點可以說是「由內而外的發展」（development from within）。杜威在該書中，亦曾經使用「新教育」（new education）以指明進步教育的各項活動。

「所謂新教育與進步教育之興起，乃是對傳統教育不滿的一項結果。事實上，新教育即係對傳統教育的一種批評。」（註五）

總之，在杜威的用辭上，他用了傳統教育、進步教育和新教育三個名詞。顯然進步教育是與傳統教育相對待的一個名詞，而進步教育也就是一般人所說的新教育了。

依據「布朗德教育百科全書」(Blond's Encyclopaedia of Education) 的解釋，「進步教育」在英國人的用法上，其意義爲：

「進步教育指一八九三年以來，少數私立學校教育上的實施；主爲少數學校中所推行的教育改革。Abbotsholme 爲早期革新的學校；其後有 Bedales 學校。該校爲一許可女生就讀之學校。一八九八年亞菲德國王學校 (the King Alfred School) 設立；該校爲一男女合校學校。其後所設立的進步學校有夏山學校 (Summer hill)，達丁頓 (Dartington)、威爾弟 (Monkton Wylde)。進步學校的共通特色即在課程上不太强調古典語文科目的價值，而將課程內客多樣化且與日常生活相結合。進步學校的教育理論與心理學上的發現，深深地結合着。進步學校教育工作者，深信學生的學習是具有情緒性的因素。他們反對競爭性的刺激；反對以處罰的恐懼，當作是良好的激動學習的方法。其次，他們重視遊戲的價值；看重學生們創造性的活動；鼓勵學生參與學校的事務，以提供其選擇與計畫的機會。」（註六）

「在過去廿年中，進步學校的一些實施，已被公私立學校加以採用。不過，一般而論，進步教育依然是屬於接受進步學校者及承諾於完美生活及堅信其基本原則之追求者。」（註七）

由以上所引的資料看來，在英國進步教育乃是指逐漸脫離開傳統的以古典語文和人文學科爲重心的教育。在這裏，不妨認定英國傳統教育是傾向於課程中心的教育型態，而進步教育則可視之爲新教育，較爲傾向於兒童中心教育的型態。

爲此，綜觀先前的論述，下列幾項結論似是可以成立的：

1.兒童中心教育用辭上較爲廣泛，可以溯源於歐洲兒童中心教育思想家諸如盧騷、裴斯泰洛齊、赫爾巴特、福祿培爾、以至派克爾、赫爾、杜威、蒙台梭利等。在涵蓋面上來說是較爲廣泛些。

2.兒童中心教育係以學習者爲導向的教育，與傳統上以課程、知識、科目爲導向的教育是有所不同的。前者亦可名之爲「新教育」，後者則可名之爲「傳統教育」。

3.進步教育一辭主以一九一〇至一九五〇年間美國教育實施上所推動的一項變動爲主。在涵蓋的範圍上，較爲狹隘些。因其有一定的時、空因素之故也。雖然進步教育運動亦影響至歐洲、亞洲的一些國家，但是基本上，進步教育還是美國教育史上的一項重大變動，不宜過份擴大其涵蓋的領域。

4.美國近代教育上的改革，實不始於杜威的實驗學校（一八九六年），因爲在杜威之前的派克爾就曾留學歐陸，親自經驗過一些新教育前驅的教誨，所以派克爾返國之後即在新英格蘭地區推展的教育改革，此實即新教育之醞釀也。派克爾可說是美國進步教育之先鋒；其在草創階段的經營，並不比杜威來得遜色。杜威的眞正貢獻，無疑的是在哥倫比亞大學師範學院的講學、著述以爲進步教育作一理論的建樹。這就難怪人們會將進步教育之功，歸諸於杜威，而將其過，歸之於眞正推行進步教育的學校負責人。當然，這也是杜威在進步教育運動上的地位，難以確定的原因。因爲，那些責備他，批評他的人，會將進步教育的失當，歸諸於這位進步教育理論的建構者。

5.在應用兒童中心教育一詞上，另一便捷的地方，就是可以以課程中心教育、社會中心、科學中心教育，分別敍述近代西方的三種教育思想。雖然科學中心教育可以歸納在新唯實主義教育思想中，而社會中心教育又可歸併在社會主義教育思想下，不過爲了方便起見，分別以兒童、社會、科學爲中心的教育思想，實質上較爲方便且較爲允當。這也是著者對以兒童中心教育爲章名的原由所在。不過，爲了對兒童中心教育及其相關問題有一概括性的了解起見，進步教育及因進步教育而引發的精粹主義（Essentialism）教育思想及永恒主義（Perennialism）教育思想，在本章中將一併提出介紹，以期有一關連性的描述。

第二節　歷史背景

兒童中心教育的源頭，可以追溯到自然主義教育思想家盧騷的思想上。由於十八世紀西歐社會文化的發展上，屬於上層社會人士的文化，漸趨於形式化，不論是宗教、文學、藝術，其所表現的多落於一種人爲的虛僞表象上，而與實質的眞實意義逐漸有了距離。人們格於外在行爲的規範，往往所講究的是虛有其表的逢承外在形式上的一些所求，而未能從行爲的眞實意義上，論究行爲之所當爲。因此，在形式主義的作祟下，人們所顯示的行爲舉止，多半顯得矯揉、虛僞、浮誇、表象化、缺乏實際、無效用，而未能有助於實際問題的解決。

就以盧騷的見解而言，他已覺察到後天社會的罪惡，因而認爲自然是善的，凡經由人的雙手就變得罪惡了；他體會到當時社會生活的不平等，表現在政治、社會、經濟等方面，因而他主張自然狀態中，人人皆是平等的主張；他從當時專制政治形態下，領受到社會人的不自由，因而他覺得人們需要回歸於自然，重享失去的自由；他目睹城市裏貴族人家教養其子弟的過份抹殺了兒童的本性，因而他强調兒童教育要順從其自然的發展。在盧騷的心目中，他要城市裏的孩子，能像鄉村裏的孩子一樣地接近自然，一樣地經驗生活的節奏。如此，兒童的教育才能得到適當的發展，獲致良好的成長。因而，新的兒童觀就從此開始孕育而發展了。

就兒童中心教育的發展來觀察，下列一些因素是有着關連的：

一、兒童觀的改變

近代西方教育思想上，之所以會有兒童中心教育思想，其中的一項原因，不能不歸諸於成人們對兒童看法的改變。以十七世紀英國哲學家洛克（John Locke 1632-1704）的兒童觀來論，就顯示了不少的改變。這些思想對盧騷的兒童觀是有影響的。洛克認爲：

「兒童在先天的本性中，有追尋自由的傾向，所以兒童喜好的是活動，自動；厭惡的是强迫、控制。兒童在自己的行爲中，能夠知道追求快樂，避免苦痛，和成年人並無區別，因而兒童本性中已有理性的成分，是不能否認的事。」（註八）

不過，在盧騷的心目當中，兒童所具有的理性，却是緩慢地才形成的：

『對孩子要講理性』是洛克的座右銘。也是今天最流行的看法，但我並不認爲會成功而有效。」（註九）

盧騷淸楚地認識到，兒童是整個人在自然發展過程中的一個階段；其身體的成長和心智的成長一樣，都是有着自然的順序，而不能夠躐等的。他相信在兒童成爲大人之前，就應該是兒童。他切實地了解到，兒童和成人之間的差異，因爲成長的順序不同，因此就不應該再將兒童視爲小大人了。在盧騷看來，兒童是來自嬰兒、幼兒而經由青少年以發展至成人。其在心智的成長上，是由感覺、情慾、理性以至於意志。兒童生而具有可發展的自然傾向，等待教育去協助他或她作最好的發展。將兒童視爲一成長中的，發展中的個體，顯然是盧騷對兒童觀的一大貢獻。

再以德國教育家福祿培爾來說，他認爲每一個兒童都具有活動的本能、認識的本能、藝術的本能及宗教的本能。兒童在其發展的歷程上，就是從自然兒童出發，經過人類兒童而成爲神的兒童。依據統一的規律，這三種情況不同的兒童本性，乃是一個統一的整體的三個方面（註一〇）。

由於人的自然觀，從而重新認識到了人的自然成長的過程。這一思想上得以擺脫開中古思想的窠臼，也影響到了教育思家對兒童的不同看法。基本上，兒童不再是成人的縮影了；兒童不應再被視之爲小大人了；兒童在成長的過程中，應該有所不同於成人；故其語言、行爲、服飾、活動，必須以兒童自我的本性爲出發點，不能整齊劃一歸諸在成人標準的要求下。兒童從成人社會中獨立出來了；人們重視到了兒童的價值，因爲兒童是未來的成人；難怪愛倫凱（Ellen Key 1849-1962）認定廿世紀是兒童的世紀。因爲未來社會的良窳，完全要寄託在成人如何對待兒童身上了。

二、世界觀的改變

早先在西方人的世界觀中，將人與萬物視成爲這個世界的二項基本類別。這可以說是二度的世界觀。但是由於教育思想家，重視到兒童的存在，同時在事物的分類上，又不再可能將兒童歸類在成人當中，因爲這樣顯示不出兒童在人類當中的特殊地位。因此由教育家來評斷時，兒童可以單獨成爲一類，實存於宇宙之中。將兒童視之爲小大人，自是不當的觀點了。當然，兒童也不可以將之置諸於萬物一類中，因爲，那樣就抹殺了兒童可爲人的潛在本質了。

這就是三度世界觀的來由了。單就教育者的觀點言，這種看法肯定了兒童才是眞正接受教育的對象。兒童是獨立的存在類型。在組成宇宙世界上、人、兒童、萬物可以說是鼎足而三了。這種見解，無非讓成人從教育活動上，掌握住教育的眞正客體。這一客體不是依附於成人之上。他可以自由、自主、獨立地去活動。從這一層認識上，兒童實可不必處處模仿大人，一味地以成人的標準，來强求於兒童學習了。

三、兒童的價值受到重視

隨着歐洲十七世紀啓蒙運動的發展，歐洲人對於未來的社會，產生了憧憬；與起了盼望。他們深信在人類運用理性之下，社會是會趨向於進步；無知是會被消除。藉着教育的助力，社會的不良現象是會革除的。社會的革新與進步，已經不能再求之於當時的成年人了，必須經由未來成人的兒童之教育來改造下一代，以便組成新社會。一些後期的教育家，從兒童天性未泯，尚未感染到社會的罪惡之前，故將兒童美化了，視兒童爲成人仿效、摹仿與學習的對象。他們覺得兒童是人類未來希望所寄託者；兒童堪稱爲成人的導師。因爲兒童的天眞、無邪、純樸、正是成人日漸喪失中的性質。兒童幾可說是成人所嚮往的一個對象。從兒童所擁有的自然本性來看，成人由於社會文化的影響，掩遮了本性的一部分。在相互對應與比照下，才更能顯現出兒童的善良本然的眞貌來。就像廿世紀的一位德國教育家伏加斯特（Heinrich Wolgast 1860-1960）所說的：

「具有最高價值的，不是科學、不是專門技能，更不是學校中所用的教材，乃是人的心靈，尤其是兒童的心靈。」（註一二）

將兒童的重要性提出了，並且呼籲成人去學習兒童、好好教養兒童，因爲社會未來的希望，不在今日的成人身上，而在明日成爲社會中成人的兒童身上。

四、人的發展觀

科學研究及自然主義興起之後，人爲自然中的一部分，已經重新獲得了認定。人的生物特質，因而就是不可忽視的一項條件。兒童是個人發展中的一個必需階段，也是個人自然成長中的一個段落。在人的生長過程中，就像任何其他生物所具有的內在生長潛力一樣，均係依照着生長的程序，逐一循序發展。個體在生長的過程中，前一生長的階段，就成爲後一生長的基礎。在生物生長的過程中是不能有跳躍的、越級式的生長現象。這些觀點，在十七世紀的感覺唯實論者康米紐斯（Comenius 1592

-1670）及自然主義思想家盧騷（Rousseau 1712-1778）及義大利兒童教育家蒙台梭利（Montessori 1870-1952）的思想中，都可以看出來。

康門紐斯將人的生長初期，比喻成爲一個可發展的核仁。核仁具有成長至完整植物的潛能。生物的特性之一就是生長。因此核仁生長成爲完整的植物是自然的本任，就像兒童要生長成爲成人一樣勿庸置疑。盧騷則將人的成長，分爲初生至五歲的嬰兒期及幼兒期；五歲至十二歲的兒童期；十二歲至十五歲的青少年期；十五歲至廿歲的青年期以及廿歲以後的成年期。蒙台梭利則在討論兒童教育時，將兒童的發展區分爲三個主要階段：即初生至六歲；六歲至十二歲以及十二歲至十八歲。這些教育思想家，都指出了人的成長性及其成長的幾個主要階段。人是有發展的特性，這在生理學，心理學的研究上獲得了肯定。

五、社會的改造繫乎兒童

兒童既然是明日社會的構成分子，因而對未來社會的改造，就不能不專注到今日社會的兒童身上。具有人道思想的教育家相信，提高人民的智識，消除人們的無知，乃是處理社會上、罪惡、墮落、腐敗的一項有效方式。惟有社會構成分子具備了智識的時候，上述社會的不良現象，才會減少，消失。然而，增進社會分子的智識，多在强調幼年才是最好的學習階段，教育家、人道論者、社會改良論者又將其注意力集中於未來社會中堅的兒童身上。因此兒童成爲改造社會的主要憑藉。兒童教育的良窳，直接地影響到來目的社會發展。

裴斯泰洛齊的教育目的，就在於透過教育以增進個人的條件，並藉由社會優秀的個體而促進社會的進步。是故期使兒童接受良好而適當的教育，即在乎改善人羣（batterment of Mankind）。在尙未注意到成人教育之前，人們所專注的教育對象就是兒童了；而兒童教育的成敗，又繫乎未來社會的良窳了。

六、教育的心理化

教育之走上心理化的途徑，自然主義教育思想之先期感覺唯實主義者，不能不說是開路的先鋒。由於感覺唯實主義者强調感覺作用與認知之間的密切關連，因而教育的實施，就走向了心理學的理論基礎了。

近代康門紐斯從教育須配合兒童的身心發展；課程組織應重視其順序性、完整性；教學應循序漸進，重視理解以及採取班級教學，這些都可以見到他對教育方法已多有所注意了（註一一）。其後洛克及裴斯泰洛齊，均從反官能心理理論出發，傾向於觀念來自於感官經驗的說法。尤其現在教育上主張重視學生的動機、心理預備狀態、個別差異、强調兒童的隸屬感、安全感，這些現代教育心理學上所重視的論點，裴斯泰洛齊時都有其思想的萌芽。爾後赫爾巴特之致力於使教育具有心理學的基礎；福祿培爾之注重兒童發展之研究；英國生物學家達爾文（Darwin 1809–1882）及其表弟高爾登（Francis Galton 1822–1911）之重視個體行爲之研究，特別是高氏以測量的方法，對人的身心特質，加以評量。至一八七九年德國心理學家溫德（Wilhelm Wundt 1832–1920）設立心理實驗室，開啓了心理學的科學研究，對美國兒童心理學家赫爾（G. Stanley Hall 1844–1924）影響甚大。赫氏採實證的問卷法，研究兒童心理的內容，主張人類行爲需作發展的研究。另外一位美國心理學家卡泰爾（James M. Cattell 1860–1944）則創立心理測驗與測量的理論，對後來教學成效之評量影響甚大。除此之外，在比奈（Alfred Binet 1857–1911）的智力測驗及桑戴克（E. L. Thorndike 1874–1949）對學習心理的研究發展下，使教育工作者對兒童智慧及學習條件的了解，均有所助益。這些近代學者對於教育之心理化，提供了不少的協助（註一三）。

教育心理化的結果，使教師對於學習者個體，有了較爲深一層的認識，而且對於教育的實施，有了較爲明確的可以遵循的方式，但是更爲重要的是對兒童的研究，有了科學的基礎。教育的初期就是以兒童爲主要的活動對象。這些認識，逐漸爲教育工作者所體認到。

至人類歷史進入廿世紀初時，西方的民主思想，部分已經成爲政治制度的一部分，但仍待社會努力制度化。在民主政治的運作下，個人受到了尊重。在人人平等的要求下，人與人在同一社會制度下，獲得了公平發展的機會。廿世紀進入工業社會型態下的一些地區，由於社會思想的醞釀，逐使平等的思想與財富的追求爲之結合，並從人道的觀點，極謀於社會不平等現象之剷除。再從各科科學的研究大量的興起來看，兒童因是初等教育、義務教育的主要對象，是故，對於兒童身心各方面之發展，均有了專家、學者熱衷於兒童的研究；兒童心理、兒童發展、兒童福利、兒童文學、兒童教育等等，均有着長足的進步與發展。兒童爲中心的教育，逐漸成爲教育思想上的一股主流，尤其是在美國社會中，處在主張教育爲一重要的個人生長歷程、主張教育日新求變、突破權威、傳統的教育窠臼、重視個人價值的追求，顧及民主政治理想的生活下，兒童中心教育——亦即進步教育，也就蓬勃的發展起來。在美國當代教育史上，不啻爲一初等教育思想中的骨幹，迅速地主宰了美國初等教育達四十年之久。此一時期眞是新教育的萌芽、發展、茁壯的一個階段。當爲晚近留心教育思想者所不能忽視者。

第三節　進步教育

進步教育（Progressive education）可以說是美國及歐州地區在廿世紀初期至五十年代盛行的兒童本位教育運動。在美國教育的變革上，此一教育運動頗具影響力，現就一般的解釋說明其意義如下：

一、教育辭典的解釋

「進步教育」的意義「即指教育上的一種運動，反對形式主義（formalism）是也。其起源係從十九世紀末期；此後五十年中，歐美教育上所發生的一大變革，而以一九一九年美國境內組成進步教育協會（the Progressive Education Association）爲最高潮。該項教育運動與美國教育家杜威之哲學連結，强調民主信念之承諾；着重創造及目的性以及學生實際生活活動之重視，同時强調學校與社會密切關係之價值。」（註一四）

古德對進步教育的解釋，明確地認爲這是一種教育的運動。以歐美二地區爲主；同時認爲進步教育運動，在一九一九年有了正式組織團體之後，達於高潮。另外古德認爲進步教育是與民主信念、社會思想之受到教育學者關注而有關連。同時指出進步教育思想與杜威之哲學見解相互關連。

㈢銳弗林（Harry N. Rivlin）所編的「現代教育百科全書」（Encyclopedia of Modern Education）中，對於進步教育有以下的說明：

「進步教育運動，可以從歷史上說是始於盧騷之『愛彌爾』的出版。裴斯泰洛齊受盧騷及當時人道主義思想的影響，發揚了此一教育理想。裴氏對美國教育的影響係經由多種方式爲之，諸如：算術及地理之教學；年級學校（graded schools）制——由普魯士而傳入；特別是賀銳士・曼（Horace Mann）的著作；希爾頓（Sheldon's）的實物教學及赫爾巴特、福祿培爾之影響；後兩人均曾追隨裴氏研習過教育。

進步教育主爲美國之產物。早先之派克爾（Francis W. Parker 1837–1902），杜威・赫爾（Stanley Hall 1846–1924）對進步教育均有所提倡。派克爾首先在麻州坤西（Quincy）採用新式教學法。稍後在支加哥附近之考克郡師範學校（the Cook County Normal School）任教。杜威則在支加哥大學內設置實驗學校（一八九六年至一九〇三年），推展新教育。不過，杜威主由其著作及哥倫比亞大學之講學活動而爲進步教育運動提供了教育哲學的基礎。」（註一五）

銳弗林對進步教育之說明，着重於美國進步教育上之歐洲教育家的思想傳統；强調進步教育主爲美國教育史上的產物。同時指出了早期美國教育家派克爾在十九世紀末期即推行新教育之史實；並提及杜威氏之實驗學校，對進步教育運動之推展，多有助益。不過，杜威對進步教育運動給予理論性之支援，銳弗林亦予以肯定。由此可見銳氏較為偏重美國進步教育運動之溯源的探究。

㈢「進步教育一辭，可指一九一〇年至一九五〇年學校中的一些教育變革。這些改革，使學校教育更切合於實際生活，亦即更能處理一般人們日常生活中的事務。教育上有了較多的活動，較多的職業及技術課程被引進了學校；對於社會的、個人的及青年人職業的適應，給予更多的注意。進步教育强調科學知識及科學研究；尤其是學習科目、教學方法、關於人性問題的思考方式、人生目的、教育目的、多從科學知識上為之立論。因而學校變的世俗化、科學化、實用化及技藝化。理論家們開始接受今日世界實乃長期演化改變的結果；人乃為自然生物的有機體；學術的研究是以問題之獲得解決為主。」（註一六）

馬遜（Robert E. Mason）對於進步教育的認定，除了說明進步教育運動發生的時期外，對進步教育運動捨棄採取較為狹隘的教育觀點，因而往往會顧及了廣義的論點。馬氏認為進步教育運動可以認定是一種人生、教育目的論點之改變；同時也是在進化論影響下的全面變動。教育上的變革，只是整體文化學術思想變動中的一個部分而已。

㈣進步教育：在愛德華·貝利西恩（Edward Blishen）主編的布朗德氏（Blond's）「教育百科全書」中，對於進步教育之解釋如下：

「進步教育指一八九三年以來少數私立學校教育上的實施（指英國），主為少數學校所推行的措施。初期的改變，為男女全校之出現；或容許女生就讀學校之設立。進步學校所推行的教育實施，在課程內容上，不同於傳統學校之一味强調古典語文的價值。進步學校對歷史、現代語文、科學給予甚高之評價。另外，藝術、音樂，手工亦列入課程內容中。進步學校所推展的教育，多爲依據心理學的知識。在心理學的影響下，以客觀的方式，來度量學生的能力與進步。另外，在心理學發展的影響下，進步教育注意到兒童全面的發展。同時認識到情緒乃是兒童成長過程中，不可忽略的一項因素。進步教育學者認識到遊戲的價值，並且注意到創造性活動和個人情緒發展間的關係。爲此藝術教育就受到進步教育學者的青睞。進步教育在實施上重視自由，反對權威之濫用。在學校生活上，進步教育學者認爲學生可從參與學校事務上，經驗到個人選擇與計畫的機會。若進步教育從英國歷史上加以觀察，亦僅限於接受進步思想者才加以接納。」（註一七）

英國境內，亦有所謂進步學校所推展之進步教育活動。根據前面所引資料，可知英國從十九世紀末期起，已經陸續地設立了一些突破傳統課程、教學方法，行政管理等的新式學校。這些學校採取了男女合校、生活化的課程、心理化的教學活動、社會化的學校生活活動，其目的乃在於使學校更爲世俗化，使學校和社會更爲接近，以擺脫開學校孤立於社會生活之外的境況。一直趨向於保守、傳統的英國社會，對於一般性的改革，都比較來得緩慢。教育上的改革，當亦不會例外。一九三四年美國進步教育運動高漲的時候，在英國境內的進步學校，爲數僅有廿一所。由此可見其餘。（註一八）

㈤在一九二〇年至一九五〇年間，美國進步教育運動形成了三股主要暗流。其一，着重於每一位兒童的需求，將學校活動，集中於個別的興趣與需要上。其二，在一九三〇年間，重視在社會秩序中的學校職責、學校的需要，以導至社會的重建。其三，教育學者致力於課程研究，以期使課程能適應於民主社會中學校的需要。

就着重兒童及其需要而言：一九一四年時，美國女教育家南姆堡格（Margaret Naumburg）設立「兒童學校」（the Children's School）；愛爾文（Elisabeth A. Irwin）設置「小紅學校屋」（the Little Red School House）；丕來特（Caroline Pratt）創立「遊戲學校」（the Play School）；派克赫斯特（Helen Parkhurst）的「道爾頓學校」（the Dalton School），均可視爲强調兒童發展及其需要的一些進步教育學者。南姆堡格以其新設置的學校，希望各種背景的兒童，多能進入該校就讀。南氏將學校活動，集中於兒童的興趣，並協助學生發展他的創造能力。這些學校在課程的設計上，極爲注意兒童的興趣及性向的發展。同時學生的興趣與性向，往往成爲決定學生課程的先決條件。一九三二年由安娜・蘇梅開爾（Ann Shumaker）主編的「創造性的表達」（Creative Expression），對兒童在這些方面的努力，有不少的陳述。爲了培養學生的創造性表達，賦予兒童自由，成爲進步學校的一條座右銘。

帶有進步教育色彩的公立學校，在一九二○年代，先後顯得較爲卓著的有：伊利諾州（Illinois）溫尼特克學區（Winnetka）及印地安那州（Indiana）的格銳學區（Gary）。前者學區內的學校，所設計的教學活動，具有個別化的傾向，而學習活動必須配合學生的不同發展階段。後者學區內的教育工作人員，認識到同年齡的學生，學習同樣的教材內容，可有不同的學習速度。在傾向兒童中心的教育實施下，傳統教育中，以書本作爲活動的中心，就漸漸有了轉變。

就强調社會需要而言：在進步教育運動傳播而盛行於美國教育界時，另有一股勢力則將其注意力集中於社會的承諾上，而不全然苟同於以兒童的興趣，性向爲依歸。以一九二四年設立在紐約州的包林（Pawling）馬奴米特學校（Manumit School）來言，該校教育工作人員所强調的是教育的方式，來重建美國經濟，社會及政治的生活方式。尤其是在一九二九年至一九四〇年間的經濟大恐慌，更能使一些教育理論家深信學校在社會的改造過程中，的確可以扮演一個重要的角色。

一九三二年哥倫比亞大學教授康玆（George S. Counts），發表了一篇深具影響力的論文即：「學校敢重建新的社會秩序嗎？」(Dare the School Build a New Social Order?) 康氏在文中鼓勵進步教育工作者，將眼光擴大到整個社會的各個層面，不要使教育過份傾向於中上的社會階層，也不要使教育過份支持教育上的個人主義。其次對於傾向於社會性的活動，如：灌輸（indroctrination）和指示（imposition），亦不必過份緊張。由於經濟情況的惡化，在許多進步教育工作人員當中，康玆獲得了不少的支持。他們對教育肩負有追求更佳的社會秩序，產生了一些憧憬。

自經濟大恐慌之後，至第二次世界大戰；在這一期間，教育家看教育的問題，已不完全從教育論點來討論了；已經轉變至社會的角度來討論教育。這不能說不是進步教育運動中，第二股勢力的貢獻。較爲著名的教育家如：布萊爾德（Theodore Brameld）及狄包爾（John J. Deboer）二人，頗負盛名。

就主張課程改革而言：進步教育運動者，除了着重個別兒童的教育實施及强調教育須與社會的改革相結合外，尚有另一股勢力，積極於教育內容——課程的改進。這些教育理論家主張，傳統教育實施上的課程，已不適合於民主社會中學校的需要了。他們覺得課程必須擴充；其擴充的方式爲：增加新的課程內容，如駕駛訓練、婚姻與家庭；其次是統合舊課程的內容，將新知添加進去，例如，社會研究便是，保留了歷史和公民，但是將經濟學，社會學，人類學的一些基本教材加以列入；另外雖然沿用舊課程內容，不過却是以不同於傳統，具有創新的教學方法，實施教學，例如，在英文課中，着重創造性寫作、戲劇、新聞寫作等是。

主張課程改進的進步教育家明瞭到美國是一個重視民主社會價值的國家。教育上自然不能忽略培養民主社會生活習性的重要性。在民主社會中，須强調共同的認可，多數的同意、團隊合作的精神，都是民主社會中，個人應該具有的特質。一九三四年，進步教育實施的評估工作，就在這一年展開，卽著名的「八年研究」(the Eight-Year Study)。在愛金 (Wilford M, Aikin) 氏的主持下，經過長期的比較與研究，終於肯定了進步學校在培育大學生研習學科方面的成就。課程改進的活動，在進步教育運動部分人士的鼓勵下，已覺察到課程的內容，應該兼顧到人際關係的建立及注意到個人生活適應的功能。教育的具體目標，就在養成一個有能力的公民和社會上具有生產能力的人。這些論見，使進步教育影響到了美國中等教育，除了學術科目課程外，亦將職業性科目列入課程內容中。鼓吹將適應生活的職業課程，納入中學者，可推不魯塞爾（Charles Prosser）。不氏在一九三九年出版了「中等教育與生活」(Secondary Education and Life) 一書，卽在强調教育的改革，首須使中學課程具有生活應用的功能始可。另外不氏的一些見解，亦有付諸於實施者，如青年生活適應委員會 (the Commission on Life Adjustment for Youth) 在一九四〇年代甚爲活躍，出版報告、倡議中等教育應該協助學生適應生活等是（註一九）。

㈥一般被尊稱爲美國進步主義理論代言人的杜威（John Dewey），在其一九一六年出版的經典之作，「民本主義與教育」（Democacy and Education）一書中的第六章，曾經以保守的對進步的教育（Education as Conservative and Progressive），作了一番比較。基本上，杜威將保守性的教育認爲係由外而內的形成（formation from without），而將進步的教育認爲是由內而外的發展（development from within）（註二〇）。其後，就是在進步教育運動達到了高潮而引起不少的誤解，並於一九三八年出版「經驗與教育」（Experience and Education）期以澄清一些對進步教育理論非難的一些文字時，他還是秉持前述的看法，認爲進步教育將其重點置諸在自然稟賦上，而保守的、傳統的教育學者則認爲教育乃是一種克服自然傾向的歷程，代之爲由外在壓力下，所獲致的習慣（註二一）。

杜威以爲由成人加諸於兒童的教育，違反了個性的表達及個性的陶冶；任何外在的訓練，都有違於自由的活動原則。由教科書、教師處去學習，缺少經由經驗以獲致學習的機會；爲遙遠未來作準備的學習，難免要反對現實生活機會之利用了。處此狀況下，活動的目的與材料，變成爲靜態的；而且忽略了一個變動世界的存在（註二二）。這是從經驗與教育上來論，新教育顯然是可以顧及到二者的關連性；傳統而保守的教育，在教育與經驗間就有了一段距離。另外，杜威以爲「新教育（進步教育）重視學習者的自由」（註二三）。這些都反映了杜威對進步教育的觀點。至於杜威與進步教育運動的關係，顯然是一個難以斷定的複雜問題，不過下列的一些事實，頗値得人們深加思索：

1.派克爾（F. W.Parker 1837-1902）在杜威之前，就已經進行新的教育理論之介紹與新教育方法之實施了。

2.支加哥大學附設之「實驗學校」，爲期只不過七年而已（1896-1903）。杜威離開支加哥大學以後，就以任教哥倫比亞大學師範學院爲職志，從事學術思想之建構與闡述，並未再從事實際教育活動之實驗，亦未再對中小學階段之教育實施負過責。因爲進步教育運動之實際推動，多發生在這兩個教育階段中，而實際的推動，杜威參與不多。

3.一九三八年杜威所出版之「經驗與教育」一書，一方面是回應保守分子對進步教育實施不當所作批評的解釋；一方面也是對誤用其教育哲學的一些進步教育運動者理論上的澄清與導正。

4.美國進步教育運動中，部分急進的教育家，偏離了進步教育活動的軌道，因而「杜威集合了一些保守的伙伴，對進步主義的一些發展，提出斥責；他們認爲有些人是急端者，會使教育產生退化。」（註二四）

5.對於傳統教育而言，杜威在教育理論上可以說是進步論者或新教育論者；對於進步教育思想中急進派學者而言，杜威的理論，又顯得保守了一些；例如：精粹論者（Essentialists）及永恒論者（Perennialists）是屬於教育理論中的傳統派；社會論者則屬於進步論中的急進派。杜威的教育思想，在當時環境中，可以說是屬於持平的論點。

由是可知，杜威是傾向於進步教育運動的。但是由於進步教育運動包含了一些急進的教育改革論者，這批人認爲教育負有社會改革的任務，並不完全爲杜威所認可。因此，對這批急進的進步教育家的理論，並不能完全由杜威來負責。這是可以理解的。

二、進步教育的理論基礎

無可否認的，在推動美國進步教育運動的背後，是存在着一股不同於昔日的哲學見解。廿世紀的美國學術思想，由於十九世紀達文爾的進化論的影響，使產生於十九世紀後期的社會學說，亦深受進化論的感染。社會是進化的；由簡單的社會組織，進化到複雜的社會組織。這種見解可以從英國綜合哲學家斯賓塞（Herbert Spencer 1820-1903）的思想中，獲得明證。

社會是求進步的，而實際上也是在進步之中。這種信念除了西方啓蒙思想運動以來的相信人的理性能力以外，就是自然科學的研究成果，促發了人們重視變易、歷程、功利、科學與實用價值的追求，因而形成了所謂教育上的進步主義（Progressivism）哲學思想。

「進步主義爲教育哲學之一；主由工藝的、實驗的及現世的觀點所支助的一種教育思想；這也反映了影響吾人今日文化的各項勢力。該派哲學認識到變易及適應變易，須藉由科學的方法。該派思想體系着重於時下的問題而非應用先驗性的原理，以處理目前的問題。」（註二五）

不可否認的，進步教育運動的背後是存在着一種進步主義哲學思想。爲了明瞭進步教育理論的基礎起見，一些重要的進步主義哲學見解，現今分述如下：

1.變易的哲學思想　從西方希臘早期哲學家赫利克里特斯（Heracitus fifth century B. C.）起，一些哲人就認識到變易（Change）是宇宙存在的一種本質。因爲在人類所能知覺到的世界中，變易是存在於人們所知覺的每一件事物當中。自然現象就是一連串的變易。這種變易無時停歇，無時、無地不在繼續着。以生物的存在而言，變易的停頓，就是生命的終止。生物的生命，就展現在不休止的變易上。

2.**歷程取代了實在** 由於受進化論的影響，進化的觀念已廣泛地被應用在各層面的思想領域中。進化是一種永無休止的歷程展現；一個階段趨向於另一個階段；延續不止地進展下去。這是一個開放的、無終極目的的歷程。預先假設的存在目的，會使進化的活動，走向一個固定的終點。故而終極的實在是不存在的；眞正表現實在的是歷程。因此，從進步主義者看來，向前延伸的變易歷程，是無目的的；是開放性的。對於人類的努力來講，未來總是比今天更爲美好。就進步主義者來論，追求變易，求變與求新，就是他們的處世哲學了。

3.**經驗的認識理論** 進步主義者對於知識的產生與形成是主張由於經驗的認知活動，而非經由先驗的認識作用。個人是自然中的一個有機體。他不時地需要與周遭的物質環境，發生交互性的活動，以維持其生命現象的延續。作爲有機體的個人，必須運用他的感覺、知覺及心智的活動，始能應付生存上的活動。感覺和知覺的活動以及心智的活動，使個體產生了經驗。經驗是應付環境的總結果。它不限於認知的一個層面。它包括了個人對交互活動中所產生的各項情感的、情緒的、活動的、認知的各項感受。經驗是具有成長性、預測性以及擴充性的。基本上經驗性的活動，才是產生知識和形成知識的來源。知識不會脫離開產生知識的經驗環境。因此，產生認知性的活動是來自於經驗的活動。

4.**工具的知識觀** 作爲應付其生存環境的有機體——個人，知識的作用，就是用來解決問題的一項工具。知識本身不是預先而存在着的。因爲眞正適用的知識是對於環境中的問題具有解決的價值。

偏重知識的實用價值是懷有進步主義思想者的一項特徵。在獲取知識的過程中，現有的所謂「知識」，只能被視爲追求新知識的一項參考資料；一項求新知識的工具而已。現有的所謂「知識」，倘若不能解決困難或問題時，知識的眞實性，就會受到質疑。知識也是不斷地在推陳出新，任何抱守殘缺，故步自封，劃地自限，都不會對知識的增加有所助益。因此，知識的工具性，就有雙層的意義：其一，作爲求取新知的工具；其二作爲解決問題或困難的工具。

5.**科學的求知方法**　知識是經由系統的求知方法而來。知識不是偶然活動的結果。它是系列經驗與邏輯性活動的結果。首先有機體的個人，在其關連性的認知活動上，形成了一個困難、疑惑、不定的狀況或待解決的問題。經由初步的經驗活動，利用感覺、知覺、智慧的活動，必須就所面對的問題加以確定其性質。藉由問題或疑難性質的界定，而構思出一個合乎情理，能夠解釋問題或疑難的假設來。這個擬定的假設，就是初步解答困難或疑難的藍圖，但是尚不能說就是新的知識，因爲它缺乏驗證性的活動。爲此，接下來的活動，就是從先前所擬定的假設中，引出可經驗性的結果。從假設推演而出的結果，是需要加以求證的。求證因而就變成了科學求知的最後一個步驟。科學的求知方法，是具有普遍性的，並不限於自然科學研究的對象。進步主義者對於知識是需要經由證驗而來的信念是深信而不疑的。

6.**崇尚個人的自由**　宇宙是在變易當中，因此個人的成長可能性是存在着的。人可以利用機會，運用智慧，採取行動，以促成他所欲方向的成長。進步論者相信個人是有其自由的意志與選擇的能力。由於人類具有智慧，故能預見所欲的目的及計畫實現目的的方法。不過值得注意的是進步論者雖然强調個人的自由，但是並未忽視了由於個人所享有的自由而順便帶來的責任。個人行動是由智慧所作的一項選擇、行動的結果，不難脫離行動的主使者。個人的責任因而就與自由相結合了。

7.重視獨立的思考　正常的個人是具有應付環境的智慧能力。智慧顯現在解決與處理問題的能力上。個人由於享有自由，充分顯示個人選擇的能力，故在遭遇問題時，不只需要利用舊有的經驗，而且必須運用其智慧始可。進步論者渴望於個人是一位智慧性活動的執行者，而不是一位權威的呼應者。所謂具有獨立思考的個體，是指個人能夠運用智慧認識到事物間的關係，了解到事物的意義。進步論者所期望於民主社會中的個人是一個獨立的認知判斷者，否則個人的自由，就失去了意義。

8.新兒童觀的出現　從自然主義的盧騷開始，成人對兒童僅視爲成人的附屬品；兒童是小大人；兒童是成人的縮影；這些觀點都逐漸的受到教育家們的懷疑。及至廿世紀新教育的推行者，單就兒童的年齡，他們已經認識到了有五種之多。兒童有着逐年成長的年齡；身體發展的年齡；心智發展的年齡；道德認知的年齡以及在學校受教育的年齡（註二六）。在心理學、發展心理學及兒童心理學的成長下，成人不得不改變早先對兒童的認識；成人逐漸地給予兒童尊重、自由及關注。

9.教育有社會的功能　社會爲了維繫其生存，必須經教育社會未成熟分子具備此一社會所擁有的各項社會生活條件。因而教育成爲社會生活所必需的一項活動。經由教育的活動，個人始能具備社會生活中所應具備的態度、習性、信念、知識、技能等。由於社會生活中的個人，需與社會中的其他個人共同參與生活活動，相互交往生活經驗，如此社會的更新與進展才能發生。教育維繫了社會的成長與生命的延續。社會亦要求教育擔負其應盡的責任。爲此教育是不能離開社會的環境。教育就得利用社會生活經驗來實施各項活動了。

10.**哲學的實用功能**　哲學的效用，並不是像傳統哲學一樣，去建立龐大的哲學體系。哲學的主要作用乃是澄清人們心中對於社會及道德各方面的困惑問題。因此哲學是具有實用的價值。透過哲學的思考活動，它也可以增加人們對於道德的認知能力。其次，哲學也具有批判各學科研究目的的作用；指示價值的方向，不使其淪爲死板的承諾。再者，就哲學與教育的關係言，哲學可作爲教育的一般理論，充作教育活動的依據。

前述的一些論點，爲進步論者所承認。進步論者在科學、工藝、實用及功利主義的發展下，所重視的已不是舊有傳統思想的保存，而是一種求新、求變的改革。因爲他們了解到，宇宙之中是沒有永恒不變的事物。忽略了變易，難免是對宇宙眞實的本質產生無知。這就是推動進步教育運動背後的哲學見解。

另外從一九一九年創立的「美國進步教育協會」(the Progressive Education Association)發表的宗旨上，約略可以看出進步教育運動上所揭櫫的理想爲何：

1. 兒童本能應予自由之發展；
2. 興趣爲一切工作的動機；
3. 教師爲指導者非爲監督者；
4. 以科學方法研究兒童的發展；
5. 留心兒童生理發展上的需求；

6.學校，家庭應適應兒童的生活。

7.進步學校應爲教育之領導者。

由前述的理想看來，不難發現進步教育協會所主張的宗旨，本質上就是兒童中心的教育見解，於此可以再得一項明證。

三、傳統學校和進步學校實施上的比較

傳統和進步教育的比較，可以讓人們淸楚地認識到這兩種教育實施上的差別。下列資料，雖以學校所實施者爲例，但却有助於對這兩種類型教育的比較性的了解（註二七）：

㈠**傳統學校**

1.傳統學校所實施的教育，着重於知識的獲得。習慣上來說，知識所獲得的愈多，愈意謂着有教育的效果。傳統的教育就是着重於認知事實的教育。

2.傳統學校可以說就是一座知識的學校。學校中的活動，即在練習、複習、測試、記憶所學習的那些事實性的知識。

3.舊式學校的教育，顯得有些偏狹，因爲在學校教育活動上，未能兼顧到學生人格的發展。

4.教師在實際教學活動上，要求學生的行爲是安靜、接受、沒有要求主動的活動和個人表達的活動。

5.教室裏的教學活動是主動性的；學生的學習活動是被動性的。學生的學習活動，主要的是依賴

聽覺和視覺，缺少學生自我的活動。

6.傳統教育的實施上，其所顯現的事實是教師成爲問題與答案的回答者。教室活動中，沒有班級性的討論活動；沒有社會化的共同學習活動；也沒有設計性的創造活動。教師是教與學活動的操縱者。

7.在傳統教育上，師生的關係是統治者和臣民的關係；是上對下的權威與順從的關係。故未能迎合民主社會中，相互尊重的需要。

8.獨立性的個人思考和判斷，在傳統學校實施中，不爲教育家所鼓勵。因爲，教學的權威是置諸於教師及教科書。這也就顯示了成人是教育的重心，兒童沒有其應有的地位。

9.學校中的各項事務是和實際的社會相脫節的；學校的學習活動，孤立於現實社會生活之外；因而學校失去了社會化其構成分子的功能。學校中的生活，未能爲學生提供一社會共同生活的感受。

10.傳統教育實施上，往往忽視了學生個別的差異。鑑於舊式教育未能運用心理學知識於個別學生的輔導上，因此傳統學校對於個別學生的各項能力之了解也就有欠準確；另外對於學生的所好與所惡，亦多未能注意及之。

11.舊教育可以說是未來生活的一種預備。教育與生活有了脫節，促成了學生學習動機的不夠強烈。

(二)進步學校

1.新式學校裏的教育活動，重視賦予學生自由。由於學生具備了自由，從而得以體會到責任感及自我陶冶的重要性。

2.進步學校亦可稱之爲「活動學校」(Activity School)、「行動學校」(Doing school)。此乃表示學生在校內的活動，不是被動的接受而是主動的有所行動，有所反應。學生參與了學習的活動，並且投入在活動的歷程中。

3.進步學校裏的課程是以社會生活經驗爲基礎。課程的基礎不是知識而是現實生活的經驗。

4.進步學校肩負了社會化的功能。學校不是孤立於社會環境之外，反而是社會組織中的一個單位。學校就是一個雛型的社會；爲了使學生有參與社會組織的經驗，學校如同社會一般，有自治政府組織之設立、有參與選擧的活動、有感受社會問題的機會。

5.進步學校中重視創造性表達能力之培養，是與傳統學校有所不同的地方。進步教育着眼於自我表達能力的養成，乃是爲了尊重個性的發展，顯示個別差異與强調個人自由的緣故，而不是爲了養成未來的藝術家。

6.實施進步教育的學校，較爲能夠關注到個別的學生。具有新教育思想的教育工作者，視兒童爲一完整的，單獨的個人，因此，在教學上，就能注重到個別化的教學以及自我教育的活動。

7.新教育的實施者，對於兒童的研究至爲關注。故能從兒童身體方面、情緒方面、心智方面，做出系統的研究而有助於使成人對兒童產生較正確的認識。

8.傳統學校裏的活動是偏向以智育爲主的活動。進步學校的活動則注意到一個完整、健全的兒童發展。對於兒童心智能力固然注意到發展，就是兒童的社會能力、體力、情感、情緒方面，亦給予適切的關注。兒童各方面生活的均衡發展，才是進步教育工作者所渴望的發展。

9.每一位兒童的成長速率或學習速率，都不見得完全一致。進步教育實施上，能夠顧及到學習速率不等的兒童所需要的關注。在協助兒童獲得有效的學習效果上，進步教育工作者會對兒童的學習計畫、學習方法、學習材料、作縝密的、週詳的安排。對於學習緩慢的兒童會設法給予協助及改進。

10.進步學校的實施，由於顧及到兒童情感及情緒的正常發展，對於可能激發兒童情感、情緒不良發展的一些因素，如競爭、獎章、獎品等則加以取消，以期保持兒童間的良好人際關係。

11.從進步教育理論觀點言，學校是社會的組織；教師是社會組織中的成員。教師的工作，自是不應孤立於社會生活經驗之外。教師須參與社會的活動，諸如：經濟的、政治的及文化的各項運動。

12.進步學校的活動是會尋求學生家長的合作與協助。為此學校和家庭間的關係就較為密切些。

從前述傳統學校與進步學校實施的活動上來看，不難發現傳統學校在教育實施上，重視的是知識及事實的認知及成人的價值標準，故而未能了然於學生的心理與生理的發展，而且也忽視了學生的自然稟賦、興趣及需要的重要性。進步學校的教育實施，由於受到心理學發展的影響，故能對學習者的身心發展，有較為深切的認識。教學的實施因而能以兒童為重心，作為各項實施的考量尺度。另外，除了重視學習者的能力、興趣、經驗、需求是進步學校的特色外，進步教育在教學方法上，亦多能迎合學習者的需要，激勵學生主動地參與學習的活動。這些犖犖大者，都可以說是這二種教育方式的不同所在，卻也離不開杜威所提出的區分準則：「由外而內的形成」與「由內而外的發展」。

四、進步學校實例

美國進步教育的勃始，並非始於杜威的支加哥大學實驗小學（一八九六年至一九〇三年），因爲美國進步主義教育的先驅者派克爾（Francis W. Parker 1837-1902）在一八八三年出任支加哥附近考克（Cook）郡師範學校的校長時，已有一些進步教育活動在推行着了。

派克爾主張教育的活動，應注意到學生創造性的活動，不要重視事實性的認識和科目內容中知識的記憶。他覺得兒童全人格的平衡發展，才是教育上所應注意的事情。派氏在出任考克師範學校校長之前，在麻州地區的坤西（Quincy）小學就推行過新教育。一八七九年的教育調查，證明了坤西小學兒童在讀、寫、算、史地方面的能力均不差。尤其是派克爾擔任考克師範學校校長期間，曾推動「品質教學」（Quality teaching）、注重活動的教學方式，使教學走向生動活潑；强調學生創造性自我表達方式的陶冶；要求教師必須了解個別的兒童；鼓勵教師帶領學生從事郊外活動；提出兒童健全人格之發展，才是當務之急；另外期求教師以科學方法研究教育，並在該校實際培養藝術科教師。這些活動，早在派克爾的提倡下，就已經開始推行了（註二八）。

麥銳姆（Iunius L. Meriam）曾爲美國密蘇里（Missouri）大學教授。氏在一九〇四年創立新式學校，强調教育爲引申兒童自然的能力；教育不能以外力强加於兒童身上。氏認爲課程須與學生生活相連接，故在學校裏所採用的課程，在型態上是活動課程：分別由郊遊、旅行、觀察、討論、設計性活動組成。手工、講故事、遊戲亦是重要類型學習活動。當時學校教學時間定爲每節九十分鐘，全日爲四節。

詹生（Marietta Johnson）創立費爾浩布（Fairhope）學校，推行「有機教育」（Organic education）。氏受盧騷教育思想影響，重視兒童的生長，故在其學校裏所推行的教育實施，反映了進步教育的傾向。學校教學上注重學生創造性的活動；設有工作教室，讓兒童從泥巴、繪畫、金工、木工、素描、編織活動中去學習，去獲得經驗。

費爾浩布學校實施上的特徵尚有：將固定的課桌椅撤除，換成活動的課桌椅；傳統上形式的學習活動，被認爲有礙健康，予以延後，以增進學生身心健康者爲優先；教師在教學上，以委婉的言辭，要求學生從事某項活動，從而取消外在的要求或命令；學校活動已兼顧到心智和情緒方面的活動；學習的效果，不偏向於效率的講求；班級的編組，以學生的年齡爲準，不以學習的好壞爲準，以避免學生形成優越感及自卑感（註二九）。

辛辛那堤（Cincinnati）市的奧利爾（Oyler）學校：在史高特・尼玲（Scott Nearing）的所著「新教育」（The New Ednсation: A Review of Progressive Educational Movements of The Day 1915）中，尼氏曾經參觀過該所學校，有較詳盡的描述。奧利爾學校因位在俄亥俄州辛辛那堤工業城市之中，在社區問題解決上及社區與學校密切合作上，表現了極爲特出的成績，可以視爲典型的社會與教育相互配合的一個範例。

奧利爾學校中流行的口號是「學校爲社區；社區爲學校。」（The school for the community and the community for the school）。該校校長及教師深信學校應該成爲社區的中心，同時努力地將此一信念具體地轉化成爲實際的活動。他們仔細地、勤奮地研究學校附近社區迫切的需要是什麼？從而尋求各種方法，予以滿足其需要。

當奧利爾學校在校長渥爾士（Mr. Voorhes）接掌之前，該校因地處貧民社區，學校物質環境甚差，教師工作熱忱偏低，學生因受家庭環境之影響，偏差行爲時有發生；學校附近社區秩序欠佳，但是奧利爾學校教師們，在渥爾士校長新的教育思想指引下，「短短不到十年的光景，奧利爾學校就改觀了社區的面貌，從衝突中創造了和諧，從混亂中建立了秩序。」（註三〇）

爲了使社區與學校更爲密切結合起見，渥爾士校長有見於學校附近工廠林立，而工廠往往亟需訓練良好的工人，從事生產工作。首先渥爾士校長計畫在奧利爾學校中成立一手工訓練部，使學校中部分來自貧苦家庭而學業又欠佳的學生，有機會接受手工訓練，以便畢業後，成爲工廠中適合的技工人員。經過校長多方奔波，寫信給大工廠負責人後，終於得到了實業界人士的贊助，建立了手工訓練部。

奧利爾學校中的另一特色，就是使家政知識家庭化及實用化。奧利爾學校中的學生，推動了他或她家庭知識的實用化。從小學二年級起，女生就學習家事而男生則學習手工。由於該校部分家庭係屬勞工家庭，父母多須外出工作，因而學校覺得有需要使這些兒童能夠自理一些簡單家事工作，例如每週女生有烹飪課和縫紉課。在熟習烹飪和縫紉技巧外，尚讓學生注意到購買食品的訣竅，如何使少數的錢，作最好的用處，就是學生需要知道的事。在烹飪實習教室中，學生學習到簡易的食物製作方法，並要了解如何在有限的費用下，準備全家的食物。另外，高年級女生在縫紉課方面，尚需學習如何做內衣？如何做外衣？如何縫邊？縫補？奧利爾學校中的學生，並不期望他或她將來成爲一個藝術家或服裝設計家，學校只是希望學生熟悉一些簡單的方法，使家庭變得更爲舒適而已。

奧利爾學校爲了加强社區婦女增進家政、育嬰、衞生方面的知識並相互交換家事心得，故設立媽媽俱樂部及幼稚園。當初次成立而開第一次會議時，只有十三位孩童，五位媽媽參加。她們對幼稚園及媽媽俱樂部是否能成立，深表懷疑不已。不過，在渥爾士校長的努力下，此一組織終於成立，擔負起提供職業婦女交換家事心得，相互請示教益及提供兒童學習的場所。在奧利爾學校社區內，由於居民經濟條件不佳，極少家中有浴盆設備，但是由於媽媽俱樂部及幼稚園的實際教育活動，兒童們的衣着，却是極其整潔的。每年媽媽俱樂部都有新的會員參加，同時幼稚園的教師們，亦經常訪視學生的家庭，受到了學生家長們的熱情歡迎。

另外值得注意一提的，就是訓導問題。以往奧利爾學校中，爲了管教的問題，教師手中常握着棒棍，但是這樣做，並沒有解決了學生的行爲管理問題。自渥爾士校長接管校務以後，改採較爲寬容但不放縱，仁慈但不溺愛的管理方式；逐漸的學校已沒有學生行爲管理的問題。另外教師儘量作好學校與家長間的橋樑；充分利用時間去作家庭訪問並謀求校內校外學生管教方法上的一致（註三一）。

由前面美國進步學校實例看來，進步學校在實施上是以學生作爲施教的出發點，重視活動的教學方式，並以兒童的生活經驗，作爲知識與教育連結的所在。另外，進步學校强調學校和社區須建立起密切的關係，盡其能力來解決社區問題，提供社區服務。

總之，進步學校在謀求突破傳統的教育窠臼下，積極構想出各種不同於傳統教育的一些實施活動來。這些改變，不難看出是深受，民主、科學、自由、經驗、歷程、生長和個人等基本概念的影響。

一般而言，不論進步教育的貢獻何在？至少隨着進步教育運動的脚步，對絕大多數當時實施以知識爲中心的教育活動，的確提出了不少自我省察的機會。顯然，傳統教育在新教育運動的衝擊下，已作了某種程度的改進。

五、精粹主義（Essentialism）與永恒主義（Perennialism）

美國進步主義教育運動，日漸發達的同時，難免在求新、求變的衝擊下，激起了保守派人士的反省與批評。這些保守派的教育家，一則有見於進步教育實施上的一些偏失，必須加以糾正；再則由於一九三〇年代美國經濟嚴重失調的影響，傾向個人主義的進步教育運動，也就暴露了許多教育實施上的問題；例如：

「依照基本教育審議會（the Council for Basic Education）的意見，整個進步教育運動是走向了偏鋒。因爲它未能認識到，爲兒童在眞理、歷史傳統之間提供一可靠的連繫之前，就急急於發展兒童的思考歷程和解決問題的能力。」（註三二）

因此，對進步教育運動，提出批評的教育學者人數甚衆，大致上可以歸併在二個不同的教育哲學派別中：其一卽精粹主義；其二卽永恒主義。

「精粹主義爲教育理論之一。它主張社會文化中，存有不可缺少的、共同的核心原素（卽某些知識、技能、態度、理想等）。這些是能夠加以認同而應該系統地教導給全體的學生，並以嚴格的

成就標準來要求之，且認成人以此方向來指導教育乃其職責之所在。」（註三三）

精粹主義在其哲學的基礎上，是具有多派哲學的見解，不像進步主義的哲學基礎只是奠立在實用主義及其衍生的實驗主義的哲學基礎上。精粹主義的哲學基礎，可以說與觀念主義（Idealism）、新唯實主義（neo-Realism）、自然主義（Naturalism）、亞里斯多德主義（Aristotelianism）及新經院哲學（neo-Scholasticism）均有所關連（註三四）。精粹主義者較爲重視觀念的價值、强調眞理的普遍性、價值的不變性、深信自然中的規則，看重系統、完整、秩序的重要性，而進步主義者則傾向於視變易爲宇宙中現象的本質，對於一切絕對的，永恒價值之假定，概予以反對（註三五）。

精粹主義的教育理論和進步主義的教育理論，都在爲西方傳統文化中，顯現在教育上的兩極思想，謀求一些統合以消除兩極間的對立性。在教育理論上，由於學術思想的進步，逐漸的在教育理論上，出現了一些對立的論見，例如：個人興趣與個人努力、自由與陶冶、個人欲求與社會需求、教育上立卽目的與長遠目的、學生自動與教師主動、教材心理組織與邏輯組織、活動與教材等。保守而傳統的精粹主義者所强調的是前者而追求變易的進步主義者則重視的是後者。

至於精粹論者（essentialist）一辭的出現，則係由弟米亞希克維區（Michall J. Demiashkevich 1891-1939）氏首先創用（註三六）。弟氏並聯合愛爾登・蕭（F. Alden Shaw）於一九三八年集合十多位學者組合而成「精粹主義者美國教育促進委員會」（Essentialist Committee for the Advancement of American Education）。不久，卽在南部喬治亞州之亞特蘭大城（Atlantic City）擧行全國性傾向於精粹主義教育理論之教育工作人員會議。隨着這次大規模的集會，精粹主義者及精粹主義用辭，也就逐漸地散播開來。

在與進步主義教育運動者相互對抗上，精粹主義者在教育見解上，究竟有那些重要的論點呢？下面將擇其要者，概略地陳述如下：

㈠教育的主要目的乃是社會文化的傳遞

教育是一個社會爲了使其下一代能夠熟悉社會中共同核心文化內容而實施的一種社會活動。社會中有着獨立於個人之外的先前社會分子所遺留下來的精粹文化遺產。社會的文化遺產，必須經由教育的活動，始能維持於不墜。社會遺產是先於個人而存在的；但是社會遺產却不會因個人的消逝而失去。爲了使社會得以延續其生命，個人就必須認同於社會的文化，受社會文化的洗禮以成爲一個社會文化的傳遞者。精粹主義者對教育的功能，採取保守的態度，因爲教育的主要機構——學校其所扮演的角色，不是創新文化、產生新知，而是維護文化，將眞理毫不保留地，一代一代地傳遞下去。

社會文化中的共同核心精粹部分，諸如：眞理、知識、社會共同規範、價值體系等，乃是構成此一社會所不可缺少者。教育即在培養全體學生，具備共同的文化元素。因此，教育的作用是保守性的文化傳遞，而非使個人去作各種社會的適應活動。

㈡在教育歷程中，主宰教育活動的是教師而非學習者

精粹主義教育思想家，認爲在教育過程中，教師是居於主導的地位。由於教師是社會中已成熟的個體，他已經熟悉了早先存在的社會文化，不論是社會的經驗、生活的智能、科學的知識，教師都遠較學生所知的爲確實、爲多。何況教師對教材的組織，亦有其專門的了解，因此在決定教育活動上，教師才是眞正的設計者和指導者。在學習者未能對社會文化有所明瞭之前，他或她的論見，多半是不成熟的。

「精粹主義者已不像進步主義者，將學習的原則建立在學習者的能力、興趣及目標上。精粹主義者相信學習者的興趣及目標，必須由教師的安排誘導之。教師是教材的專家，亦是以邏輯的方法來組織教材者，因爲，只有教師才能了解教育發展的歷程。」（註三七）

從先前的引言中，不難發現精粹主義者所重視的是教材、教材的組織方法、教育的目的、社會文化中的精粹元素，故它並不重視學習者的心理狀況，諸如：興趣、需要、經驗等。精粹主義者的教育理論，多少具有成人中心、社會文化中心的色彩。這是可以理解的事。

㈢作爲社會組織之一的學校，其主要的功能，不是推動社會的變遷，而是維護及傳授社會文化中的精粹以期使社會文化能綿延不墜

學校在實施組織性的教育活動上，非常明顯的，它是一個保守性的社會團體。因爲教育實施的內容，必須是眞切無誤的知識、普遍性的社會生活規範，才能納入到學校的課程中。這些文化的內容，非得經過時日的考驗，始能確認其眞實性和重要性，然後才能成爲教育上的內容，教導給下一代。從知識的發現，到知識的確切成立，都需要時間，這就使得學校的活動——教導眞理、傳授價值、提供技術的活動，自然地落後了一段時間。對於教育歷程中的中、小學而言，甚至部分大學的課程來言，傳授知識的功能，遠大於發現知識的功能。何況處在中、小學教育階段的學生，身心尚在發展階段，究竟有何能力去發現知識？推動社會變遷運動？參與社會的變遷？實大有問題。爲此，學校對社會文化所能作的最大功能，就是將社會遺產中的精粹部分，正確而無誤地傳授給下一代的社會構成分子。

(四)主張基礎教育（Basic Education），嫻熟基本學識

精粹主義教育家的理論，吾人可從精粹（essence）一辭得知其梗概：即彼等認為社會文化遺產中，有精粹元素之存在。當然文化遺產中有精、有蕪。文化在其延續中，精緻的，具有眞正價值者，並不隨時間的消逝而湮滅。眞正的精粹文化元素，反而會因時間的久遠而愈能顯出其眞切的意義來。精粹主義教育學派從早期的貝格萊（William C. Bagley）、賀恩（Herman H. Horne）、莫里遜（Henry Morrison）及貝銳格斯（Thomas Briggs）至現在的康納特（James Bryant Conant）、貝斯特爾（Arthor Bestor）、貝銳克曼（William W. Brickman）、開爾克（Russell Kirk）及史密斯（Mortimer Smith）；在推動精粹主義教育理論上，近期學者已有了不同的活動型式。

緣於一九五〇年代一些教育家為了彌補進步教育運動的缺失而組成了「基礎教育理事會」（the Council for Basic Education）（註三八）。基礎教育所着重的是將課程的內容，偏重於幾項文化元素的學科上，諸如：英語、英文、歷史、數學、科學、外國語文的基本知識。這些以基本知識所構成的課程，應為美國全國青少年共同接受的教育內容。至於為謀求適應社會生活的一些科目，諸如：職業的、休閒的則不應過份的予以重視。美國原子潛艇之父銳克奧爾（Rickover）就曾呼籲學校課程，要回到堅實的基本學識上。教育在政策上，必須强調高級才智人士的及早發現與培養（註三九）。

在精粹主義的教育家看來，基本知識所顯示的是人類智慧活動的結晶。人是理性的動物，求取智

慧是人的本性之一。因此基本知識之獲取、應用與探求，也足以顯示人的理性作用和追求智慧的特性。從精粹主義論者看來，小學階段就是三R（讀、寫、算）能力的基本訓練。從讀與寫來說，學習者可以經由語言文字的符號，熟悉到社會遺產中前人留下的寶貴經驗。算術雖然具有生活上運用的價值，不過有甚於此者即算術也具有陶冶心智的功能，對於個人心智能力的陶冶亦有助焉。及至中學階段，課程中的數學、外國語文和科學、歷史，在教育上亦具有運用符號，探求前人思想、了解自然現象，陶冶心智的作用。這些基本學識，雖然未見得全然是爲了學習者的現實生活需要而安排的，不過，教育的活動，不能只顧及學習者立即的教育目的，更應照顧到學習者爾後的，較遠的教育目的。

㈤學習內容爲導向的教學活動，可以說是精粹主義教育理論的一項主張

由於精粹主義者認爲獲得外在的知識，才是教學中主要的活動，因此教與學的焦點，不是學習者的心理狀態，不是個體身心發展階段中的各種需要，更不是個人的興趣是否切合，而是個體身外的確切知識的獲致。指揮教學活動的準則，因此可以說是知識的發現與獲取。由知識所組成的各種科目，無疑的就是教學活動的中心所在。精粹主義者强調的是要求學習者對知識學習的徹底化、系統化及組織化。他以爲知識或事實的認知才是教學的重心，因爲一個受過教育的人，就是一個知識豐富的人及一個具有智性的人。

他能夠運用智性而指導其行爲。在認識的理論上，精粹主義者是偏向於所謂旁觀者的認識論（the Spectator Theory）。基本上，精粹主義者認爲知識是預先而存在的；認識的作用即在發現預先存在的知識而已。知識的特性是顯現在恒常的不變性和普效性上，因此對於知識的相對性，他們是不同意的。鑑於知識的預先存在，認識者的認知活動，即在發現此等知識，是故個人所獲得的知識其眞實性就不是個人所能置喙的了。知識的眞僞是有其自身與客觀的評斷標準，否則的話，各人所見不同，意見紛擾者就不能算是知識了。

教師在教學活動的過程中，最主要的角色就是介紹學習者認識知識或事實的眞相。教師的教學工作，就如一種傳授的工作，將原先存在的知識，呈現在學習者的面前。是故教師的重要活動，就是解釋、回答、傳授知識給學習者，使其明了所認知到的事物之意義和事實的眞相。在實際教學上，精粹學者也就會偏重演講法、討論法、觀察法、問答法。若就符號性知識的學習而言，精粹主義者會重視符號及其意義的嫻熟；若就事實性的學習而言，精粹派的教師會强調客觀的測量方法，以期診斷學習者的努力夠不夠徹底、學習夠不夠專精。

㈥强調陶冶、訓練是精粹主義教育上的重點實施

在英文裏 discipline 可以翻譯爲陶冶或訓練。這是指教師運用其權威，對學生行爲舉止所作的嚴格要求遵行規則，以獲致較爲整齊畫一的行動。精粹主義者不相信給予個體自由，能夠培養出學生具有規範性的行爲。精粹主義者相信經由教師權威之運用，藉由管教、訓練、庶幾可以得到正當的行爲。因此教師的一項角色，就是對學生給予正當行爲的訓練。

由於精粹學派的教師，對於青少年期是否能夠自行肩負起自己的行爲責任以及是否能夠選擇正確性的行爲表示懷疑，故而成人的正當行爲，就是青少年所應留意而仿效的行爲。教師的行爲可以稱之爲學生行爲的範式。他所表現的態度、言行，當爲青少年作爲範式者。由於兒童青少年被視爲社會的未成熟者，故其行爲的發展，必須經由成年人的指導與管束。教師在教學活動上，就得維持教室的秩序，不許學生的行爲，逾越一定的行爲規範。學生遵守校內的規矩、服從學校的指示、接受教師的規勸，才是學校教育對個人品德培育的有效途徑。

精粹主義者堪稱爲社會中的保守派分子。由於他們强調社會傳統的價值、重視社會文化的遺產、難免在教育實施上就重視觀念及事實性資料的獲致。爲此教育的主要職責，變成了文化遺產的保存與傳遞。這對於一個變動不居的世界來講，教育自然有其難以完全適應的困難。

最後精粹主義不能視爲一流的教育哲學。它只是在與進步主義教育運動相對抗時，糾合了傳統教育思想中的觀念主義、唯實主義、新唯實主義等相關的教育哲學組合而成的。是故精粹主義是一集合性的名辭。如是就較爲能夠掌握住其涵義了。

精粹主義和永恒主義均爲反對進步主義教育思想的教育理論。精粹主義有關之論見，已於前面加以陳述。至於永恒主義的論見，現擬陳述如下：

永恒主義（Perennialism）「爲教育哲學之一；源自柏拉圖、亞里斯多德及士林哲學派之永恒哲學（philosophia perennie）。其主要論點爲主張眞理及原理爲不變的；對各種變易之解釋，均以眞理、實體、知識及價值來解釋之。」（註四〇）

永恒主義可以說是從希臘哲人亞里斯多德及中古後期聖多瑪斯（St. Thomas Aguinas 1225-75）所沿襲而衍生於美國哲學界的一派哲學思想。通常在區分上，將隸屬於羅馬天主教會的一些永恒論者，視爲聖職的新多瑪斯主義者（Eccleriastical Neo-Thomist）；將非教會人士的學者，命名爲世人的新多瑪斯主義者（Lay Neo-Thomist）。前者較爲著名的學者有馬瑞坦（Jacques Maritain）、達渥斯遜（Christopher Dawson）及菲茲派屈爾克（Edward Fitzpatrick）；後者著名的學者有赫欽斯（Robert Maynard Hutchins）、愛德勒（Mortimer Adler）、巴爾（Strigfellow Barr）、布乞南（Scott Buchanan）、頓絨（Mark Van Doren）及赫胥黎（Aldous Huxley）等。這兩派學者間的最大差別，就在於前者嚴守聖多瑪斯對亞里斯多德學說的解釋；而後者對亞里斯多德學說的解釋，則不止以聖多瑪斯的解釋爲準（註四一）。

永恒論者相信人們所處的宇宙，顯示有邏輯的特性。每一存在的事物，都是物質與形式的結合。物質顯示的是一種潛能；可以展現出而成爲存在的一些事物。不過存在着的事物，實際上也有其成爲事物的某些本質，藉由存在而展現其存在性。由於永恒論者相信宇宙萬物具有邏輯性、規則性，是故人們是可以運用理性對外界予以理解的。

依照亞里斯多德的說法，「人是理性的動物」，此即說明理性可以說是人的一項本質。沒有稱得上爲人的，他會沒有理性。其次人的認知能力是與他的理性息息相關。認知外在的事物，了解宇宙中的種種，就得依賴於人的理性能力。故而人的理智能力之陶冶，就是一項重要的工作。人的理性能力，不只可以了解、認識到宇宙中的眞理，而且人的理性能力尙可永久擁有眞理。如此人的理性也就被視爲是區分人與其他動物的一項標準了。另外，理性可以被認爲是人的本性之一。人運用理性，以衡量事物乃爲人性的展露。

至於善惡的論斷，一項好的行爲乃是由於行爲與人的理性相符合之故。人所產生的行爲，本質上是會傾向於理性的而惡之形成乃是人的理性能力誤用所致。

至於永恒主義在教育理論上的主張，玆分下列幾點加以論述：

㈠教育的功能卽在於學習者的心智能力的陶冶與發展

由於永恒論者承襲了亞里斯多德的思想餘緒，深信人是具有理性的能力；充分地利用教育實施，來陶冶學習者的理性能力，自是教育實施上的首要活動。理性是人的認知能力的來源。在人類運用理性能力下，個人的思想活動，推理活動以及其他諸如：記憶、想像等心智方面的能力，始能運用的正確而無誤。

人在本性上就具有求知的傾向。人類從順應其本性的發展而言，人必須探索外在的各項事務以求取一個了解。在探索的本性衝動下，從各種個人面臨的情境中，問題的情況中，他必須運用思想，去思索事物的眞貌，以期獲得一個正確的認識。心智能力的存在，也就假定了一個形而上的心靈實體的存在。教育實施爲了促成學習者心智能力的精進，一定程度的鍛鍊，就有其需要了。這也就是教育理論上有所謂形式訓練說的原由。

㈡永恒論者以爲人所認知的對象是一個具有規律性的宇宙

而認識宇宙的個體，又是一位具有理性能力者。如此從個人認識而來的知識，在其組織和構造上，就自然地具有着邏輯性和知識內部構造的關連性。經由系統化的知識學習活動，學習者會在心智能力方面、知覺能力、記憶能力、推理能力、意志能力、情感能力及想像能力，有所增進。主張形式訓練說（formal discipline）的教育家，在教學的實施上，較爲重視的是教材的訓練功能或價值，而不太重視教材的內容。這是由於永恒論者深信，一位受過良好教育的個體，經過文雅教育的洗禮，學習了古典文化方面的學科，諸如：數學、文學、邏輯、修辭以及一些自然科學方面的古典名著後，對於心智能力的增進，當會有所助益的，例如：數學方面的學科，有助於學習者推理思考能力的增强；文學方面的學科，對於學生的想像能力是有所幫助；而邏輯學科則對學生邏輯思考能力的鍛鍊，甚爲有效。就是自然科學方面的學科諸如：物理、化學等科，對於學生的記憶能力以及運用觀察時的知覺能力的陶冶與發展，亦均有其作用。

就以道德教育的實際活動來言，永恒論者重視的是行爲個人的意志能力的鍛鍊。道德教育的成敗完全繫於個人意志能力是否可以控制或節制個人的行爲。永恒論者依然相信心智能力—意志的能力，才是道德教育實施上的重要項目。在個人面對重要的抉擇關頭時，意志能力所表現的是選擇後的堅持與執着，不接受任何的利誘，能夠信守其所固執的原則。至於是非和善惡的明辨，這不是道德上意志能力所能勝任的，這需要智慧的判斷與選擇。

(三)永恒論者在教育的目的上，有下列主張

1.教育的目的在於人性中所蘊含的德性與智性的引申。由於認定人的本性相同，是故教育實施上，就强調以同類的教材實施於每一教育接受者。故注意到帶有民主色彩的所謂文雅教育、通才教育之提出。

2.教育的目的是人更能成其爲人。人性所表現的主要特性在於智性。知識之啓廸與闡述乃是人本性的流露。爲此開拓智性就是教育的重要項目之一了。

3.文雅個人的養成，亦是永恒論者的教育目的之一。人需要以文化陶冶之；使其遠離獸性，充實人性，了然先人留下的文化資產，尤其是自古以來綿延不絕、恆眞的知識爲然。

4.教育實施上，重視的是觀念及理論性之了解。**教育實施當不是重視桎梏心靈的那些呆滯、瑣碎的資料之儲存或吸收。**

5.心智能力的卓越，廣博見識的培養、通觀達見的形成，才是教育的目的。永恒論者相信教育是使個人在思想上能與先人的思想相貫連；使往昔具有眞知卓見的學術思想能保留不墜。

6.教育目的是非實用性的；是故教育並不是人力的發展、經濟的發展、社會的改造；**教育的目的是人性充分的提昇。**

永恒論的教育理想，秉承西方古希臘時期之文雅教育傳統；及至現代民主政治體制下，文雅教育自應是全民所共享。一般美國學者較爲喜用通才教育（general education）一辭。這顯示了永恒論者的教育理想，偏向於非實用性的教育；對於教育之被用來作爲社會變遷、適應社會、發展經濟等之實用要求，自是不能苟同。

㈣永恒主義者在選擇教材時，所注意到的是如何選擇那些具有陶冶心靈作用的教材以有助於心靈作用的增進

「所學的不應該被動地或機械地加以接受；所學的不應是壓在心靈上，遲鈍心靈的死資料。學生所學的應該是主動地經由了解而轉變成心靈的實際活動，因此而强化了心靈，就像將木柴投入火中，轉變成火燄，使火更加旺盛。」（註四二）

教材的取捨，無疑的是取決於心靈的陶冶。在此要求下，教育的內容，難免就不能兼顧實際生活的需要了，因爲在永恒論者的課程方針上是傳遞導向的課程（the Transmissive-Oriented Curriculum）。在初等教育階段，讀、寫、算基本能力的養成，爲不可或缺的課程內容，因爲這些能力的具備，有助於文化遺產的認識。至於類似進步學校中的社會研究，如赫欽斯（R.M. Hutchins）者則認爲兒童無需加以接觸，何況小學也不是一個社會改革的機構（註四三）。3R基本能力之外，歷史、地理、文學、科學、外國語，可以視爲中等學校的課程一部分。及至大學階段，尚需學習希臘、拉丁語文、並研習邏輯、修辭、文法、數學以及赫欽斯所謂的古典名著（great books）如：古代柏拉圖之「共和國」（Republic）、亞里斯多德的「政治學」，彌爾頓（J. Milton）之「失樂園」，愛因斯坦（Einstein）的「相對論」等。

(五)從神職的新多瑪斯派來言，教育的目的不完全是世俗的性質；教育的目的尚有超自然—萬能神的認識

該派學校中的課程內容，包含了不少具有灌輸性的教材內容，期望藉由這些內容使兒童接近基督教教義，進而認識到神的存在、神的偉大、並奉行神的意旨、作一個眞正的基督教信徒。爲了實現這些目標，教學上常常把教義的內容，編輯成教義問答的形式，透過一定的問題、特定的答案，使學習者能夠形成較爲普遍而一致的答案。這就是教會學校教學活動中常用的教義問答法（Catechetical methods）。

至於世俗的新多瑪斯學派，例如：赫欽斯在教學的實際活動上，喜歡利用小型的討論法。赫欽斯所構想的大學是小規模的大學。由於學生人數僅二百五十人左右，加以教授係居於校區境內，故教授和學生之間的交往就會頻繁些，小組式的討論活動就可以多採用。其次爲個別學生與教授間安排有教學活動。教師會對個別的學生提供一些學習指導。在永恒論者所常用的教學活動上，講演法是慣用的一種方法。不過値得注意的是大型演講活動之後，必伴隨着小型的研討活動，以彌補大型演講活動中教師活動過多之弊。其次在世俗的新多瑪斯派中的赫欽斯，偏愛於百本古典名著之課程。至其教學方法則重視專書研究的方法。每一本名著當可視爲一個教學和研究的單元，逐章了解其意義，吸取重要的概念以有助於精湛思想內容的熟悉。

(六)强調人的精神作用，輕視物質爲先的教育設施

以赫欽斯出任支加哥大學校長時的教育施政而言，他深覺教育在二十世紀中，已漸次地走向了重視物質的方向。當時大學的辦學重點，多以學校的物質方面的建設爲主，擧凡學生的宿舍、學生的活動中心、各項物質設備的增添，逐變成了大學努力的目標。三十年代美國大學教育的活動，失去了培養具有崇高理想，振奮精神價値，注重人的理想、堅忍、正義、博愛、合羣、同情、求眞、求善的諸德性，反而在人們追逐實利，强調物質價値的傾向下，忽略了人的精神品性的培育。

在永恒論的教育實施中，教師可以說是一位精神的領導者。他必須藉由良好的教材內容，使學生體驗前人留下的美德，從而在優良德性範例的薰陶下，增進學生的品德，養成崇高的理想及優美的精神特質。

就永恒論者的觀點，三十年代的教育，以美國而言，教育實施已被誤導於過份重視物質的傾向上，對於看重人的發展的永恒論者，自然深覺當時教育問題的嚴重性。

第四節　兒童中心教育論點

正如先前所提過的，兒童中心的教育思想是植基於自然主義教育哲學思想上。在三度世界觀—成人、兒童與萬物—的激動下，對傳統教育實施傾向以教材內容、課程內容的教育思想所作的一項反擊。主張教育上須以兒童爲一切考量標準的教育家，深信他們的見解，才是救治當時教育弊端的金玉良言。他們不但坐而言，同時起而行，紛紛在歐、美各地，設立不同於舊教育型態的所謂新式學校，試圖經由具體的教育活動，來使教育導向於正途。這些努力，點點滴滴地，從巴士多（J. B. Basedow）、福祿貝爾、裴斯泰洛齊、派克爾以至蒙台梭利等，在二百餘年的鼓吹兒童教育的重要性、兒童須善加對待、兒童有其獨立的人格、兒童是不同於成人、兒童有其自己的身心發展歷程、兒童有其個人的興趣、能力、需求以及教育須以兒童自然發展爲重心等的論點，對近代及當代兒童教育，即學前及初等階段之教育，影響不能說不大。雖然教育上多少有些趨向於折衷的論調，兼顧於社會、教材及兒童，但是與百年前教育上忽視兒童的各項措施來比，眞是不可同日而語矣！現代社會中兒童地位的顯著改善，雖然不完全是由於兒童中心教育思想的影響，然而兒童中心教育的理論與實施，加上政治的民主思潮、自由的思想、開放的社會、科學研究的進步、心理學的日益進展等，都促成了人們對兒童教育的重新評估，這對兒童中心的教育思想的發展與實施，提供了不少的助力。

至於兒童中心教育的重要論點，擬就其犖犖大者，提出下列一些說明：

一、兒童具有可發展的潛能

兒童是發展至成人的一個生長中的個體。兒童的成長，就像其他自然界中生長中的存在物一樣，其本身卽存在着可發展至成人的諸潛在條件。這些存在於兒童個人的自然稟賦，就是成長至成人的潛能。正如一棵植物的幼苗一般，在適當的照護下、培植下，它是會成長至一棵完形的植物。一棵幼苗的內裏，蘊含了成長、結枝、成葉、開花、結實的諸潛能。這些潛能並不是後天培育所賜予的而是自然稟賦中的一部分。

兒童像成長中的幼苗一樣，在成人的協助下，將其蘊含的諸能力，一一加以開展及展現而不以違反自然的方式，來限制其開展—卽可謂教育的主要活動矣。兒童具有對周遭事物的好奇心、有樂於自我表達的傾向、有期望溝通的需求等。這些可資利用的自然傾向，就有賴於教育去善加利用了。教育理論上一項顯著的改善卽，兒童中心教育家所强調的是如何將兒童個人內在所有的予以發展出來；兒童中心教育家並不重視教育實施上，將成人的一切予以教導之，以使兒童形成成人的知識、信念和行爲規範等。因而肯定兒童具有接受教育實施的潛在能力而不是空無所有，恐怕是兒童中心教育見解中，最值得加以留意的了。

二、注重個性的教育實施

近代兒童觀的改變，不能不歸功於自然主義學者的提倡，以使得成人對兒童採取了一動態的、變易的觀點來看兒童。因而這就落實在成長中的個體兒童身上。每一個兒童有着他自己的生長歷程，有着他自己的個人經驗、有着他自己的興趣、能力與需要、有着他自己的感受等。每一個兒童，就是一個獨立的個體；成人不能再把兒童視爲同一模式下的個體：有着同樣的興趣、同樣的經驗，同樣的需要、同樣的感受等。

教育應重視個性上的差異，配合各人性向的不同而實施不同的教育方式，如此才能符合眞正兒童中心教育的實施。爲了達成此一教育上的理想，早期自然主義教育思想家盧騷就提出了個別化的教學方式，例如：在他的名著「愛彌兒」(Emile) 中，教學活動就是以一位教師對一位學生實施的教學。雖然從經濟的觀點，個別化教學所費不貲，實施起來困難重重，不過在現今班級教學型態下，爲了補救學習速率不等學生的需要，個別教學上的兼顧，才眞能夠有助於教師認識學生，運用個別差異的教學措施，而有助於學生個性的發展，以使兒童或作知識的試探、或作藝術的追求、或作技能的熟練。

三、重視感官知覺的教育價值

感官知覺的活動，最能顯示出自然的意義來。由於感官知覺的發展，純粹是個體生理內部的成長結果，感官知覺的作用，是否已經到達成熟的階段，有了認識的準備？這不是完全訴諸於外力所能勝任的事。感官知覺的作用，在自然成長與發展下，必須到達一定的成熟，它才能發生有效的作用。教育上不是揠苗助長而是順應其成長，不加任何的干涉才是。

兒童中心的教育思想家，泰半在教育過程中，主張儘量利用環境中的事物，增進兒童感官知覺的活動效果。在兒童生活的環境中，充斥着不計其數的物體的形、數和名。兒童可以從物體的形狀上，認識到何謂方形？何謂長方形？何謂圓形？從物體的數和量上，可以形成兒童數量的概念。另外從語言、文字的學習上，藉着聲與形，認識到代替事物的名辭。這些學習的活動，不純是思維性的。它也充分地利用了兒童的感官知覺活動。

兒童中心的教育家是傾向於唯實主義的思想家。因爲他覺得兒童不能單從抽象的符號—文字—上去學習，故而實有必要從文字所代表的事物上去學習。他們强調的教學原則是由具體而抽象，不是由抽象而具體。

四、活動的教學設計

兒童中心的教師或兒童中心的學校，在教學設計上採用「活動方法」(activity methods)或「活動課業」(activity lessons)。此乃由於傳統教學上，多偏向於閱讀、背誦、記憶，多爲頭腦方面的活動—至少在知識的教學上，不偏重於身體方面的活動。教學活動所顯現的僅僅是一些較爲靜態性的活動，缺少身體方面的配合。在兒童中心的教育實施上，則認定身體的活動是教學活動的主體。兒童在學習過程中，不單純是用心而已！更重要的是强調身體活動在學習過程中的地位。因此一方面他們利用設計性的、安排性的參觀、訪問、旅遊、觀察、實驗等活動，來提供兒童經驗性認知活動的機會，一方面將教室的氣氛作一改變，即教室中不强調靜坐的學習，主張兒童身體、心靈的共同參與的活動。爲此課桌椅是活動的，以便提供充足的空間作各項活動；另外設計各種類型的教具，協助學生肢體的活動，以便能充分應用其感官知覺的作用。

五、强調兒童興趣、需要和能力的重要性

傳統教育在實施上，重視的是社會文化、組織的知識及成人的需要。是故傳統教育的實施，並不是以學習者爲導向的教育實施，反而是以成人、科目和社會的文化內容爲其導向。兒童中心的教育家，深切地認識到，新的教育實施，必須改正爲以學習者爲導向的教育實施，如此才能眞正將教育實施的效果，發生在兒童身上。爲此兒童個人的喜好，就是成人及教師決定兒童學習內容、學習方法，學習目的的依據了。由於重視兒童的興趣緣故，教育上實施的是以「需求課程」(needs Curriculum)爲主。配合此一課程的運用，教師所選擇的課程內容，就不會侷限於組織性的知識一隅。他會將兒童喜好的遊戲、勞作、說話、講故事、繪圖、編織、手工、觀察動植物、旅行等活動，納入在課程內容中。這些活動方式的構思，在教師而言，就得以兒童的興趣、需要爲考慮的依據了。在作任何有關課程內容的決定時，教師不會再以成人的標準來作各項決定了。這種轉變實乃是兒童心理研究發達後，所顯示的一種傾向。

兒童中心的教師，在實施教學時，已經將其注意力集中於個別兒童能力的適宜配合上。教學不再以同班級學生一致的能力表現，作爲教學的一項評核標準。這種學習上强求一致成效的謬論，已經隨着兒童心理發展的研究，而有了更淸楚的認識。因而予以揭櫫學習成效的評量，就須以個人能力的發

展情況爲準，不再强求每一兒童均應有同一的能力表現。因此在兒童中心學校，編班的方式是以年齡爲準，而非以能力爲準；同時廢除了學習上競爭的規定；採取個人學習速率的兼顧爲首要的教學工作。

六、重視發現的學習方法

一般介紹兒童中心教育思想的學者，多會認爲兒童經由「經驗學習」(learning by experience)堪稱爲兒童中心教育的一項特色。不過兒童經由經驗來學習，却並不限於兒童實際的參與感官活動的應用爲限。兒童從文字上獲得學習，嚴格的說也是一種經由經驗而學習的活動，不過那是利用間接的經驗活動而已。因而有些學者較喜歡用「經由發現的學習」(learning by discovery)一辭。

兒童中心的教育，的確是顧及到了學生自由學習的原則。教學的活動，一旦擺脫開了教師權威的運用，注意到給予兒童自我活動的機會，同時對於學習情境外在的命令或教師的要求，都認爲是需要加以斟酌的，因而兒童能夠獲得自由，以自我出發點、來進行學習，所以學習的情境是由兒童自我爲主宰。處此情形下，兒童可以從自我的觀察活動中，了解到事物間的關係；整個的學習就是一種新事物的發現過程，而非將確定的知識，經由教師的教學，傳授給學生的活動。

經由發現而獲得的經驗是兒童直接經驗活動的參與結果。兒童自己就是此一經驗的統整者、組織者與形成者。在兒童直接參與經驗的活動中，他從事物或現象的變化中，了解到事物或現象間的關係；認識到了可能的因果關係，因而發現到新的經驗，形成了直接經驗爲基礎的知識。這種經驗對兒童來說，充滿了知識發現的新奇、喜悅與不易忘懷的情感。

第五節　代表人物

兒童中心教育思想，一般教育史家都會將其源淵回溯到自然主義教育思想大家盧騷及裴斯泰洛齊。事實上兒童中心教育思想的發展，的確是得力於自然主義教育思想的孕育與激盪。當然除了自然主義思想以外，政治上的自由主義、個人主義、民主主義的發展，亦有助於兒童教育中心思想的興起與發展。兒童中心教育思想，開啓了廿世紀以學習者爲導向的新教育運動。早在十九世紀後期教育逐漸走上了科學化、心理化的同時，學前教育、兒童教育都有了一些新的措施。這些實施上的變動，就不得不歸功於一些兒童中心教育思想家的貢獻了。

在此，僅就兒童中心思想上較爲受人注意的三位教育思想家及實踐家：即福祿貝爾（Friedrich Frobel 1782-1852）、派克爾(Francis Wayland Parker 1837-1902)及蒙台梭利(Maria Montessori 1870-1952）提出介紹。福氏是幼稚園的創始者；爲近世幼兒教育提供了不少前瞻性的看法。派克爾爲美國進步主義教育的見驅，也是早在杜威之前，就從事新教育運動的一位兒童教育家。蒙台梭利在創立兒童之家，爲貧苦兒童提供新教育上，建樹甚多。或許從這三位兒童中心教育家的思想與實際經驗的了解中，當有助於對兒童中心教育思想的認識。

一、福祿貝爾

福祿貝爾爲德國人。在教育思想史的傳統上，福氏可以說與裴斯泰洛齊、赫爾巴特（Herbart 1776-1841）是鼎足而三，深爲近代教育史家所稱道者。由於福祿貝爾曾親自在瑞士聆聽、參觀、就教於裴斯泰洛齊，是故福祿貝爾對於兒童教育之理論與實施當均有所了然。再加以他個人曾經多次設立學校，從事實際的幼兒及兒童教學工作並培育幼稚園教師，因而他在幼兒教育實施上，能夠有所創新。這不能不歸功於他個人對幼兒教育有一股熱忱、執着與堅定不移的精神所致。

福祿貝爾出生於牧師家庭。母親在福氏幼小時卽仙逝。隨後其父再娶，又因平時忙於教區內工作，無暇照顧福氏，因而影響所及，使福氏有了一個不甚快樂的童年。年十歲時被送至舅舅家撫養。由於福氏舅舅帶領孩子頗能顧及兒童心理上的需求，爲此使福氏內心獲得不少滋潤。福氏十五歲時作森林測量師的學徒，開始對植物、昆蟲、各種生命存在物之現象感到興趣。十七歲時爲其兄致送教育費用而有機會至耶拿大學（Jena）一遊。在耶拿大學停留期間，對知識之研究萌生興趣，遂暫時留下註册就讀，修習數學、物理、化學、測量、建築方面的課程。後因其父不贊同福氏上大學又因學費不繼，曾被學校監禁九週，留下一段不甚愉快的耶拿大學經驗。

在耶拿大學逗留期間，斯時也是歐洲浪漫哲學興起的一段時間。在耶拿大學有着頗負盛名的哲學家如：歌德（Goethe）、謝勒（Schiller）、裴希德（Fichte）以及謝林（Schelling）等人。在思想的選擇上，福祿貝爾較爲接近謝林的哲學思想，亦卽具有絕對觀念主義哲學的思想色彩。

福氏在一八〇七年至一八一〇年間，曾擔任家庭教師。期間曾率領三位學生一同至瑞士裴斯泰洛齊之（Yverdun）學校就讀。期間福氏充任教師助理，對一般裴氏教育理論與實施，均有所了解。一八一六年福氏在開爾浩（Keilhau）設立自己的學校，取名爲全德學校（the Universal German Institute），雖然學生只有五位而且全係其侄子，但是在教學方式上則有所創新。全以兒童自由發展爲準則，一反傳統教育上以獲得知識爲主的教學方式。十年後卽一八六二年福氏出版了「人的教育」（the Education of Man）一書，奠定了他幼兒教育的理論基礎。

福祿貝爾五十五歲時，在貝蘭克根堡（Blankenburg）設立了第一所幼稚園（Kindergarten），開啓了後世學前教育的序幕。七年後他精心設計的教具——恩物——終於告一段落，而他編纂的遊戲歌曲，亦已印妥，因而確定了幼兒教具利用的基礎。在創設幼稚園後，福氏曾經有段時期周遊德境，鼓吹他的幼兒教育理論與實際經驗。無奈在一八五一年時，普魯士政府因對福祿貝爾之侄子卡爾、福祿貝兒（Carl Froebel）所寫的一本書，認爲福氏教育思想涉及政治問題，故予以查禁，阻礙了幼稚園的發展。

在普魯士教育部部長的一項訓令中，有着這樣的一段話：

「卡爾・福祿培爾（Carl Froebel）所寫的一本小册子，書名是『爲年輕女士所設之中學及幼稚園』（High Schools for Young Ladies and Kindergarten），言及幼稚園乃福祿爾社會主義體制的一部分，乃欲培養國內青年信奉無神論，因此，此等學校是不容其存在的。」（註四四）

在暮年的歲月中，福氏經歷此項打擊，其悲痛之心，可想而知。其次這也就是爲什麼德境幼兒教育在發展上，不及英、美諸國來得早的緣故。

福祿貝爾創立幼稚園三年之後，撒克森尼（Saxony）地區的婦女幼稚聯盟（Women's Kinder

garten Union）成立。一八五四年羅基（Bertha Ronge）在倫敦成立了幼稚園；布洛（Baroness Von Marenholtz Bülow）在德、英、法、義、荷等地宣揚幼稚教育理論；曾經在瑞士執教過的幼兒教師米乞來斯夫人（Madame Michaelis），於一八七四年在英國成立了福祿貝爾學會（the Froebel Society），並在納丁山（Notting Hill）培育幼校教師；在美國，早在一八三八年時，就有福祿貝爾的弟子法蘭克堡（Caroline Frankenberg）設置幼稚園，推展福氏幼稚教育的理想了。就是杜威的支加哥大學實驗小學，也是受到福氏幼稚教育理論影響下的一項產物（註四五）。

福祿貝爾個人雖然沒有完整的學校教育經歷，不過由於他個人的深思好學以及短暫的耶拿大學聽講的經驗，使他對十九世紀的科學發展、哲學思想、教育理論及實際，都有相當深入的了解。因此，在探討福氏的思想來源時，不得不注意到下列幾項因素：

1. 後康德哲學思想運動的影響；
2. 當時科學的發展；
3. 偉大教育家的著作；
4. 福氏個人對於人的發展的直接觀察。（註四六）

其次，在一七九七年福氏在耶拿大學聽講時，一位耶大數學教授曾經出版了一本「論將兒童有力的衝動應用於活動」(On the Utilization of the Powerful Impulse in Children to Activity)。此位教授卽海辛格爾（Johann H. G. Heusinger）。此一論著乃係延伸盧騷及貝斯多（Basedow）的自然主義教育思想的一本書籍，對福祿貝爾的教育理論，有着顯著的影響（註四七）。

福祿貝爾的教育見解，主要的約有下列數端：

1. 教育的意義　福祿貝爾之所以能夠有幼稚園的創立，主要是他對於教育活動的了解，有了深一層的認識所致。教育並不是當時一般學校教育人員所認爲的就是將上一代的社會遺產，生活經驗，知識傳給下一代。教育也不是協助個體對社會作良好的適應。教育更不是經由教材的學習而增進學生的心智能力。就福祿貝爾來說，教育的意義絕對不止於此；教育的意義有甚於此者。教育的意義乃是個體發展其自我意識的一種歷程。然後在完整的人格基礎上，以其個人的充分力量以與自然、社會，和諧地發生關係，造就出完善的個人來（註四八）。

2. 生命的演進　福祿貝爾體認到整個宇宙就是在一個不斷的演變過程當中。人就是宇宙中的一個部分；人也是宇宙中的一個獨立個體。人是處在一個永不休止的，逐級提昇的進步過程中。這種提昇的演進，已經使人與其他動物之間的距離愈來愈拉得遠了。人已非動物所全能加以解釋的了。推動人的演化的力量是來自於人的教育活動。在面對未來人類的社會，人們必須善加利用教育，來加速人的發展與提昇。一個和諧的人格，是有能力良好地適應社會、自然的環境；使人更爲具有人性乃是永不休止的教育歷程的一項使命。

3. 統一論　整個宇宙中的萬物，都是受制於一個自動的、自創的神的支配。神節制着萬物；萬物均與神相連結。神乃是統合萬物的力量所在。在福祿貝爾的理解中，萬物雖然各異，獨自成爲一個單一體，但是，萬物之間却是相互結合着，此乃超越於萬物之神的作用使然。整個宇宙萬物就是一個整體。在整體之中，萬物各自獨立，但是各自獨立的個體，却配合了宇宙大整體而作用着。這是全部與部分的關係。宇宙中的個人，就如手指與手；手與手臂；手臂與身體一樣，在整個作用之中，相互配合着，形成宇宙的最高統一。在各個獨立的存在物上，莫不以平衡、和諧、協調爲其相互統合的法則。個體的發展，實則上就是與整個大宇宙之進化相互結合着。教育就是促使個體的生長、發展、進步與外在的大宇宙之進展相順合，而不能有任何的牴觸。這也就是個體內在的統一，須與外在的社會、自然、宇宙不只產生關連，而且還要調適，順合才行。

4.**發展律**　福祿貝爾相信宇宙是一個永不休止演化的歷程。人就像動、植物一樣，均具有可發展的潛力。人是繼續地在進展的過程中；直至現在，人尚未完全發展成一固定的型態。人所面對的是一個富有可改變的情境，有待於進一步的演化與進步。就像政治一樣，政治事務依然處在一個變動不居的狀態中。政治活動的方式，依然千變萬化，不會落入一個固定的型式。就像人的手一樣，其所運用的情境和作爲，也沒有一個固定的情況，而其作用的變化則是無窮盡的。

5.**整體與部分論**　福祿貝爾對於宇宙萬物間的關係，採取以神爲統一力量的來源，以宇宙爲萬物的總體，而存在於其間的則爲獨立的個體；萬物是整體的一個部分。就這一層來論，福氏對於個人與社會、個人與人類、以至於個人與宇宙整體，都採取了他整體與部分的理論。社會、人類和宇宙都是和人有着相互依存的關係。個人必定有其對社會、人類及宇宙所應有的功能；個人必經由與社會、人類、宇宙之間的和諧關係，個人始能有所完善的發展。這種看法，說明了他在教育上重視個人和社會、人類以及宇宙的和諧；强調個人的發展是不能遠離開社會，人類和宇宙的環境。爲了使個人得到良好的發展，教育必須促使個人眞切地認識到自我發展和社會的發展是息息相關着的。這就是爲什麼他在幼兒教育上，特別重視兒童要合作的道理。

6. 教育重視和諧的個人發展 福祿貝爾的教育理想就是要發展人的和諧人格。兒童本身就像植物一般是具有發展的潛能，有待開展的。兒童本身具備了自我活動的能力，而其自我的興趣，往往決定了自我活動的方向。藉由主動的自我活動，去發展個人的和諧人格。使個人內在有着和諧、安詳、和平、統一的人格內裏，而外在能與人相處、合作、愉悅地完成社會生活的各項要求。福氏認爲在幼兒教育實施上，以活動、遊戲、玩具、故事，作爲教學的內容；經由這些教育內容的熟悉，來了解社會生活的種種情況。

7. 兒童本能的善加利用 兒童猶如成長中的植物，需要成人的扶持，照顧，不過，在兒童的發展上，成人是不能忽視其本性的狀態的，猶如人們不能忽視植物所具有的本性一般。兒童的本能表現在：活動的本能——這是創造的來源；教育上就不得不重視兒童的自動性和創造性；認識的本能——這是兒童好學求知的動力來源；也是兒童獲得知識，認識事物本質的條件；藝術的本能——這是兒童藝術創作和自我表現的基礎；也是追求藝術的一項條件；宗教的本能——兒童本身就具備神的特性，因爲福氏提倡的「萬物在神論」，說明了兒童和其他宇宙萬物一樣，都統一在神的支配下。就福祿貝爾的教育理論來言，兒童的發展是這樣的：從自然兒童推進至人類兒童；再從人類兒童演進至神的兒童，以期使宇宙裏的萬物，均在大統一的狀態下，和諧地發展，前進。

8. 活動的教育內容 十九世紀的教育，基本上仍是書本的教育和知識的教育，尚未能認識到兒童自然發展的教育意義。教育的內容，雖然因知識類型的增加而增加了，不過，教育的實質內容，依然侷限在知識一個範疇上，未能擴大其內容。福祿貝爾認識到兒童主動活動的教育意義，明白獲得知識以外的其他教育活動的價值，因此，教育的內容，在幼兒教育階段，就有了豐富的經驗內容。

福氏將宗教教育、體育活動、衞生習慣、說話、手工、圖畫、遊戲、故事、旅行、數字、形狀、文法、寫字、讀書、自然知識等，皆列入在教育內容中，突破了只重視知識獲得的傳統教育內容。福氏在幼兒教育上，特別重視遊戲的教育價值。兒童生活中，遊戲是有其需要的，因爲遊戲有助於兒童動作能力的發展。另外，遊戲有助於兒童間合作態度的培養以及語言的發展。更重要的遊戲對於兒童體認自由和規律的存在是有助益的。遊戲對於培養兒童的責任感和義務感也是有其貢獻的。福祿貝爾重視也積極提倡兒童的遊戲價值，對後世幼兒教育的影響，自是極爲深遠的。

福氏的幼兒教育理論，着重兒童經由各項活動而自覺其與宇宙萬物統一的意義。爲了實現此一教育理想，福祿貝爾設計並製造了不少的恩物（gifts），如：不同顏色由羊毛紮成的軟球，顯示統一的意義；圓球體、立方體、圓柱體之木製品，顯示和諧、圓融、穩固，方正、統一等意義；大小木棍，可自由任意組合，顯示多中有一、一中有多，可助長兒童動作發展、自我表現、好奇求知的心理特性。

9. 教育上重視象徵主義（Symbolism） 福祿貝爾可以說是近代西方教育上重視象徵主義的第一人。福氏在教育上，對於所涉及到的任何事事物物，都賦予了象徵的意義。他强調每一事物，都蘊藏着內裏的意義，那怕是一物、一花、一草、一蟲，一人都有其內在的含義。他爲了表達事物的含義，因而設計了幼兒教育上所使用的教具、恩物、以便表示其間的規律和關係。兒童在遊戲中，活動中接觸到球體的恩物，就在讓他了解到球的圓形，所代表的是統一的力量——神。一個圓圈就代表了團體中各個人的團結和一致。再如三樣類似形體的物件，只是大小形狀有異，乃是象徵着家庭關係，父母及子女（註四九）。從這裏可以淸楚地認識到，福祿貝爾充分地利用由具體至抽象的經驗認識方法，以讓幼兒從具體事物中，領略到抽象的觀念。

10.家庭乃理想的幼兒教育場所　福祿貝爾像裴斯泰洛齊一樣，非常重視家庭在幼兒教育上的地位。不過，福氏對於家庭所扮演角色的體認則超過了裴氏的看法，因爲福氏體認到了家庭除了幼兒的教育功能以外，尙有着生物的、宗教的、社會的、產業的功能。在福祿貝爾看來，家庭就是人們各項努力的一個中心。這種體認跟福氏消磨其一段童年於佘潤吉亞（Thurigia）有關（註五〇）。在此單純的鄉村社會中，家庭尙肩負了生產各項日常用品的責任。家庭結合了父母與其子女，形成了一牢不可破的結合。家庭是幼兒所接觸到的第一個社會機構，也是對幼兒人性化的第一個社會組織。父親就是指導幼兒從事建設性活動的教師；學校教師不過是延申幼兒父親的教導罷了。

「家庭生活中，父母對兒童照顧之目的即在喚醒幼兒的各項自然稟賦和能力，以期使人的各分子及機構，有助於幼兒能力及稟賦的發展。」（註五一）

家庭提供了幼兒的動作、語言、社會行爲、生活規範、宗教態度禮儀習俗的初步認識，故其對幼兒的各項發展，委實是有着相當的貢獻。

福氏對於教育的中心，從傳統的以知識爲中心轉移至以兒童自我的、創造的活動爲中心，提供了不少理論上的闡揚與實際上的教學活動。本於執着的個性，堅定不移的信念，在物質、經費、人員相當艱困的局而下，他孜孜矻矻於幼兒教育理論的鑽研以及幼兒教育實施的推動；並盡心盡力於幼兒教育的實驗，故能提出幼兒教育的理論、構思幼兒教育的方法、設計幼兒教育的教具、出版幼兒教育的歌曲和讀本、在在顯示了他對教育事業宗教化的熱忱和精神。尤其是在幼稚園創立之後，於一八四四年周遊德境、到處宣揚幼兒教育的經驗與心得，以期提醒人們對幼兒教育的重視。將教育當作個人奉獻的一份事業，可以說是福祿貝爾歷史上所以留名的原因吧！

二、派克爾

派克爾爲美國人，出生於新罕布希爾（New Hamphire）州，屬新英格蘭地區。六歲時父親過世，八歲卽在農場打工度日，隨一農夫作學徒；空時喜歡自習，常常利用農場主人家的藏書，充實自己。年十三歲時，離開農莊，覓得求學機會，接受學校教育。三年後得一機會在鄉間教學。廿歲時出任伊利諾州（Illinois）、卡諾頓（Carrolton）地方小學校長。一八六一年美國內戰爆發，派克爾加入北軍，作戰時因負傷而脫離軍旅。內戰結束後，派氏又恢復了教學生活、一直到一八七二年爲止。該年派氏遠赴歐洲德國研習教育。派氏在德期間，除了研習教育以外，並涉獵哲學及當時科學學術發展情形，對教育上由裴斯泰洛齊、赫爾巴特及福祿貝爾所鼓吹的教育思想，多有所了解。這些當時歐洲流行的教育思想及實踐家的教育學理，深深地產生了影響，種下了美國近代教育，走向所謂進步主義教育運動的方向。派氏在德國時間並不算長；留德三年之後卽返回馬色秋塞斯州（Massachusetts），出任坤西（Quincy）地方的視導。一八八三年出任支加哥考克（Cook）郡的師範學校校長。隨後擔任了支加哥研究所（the Chicago Institute）的負責人。一九〇一年該所成爲支加哥大學的一部分。次年他即與世長辭，未能一展他對教育研究的抱負。

派氏出生於新英格蘭地區；極富理想主義，民主政治思想及個人主義的色彩。因而在教育思想上，易於接受新思想，極具改革舊習的精神。在教育見解上，其犖犖大者，約有下列數項：

1. **傳統教育實施上，重視的是讓學生記憶事實性的資料** 理論上就是事實性資料記得愈多，個人教育的成效也就愈高。傳統教育忽略了兒童是具有創造性活動的個體。故派氏認爲眞正的教育，應該顧及兒童創造性的活動。教育乃是協助兒童從活動中，作自我的成長。這樣兒童的主動求知慾望，才能獲得滿足。

2. **教育應將兒童全人格的健全發展，列為首要的目的才對** 教育上似不應再將學科的內容，看成是教育活動的重心，因爲兒童人格的健全發展，並不侷限於智慧的發展一端。一個健全的人格是多方面的發展，身體的、心智的、社會的、情感的和道德的等。

3. **每一個兒童都是一個獨立自主的個體** 兒童所具備的個性是需要加以肯定的。每一個兒童的內心，都有着他自己的想法、自己的慾求、自己的夢想、自己的希望、自己的悲痛、自己的歡悅、自己的恐懼。成人必須了解兒童、認識兒童、掌握位兒童獨立的個性，並適當地在教育上予以配合，才能達成教育上的最高原求。派氏認識到兒童是有個性的。個性的差異，也顯示在能力方面有差別。這說明了教育活動必須從學習者的心理基礎上入手，才能發生教育的功效。

4. **兒童的學習，可以從其直接的經驗活動上為之** 這要遠較單從書本上獲得經驗爲佳。直接的經驗是來自兒童的參與活動。這是主動參與活動所獲致的經驗；這是兒童自己發現到的認識，也是他自己組織的經驗，而非假諸於他人之手形成的經驗。這種經驗當然比書本上的經驗來得豐富、生動及深刻。

5.派克爾在教育兒童時，非常重視工作對一個社會分子培育的價值　良好的教育活動，少不了安排一些適宜於受教育者身心發展的工作活動，作爲陶冶的方法。從工作當中，兒童需要學習如何安排他的工作？如何系統地完成他的工作。如何有效地執行他所安排好的工作計畫？如何使用方法，使工作做得更好？兒童可以從他的工作當中，使手腦並用，身心調和地發展，以便將來養成愛好工作，樂意工作，成爲未來社會上有用的個人。其次，從工作當中，兒童可以領略到他自己是在做些什麼。他也可從工作當中，養成社會一分子的責任感，使自己能夠肯定自己的社會地位，認同於自己的工作。

6.派氏在考克郡師範學校負責校務長達十八年之久　在他任內，每週均定期舉辦一次教學研討會，參與者多爲教育學者、視導人員、教師及實習教師，會中多商討教學改進有關之事項。派氏當時提出了一項「質的教學」(quality teaching)，其包括的項目爲下列各點：

(1)以活動爲主的教學實施；
(2)强調學生的自我表達活動；
(3)將旅行活動視爲教學的一項活動；
(4)教學人員須了解兒童的個性差異；
(5)對學生人格予以健全的發展；

(6)以科學的方法，來研究兒童的教育問題；

(7)師範學校應培養藝能科的教師。

派氏的教育理想，已經注意到完整兒童人格的發展了。學校教育的內容，實不能再侷限於知識的一個領域了。這點認識可以說是傳統教育與新教育所不盡相同的地方。

7. 派氏在兒童教育活動上，顯然已經擴大了教育的內容　這是因爲他已經認識到兒童需要藝術的、音樂的、手工的、知識的以及體能活動的緣故。

8. 派氏是美國第一位組織家長會的教育家　也是首先出現在支加哥的家長會組織。

9. 派氏討論教育問題，時常能從兒童角度來看問題　而不從成人的立場去探討問題。這種兒童中心的教育觀，促成了他對兒童教育的了解及實施研究的方向。

10. 一般對派克爾教育實際的批評，都會強調派克爾所教導的學生，忽略了基本能力　即讀、寫、算的能力。不過，值得注意的是馬色秋塞斯州教育董事會曾經在一八七九年做過調查，發現派克爾的坤西學校兒童的讀、寫、算能力，均比鄰近學校兒童爲佳。這種調查中發現的事實，肯定了推展新教育的學校，其學生的基本能力，在程度上並不顯著的爲低（註五二）。

派克爾在推展新教育實施上，曾經得到了支加哥富有人士不來恩女士（Mrs. Blaine）前後二次百萬美元的資助。在她的資助下，一九〇一年派克爾學校成立；並由其助手古克（Flore J. Cooke）擔任校長。全校教師十六人中，大多數均爲派克爾所培養的教師。該校在古克女校長領導下，推展新教育達三十年之久。他（她）們亦將派克爾的教育思想，散播到美國各地，助長了美國進步主義教育運動的快速發展。

三、蒙臺梭利

蒙臺梭利是一位影響當代幼稚園實際教學的義大利女性教育家。蒙氏出身於良好的家庭，接受過科學的教育，因爲她是羅馬大學中第一位女性醫學博士。學校畢業後，她即投入了心智障礙兒童教育的行列。從工作當中，她迫切地追求心智障礙兒童的教育方法；熱切地追求這方面的參考文獻資料。後來她找到了塞格因（Seguin）醫師的作品。不過從她的接觸與了解中，使她堅信心智發展狀況不佳的兒童，其所需要的治療，實則上教育所提供的遠比醫學所能提供的爲多，

蒙臺梭利在一九〇〇年前的教育工作，主要是致力於智能不足兒童的教育活動。一八九八年義大利教育部曾請蒙氏就心智不足兒童教育問題發表一連串的演講。她不但鼓吹教育心智不足兒童，而且對有興趣於智能不足兒童教育的教師實施教育，講授她的觀點，並且親自參與心智能力不足兒童的教育活動。她從早上八時，一直忙到晚上八時才去休息。她亟欲找出是什麼因素，未能使兒童充分地應用其天賦的心智能力？

一九〇〇年後，蒙臺梭利的教育工作，轉向於正常兒童的教育活動。她曾再度入學於羅馬大學，修習實驗心理學、人類學等課程，試圖爲教育活動，找出一些科學知識的基礎。這就是蒙臺梭利得以在一九一三年出版「教育人類學」（Pedagogical Anthropology）的原因。蒙臺梭利採納了塞格因醫生的論點，將科學的觀念，應用在教育活動上。蒙臺梭利在其「兒童的發現」（The Discovery of Child）一書中，曾提及十九世紀教育科學運動的發展方向。當時有些觀念可以說是將體質人類學上的一些論點應用到了教育。「不錯，教育並不就是存在於測量一個人的頭、身高等等，但此即意謂着，吾人不能教育任何人，除非吾人有着受教育者的第一手資料。毫無疑問的，許多學科曾經對教室的桌椅作了貢獻；人類學者曾經提供了兒童身體的測量，敍述了此一兒童年齡的自然特質之價值；而生理學却解釋了一個兒童的肌肉運動。」（註五三）

蒙臺梭利在一九〇七年時，曾經設計出一種住宿教學方法。她設計了一所小規模的學校，分成若干小房間。所設計的學校均可容納三歲至七歲兒童居住就讀。不過，蒙臺梭利女士對於固定性的學校工作，並不感到興趣。她喜歡的工作是與世界各地的教育家會晤，磋商兒童教育的改進工作；周遊各地去演講；寫文稿去發表；出版專書介紹她的教育理論；推介新教育方法，給在職教師以及鼓勵各地設立蒙臺梭利學會。她的教育理論流行於美國；英國也有不少的弟子；而瑞士則通過法律，設置蒙臺梭利式學校。蒙氏教育理論與方法在歐、美可以說曾盛行一時。

現在就對蒙臺梭利的一些教育見解，列舉數項加以說明如下：

1.一九〇七年蒙臺梭利在羅馬市設立了「兒童之家」的教育組織　「兒童之家」是具有家庭即學校，學校即家庭的理想。「兒童之家」乃是具有家庭氣氛、佈置、設施的教育場所。它提供給兒童從家庭式的學校環境中，去獲得教育的機會，讓兒童從生活中去學習；從自由、獨立、自主的情境中，自己去安排學習的各項活動。「兒童之家」爲兒童提供了教育與生活結合的條件。「兒童之家」設有班級組織的型態；沒有固定的上課時間表；沒有作業；沒有以體罰威脅學生的傳統教師。「兒童之家」沒有固定的課桌椅，學生可隨時移動他學習的材料；變更他學習的內容。教師僅是在協助兒童自我學習而已！

2.蒙臺梭利對兒童的看法是異於一般人的　一般人對兒童所具有的稟賦和能力是採取輕視的態度，即往往不會去肯定兒童的既有能力。不過蒙臺梭利則不然。她不但確定了兒童異乎成人的一些能力，而且稱讚兒童所具有的潛在能力。這與美國大哲學家杜威認爲成人有些地方反倒可以去學習兒童的「同情的好奇、沒有偏見的反應、心胸的開廣」（註五四），有些相似。

「兒童在蒙臺梭利的眼光中，爲一具有潛力的胚胎。兒童所具有的是物質的、智慧的及心理的與精神的發展潛力。兒童也是一精神的胚胎；在優良的、適宜的環境下是具有培育成爲精神人（spiritual man）的可能性。」（註五五）

肯定了兒童具有可發展的潛力，教師的首要工作就是去佈置適當的環境，以便學生能在適宜的教育環境中，自然、自由，獨立而自主地發展其潛在的能力。

3.蒙臺梭利的教育見解，有一項較為受到衆人注意的，就是她希望教育的各項活動，有助於建立起自我的人性化（self-humanization）　自我的認識與建立以及更趨向於人的要求，乃在於使個人透過自由的選擇活動，予以完成之。個體必須從各項與自我發展相關的活動中，領略到人我的關係，物我的關係，然後才能發現到自我，從而尊重自我、尊重他人；了解他人，同情他人，然後建立起自尊而受他人尊重的自我。爲此，教師在對待兒童時，就應尊重兒童的個人選擇；協助兒童完成學習而不應將兒童學習的途徑，侷限於教師一人身上。蒙臺梭利重視兒童在學習過程中，必須自主地應用其多種感官活動向外探索以獲取知識。學習的主導力量，應在兒童而不應在教師或成人。

4.**一般強調兒童感官訓練的教育家，莫不將感官的訓練與認知的活動，密切地連貫在一起**　蒙臺梭利則擴大了感官訓練效果的應用範圍。她以爲感官訓練除了認知的效用外，尚可與美的感受，相連結在一起。感官訓練除了要求感官作用的精確無誤以外，尚應注意到對顏色的辨認；對形體的認識；對物體仔細的觀察，以期在觀察事物時，能夠感覺靈敏，注意集中，辨識物體間的差異等。同時從觀察中，體會出事物的美感來，且具有欣賞事物的態度。這都與感官的訓練息息相關。

5.**蒙臺梭利教學法，有着三個基本的特質**　其一爲使學校工作儘量適宜於每一兒童的個性發展；其二爲蒙臺梭利堅信自由是一切眞實教育的基本要求；她不僅要求學生自由地從事學習，就是教師亦需不能太受學生的依賴，妨礙了其自由；其三，强調感官的訓練；由於蒙氏相信感官作用是和心智有密切的關係，是故她特別重視感官的辨識能力。她以爲感官的訓練目的，就在經由重複的練習以使不同知覺對刺激作用有所精進（註五六）。

6.**根據美國研究蒙臺梭利教育理論學者的看法**　蒙臺梭利教學方法中，幾個重要的觀點，可以列述如下幾點：

(1)重視知覺的作用；觀察就需要正確的知覺作用才行；

(2)設計複雜性的活動，來訓練感官作用；包括一些動作性的活動在內；

(3)在各項發展中，强調自我的發展；

(4)注重個別的差異，如此，個性始能充分發展；

(5)工作、活動、運動是教學活動的三項不可缺少的因素；

(6)應儘可能給兒童作自我的選擇；根據自我的興趣、能力及需要提供選擇機會；

(7)各項活動中，重視兒童對秩序、平衡、規律之認識；

(8)利用兒童成長規則於教學上；

(9)多利用兒童內在的潛力，內在的衝力，以期有助於學習；

(10)教師爲教學活動中之範式，可爲學生模仿的對象。（註五七）

7. **蒙臺梭利並不贊同對幼兒實施讀、寫、算基本能力的教學**　不過，從她與兒童實際教學的活動中，她了解到幼兒可以自學一些基本的讀、寫、算的技能。例如：一些分類的概念：以二或三列爲一堆，將一定數量的東西，區分爲三分之一、四分之一等，幼小兒童均會自願地去學習。就是字母的學習，幼兒也具有自學的興趣。顯然，蒙臺梭利並不刻意令幼兒去學習前述的基本能力，不過，他對幼兒自學的活動，倒是不加干預的。

8. **蒙臺梭利對幼兒的教學，特別是知覺方面的教學，曾經設計了不少的教具**　利用各種木製的圖形，讓兒童去觀察、比對、判斷；利用大小不同形狀的木塊，練習堆積成形；或者根據特製形體的洞孔，將適宜的形體物，插入在特製形體的洞孔中。這些訓練，對兒童感官方面的精進，當然會有績效。

蒙臺梭利是一位愛好自由、民主與和平的教育家。她眼見義大利在獨裁者的統治下，走上了禍國殃民的道路，戰爭期間曾離開義大利多年，一直等到二次大戰結束後，才返回義大利。此後她定居於荷蘭，對她的教育理想繼續鼓吹不已；蒙臺梭利對教育工作的熱愛自始至終不渝，她曾說道：「工作是必需的。沒有熱忱的工作就一無所得。一個人只有在工作中，有所成就時，他才會感到快樂。」（註五八）

蒙臺梭利雖然已去世三十餘年，但是她的幼兒教育觀念，還有部分地區繼續受到她的影響，如美國的學前教育機構，就依然被採用着！

〔註　釋〕

註 一 Christian O. Weber: Basic Philosophies of Education, Holt, Rinehart and Winton New York 1966 p.286.

註 二 同註一 p. 287.

註 三 Scott Nearing: The New Education Row, Peterson & Company New York 1915.

註 四 John Dewey His Thought and Influence, Edited by John Blewett, S. J. Greenwood Press, Publishers Westport, Conecticut 1973 p. 85.

註 五 John Dewey: Experience and Education Collier Macmillan, London 1938, p. 18.

註 六 Blond's Encyclopaedia of Education edited by Edward Blishen, Blond Educational Ltd W. & G. Baird Ltd, Belfast, London 1969 pp. 575-6.

註　七　同註六

註　八　田培林　兒童本位教育思潮發展的趨勢　教育與文化　賈馥茗編　五南圖書出版公司印行　六十七年八月再版　頁七四七

註　九　The Emile of J. J. Rousseau Selections, Translated and Edited by William Boyd College Press Teachers College, Columbia University New York 1971 p. 38.

註一〇　同註八　頁七〇〇

註一一　同註八　頁七五五

註一二　張春興　教育心理學的誕生與發展　師大學報　十九期　民國六十三年出版

註一三　同註一二

註一四　Carter V. Good: Dictionary of Education, edited McGraw-Hill Book Company New York 1959 p. 421.

註一五　Harry N. Rivlin edited: Encyclopedia of Modern Education Kennikat Press, Inc./Port Washington, N. Y. 1969 p. 613.

註一六　Robert E. Mason: Contemporary Educational Theory, David McKay Company, Inc. New York, 1972 p. 61.

註一七　同註六

註一八　同註六 p. 575.

註一九　Encyclopaedia of Education Lee C. Deighton, editor-in-chief, The Macmillan Company

& The Free press v. 7.1971 pp. 249-52.

註二〇 John Dewey: Democracy and Education The Free Press, New York, Collier-Macmillan Limited, London 1966 p. 69.

註二一 同註五 p. 17.

註二二 同註五 pp. 19-20.

註二三 同註五 p. 22.

註二四 同註一 p. 301.

註二五 同註一四 p. 421.

註二六 同註三 p. 35.

註二七 Adolph E. Meyer: The Development of Education in the Twentieth Century Prentice-Hall Inc. New York 1952 pp. 101-107.

註二八 同註二八 p. 34.

註二九 同註二八 p. 68.

註三〇 同註三 pp. 153-4.

註三一 同註三 pp. 165-7.

註三二 Van Cleve Morris: Philosophy and the American School Houghton Mifflin Company, Boston 1961 p. 339.

註三三 同註一四 p. 207.

註三四 Encyclopedia of Modern Education Harry N. Riolin & Herbert Schueler Kennikat Press, Inc./Port Washington, N. Y. 1943 p. 281.

註三五 同註三四 p. 281.

註三六 同註三四 p. 280.

註三七 Richard Pratte: Contemporary Theories of Education Intext Educational Publishers-College Division, Scranton, Toronto, London 1971 p. 137.

註三八 同註三三 p. 339.

註三九 同註三三 p. 340.

註四〇 同註一四 p. 319.

註四一 同註三七 p. 177.

註四二 Theodore Brameld: Patterns of Educational Philosophy Holt, Rinehart and Winston, Inc. New York 1971 p. 297.

註四三 同註四二 p. 289.

註四四 Luella Cole: A History of Education Holt, Rinehart and Winston New York 1950 p. 525.

註四五 S. J. Curtis & M. E. A. Boultwood: A Short History of Educational Ideas, University Tutorial Press Ltd. London 1966, p. 373.

註四六 Frederick Eby: The Development of Modern Education, Prentice-Hall, Inc., Englewood

Cliffs, N. J. 1960, p. 500.

註四七 同註四六 p. 501.

註四八 同註四六 p. 502.

註四九 同註四六 p. 526.

註五〇 同註四六 p. 523.

註五一 同註四六 p. 525.

註五二 同註二七p. 34.

註五三 Maria Montessori: The Discovery of the Child Fides Publishers, Inc., 1967 p. 32.

註五四 同註二〇 p. 50

徐宗林 西洋教育思想史 文景出版社印行 七十三年三版 頁三〇五

註五六 同註四四 p. 570.

註五七 R. C. Orem: Montessori To-day 1971, pp. 221-227.

註五八 同註四四 p. 575.

第六章　科學中心教育思想

第一節　西方文化與科學

一、人與科學

翻開西洋教育史，仔細地閱讀一下，自文藝復興運動以來，西方教育的發展中，不難發現主導西方教育實施的許多努力：例如：基督教、人文思想和科學思想，顯然這些都是具有舉足輕重的影響力。人文思想主導教育的表徵，不僅表現在教育的內容上，而且也顯示在人們將教育的理想與價值，置諸在傳統的人文學科上。斯時教育的眞義，就是利用文學、哲學、語言、文學、藝術等學識，去陶冶一個人。十九世紀以前，整個教育課程的內容，由於科學知識尚在發展中，自是處在人文學識勝過科學知識的情況下。不過，這種人文學識主宰課程的局面，卻受着科學知識，自文藝復興以後，西歐逐漸地恢復了古希臘及羅馬學識的影響；而中斷了千餘年的科學知識的探究，終於因阿拉伯人的介紹希臘、羅馬學識及文藝復興時期古典作品的大量發現與研究而日益興起。處此情形下，自然科學知識的日漸增加，因而對人文學識爲主的教育課程，終於有了相互爭長的情況發生。這種科學教育理想與科學知識之受到重視，而欲在教育實施上，居於主導的地位，充分地顯現在十九世紀後期英國綜合哲學家及教育思想家斯賓塞（Herbret Spencer 1820-1903）的教育論著中。

十九世紀的歐洲人，對於科學寄以莫大的關注，同時對於科學的價值，亦作了極大的評價。在他們的心目當中，科學就是福音。科學所帶來的福音，顯著地有助於人們生活的改進。至少當時的人們已經看到了機械能力，逐漸取代了人的體力；醫藥的發明，有助於人們健康的增强，壽命的延長；更明顯的助益是顯示在新式交通工具及通訊工具的出現上。快速的交通工具，不但帶給了人們旅遊上的便捷，更重要的也帶動了人們社會生活的改變。另外，通訊設施的發明與應用，更促進了人們訊息交流的便捷。當然，更爲重要的是動力機械及能源使用技術的開發。這些重大技術上的進步，均得力於科學研究的貢獻。由於科學對人們生活的改善，在當時人們的感受，尙停留在歌頌科學的賜福上。至於應用科學及技術所產生的負面影響，由於當時變化程度尙不甚劇烈，故人們還未能深切地感受到。

在科學和技術日漸爲人們重視的情形下，出諸於社會的需求使科學更爲精進，逐漸成爲教育上的一項爭論問題，自然是順理而成章的一件事。科學與教育的結合，很明顯的乃是出諸於人們實際生活的需要。就像文化中其他因素一樣，當該項因素發展至某一相當複雜程度時，擔負傳遞文化任務的教育，也就會爲科學知識的傳遞、科學知識的創新、科學知識的散播以及科學知識的保存而克盡其力。不過，由於執着於科學知識價值的緣故，在教育理論上，也就難免不會形成以科學爲中心的教育思想。因此，從歷史的層次，來了解一下西方以科學爲中心的教育主張，不難會發現一些可供借鏡的地方。

不論是從具體的，實在的或實效的見地來論；亦不論是從抽象的、理論的或程序的見地來看，科學（Science）基本上是人類對外界探究的一種認識結果、認識方法與認識態度。就這一層意義來言，科學不是存在於自然界中，因爲，如若沒有人類的認識活動，那是不會形成科學的。本質上，科學乃是人類文化性的一項存有。它不是自自然然地就賦予了人類。相反的，人類在與其存在環境交往的活動中，運用其心智而努力學習前人所遺留下來的經驗，並仔細地認識與他相關各項問題的解決，然後科學才會出現。因此，從文化的層次來說，各社會並沒有創造了同等的科學知識。這就充分說明了在獲致科學之前，人們心智活動上的努力是必需的而且是必要的。

(一)科學是人們心智活動的一項產物

人類所生存的環境，蘊涵着無數有待認識的存在物及其衍生的變化現象。任何一項事物的認識，都需要人們心智的活動。人們在適應生存的需要上，他必須對周遭的事物，有着基本而適切的認識，否則，他是無法明瞭其周遭的事物及其變化的有關情形。爲了知道是陰天還是晴天，他必須要看看天氣的狀況；爲了知道聲音的方位，他也需要運用一下聽覺及視覺的器官；至於對聲音、形狀、氣味、顏色、軟硬、粗細等等刺激，凡是需要給予判斷的，初步的認知，多跟感官的活動有關。至於利用感官活動而形成的思考性的認知，就不得不歸諸於人們心智能力的運用了。因此，科學是人們運用心智後的一項認知結果。科學是不會平白地降臨給人們的。同時，在獲致科學上，人們的思考活動、尙得依循合乎所謂形成科學的認知程序或方法，否則，不屬於科學思考的一些活動，在某一程度範圍內，並不會形成科學的。

㈡科學是人們與外界接觸認識後的一種結果

科學不是從天上掉下來的東西。相反的，科學是人們運用思考、利用經驗的活動、努力尋求問題的突破而後才有的發現。一支民族，在他們畜牧的生涯中，天天跟所畜牧的動物接觸。這會使他們熟習所畜牧的動物——譬如以牛隻爲例——的習性。他們也會從牛隻的活動上，體認到牛隻所喜好的草類。不過，倘若祇是停頓在這些現象的了解上，有關牛隻的精確知識還是不夠的。這支民族中的人們，如果有人能夠仔細地檢查宰殺牛隻以後的生理結構；比較同年歲的牛隻與不同年歲牛隻的差異；看看、量量牛隻的骨骼大小等等，這些認識上的發現，都會使這支民族具有牛隻的科學知識。顯而易見的一個事實，就是人們對事物必須有所接觸，然後深入地探求進一步的知識；而在方法上，不離開衆多紛雜的現象，力求理出一個相似性來。

人們對科學知識的形成，是不能一直停留在一個眞空的環境中。外界的接觸，才能使得人們的認識、集中於一個特定的自然或社會的現象上。如此深入的、徹底的探究，在符合科學方法、科學態度和科學精神的前提下，科學知識自是會出現的。

㈢科學在人的經驗中，找到了秩序與意義

以牛頓（Newton 1642–1727）在科學上的貢獻來論，當一六六五年英格蘭南部正鬧着瘟疫時，牛津大學祇好爲之關閉。二十二歲的牛頓，祇好放棄大學裏學究式的學識而極欲躍躍以試，有所創新。一天恰逢他目睹園中蘋果從樹上落下的景象。這一幕情景，並不是先於他的科學家所不能解釋的現象而是有解釋上的不足。牛頓將萬有引力的理論，延伸到諸星球的運動上。這就是他的創新與發

現。他的創見，使二個不相關連的事物，結合在一起，並給予意義；同時也使得吾人的經驗爲之統一而不致於有零亂之感。

「科學的進步，就在於新秩序的每一步的發現上，使早先認爲不相似的，得以結合在一起。法拉弟（Faraday 1791-1867）就在使電與磁連結在一起。馬克斯威爾（Clerk Maxwell）則用光將電與磁連在一起。」（註二）

是故，科學可以說是將吾人廣濶經驗範圍內的事物，乍看起來毫不相關，但却經由人們科學思考的活動而爲之連結起來，不僅使吾人認識到事物間的統一性，而且也開啓了科學的門戶，發現了自然科學知識間的相互關連性。科學知識的次序性，亦就爲吾人所認識到了。

(四)科學是人類打開自然奧秘並駕御自然的工具

無可置疑的，人類是以科學思想的法則，打開了自然的奧秘，然後才轉注到社會現象的了解上。自然跟人類的生存息息相關着。人需要了解自然，以便利用自然的資源來增進人類生活的內容。自然提供了人類生活所需要的物質資源；自然也爲人類提供了各種享樂的方式；自然的研究也提昇了人們利用自然資源而充實生活的能力。

科學就像是一把開啓自然寶藏的鑰匙，豐富的自然科學知識，有待人們的探索、發現和應用。在人們充分地了解到自然的底蘊以後，人們從解釋自然現象昇進至預測自然現象的變化，再進而才能控制自然現象的變化以使之有益於人類的生活。

(五)科學增進了人類對周遭事物的認識並提昇了人的生活品質

早期人類應用科學的研究方法，深入探討了自然的現象，從而使人類得以對自然的資源，具有了開發和運用的能力。由科學的知識轉而到應用科學知識於實際的事物上，因而形成了技術的層面。藉由科學知識的鑽研，人類對於其周遭的環境：諸如：地球本身的了解，地球以外行星的認識以至於存在於地球上的各種、各類的物質、地球上生長的動、植物、及生、光、化、電等等的了解。

人類在科學研究上，除了瞭解自然中的、社會中的各項現象外，人類在獲得科學知識之後，即可試圖對其所面對的諸現象，提出合理的解釋來。不過，解釋的功能，對人類而言，尚不是具有突出而明顯的實效。人類在利用科學知識以爲可能發生的現象作一預測時，對人類行動的選擇與取捨，就會顯露出明顯的效益。不過，科學的預測功能尚不及其控制的功能。人類甚盼科學知識得以應用在各項控制的活動上。透過因果關係的確認及掌握住相關變因間的相互關係，因而人類可以培植一定的因，以期產生所欲的果或避免所欲的果。人們在控制上的活動，諸如：遺傳、醫學、動、植物的生長、環境品質的控制、人類生育的控制等，樣樣都可以說是在利用科學知識及其衍生技術的結晶。一般而言，藉由科技的運用而達到控制與人類所欲求的活動或相關之事物，可以說最爲人類生活需求上所盼望。簡而言之，在人類有目的運用科學下，至少物質的利用，已提昇了人類生活的品質，則是不爭的事實。

以西方人的觀點來看，科學可有下列的一層意義：

「或許科學可以被認爲是一種情態（Mood)下的對世界的認定。沒有人會處在同一情態之下。」（註一）

此一普遍性的科學認識，說明了科學乃是人對其所處的世界所作的認識。從人類的進化觀點來看，人類處在原始人的時期——大約在四十萬年時，就開始使用簡單的工具或武器。這些工具已具有對稱的形式（symmetical form），表現了人在構思工具時，在心智活動上，已經有了心理上的想像活動。在利用嘗試與錯誤及試驗的活動下，早期的人類，已經有了動作目的的構想，並順着目的的需要而設計了可行的手段或方法。在人類生活需求的滿足下，利用周遭環境的資源，完成生活所需的各項要求，驅使着人類不得不對生存的世界，作出確切的認識來。科學，一種較爲廣濶涵義的科學，也就逐漸爲之開始了。

西方考古人類學家，曾經發現過三萬年前人類所描繪的動物動態圖畫。這證明了那些製圖的人，對所繪的動物，有了詳細的觀察活動。一萬三千年前，在人類成爲定居的食物播種者的情況下，人們必須仔細地觀察自然中的天候、土壤、河流、動物、植物及其生長的現象等等。爲了耕種、收穫、不僅需要各項有關的農業知識而且從耕種中，認識到了製訂曆法的知識。另外，實際的農耕活動，導引了農業器具的證明（註三）。

二、科學的歷史

在人類的歷史演進中，石器時代的結束與金屬工具的使用，使人類進入到了一個新的歷史階段。從礦產的發現、認識以至礦物的提煉及製作工具，到農田權利的認定與需要測量，從而幾何學就爲之出現。在畜牧的生活型態下，宰割動物以製作食物，逐漸地形成了對某些動物生理構造的知識。這類知識在米速不達米亞（Mesopotamia）出現甚早。就人類知識的發展而言，人類的這些活動，就是冶金、數學、解剖等知識的來源。隨後社會複雜程度提高，商業活動出現之後，相關知識的增加，也是可以預期的。從史學家對巴比倫（Babylonian）帝國的研究看來，巴比倫帝國時已有着天文、數學方面的知識。關於這方面的資料，遠較以往所想像的爲多。「因而，科學不再被視爲是希臘文化的一項產品了。」（註四）

西方科學家在撰寫科學歷史時，基於史實的認定，他們不得不承認東方的印度、中國，在與西方歷史的同期，早已經有了科學的存在。不過，在敍述西方科學史的發展上，西方科學的出現——單就嚴謹的科學意義而言，紀元前六百年，已經有了幾何學、三角、金字塔等學科與技術的結合了。紀元前五百年，希臘雅典人已經有了醫學的出現。至紀元前四世紀時，希臘哲人柏拉圖（Plato）强調數學的重要性，並且主張天體之運動，完全是以完美的幾何形式來運動。

其後，柏拉圖的弟子亞里斯多德（Aristotle），在受到自然知識的薰陶下，全心致力於知識的系統化與組織化。尤其值得注意的是亞里斯多德對生命現象及具有生命之事物的觀察，至爲用心。也就因爲這個緣故，亞里斯多德對於生物學之遺傳、靈魂、生殖等問題甚感興趣。其次，亞里斯多德對宇宙的論說，竟然能延續了二千年的歷史。

希臘政治勢力衰退以後，崛起於馬其頓的亞歷山大帝（Alexander），呑併了希臘南部諸城邦，然後東征南討，建立了歐洲第一個橫跨歐、亞、非三洲的大帝國。政治上的成就非凡，但也有着科學研究上的突出表現。埃及亞歷山大城（Alexandria）在西元前三百年至西元後三十年間，成爲歐洲科學研究的重鎭。數學上的歐幾里得（Euclid）幾何，成爲西方二千多年的教學內容之一。薩摩斯（Samos）的亞銳斯塔乞士（Aristarchus fl. C. 270 B. C.）曾試圖測量太陽和月亮距離地球的距離。另一位天文學家，地中海中羅德島的赫柏乞斯（Hipparchus fl. 146–127 B. C.），設有觀察星象的觀察室，並且發展了三角法（trigonometry）。除了這些天文學家和數學家以外，在亞歷山大城的科學們，在解剖學、生理學，特別是人體的解剖和動物的解剖的比較，提出了不同於希臘柏拉圖及亞里斯多德所主張的心靈觀。因爲他們認爲人的腦，才是構成人的靈魂的主要部分。另外較爲著名的物理學家阿基米德（Archimedes 287–212 B. C.）對槓桿、水的浮力、提秤（Steelyard）之發明甚有貢獻。

進至羅馬人統治歐洲期間，因爲受到希臘人科學知識的影響，各類科學都有緩慢的發展，如托拉密（Ptolemy）綜合了當時天文學與一些地理學的知識。格蘭（Galen）在解剖學與生物學上亦有一些成就。托拉密已能測量出地球與月球的距離而格蘭則認識到了生命的現象與呼吸空氣是有關連的。

中古時期，由於歐洲人在基督教教義的薰染下，有出世的宗教信仰及對超自然的追求，使得科學的發展爲之停頓下來。直到回教勢力興盛之後，在希臘文化與回教文化接觸下，回教徒在科學上的成就，已遠遠超過了西歐。因此，在紀元八五〇年至一千二百年間，可以說是伊斯蘭科學（Islamic Science）時期。在此一時期，一些古希臘人的著作，曾被譯爲阿拉伯文。回教徒的科學家在醫學、天文、數學、鍊金術方面，甚有成就。在天文學方面，回教徒在西班牙半島的特利多（Toledo）、康爾都巴（Cordoba）設有天文研究中心，曾繪製了行星位置圖。醫學方面，學者銳扎斯（Rhazes）能夠區分痲疹與天花的不同。回教徒在科學上的貢獻，一直要到西歐人與回教徒在中東、在西班牙有了接觸，才漸次地被歐洲人認識到。

在歐洲文藝復興運動展開以後，崇尚理性成爲當時歐洲人的一項理想。古希臘人、羅馬人的經籍，受到學者的愛戴。希臘科學再次出現在西歐；至一五五〇年希臘、羅馬人的科學遺產，可以說已完全恢復起來，例如：古薩（Cusa）的尼古拉（Nicholas）曾對植物生長作了實驗；氏也是第一位利用實驗法，證明空氣是有重量的人（註五）。

自十六世紀天文學家哥白尼（Copernicus 1473–1543）倡導太陽爲宇宙之中心學說後，托拉密以爲宇宙是球形的理論，依然爲哥白尼所採納。此後在天文學家伽利略（Galileo 1564–1642）、凱卜勒（Kepler 1571–1630）等人的鼓吹下，近代天文學的發現，已漸漸爲世人所肯定。是故，在十六世紀中葉以後，傳統的亞里斯多德物理學、宇宙論早已衰退下來了（註六）。科學的新時代已經顯著地在發展之中。

十八世紀發生在英國的工業革命，具體地表現了科學研究與技術發明，對社會所造成的重大影響。其後十九世紀可以說是一個大發明的時代；在一七七六年瓦特（Watt）蒸汽機問世以後，一八〇二年有了汽船的發明；一八三〇年機車問世；一八四二年有了海底電報；一八三七年發明了電報；一八四三年有了收穫機；一八四六年有了縫紉機；一八四七年麻醉品發明了；一八六七年防腐劑生產了；一八七六年電話發明了；一八九九年無線電爲之發明。十九世紀中，這些重大的科學，技術產品的出現，將科學的歷史帶進到另一個人類重大生活改變的時代中。

三、科學的意義

科學（Science）一辭的意義，甚難用一個簡短而精確的語句，予以完整地表白出來。這其中的原因，一方面由於科學是人類認識外界過程中的一項複雜產品；另一方面，科學在人類歷史發展中所扮演的角色亦甚複雜，因而增加了人們對科學了解上的困難。一項很明顯的事實就是科學並非自然然地降臨到人間而且在自然界中，也沒有科學的存在。基本上，它是人類運用認識的活動而形成的，但是科學並不是各民族、各社會中，具有同等量的存在物。科學的形成與發展，跟社會中人們思想的方法、求知的態度、研究的過程、創造及發明補助性認識的工具及科學在此一社會發展歷史中的地位有着關連。這些錯綜複雜的關係，使人們對科學的界定，產生了困難。以下擬就一般常見的科學涵義，作一簡單的介紹，以幫助吾人了解科學教育中心思想所涉及的一些概念。

(一)科學是「有組織的、驗證的事實及概念，可滿足於對自然現象之解釋及發現因果關係。」（註七）

(二)科學是「一種方法，用來發現事實及規則以便解決問題。」（註八）

(三)科學「是有組織的實用知識及獲得此一知識的方法。」（註九）

(四)科學是「一純粹心智研究活動的歷程。」（註一〇）

(五)「在吾人經驗中，科學得到了秩序與意義。」「所有的科學，都在尋求隱藏在各種現象中的統

一性。此一探索，可能規模很大，如在現代理論中，試圖將萬有引力與電磁關連在一起。」（註一一）

(六)「何謂科學？」（What is Science?）依照費尼克斯（Philip H. Phenix）的觀點，回答此一問題，可以有五種不同的答案。每一種答案，都可以對科學有一特殊的意義，同時具有着不同的教育含義。（註一二）

1.**科學是一歷史性的運動**　人類無時無刻不在尋求對外界的了解，並亟思將其了解，應用在自然的解釋與控制上。不過，在過去歷史上，這種活動並不是完全成功的。從歷史上，人們知道西方近代科學的興起是發生在十五世紀。以往的希臘人、巴比倫人、埃及人對科學知識都提供了不少的貢獻。他們對數學、天文、工程方面的知識，作出了不少的發展。在經歷了希羅文化、基督教文化的洗禮後，西方人在文藝復興、宗教改革、啓蒙運動之後，科學知識獲得了重大的進展。就歷史的角度來看，科學乃是人類從附屬於自然的地位，轉變成爲支配於自然的地位的一場歷史性轉變。

2.**科學是有組織的知識**　科學研究的目的，就在於得到事實性的資料。因此，科學知識不僅要求可靠，而且凡屬於科學的知識，尙須經過良好的驗證，而且可以提供任何適當的人，在任何時間重新作一番檢驗與查證的工作。科學研究的工作，也在消除人們對一些現象有着不淸楚的、含混的、模稜兩可的，似是而非的論點，以使之更爲淸晰、精確和可靠。

3.**科學是有系統的理論**　科學並不是將各零碎的資料予以結合起來就行了；科學乃是由一些事實的發現而建構起來的理論。事實可以經由一般的原理而將零散的、看似各自獨立的事實連結起來。就這一層科學研究的活動來說，科學研究是將各種事物在分門別類的處理以後，凡是相關的、可統合的事實，置在一個理論的規則上。科學上所要求的理論是需要有事實的基礎。由此而建立起的理論，對同類事實的解釋當然是會有所幫助的。

4.科學是一些方法　前述三種科學意義，除第一種外，均是從一具體的、實在的、結果的或產品的角度來論科學。不論這二種論點，並沒有將具體的產品是經過何種的程序而形成的加以說明。因此，有必要對科學的解釋從程序的、歷程的和方法的觀點加以探討，以期能對科學知識和科學理論的發現與驗證有所說明。在科學研究上，一般常用的方法有觀察、實驗、假設及求證等。不過，人們需要注意的是：在科學研究方法上，並不能找出一種方法來，因爲往往研究的對象，會決定了方法的應用。另外值得一提的事實是：在科學研究上，往往發現的方法和求證的方法，不見得完全一致。蓋因在科學的發現上，偶而有些發現不是透過所設計的方法及所安排的活動，而是經由意外的發現使然。

5.科學是一些態度　從精神的角度來論，科學也可視之爲一些態度。這些態度表現在人的科學觀上；不管他是科學家或是普通人，所受到科學態度的影響，恐怕遠甚於科學產品或方法的影響了。科學本身當然是沒有態度的。人才具有科學的態度。這些態度是科學思想影響下的一些信念、一些認識或一些心態。作爲一位科學家，他需要具備好奇的心理，因爲一位科學家是不能將其周遭的事物及其變化，視之爲理所當然的；否則他是不會去探索、去發現的。科學態度是指相信進步。科學家不會全心注意於過去、滿足於現在；相反的他是關注到未來。他相信未來是會有所發現的而努力尤其是需要的，因爲科學上的發現是不會白白掉下來的。由是可知，科學家是樂觀的，對未來充滿了希望。其次，科學態度也是指對人的理智充滿信心。從事科學研究的人，對人的理智會有信心，因爲研究科學或解決問題，均有賴於人的智慧。科學家不應該相信人性是墮落的、人是無能的、人需要外在的神，來解決他的問題。另外，科學態度亦係指相信自然是有秩序的。在研究自然上，如果相信自然是受着一些定律的支配；自然是可信的；某種程度的預測是可行的；那麼在自然的研究上，就較爲方便，較爲能夠作出一些關連性的研究發現了。謙虛也是科學態度中的一項因素。凡是從事科學研究的人，如果態度上是自滿的、自負的，那麼在研究工作上，他就不會虛心地做他的研究工作；也不會全心全意去追求新知的發現。因爲，他自以爲自己已經知道了一切，何必再花費心血呢？謙虛的態度，也會讓一位科學家去接受建設性的批評。這對他研究上的幫助是非常明顯的。理由是這樣可防止個人思想上過於武斷。科學態度也顯示在科學家對證據的尊重上。科學家是不會貿然地接受一個新發現、一個新理論，倘若完全是基於提出發現或理論的個人所具有的權威、地位或聲望的話。他也不會基於過去的傳統，毫不謹愼地就加以接受他人的論點。

這種對「科學」一概念作多層次的分析，委實有助於人們對科學一問題的認識。由前所述，鑑於科學有着多層次的意義，因而任何單一層次意義的確定，都會使科學的意義，有不盡完全周延的錯失。從多層次上來了解科學，不僅使科學的涵義爲之充實，而且多層次的科學涵義，更能顯示出科學意義的複雜特質，故而也就難以一言以蔽之。因此，多方面了解科學的涵義，當有助於致力科學研究的工作人員及一般大衆對科學研究的支持與協助。

四、科學的性質

從先前的陳述中，不難了解到科學乃是人類運用智慧以適宜的認識方法和思考程序，求取對周遭外在世界作一探索性的理解。這種探索性的認知活動，一方面會形成具體的認知結果，一方面會顯現出認知活動時，所涉及的方法和心理態度等。基本上，科學乃是人類求知活動的一種顯現。它不是來自於自然，而是由於人類心智努力的結晶。

科學在形式上，可以說是有着兩個層次，其一是將科學視爲組織性的知識以及獲得組織性知識的方法；其二是將科學純粹視爲一心智求取滿足的過程，亦即好奇心的滿足是也（註一三）。科學在知識的層次上，也可以說成是心智獲得滿足的一種結果。於此，前一層的意義和後一層的意義，實際上是相互關係着的。人類了解外界的目的是複雜的。對於一些人來說，唯有眞正了解自然，人才能掌握住自然而駕馭自然並役使自然，使自然爲人類所用。這就是從純粹科學的知識，轉化成實用技藝的原因所在。對於另一些人來說，科學知識的獲取乃是解決現實生活的問題。基本上，科學不完全是一種純粹對自然的了解。它尙蘊含了實用的意義。總括來說，人類研究科學的目的是多層意義的：了解、解釋、預測和控制，可以說均是較爲明顯的科學目的。

英國哲學家羅素（Bertrand Russell），在其「科學對社會的衝擊」（The Impact of Science On Society 1952）一書中，曾經提到了十八世紀科學觀所帶來的激盪。當時的科學觀卽指：

「1.事實的陳述，應該建立在觀察的基礎上，不可建立在沒有基礎的權威上。

2.無生命的世界是一個自動、自我久存的體系。在此一世界中，所有的變化，均與自然律相符應。

3.地球並不是宇宙的中心，而人或許並不是地球的目的（如果有的話）；尤有進者，目的一概念，在科學上毫無作用。」（註一四）

這種科學上的機械觀（mechanistic outlook），引伸後可以得出以下的一些論見來。

1.觀察對權威　西方世界在科學尚未發達之前，事實的認定，不是取決於觀察的結果，而是訴諸於古代的權威。亞里斯多德，這位希臘偉大的哲學家、科學家曾經提到男人的牙齒多於女人的牙齒。羅素就譏諷地說亞氏結婚兩次，竟然從未以觀察的活動，來加以驗證一番。又如：傳說上駝鳥吃釘子，但是，由於傳說來自柏來尼（Pliny），就是在羅素時代，此一傳說還在流行。這類權威或建立在古代名人身上，或建立在古代學人的論著，或者建立在宗教的機構上。俟科學觀漸次興起，觀察所發現的事實，才被人們重視而成爲現代受過科學洗禮的人的一種常識見解。

2.物質世界的自主性　天文學家伽利略（Galileo）可以說對近代科學觀的建立，提示了一個嶄新的方向。伽氏提出了運動的第一定律，卽動者恆動的說法。早先的看法認爲只有生命的存在物才會動。甚至亞里斯多德亦認爲天體中星球的運動是神所推動的。在此情況下，物質世界的運動是沒有外在的因果關係。

3.目的論的揚棄　早先西方學術思想傳統上，由於承襲了亞里斯多德的思想，因而認爲凡是存在的事物，都係受着四因說的影響：目的因、效率因、物質因及終極因。如是以目的論的方式，來解釋月亮的存在時，則會認爲月亮的存在乃是爲了地球夜裏沒有光的緣故。從事科學研究的人，則不會採取此一論點，以爲說明月球產生的原因。又如早先對於癌症的說法，有認爲癌症的來臨是因爲人類的罪行。這顯然是上蒼的一種懲罰。對於從事科學研究的人士，他所相信的則是凡現象的發生均是先前狀況決定使然。因此，可以說一項事實是過去可決定現在而非由未來決定過去（註一五）。達爾文（Darwin）的進化論，以物競天擇，優勝劣敗的適應生存論爲基礎，在自然現象的解釋上，提供了最佳的說明。

4.人在宇宙中的地位　在科學不甚發達的狀況下，宗教薰陶下的歐洲人，莫不相信宇宙當中的主宰力量是來自於神。祂支配了宇宙的運作，決定了人的各項事務。人的無能、低微，正是反映神的偉大所在。但是，在科學倡明以後，人們認識到要使事物順暢如意，並不是向神去祈禱或企求神的協助。只有在人了解到自然律的知識以後，人才能影響事務的進行。是故，在相信科學力量的情況下，人們對自己的能力有了信心。這種認識提昇了人在宇宙中的地位。更由於信奉科學力量的關係，人們對於未來，也就充滿了樂觀的態度，去迎向前去。

科學的發展雖然有賴於正確的科學觀，不過，如果能夠掌握住科學的一些基本特性，則在科學的研究上、科學知識的形成上、科學方法的應用上以及科學態度的培養上，都會收到預期的效果。

科學的形成，也需要一些基本的條件，否則過去那麼多人在認識外界的種種發生的現象，而却未形成科學。因是之故，科學的產生有賴於：

1.觀察的活動　科學的形成與成長，有賴於知覺經驗的繼續提供。觀察的價值，就在於當吾人對所存在的外在世界形成了認知上的模式時，來自觀察活動的知覺經驗，就在於驗證及更進一步的證驗吾人認知上的各種模式。藉由觀察活動所提供的知覺經驗，有助於彌補人們認知上的缺失。觀察可爲人們認識上所預期者與實際者之間的牴觸，找出新的發現來。在此情形下，人們自然會修正既有的認知結構，使所望者與實際者趨於一致（註一六）。

2.實驗的活動　科學家是迎向挑戰的。他不會滿足於既有的對外界的了解。科學家亟望在觀察活動中，能夠有不同的、新的事物可以發現。故實驗活動，離不開觀察的應用。實驗的目的，即在一人爲的、控制的環境下，科學家期望能從假設的變因關係中，獲得一個確認的關係。在實驗情境中，一位科學家可以改變某些變因，同時保持住某些變因，以觀察變因的關係。其次，實驗活動即在找出變因間的因果關係。科學家利用實驗研究的方法，可以結合某些情況或變化某些變因，以期對人們所認爲的論說，作更精確的認識。觀察和實驗都需要忠實地記錄下來所發生的一切。這是研究科學所不可缺少的一些態度。

3.假設的形成　在科學知識的發現上，假設是不可缺少的一項條件。假設是從事實的觀察或舊有的認識上去引發的。在形成假設的過程中，科學家不僅需要經驗性的觀察活動，他也需要運用想像力，來建構一個假設。假設在科學研究中，佔有舉足輕重的地位，因爲科學家有了假設，他可以確定出他研究的方向，釐訂出他蒐集資料的範圍，而且對變因間的關係，可有一個初步的認定。假設的背後，多半伴隨着一個理論。於此，理論的作用，即在支持該項假設的可用性。不過，科學上的理論，都不可以視爲是絕對的、不變的。因爲在實驗過程中或在觀察活動中，都有可能發現在新的證據牴觸了原有的理論。在此情況下，假設的驗證，就是產生新知的一項途徑了。

4.驗證的活動　從事科學研究的人，一項絕對遵重的信念，就是寧可相信證據，不可輕信不當的權威。證據是有助於研究假設的成立、修正或放棄的。研究過程中，科學家需要運用所觀察到的知覺經驗，或利用邏輯思考中推論的結果，作爲一項假設的證據。許多重大的發現，都是經過屢次獲得的證據，來證驗研究上的假設而導致了科學研究上的發現。因此，科學家是不可能未經一番驗證，就貿然接受一項假設的。故而，驗證使得科學家在態度上要實事求是、謹愼小心而不得稱心快意、隨意發言！

5. **理論的價值**　科學家在研究過程中，並不停留在事實的發現上。他尚企求於事實背後原理的建立。「是什麼？」固然可以實現了人們求知上的滿足感，然而，「爲什麼？」對於科學家即形成了更爲迫切的一個問題，因爲這項問題的解答，更能激發起他心智的挑戰而獲得深一層的認識。科學家根據一些事實性的資料，進而構思成一個通則，用以解釋同類事物中的其他個別事實。一個功效良好的通則，它也可以用來預測同類個別事實的發生以及同類個別事實的性質等等。通則建立以後，進一層可以發展成相關的其他通則，從而有助於理論的建立。科學的研究不會只停留在發現事實上。影響事實發生的其他條件，每每是科學家所想要致力去發現的。理論的作用，除了提供研究假設的需要外，因爲有了理論，對於發生的事實，也就能夠提出一些解釋性的說明了。

6. **建立律則**　現象的發生是有一些先置的條件，用以影響到某些現象的發生；或許某一現象發生時的狀態，對此一現象的發生也會形成了影響力。處此情況下，科學家總希望能夠找出一些現象發生時的關連性條件，作爲同類現象發生而欲了解的參考。或許自然現象的研究，找不出一些絕對不變的律則來，不過，作爲了解事物產生的一些相互關係的律則，則是有其存在的價值。科學家的研究工作，即在期望用簡潔的概念，說明一些事物的變化，而律則就具有此一作用。

科學是需要從多層次上去界定的。由於意義的層面衆多，故在了解上，也就得從多角度去探究才行。另外，科學研究也不是任何人均能勝任愉快而會得其成果的。科學研究的方法、態度與精神，在在都會影響到科學的形成。於此，有了這些基本的認識，對於西方教育中的科學中心思想的運動，或許能有所幫助。

五、科學方法

將科學當爲一具體的產品時，它意謂着人們運用智慧，對周遭的事物，作了探究的結果。因而科學知識的產生，是在思想活動過程中而與外在世界作一交往且在正確的方法應用之下，才產生的一種結果。是故，獲取科學知識是有賴於一些不可或缺的程序有以致之。在獲取科學知識爲人們活動的目的時，科學方法就是一種必要的工具或手段。

科學方法可以說是獲致經驗科學知識的一種程序。在人們有興趣於生命現象的了解時，他會孜孜矻矻於生物活動的觀察與探究，因而能建立起生物學、動物學及植物學等的知識來。經由觀察、實驗而得來的認知資料，再經過一番處理、整頓而後系統化、組織化了該等資料以形成知識。不過，在科學的發展歷史上，人們並不是在短時間內，就掌握住了各項探索科學知識程序中，不可或缺的那些基本因素。以思考的方法而言，偉大的思想家，也是逐漸地發展出適切於科學研究的方法和態度的。例如：西方思想家一直到亞里斯多德時，在論斷事物時，還都是以自明的事理爲準則或是來自於由自明的事理所推演出的判斷。這就使科學的發現和演示的發現，有了等量齊觀的說法，而求知的過程上，就落於演繹的思考方法了。至於現代人所用的科學方法則是近代人們求知的產物。在人們掌握了科學研究的方法以後，科學的知識也就有了今天突飛猛進的局面。

人類生存於大自然之中，終日與其生存的環境打交道。在仰察天象、俯窺地物時，不難發現一些事物是有其相似的地方。因此，物以類聚，故能將相似的事物、歸併在一起而對看上去雜亂無章的自然界，作出事物的分類（Classification），以便形成對自然界事物的一些認識。這就是科學方法的一個起步。

「科學家在探究自然外表的相似性中，尋求其規律。因爲規律並不以規律來表現其自身。倘若承認規律的存在，那麼規律也不是單憑觀察就能肯定其存在的。吾人無法用手或照像機去指認其存在。規律必須被發現；就其深一層的意義來言，規律必須予以創造出來。」（註一七）

從自然現象的歸類中，人們不僅需要運用觀察活動而且在辨別自然現象確定其相似性之後，進一步探尋定律的活動，就不全是訴諸於觀察所能克盡其功的。因爲，定律的發現或創造，必須經由思考的活動爲之。因此，演繹性的規律，在西方科學史上的發展，遠較歸納思考得來的規律爲早。此與强調自明之理及由自明之理，推演出其他事理的思考方法有關，同時也與西方早期思想家，未能與重視實驗法則的冶金技術人士的製作方法作一結合之故。

早期的西方哲學家如：赫銳克里特斯（Heraclitus）已經注意到自然中事物的變化性。他提到了凡是人們所能說的事物，都是在變化之中。這眞可以說捕捉住了自然現象中的重要一面。

詭辯學者普托格拉斯（Protagoras）主張「人爲萬物的尺度」（Man is the measure of all thinges)，顯示了這派學者對個人經驗的重視，同時也反映了他們重視人的知覺作用。無可否認的，科學的研究，在方法上是不能沒有知覺的活動以蒐集經驗性的資料，例如：來自觀察的資料。

柏拉圖（Plato）在建立知識上，毫無疑問的，是傾向於演繹的思考方法。這種思考的特性，充份地顯露在他對數學知識的倚重上。柏拉圖是不相信只憑感覺就能夠建立起或發現到眞正的知識。由於他以爲感覺是會變化的而眞正的知識却是不變的。在數學的研究上，的確這是不需要運用知覺的，因爲數學上的命題，多爲重言命題與分析命題。在判定數學命題的正確與否時，人們並不需要了解外界的事物而只要了解到符號的意義及其相互的關係卽行。這或許是柏氏認爲觀念（idea）才是絕對眞的原因所在。

亞里斯多德雖是柏拉圖的學生，但是在思想方法及知識建立上，却有與其老師迥異之處。亞里斯多德重視個體事物的觀察活動，試圖從肯定自然世界中，作進一步抽象事理的建立。因此，他並不特別倚重數學，反而他對生物現象，物理現象作了許多探索。例如：亞里斯多德的物理學，在解釋自然中事物活動的原因。他以目的因來解釋事物活動的原因，就是對生命現象的存在物，他也是以目的因來說明之。

另外，在學識系統的建立上，亞里斯多德對邏輯法則，建立了影響深遠的三段論法，使之成爲中古學者奉行不渝的思考法則。基本上，這種演繹論證（deductive argument）乃是利用二個命題中，詞與詞間的概念包含與排斥關係，而形成一個新的結論。這種强調從已知前提，推至未知命題的推演活動，就成爲近乎千年中古學者所熱衷的思考方法了。

在累積知識上，學者們應以充分利用了觀察的知覺材材，成爲判定知識的參考。但是這不是科學興起以前學者們所常用的方法。在演繹的思考方式下，在倚賴於權威人物的、經典的習慣下，求知的方法，多半停留在思辨的活動上。因此，在漫長的中古歷史階段（第五世紀至十五世紀），科學的方法是在沉睡之中。因此學者們對新知識的建立至爲緩慢。在提到西方中古時期，學者們研究的方法時，英國學者羅素（Bernard Russell）就認爲中古的學者既沒有耐心的觀察，也沒有大膽的提出假設，不過，經過文藝復興運動的激盪，十六世紀後的天文學家之能夠有創新的發現，就是得力於耐心的觀察（註一八）。

哥白尼（Copernicus 1473-1543）在一五〇〇年曾經去過義大利，並在羅馬擔任數學講座，極其自然地感染上了文藝復興時代的氣息。數學是哥白尼研究的主題，不過，他空餘暇時則對天文學的鑽研甚爲出力。他提出了太陽爲中心的宇宙論，由於畏懼教會的權威，因此，直俟他過世之後才正式公開發表。在付梓問世時，其友人奧西安達（Osiander）在序言中，只謂此一論點乃係哥白尼氏的一個假設。不管這種說法是哥白尼的授意或者是奧氏自己的論點，重要的乃是在態度上，對於一項科學領域上的新發現，冠以「假使」的態度。這已經脫離了早先對理論過份予以權威的傳統習慣。在哥白尼大膽的提出假設並耐心地觀察自然的現象後，科學知識累積的速度因而加速！

將實驗精神，貫注到科學研究上的物理學家伽利略（Galileo 1564-1462），在近代科學發展上，貢獻至大。伽氏以爲科學除其自身之外，不應依賴其他一切的權威；另外，一切推論必須從觀察與實驗中得來而不能依賴於任何的臆測。例如：伽利略研究落體現象時，發現了加速度的存在。他以實驗的方法，證明了物體在落下時，其快慢速度與物體之大小無關。另外他以測量的方法驗證其理論；證實了落體加速度是以一常數——每秒三十二呎——在變化；即當一物體自高處落下來時，其第一秒的速度爲三十二呎；第二秒爲六十四呎；第三秒時爲九十六呎……。

將哥白尼、開卜勒（Kepler 1571-1630）及伽利略的學說加以結合而有所創新者爲物理學大師牛頓（Newton 1642-1727）。他提出了運動三定律；建立了萬有引力定律並以力（force）來解釋運動的原因。終於使他成爲近代科學界的巨人。由於他的影響，很快的使牛頓在科學上的地位，成了另一位學界的亞里斯多德；人們對他的權威，因而一時難以消失。

在推廣科學思想及方法上，一位卓越的思想家培根（Francis Bacon 1561-1626）可謂深具影響力。在基督教教會思想瀰漫下，培根主張雙眞理（double truth）說。他認爲眞理可以分爲二種：其一爲啓示（revelation）眞理；其二爲理性（reason）眞理。在求知上，他提出了歸納法，不過，他提醒人們對歸納法的愼審應用，例如：他說道在威滿斯村莊的人口調查中，調查者發現到居民姓名爲：威廉・威廉士（William Williams）……其一、其二、其三……均爲威廉・威廉士，遂自以爲其餘村民亦必爲威廉・威廉士。誰知該村民中最後一位姓名竟爲約翰・鍾斯（John Jones）。培氏厭惡中古時期盛行的三段論法。另外，氏對數學亦不甚看重。蓋因數學研究上，缺乏實驗性之活動故也。培氏提出在科學知識的追求上，不應該像蜘蛛一般，一一均從口中吐出來；也不應該像螞蟻一般，只是在蒐集材料，沒有融合貫通。治學應該像蜜蜂一般，不但是要蒐集材料而且又要融合資料、安排資料，以期使材料間的關係，能有一發現。因此，培根在提倡實驗法與歸納思考方法上，被認爲是頗具貢獻的。

十八世紀的德國哲學家康德（Immanuel Kant 1724–1804）雖然不是一位從事科學研究的學者，但是由於他在哲學上的貢獻，融合了歐洲大陸的理性主義思想與海洋的經驗主義思想，使科學研究所依賴的經驗主義思想，得到了人們的重視。康德從知識陳述的工具上，區分了分析命題和綜和命題。一個分析命題就是一個謂詞概念包含在主詞概念中而具有眞僞判斷的句子，例如：「一個高的人是人」；「一個等腰三角形是三角形」等。因爲受了矛盾定律的約束，一個分析命題之爲眞是明確的。至於綜合命題，其眞僞的判斷則需要經驗的活動才能陳述之、判斷之。綜合命題是需要個人的知覺或他人的知覺才能認識到的，例如：「那枝筆是紅色的。」因此，由於康德在哲學上融合了具有爭議的學說，故使科學的研究，在哲學上具有其應有的地位之後，人們也就不再指摘科學研究的膚淺了。

培根之後，在歸納思考方法上，最具貢獻者之一，可推英國哲學家、邏輯學家穆勒(John Stuart Mill 1806–1873)。穆氏在歸納方法上，揉合了前人培根的思考方式而予以系統化，因而建立了五個較具形式的歸納方式，卽所謂的一致法、差異法、同異聯合法、剩餘法和共變法（註一九）。

歸納思想的方法，跟確定現象間的變因，有着很大的關連性。一種現象的發生，在科學家的眼中，總認爲是有其先置的狀態。這種先置的狀態，就可以視之爲引發另一現象的原因。歸納方法就是在探討同類原因與所引發同類結果之間的關係。如果原因相同而結果又相同，那麼所謂的通則，也就能夠予以建立起來了。

穆勒的一致法是指在一系列的現象中，從前置的狀況中，找出與結果相同現象的關係來。如果能夠找出此一相似前置狀況中，皆具有的共同條件或因子，則可認定此一共同因子與同一結果現象間的結果關係。差異法則是從反面去推測，在一系列前置狀況中，唯一其他前置狀況均具備而另一前置狀況中不具備的因子，卽可能是未引發相同結果現象的因子或條件。一致法是利用有前者卽有後者的關係而差異法則係應用無後者當無前者的關係加以推論之。同異聯合法則是將一致法與差異法聯合起來加以運用。此法可對因果間的關係，有一確定的認定。剩餘法則係將一系列先置的狀況與各狀況所伴隨結果間的明確關係，一一消除，那麼最後不明確的可能因果關係，當係所要確定的因果關係。至於共變法則係利用先置狀況與伴隨結果之間的關係，在先置狀況中，加一特定的條件，觀察伴隨結果現象的變化。若在另一先置狀況中，亦加此一特定的條件而伴隨現象亦有相同之反應，則所添加的條件與所引發的現象間，定有所關連，從而可以確定二者間的關係。由於歸納法的建立，故能對自然科學研究上所依賴的一些活動如：觀察、實驗特別予以重視，因而能夠很快地成爲科學家所利用的研究方法之一。

一九一〇年杜威（John Dewey 1859-1952）出版了「思維術」（How We Think），其中對於一般科學研究的程序，有了一些系統化的說明。

杜威的科學研究方法，本質上是以問題解決爲其導向的。在程序上，他列出了下列的五個主要步驟，卽：

1. **一個待解決的問題**　研究者遭遇到了困難、阻礙、或不明確的狀態，亟待有一了解以便得以解決或處理此一難題。

2. **界定問題**　研究者所遭遇的問題，須透過事實的蒐集、觀察的活動，以期正確地將問題加以界定。

3. **提出假設**　針對先前界定的問題，加以初步的思慮，提出其可能的解答。

4. **引出結論**　由先前擬定的假設，引出可能的結果。這是運用推演的方式爲之。

5. **驗證結果**　運用經驗的方式，對先前引出的結果，加以驗證。這需要經驗活動，才能找出事實性的依據來。（註二〇）

前述杜威的思想步驟，亦可視爲一般研究科學問題的程序。至於由此而衍生出來的一些科學研究方法，試可舉出下列的例子，以爲說明，如：

1. 研究者首先認識到有一個不確定的情境之存在。在此情境中，顯示着衝突和不明確的狀態而需要加以探究。
2. 在了解了問題的性質之後，以專用的、特別的名詞陳述此問題。
3. 針對探索的問題，建構一個可資利用的假設，試圖對問題提出一些暫時性的說明和解釋。
4. 進一步設計出控制變因的研究方法，以觀察、實驗的方式實施之。
5. 在處理變因的控制過程中，蒐集並記錄各項原始資料。
6. 將此等原始資料，轉變成爲有意義的陳述。

7.從而獲致一可信的結論，若此一結論能夠成立，當可作爲預測活動之用。

8.將可信之結論與已有之知識相結合，以成爲科學上的新知。（註二一）

總之，科學研究方法的出現，一方面是伴隨着人們逐漸運用歸納的思考方法，一方面也得力於耐心的觀察和大膽的提出假設。尤其是在觀察工具的協助下及人們思想趨向於自由的情況下，加以在研究方法的支應下，科學知識的進步，也就一日千里了。

第二節　人文與科學思想

一、西方人文思想的傳統

希臘是西方世界文明的搖籃，舉凡現在西方文化中的主要部分，諸如：哲學、文學、藝術、科學、民主制度、建築等，或多或少，直接或間接都與古希臘文化有所關連。古希臘的文化，在特徵上，顯示了具有人文思想的傾向，因爲：

1.重視人的理性　古希臘人酷愛自然，在文化活動上，對自然並不太過於恐懼，因而對自然現象的解釋，除了一些傳統的迷信，傳說之外，多能以人的理智、構思出一些解釋來。因而，古希臘人在知識領域中，多能系統地、組織地形成各門知識，諸如：哲學、邏輯、物理學、數學等。

在强調批判的理性思考下，紀元前第六世紀的古希臘哲人，逐漸揚棄了以神來解釋宇宙的現象，如：過去以太陽神（Apollo）解釋太陽的出沒。而此時，學者們則運用批判的理性能力，試圖以自然本身的規則，說明自然現象之變化。這點就先分說明了古希臘的一些學者們是如何地相信自己的認知能力—理性。

2. 看重視實生活的價值　古希臘人雖然也有宗教上的信仰及活動，不過，他們信奉的神，泰半都跟人生的實際問題有關：有酒神、有愛神、有花神等。這些具有擬人化的宗教信仰對象，多半跟人性的探討問題相連，而且，他們也都像人一樣，具有家庭的組織。基本上，宗教信仰並不強調人要成其爲神，去過另一種神的生活方式。古希臘人熱衷於現世生活的享樂。他們有舞臺表演以欣賞戲劇所表現的另一種人生；他們有音樂的癖好，幾乎人人都要學習彈奏七弦琴；他們熱衷於自由民的責任；他們追求舒適的物質生活等。因此，基本上，古希臘人並沒有出世的思想。他們肯定了此一現實的世界（this-worldiness）。世俗生活的完美乃是他們所要追求的理想。

3. 擬人化的神　古希臘人的宗教信仰是和人的生活密切關連着的。他們所信仰的神，也和人一樣，有着人性中的愛、恨、慾、貪婪、爭鬪、妒嫉等。古希臘人信奉萬物有靈論，因而認爲阿波羅（Apollo）駕御戰車，說明了太陽的運行；海神（Poseidon）憤怒時，愛琴海就有暴風雨；宙斯(Zeus)生氣就會有雷聲和閃電。其次，從紀元前七七六年開始，希臘人爲了紀念宙斯而舉辦每四年一次的奧林匹亞（Olympia）運動大會。不過，這並不是全部以運動競技爲之，尚包括有音樂、詩歌、選美、飲酒等競賽。這些人神共歡的節目，除了具有宗教的意義之外，人們自己平添一番喜氣，也是活動的原由之一。

4.描述人生的文學作品古希臘人的文學作品，並沒有脫離開人生的描述。著名的希臘悲劇，寫出了人生的痛苦、失望和無奈。希臘學者亞里斯多德以爲悲劇卽在透過憐憫和畏懼而達淨化觀衆的情感和心靈爲目的（註二二）。其次，希臘文學作品中，尙有喜劇，如：亞里斯多芬尼（Aristophanes）以諷刺劇，譏諷雅典人在政治、藝術及嗜好方面的事情。女詩人莎浮（Sappho）有歌頌愛情的詩。阿克曼（Alcma）以詩歌頌戰爭。阿乞羅乞斯（Archilochus）以詩諷刺政治。品達（Pindar）則描述競技者之得勝（註二三）。因而在在顯示了希臘人的文學重心乃在於人生的探索，沒有尋求來世的思想。

5.探索人生問題的哲學　一般認爲希臘的哲學大家蘇格拉底乃是西方哲學史上的一個重要分水嶺。在蘇格拉底以前的哲學家，雖然他們已經逐漸地脫離了神秘的，預言式的探討自然與人的一些問題，不過，像泰勒斯（Thales）之主張水、阿那克士孟斯（Aanximenes）之主張空氣、赫拉克里特斯（Heraclitus）之主張火，其思辨的焦點乃是宇宙本質的探討而非强調人生的問題。迨至蘇格拉底出，蘇氏將哲學的問題，才從探討天上的問題，降底到探對地上人生的哲學問題，諸如：人的認識問題、人的道德問題、人的生死問題，人的靈魂問題等。蘇氏以後的柏拉圖、亞里斯多德、伊壁鳩魯（Epicurus 341-270 B. C.）—强調人的精神快樂，甚於人的肉體快樂，斯多噶（Stoic）—主張節制人的情慾等，都可以說將人的問題，劃歸於一般人思索的課題中。人的問題，不是神的問題，也不是自然的問題，才是人所眞正關心的問題。

由於古希臘人有着哲學問題的思考，自然現象的觀察與研究以及人文的學識，諸如：修辭、文法、文學、戲劇、藝術的創作等等，因而使古希臘人的文化，能夠成爲歐洲文明的搖籃。這些文化創造上的結晶，顯示的是現世生活經驗的富饒，因此在古希臘，圍繞着人爲中心的文化，逐成爲人自身孕育其爲人的材料了。

6. 派得亞（Paideia）人文教育的實施　希臘教育實施上，一項顯著的教育活動而且帶有着濃厚的人文彩色者卽爲派得亞。由於希臘人教育課程內，不僅包括了讀、寫、算，而且尚包括了較高層次教育中的詩歌、文法、修辭、辯證、天文、幾何、音樂及體操。這些具有文雅學科性質的教育內容，除了訓練語文及思考的能力以外，基本上，希臘教育家期望經過教育陶冶的人，都能夠對個人心靈的作用，有一個轉變，就是「由感覺到理念、由發展到完成，有所作爲。」（註二四）

就是在希臘文化散播到西方以地中海爲範圍的領域時，受到希臘文化影響的各地教育，依然難免希臘精神的支配。文雅科目在課程上的地位並未動搖。希臘人冀圖透過這些課程的內容去影響一個理想人格的發展，並未有所改變。

文雅科目的教育價值，一方面看重文雅知識的重要性，一方面卽在培養當時適合於希臘社會—特別是雅典城邦社會所需要的人，而猶有進者，派得亞式的教育，也是着眼於擔任公共事務，服務社會的目標。由是可知，希臘人的教育，顯示了人文教育中，强調以人文學科來陶冶人及發展人的特色。這種思想逐漸地就發展成了西方人文教育的一項傳統特色。它不僅延伸到羅馬，而且，雖然經中古教會中斷了一個時期，可是，由於文藝復興運動的結果而又爲之恢復，一直影響到現代的教育思想。

羅馬崛起於一個小小的城邦。憑藉着樸實的民族性，務實的習性、守法、服從的精神，再加上强而有力的組織性與嚴厲的法律精神，終於能夠統一義大利，然後四出征討。西元紀元前一四六年征服了馬其頓；紀元前一四九年至一四六年消滅了迦太基；紀元前一三三年得到了西西里島；紀元前一二一年打敗了高盧。在羅馬擴張的過程中，羅馬人不僅顯示了强烈的民族優越感，而且，不論是在軍隊的戰力上、組織上、紀律上、戰術上等、處處顯示其優越的戰鬪力，終而能夠組成蓆捲地中海沿岸各地的空前大帝國。

在羅馬人的文化遺產中，强烈地顯示了他們對政治、法律、醫學、工程、哲學、文學之追求。這些得以滿足現世生活問題之解決的學識，在羅馬人的文化貢獻上，佔着舉足輕重的地位。

羅馬就像其他古代實施奴隸的社會一樣，二重的價值標準是顯示在社會生活的各方面。在貴族、自由民的統治階層中，羅馬實施的政治制度，初期是以共和制度爲之。在人口中百分之十的貴族統治下，羅馬人創設了執政官與元老院的制度。透過元老組成的百人會議，得以選擇羅馬行政上的最高執行者。其次，爲了監督公共事務之執行以及審核元老進入元老院之資格並防止官吏之腐化和敗壞而設有監察官。這些政治制度的建立以及行政活動的運作，都需要透過約定的規則去維繫，充分顯示了羅馬人對現實社會生活事務之積極態度。不過，自有權勢的軍人參與了政治的運作之後，共和體制也就日漸衰落。人民的權利漸次喪失，以致有帝制的出現。這在羅馬共和政治歷史上，未嘗不是令人感嘆的一段歷史。

其次，羅馬的法典曾成爲中古大學研究的主要課題。由此可見羅馬人在法律上的造詣甚高了。從紀元前第五世紀，羅馬人就有了指導他們社會生活的基本規則了，那就是十二銅表法。這不僅是他們行爲的規範，也是他們法律教學的材料。由於受到羅馬哲人對斯多噶（Stoicism）學說的影響，故認有四海一家的法律精神；另外在人爲法律之上，尙有自然律之指導、啓發的意義。

另外，羅馬人在與希臘文化接觸下，不僅在文學、藝術等方面受其影響，就是在教育上亦不能例外。希臘人重視修辭的教育理想，充分地顯露在紀元前一世紀及二世紀西塞祿、坤體良的教育理想中。他們重視的是以雄辯的演說技巧與政治才能的結合；他們强調的是將哲學和修辭配合，從而培養一個具有思想內容而能夠施政於政治實施上的善良演說家。教育上看重人文學科對演說家的教育價值，這種珍視以文化去陶冶人的人文思想（humanitas），實在就是文藝復興時期，人文思想孕育的先決條件

從紀元四七六年至一四五三年，西方歷史進入了一個以基督教思想爲主文化的主宰期。人們在系統神學思想的影響下，沒有了人自身慾求爲追逐的生活價值。人的理性被束縛住了；人的尊嚴喪失了，因爲，只有超越的實體，才值得人去敬畏、去崇拜、去光耀。人在沒有主宰自己命運下，而將一切的決定，歸緒於神的安排與神的授意。世俗生活的價值被貶抑了，遙遠而不可及的未來生活被美化了。人的慾求—不論是來自於肉體的或心智的，都受到了教會所散播的思想的限制。凡是後來文藝復興時期的人文見解，在這一歷史階段中，都顯得不夠彰著。

中世紀的結束乃是由於義大利學者在發現希、羅文化遺產中的古籍與自由思想精神所使然。學者們在鑽研非基督教的古典名著後，理性的思想逐漸爲之抬頭。學者們從懷疑、質問、思辨中，漸次建立了他們對異教學術思想的興趣。從這一學術研究上的轉變，因而導致了看重人世，强調人的理性、主張人爲衡量萬物尺度的價值觀。「人」逐漸地取代了「神」爲中心的思想。另外，值得注意的是西

方文藝復興運動，也是得力於具有人文思想傾向的結果。研究古籍和人文思想傾向實在具有相輔相成的作用（註二五）。

在人文思想家佩脫拉克（Petrarch 1304–1374）、薄伽邱（Borcaccio 1313–1375）以及伊拉斯莫士（Erasmns 1476–1536）的鼓吹下，文藝復興時期的人文思想乃是吸取希、羅文化中的精粹思想，重視古代語文，使古代語文所包含的思想，一方面解放出束縛了的人類心靈，一方面重返了人爲中心的生活觀。在文藝復興運動的流風中，歐洲人文學校於是紛紛成立，而大學中的希臘文、希臘哲學、文學、修辭等等學科的研究與講學，遂成爲一時的顯學。然而，無奈由於過度崇尚古文的研習，竟使模仿羅馬散文大家西塞祿文體，成爲一時的風尚，教學上流於文章形式的模仿，忽略了文章內容的重視。處在教育不能再掌握人文思想的變動情形下，人文思想又在逐漸興起的科學運動下，面臨了以自然爲中心的思想觀的挑戰。

十八世紀後期的人文主義，又稱之爲新人文主義思想。這是在重返希臘、羅馬光榮文化傳統上的一項運動。在德國哲學家康德、文學家歌德（Goethe 1749–1832）、席勒（Schiller 1759–1805）的領導下及在科學知識的激動下，他們對個人自由、個人發展與人類精神文化間的關係，有了新的詮釋。人究竟是像先前歐洲啓蒙運動者所重視的係主理呢？還是主情呢？新人文主義思想有着來布尼玆（Leibniz 1646–1716）單子論的哲學基礎；有着盧騷的自然發展的教育觀、現代科學的認識以及强調美學及倫理學的思想基礎。故其中心見解卽在：認爲人類具有多種性能須和諧發展，個性、民族性及歷史性須予以尊重（註二六）。

新人文主義思想，顯現在重視個人自由發展的理想上。新人文主義者認識到了人的了解，必須從個體的自身出發。人的本身，就是了解的對象。人惟有在自由的尊重下，才能使人得到擺脫開以往宗教及當時社會抑制的機會，而個人亦惟有如此，才能獲得眞正的解放。個人在自由的情境中，賦予了他充分活動的機會，提供了他作出抉擇的可能。個人的發展，如此才能有所保障，有所成效。一如文藝復興時期的學者，新人文主義者重視語文的教育價值。個人若欲了解以往的思想遺產，亦唯有透過語文的學習不可了。

二十世紀的人文思想，主要的是在科學一技獨秀，人們過度重視物質主義下的一種結果。人類藉着對自然的了解，應用科技的結果，不僅改善了人類物質生活的狀況而且提供了人類更進一步利用自然資源的知能。處此情形下，科學像是傳播出來的福音，已成爲人們競相追逐的對象了。人們將研究自然的科學與應用科學而改善人類生活的知能，予以神化了。人們崇拜科技的程度，幾乎已達到無已復加的地步。自然資源的利用需要科技，而科技對人的最大貢獻，就是在增進人類生活的素質。人在自然的研究中，已不佔有太多的份量。是故現代人的價值取向，又再次受到了考驗。就像蘊釀人文主義思想的文藝復興運動的學者一樣，他們在自由思想的前導下，對以神爲中心的中古思想，不得不作一番深思與熟慮。

例如：英國維多利亞時代是文雅學識受到重視的時代，然而由於科學家的提倡科學，教育上原先爲人文學科的課程園地，也就不得不讓出一些席位，給日漸重視的科學知識。在科學家法拉弟（M. Faraday 1791-1867）、生物學家赫胥黎（T. Huxley 1825-1895）及哲學家、教育家斯賓塞（H.

Spencer 1820-1903）等的倡議下，原先人文學科爲主的課程，受到了科學知識的挑戰。

在二十世紀科學迅速發展的衝擊下，美國境內崛起的實用主義，亦可以劃歸在廣義的近代人文主義思想旗幟下；而產生在歐洲然後逐漸散佈開來的存在主義思想的內裏，也可以找到一些人文思想的要件。是故，科學倡明之下，具有人文思想的學者，愈發認識到人應有其自尊而不應完全從自然的見地，去評量人；更不能將人視爲物；人亦不應隨意地被製造、被改變，而應讓人自由地在他發展的限制中，充分地去發展、去蛻化、去完成。

二、科學的挑戰

人類對外界的探究，自然地形成了他對自然科學的研究領域，聲、光、化、電、動、植物等，這些都可以說是人類心智活動，在特殊型式下的一些產物。不過，人類也對他自身，作出一些沉思；也對他與周遭的事物，發生一些認識。這就會形成人類自己創發性的一些見解，形成了人類自己作爲的一些研究題材。由此而組成了人文學科與社會學科。以科學的方法，來研究自然和社會，都是屬於科學的知識領域，而人自身的反省、沉思與創作的研究，由於研究對象的不同，因而人類心智活動的型式，自是與對自然的研討有所差異。在科學知識逐漸成爲顯要的學識之後，人文學識的研究價值，也就有逐漸低落之趨勢。傳統社會中，科學知識不甚倡明時，人文學識主宰了學術思想與文化的活動。人文學術的傳統，並未受到科學知識的挑戰，可是，在科學逐漸爲人類視爲顯要的學識之後，這種局面也就難以維繫了。

「人文學識和科學知識，現在正呈現了同樣的問題。這兩種知識和了解上的差別以及二者間的關係，已經有一段時期沒有改變了。然而，現在正是人們激烈爭論的中心。不過，老問題已經由於情境的改變而有了新的意義。在十七世紀後期及十八世紀早期，人文學科是具有進取性的地位，而科學知識只能予以招架而已；現在，情況正好相反，科學知識是處在攻擊的地位而人文知識則處在還手的地位。」（註二七）

從先前引文中可見，西方學術上人文學識與科學知識由於社會文化發展與學術研究之趨勢以及知識評價等因素的關係，因而有着不同的優先順序。這種原因，在背景上若加以探討時，人們求知的方法固然是其中的一項因素，不過，思想方法上的進步遲緩，更是其中的一項因素。在西方世界中，求知的方法－屬於試驗和利用感官活動以形成經驗的鍊金術式的求知方法，始終未能一登學術研究的奧堂。學術研究在鑽研權威學者作品的風氣與傳統下，始終侷限於文獻性知識的研究與傳授，復加以思考方法上受制於演繹法的使用，訴諸於感官活動及實驗的求知活動之不足，因而形成了科學興起之前，人文學識佔有優勢的局面。顯然，這種情形不是任何單一因素所能加以解釋的。

科學知識乃係人們求知方法及求知對象上的一項轉變的結果。早先人們在中古基督教的權威束縛下，西方學者所研究的問題，多以超自然的實在爲其對象，任何其他問題似不在學者們所關注的範圍內。及至文藝復興運動及科學逐漸發達之後，自然的研究，逐受到學者們的關注。這就是爲什麼十六、十七世紀天文學、物理學迅速發展的原因。科學知識之所以能與人文學識相拮抗，下列的一些原因，似可以作爲說明：

1.唯實主義的崛起　文藝復興運動的結果，產生了人文主義的思想，然而，過份的走向人文思想的結果，使文字的研究、古學的探究，落入了形式的窠臼，對現實生活經驗的問題致未能兼顧。這就導致了唯實主義思想的產生。西方十六世紀唯實主義的思想，具體地表現在人文唯實主義、社會唯實主義及感覺唯實主義之上。人文唯實主義學者强調文字只是一種工具，一種代表事物的符號而已。符號所代表的社會經驗是不可拋棄的。社會唯實主義則看重現實社會生活中經驗的眞實性，反對將文字本身當作眞實的知識，加以研究。由於唯實主義思想的激盪，人文思想原有的社會優越地位，也就爲之動搖。

2.知識來源的改變　人類知識來源的擴大，一方面是得力於經驗活動的加强，一方面也得力於思想方法下的鼓吹應用感覺的活動。無可置疑的，在人文學識佔優勢的情形下，人們所獲得的知識較爲偏向於記載性的文字及其內容，此種屬於間接經驗形式的知識，當然不及直接利用經驗活動，從觀察事物中，逐漸認識來得生動、活潑而有趣。

鼓吹改變知識研究方法的英國哲人培根（Francis Bacon 1561–1626）就一再反對學者去研究抽象的東西與文字而不去研究觀念與事物。雖然在他之前已有學者注意到科學知識應該從觀察活動中去着手建立，如哥白尼・衞威斯（Vives 1492–1540）、達文西（Da Vinci 1452–1519）而與他同時的有伽利略・笛卡兒（Descartes 1596–1650）、開卜勒（Johannes Kepler 1571–1630）等，不過，在鼓吹勤勉的觀察方法上，培根却是首屈一指的思想家，因爲培根曾經這樣地說過：

「……我希望我應該將勤勉的觀察與有益的發明及發現提供出來——以有助於知識的王國。」

（註二八）利用感覺的活動實施勤勉的觀察，不只使人類的知識，有了新的研究領域和新的發現，也使科學研究的方法，不會離開感覺的活動。知識的來源已不再限於權威人士的著作與權威性的機構了，人人均可以利用其觀察的活動，作爲新知發現的孔道。科學知識——自然的或社會的，處此情形下——大量增加的結果，使人文學識的發展，也就顯得遲緩了些。

3.**科學知識的增加**　西方人文學識遭受到科學知識的挑戰，一方面固然由於科學知識之得來，深具實證的精神和經驗的方法，一方面也係由於科學知識的累積而動搖了人們心目當中知識的體系。一五四三年哥白尼的 De Revolutionibus Orbium Caelestium，由他的友人爲之發表，開啓了太陽爲中心的宇宙論的實證說基礎。對於基督教之地爲中心的宇宙論，具有莫大的震撼性。稍後的天文學家開卜勒（Kepler 1571–1630），提出了行星運行的三大定律；前二項定律發表於一六〇九年；另一項定律發表於一六一九年（註二九）；對行星繞日的理論，提出明確的定律。其次，爲物理學大家牛頓開創近代科學的基礎，伽利略則提出了物理學中落體加速度及慣性原理的研究發現，爲牛頓物理學三大定律，奠下了基礎。一六〇〇年，吉柏特（Gilbert 1540–1603）發表了關於磁鐵的著作；一六二八年法人哈維（Harvey 1578–1657）發現了人體血液的循環現象；李溫浩克（Leeuwenboek 1632–1723）發現了動物的精蟲及原生動物；波義爾（Robert Boyle 1627–91）提出關於氣壓的波義爾定律（註三〇）。在科學方法爲學者們開啓了知識寶庫之後，自然科學知識的迅速增加以及十九世紀以後，應用科學方法來探究社會的現象，而形成了社會科學的發達。這些在嚴謹科學方法與科學態度下所獲得的知識，對當時人文學識的優越性，難免會與起了很大的衝擊。

4.**相信科學知識卽為真理**　自然科學知識是經由耐心的觀察，妥善的實驗、忠實的紀錄，仔細的分析、探討和歸納而形成的。在知識的性質上，較能得到公衆的普遍認定，不像一般人文學識不易得到普遍性的論斷。甲學者所認爲是的，很可能乙學者認爲非，因而，同一事物的論斷，往往不易得到一致而認可的結論。自然科學知識，却能爲人們淸理出一些普遍而確定的知識來，故較爲人們接受其爲眞理。是故，從十八世紀至廿世紀間，自然科學知識之進步，屢屢爲人們建立起一種信念，那就是自然科學中之物理學、化學、生物學知識，多廣泛地爲人們所肯定。這不僅是由於研究方法使之精確可信，同時，由於這些知識轉用在人類生活當中，如：醫學、工程、養殖、交通、農、工、商業等方面，都顯見了其實用性的價値。處此情形下，人們對知識的評價因而也就有了差別。他們認爲舊的人文學識，其功用是在減退中，新的科學知識，其功用是無與倫比的。科學知識因而就被視爲十九世紀的福音；人們寄望以科學知識，來解決生活上的各項問題：諸如衣、食、住、行，甚至教育上的問題都有。

5.**社會進步有賴於科學知識**　科學求知的方法，應用在社會現象的研究上，於是形成了社會科學。學者們希望經由科學方法的應用而對社會的問題，能夠研究的更爲透澈、更爲正確、從而解決社會上的各項問題。社會問題顯現在貧富的懸殊上、人民權利不夠平等上、法律規定不夠周詳上以及政治制度有欠民主上等等。科學知識雖然不能完全解決這些問題，不過，科學知識的應用，却有助於部分問題的解決，例如：利用科學知識可以增加農、工業的生產、提供更多的就業機會、生產更多的貨品以便利人們的消費。這對社會中部分貧窮的人們，當然是有着經濟上的助益。較爲明顯的乃是依賴科學知識而帶動社會的進步，當推社會中的物質建設：如道路設施、通訊方法、公衆衛生、公共建築、飲水設施及照明系統等等。隨着科學、技術的改進、社會物質環境的改善，逐成爲人們所信奉的一項可能事實。

英國綜合哲學家斯賓塞，就是一位相信科學知識最有價值的信徒，因爲，在一八五四年，他發表了「什麼知識最有價值？」(What Knowledge is of Most Worth?) 一文，提出了科學知識，最爲實用的理由，極力勸告教育界，採用科學知識以作爲教育的內容，以期改進教育實施，帶動社會的進步，就是最好的一個例證。

三、人文思想與自然思想的對抗

教育的內容——課程——常常會受到人們對知識評價的不同而有不同的安排。自文藝復興運動以後，西方人文主義思想影響下的學校課程，多半是偏重於語文的知識。這與後來興起的唯實教育傾向、自然的及科學的教育思想，顯然是有着極大的差異。人文與自然在教育上的對立，實在可以從西方羅馬時期區分三藝（Trivium）——文法、修辭、邏輯及四藝（Quadrivium）——算術、幾何、天文、音樂可以看出來。前者知識的性質近乎人文；後者知識的性質則近乎自然；那怕是音樂，亦兼具有數學的特質。

就哲學家而言，對後世深具影響力的蘇格拉底，其思想則偏重於人的研究以及人的知識的形成。

其弟子柏拉圖及柏氏弟子亞里斯多德，對人的學識與自然的學識則不具顯著的區分。中古時期的哲人，研究重點置諸於超自然之探究。自然與人皆未受到應有之注意。至培根之思想則以自然知識之重要性，勝過人文學識爲其中心之主張。他積極鼓吹，不遺餘力。

在西方教育史上，從十八、十九以至廿世紀，人文思想與自然思想之互爲爭議，從未中斷（註三二）。自從以實際的教育活動，將自然主義的教育見解，實施於教學的活動之後，如泛愛教育運動者巴斯多（Basedow），一些學校教學的內容，就日漸脫離開了語文爲主的人文課程，同時將唯實的求知方法及儘量應用感覺活動以去經驗的方法，亦引進至教育活動上。逐漸的，知識不限於權威學者的著作了；感覺經驗的事物，也可以形成知識了；更重要的，選擇教育內容的標準，也已經從傳統上的權威，轉變成現實生活上，是否具有實用的功利尺度了。

不過，當時的人文教育家認爲具有唯實傾向的自然主義教育家或偏重科學知識的教育家，所主張的實用知識的課程內容，範圍太過狹隘，不夠廣博，沒有陶鎔個人文化的價值。另外，人文學者偏好以少數學科，作爲鍛鍊個人心靈能力的科目。他們以爲借着這些語文、數學的學科，其所鍛鍊的心能是可以轉移至其他領域的。在十七、十八世紀的西洋教育歷史上，人文學者反對將具體的事物納入課程的另一項理由，就是認爲這些所謂實在的課程內容乃是爲了技術性、商務性及軍事性活動所需。在他們的眼光中，這些技術都牽涉到了物質的應用，而不具備任何道德上的價值。

主張自然主義教育思想的盧騷，就以爲一個自然人的陶冶，最好利用希臘文化。稍後十九世紀將教育導向科學的赫爾巴特（Herbart），則引申了盧騷的見解：他以爲課程中有二大元素，其一爲人的知識；其二爲事物的知識（註三二）。人的知識卽人文的知識，以文字、語言爲其主幹而事物的知識則爲以吾人的感覺經驗去認識者，不完全是經由傳統權威之著作而來者。自然的知識應屬之。

隨着科學、技術的發展，人們所獲致的知識，亦愈來愈衆多。一個良好的普通教育課程，應當是一個能夠兼容並包，至少在普通教育實施階段中，是應打破傳統上的二元課程論的窠臼。在自然科學知識、社會科學知識及人文學科知識相互兼顧下的課程安排，已是廿世紀中一般教育實施上的常識了。

第三節　科學與教育的結合

一、唯實的教育思想

文藝復興運動促使西方學者對古希臘與羅馬典籍發生了狂熱的研究興趣。帶動的一項發展是使西方學者對古希臘、拉丁語文作了深入的研究。文藝復興時期的教育，語言和文字成爲教育實施上的主要內容，尤其是在極力模仿西塞祿的文體風氣下，終於導致了所謂西塞祿主義（Ciceronianism），使人文教育的弱點，完全顯示在只注重語言、文字的形式而忽視了語言、文字的內容。在此情形下，教育陷於抽象符號的熟悉而未能注意到語言、文字所代表的實際事物。

就整體而言，西方的教育實施，十五世紀在文藝復興運動下，教育是偏重於個人的文化陶冶；十六世紀的文化發展則偏向於文學、藝術與宗教虔誠的追求；而十七世紀的西方世界，則籠罩在科學實在精神之下。這些文化上的特色，都可以說反映了文藝復興運動蔓延的結果。唯實的思想，基本上是對文藝復興運動以來，日益狹隘的學術研究，提出了異議。

依據孟祿（Paul Monroe）的說法，表現在西方十六世紀以至十七世紀的一些唯實教育思想家，大致可以區分爲人文唯實論（Humanistic-Realism）、社會唯實論（Social-Realism）及感覺唯實論（Sense-Realism）三派（註三三）。至其重要觀點及代表人物，簡略陳述如下：

人文唯實論：人文唯實論與人文學者所主張的有一共同的論點，那就是認爲語言、文字是有其價值的。在教育實施上，語言、文字的重要性是不容懷疑的。然而人文唯實論者主張學識的探討，則不應只限於人文學識而已。語言、文字所代表的事物，同樣是研究的重要對象。人文學者體認到古典語文學識，代表了人們心智的結晶。教育上予以重視是無可置疑的。這也就是一般仰慕西塞祿作品的人，期望藉由古典文學作品，培養出新的拉丁人。可是人文唯實論者則覺得人文教育應該使學生了解的，將不限於語言、文字及古代的典籍。教育上尚需教導學生了解人們內心的動機；體驗社會中的人羣生活；明白人與自然的關係等。語言、文字僅是代表事物的工具；應用語言、文字乃在描述，表達自然的及社會的知識。因此，人文的唯實論雖尚重視語言、文字的價值，不過，已將語文視爲表達思想內容的一種工具了。

可資代表人文唯實論的如：伊拉士莫斯（Erasmus 1466–1536）就强調：「知識有二類，一類是事物的知識，另一類是文字的知識。」（註三四）另一位如：彌兒頓（John Milton 1608–1674）就反對以形式化的方法，來研究文法。氏以爲眞正的教學方向是教導學生注意文字的內容，並且要利用內容。氏尚强調教學內容上，要打破語文學科的限制，納入算術、幾何、農業、生物、政治、經濟、歷史、作文、演說、神學等學科的知識。由此可見人文唯實論者，在教育思想上拓寬了知識的領域，使學者不要一味地以語文知識爲重，而要擴及到社會、自然學科方面的知識。

社會唯實論：社會唯實論者就語文的價值而言，有着不便苟同於人文唯實論者的觀點。他們體認到知識的來源，並不侷限於古典的著作上。他們認爲知識的來源，應該注意到現實社會生活的經驗。因爲，古典的著作及其所記述的內容，未必眞正能夠與此時、此地的社會生活相連貫。倘若一個受過語文教育的個體，其所知曉的均未能踰越出古籍的範圍，則此類教育，對個人現實的社會生活，將會有何種的助益呢？從社會唯實教育家看來，眞正的教育鵠的是要培養一個現世的人（man of the world）。教育的理想乃在培養個體對人生事務更有興趣，對社會更能提供其服務、生活的更爲成功、更爲快樂，而且能成爲一個對社會具有實用的人。

具有社會唯實教育思想的大家，蒙台因（Montaigne 1533-1592），對於社會唯實的教育，曾有如下的一段文字：

「如果教育沒有好好培育一個人的心靈，如果一個人的判斷，沒有得到良好的發揮，那麼，我寧可讓我的學生，把時間花在打網球上……要仔細看看他從學校回來後的情形，經過十五、十六年的學校教育，他是多麼的特別而古怪：不能合羣、不宜工作、而你所能看到他所擁有的，就是他的拉丁和希臘語文而已。另外，他會遠較他去受教育之前，更爲具有紈袴之氣。」（註三五）

社會唯實論的教育思想，使教育的內容，不再偏重於語言、文字及抽象事理的學習。教育的內容，必須落實在社會生活的經驗上，以使受教者不致與現實社會生活相脫節。

感覺唯實論：從感覺唯實論者的觀點，知識的來源是出自於個人的感覺活動而非完全依賴於古代的典籍。對於個人知識的形成，也就不能完全取決於記誦過去的典籍內容了。感覺唯實論者以爲以往的教育活動，太過偏重於語言、文字的記憶；範圍上不僅太過於偏狹而且知識的價值也欠缺實用性。因此，感覺唯實論者對於教育的見解，就有了不同的主張。他們覺得教育實施上，應該强調個體感官的訓練，因爲知識的形成，有賴於感覺的活動。其次，感覺唯實論者主張自然的研究，應與語言、文字的研究並駕齊驅，簡單地說，感覺唯實論者認爲在教育實施上，兒童應該獲致觀念而非僅僅獲致代表觀念的符號；兒童應該了解實物而後再認識代表實物的文字。傳統上先讓兒童明瞭文字，再去了解文字所代表的實物，這不是感覺唯實論者所願意接受的教學方式。

具有感覺唯實論教育傾向的如：穆卡斯特（Richard Mulcaster 1531-1611），就極力推行其着重感官訓練的教育活動，如在商家公學（the Merchant Pulbic School）、泰勒公學（Taylor's School）、聖保羅學校（St. Paul School）。至其具體的教學實施則有：先教本國語文，再教拉丁語文；以自然現象訓練感官；强調身體的鍛鍊；使教學饒富學習的興趣；依自然順序實施教育等項。

培根（Francis Bacon 1561-1626）可以說是一位鼓吹自然科學研究方法甚力的唯實思想家。他也是一位反對傳統上看重語文知識價值的學者；他更是主張運用歸納思考取代演繹思考，以實驗而非權威，來論斷知識的思想家。他鼓勵學者以自然中的實在，作爲探尋的目標。他提出了知識須注重實用而非僅僅注重形式的作用；求知識的目的，應用知識是一項基本的要求，故不能純粹地限制在理論的形成上。最重要的一項論點，就是培根看重實驗方法所形成的物理學。他以爲傳統學術中的神學、倫理學及哲學中的形上學，已經不再是學術的重心了。物理學——自然科學的一門，已經取而代之，成爲新的學術基礎所在。

唯實的教育思想，在受到科學研究的迅速發展下，逐漸地改變了西方教育的面貌。往昔着重古典語文的研究，現在則將自然科學的研究，納入在學校課程之內；以往教育的規則，取決於成人的教育經驗，如今則重視自然中的規律；過去教育的內容，偏重在文化的陶冶，現在則强調對現實社會生活的兼顧；傳統上，教育的實用性，不甚明確，如今教育的實用性則受到教育家們的重視。唯實的教育思想，不只反映了重視教育的實用性，而且也反映了自然科學知識之逐漸受到學者們的注意，因爲，自然科學知識的實在性與實用性是勝過人文知識的。這種論見，不僅反映在英哲培根的思想上，也反映在英國倡導科學知識的斯賓塞的論著中。

二、教學的心理化

科學研究得到了顯著的成效，於是展現在自然科學知識的迅速發展上。這股追求實用學識、眞實事理的狂熱浪潮，漸次地影響到了教育的實施。除了先前提過的唯實教育思想外，教育家逐漸地發現到自然規律與教育之間的關連性。同時，教育家在建構其教育的理論時，開始注意到受教者學習活動的心理問題了。同時教學活動在運作的過程中，已認識到受教者的內心反應了。無疑的，教學的心理化乃是科學與教育結合下的一種現象。

十七世紀的拉特凱（Wolfgang Ratke 1571-1635），曾於一六一二年爲日爾曼王提出了改革教學的計畫。他建議國王能夠採用他的語文教學新法以期統一語文，使政府、宗教更爲統一。在語文教學上，他反對傳統的教學方法，卽先教抽象的語文符號，再去認識語文符號代表的事物。他的新式教學法是注重心理認知的順序，主張先認識事物，再教以代表事物的符號。

其次，在個體學習活動中，他强調個人的學習活動，應儘量利用實驗分析的方法；要採取分段學習的方法，就必須俟一事學畢，一事學精後再去學習其他材料。

阿爾斯特德（Johann Heinrich Alsted 1588-1638）於一六三〇年出版「普及百科全書」（the Universal Encyclopaedia），主張先學本國語文；同時各地應多設本國語文學校。他特別强調教師在教學時要有耐心，「教師須心懷耐心、謙虛及智慧。」（註三六）其次，阿氏提倡以鼓勵的方式，激發學習的興趣，並且想出以韻母發聲，幫助文句的記憶。這些見解多具有學習心理的論點。

康門紐司（Iohann Amos Comenius 1592-16670）是一位虔誠的基督教徒，因此許多基本的教育理想，還是浸潤在基督教義之中。他的教育思想具有感覺唯實論的傾向。自然定律支配了教育，在他的著作中，有着明顯的表示。單就教學活動言，他有着下列的一些論見：

1.同時學習　在學習文字時，需要與文字代表的事物一齊結合起來學習，如此較能引發學生的興趣，使學習快速。

2.經驗學習　學習認知事物時，學習者須利用觀察的方法，配合各種感覺器官的活動，作爲學習活動的動力。

3.競爭精神　在羣體學習情境中，學生是會具有相互競爭的心理。另外，利用學生期盼指導他人學習的心理，可由學生相互施教。

4.遊戲學習　爲了使學習活動能帶有喜悅及歡樂的氣氛，學習活動可摻合遊戲的因素，例如：搜集各種植物、製作標本，此卽兼具學習、實用及喜悅諸因素。

5.教學節目　康氏從學生成長的歷程上，認識到教育活動須從教育的歷程之發展、成熟諸因素上去構建教育的原則。他主張在十二歲以前，不要學習外國語文，除非兒童有濃厚的學習興趣及能力。另外，他也不贊成青少年太早就外出唸大學，蓋因其身心尙未臻成熟故也。

裴斯泰洛齊（Johann Heinrich Pestalozzi 1746–1827）是一位頗富平民教育思想的瑞士教育家，尤其是他亟望以教育來改造社會的信念及將教育當作是一項關注他人，寄予愛護的事業，使他享有重視教育愛的聲譽。另外他也是一位推動貧民子弟教育的人道學者。以他豐盛的愛心，將教育當作了一項奉獻社會，提供服務的偉大事業。

裴斯泰洛齊也是一位將教學帶上心理化的教育家，顯著的論見，有下列幾點：

1.教學活動的基礎，在於受教者感官的印象（Sense-impression），而語文的學習須與感官的印象結合。

2.教學須從最簡因素學起，逐漸地依循兒童的發展進行，此卽依兒童心理相關之各種程序爲之。

3.每一教學階段，都需要有足夠的停頓時間，以期兒童能夠充足地、徹底地完全了解與控制所學的材料。

4. 教學須依兒童發展之途徑而行之，而非獨斷的解說爲主。

5. 教師對學生之個性，須予以尊重。

6. 教學的主要目的，並不是傳授兒童知識，也不是提供其才能而是要增進兒童心智的能力。

7. 師生間的關係，尤其是涉及到行爲陶冶方面，必須建立在愛的基礎上。（註三七）

8. 教學活動上，可依形、數、名三項基本原則實施之。首先致力的一些藝能，即在計算、測量、說話能力之培養。此三項能力爲各項感覺實物知識之基礎。教師須以嚴格的心理方法陶冶之、加强之，以期獲致簡易、一致及和諧的心靈境界（註三八）。

福祿培爾（Friedrich Froebel 1782-1852）曾受到裴斯泰洛齊感覺唯實教育思想之影響，親受教誨，不過，由於深受當時理想主義哲學思想的感染，福氏教育思想難免具有神秘論的色彩。至其教學活動上顯著的論點有：

1. 肯定兒童天賦的能力，諸如：藝術、活動、語言方面的活動潛能，教學上可資應用。

2. 學習活動要能與遊戲活動互相配合。

3. 教學活動要多與自然相接近。

4. 具體事物的學習，尤其是福氏利用其所設計出來的一些教具——稱之爲恩物（gifts），乃是爲了使兒童認識到抽象的意念，如：圓形物，即在令兒童體會到個體與社會團體乃是統一體。

5. 教學活動中的一項原則，就是自我活動。兒童內在的自動性是兒童活動能力的來源。教學上要多加利用，才有助於教學的成效。

6.「學校與教學的作用，乃是引導人完全與自我、事物、萬物主宰之知識完全和諧。藉由此等知識，人可由慾望導至意志；由意志導至堅決而再由繼續的進步，以獲致其命運的實現，達到在世的完美。」（註三九）

赫爾巴特（Johann Friedrich Herbart 1776-1841）被認爲對近代教育走向科學的方向，貢獻頗多。氏在有關教育實質意義的探討上，捨棄了長久以來心能鍛鍊的形式訓練說，而强調系統的教材與教學活動，以期使學生的觀念，順適地加以類化，養成優良的品德。雖然赫爾巴特的教育見解，還是深受其倫理思想的影響，不過教學上注重心理的條件及有效的方法，却使得教育有了心理學的基礎。

赫氏在其教育的論著中，提到了：

1.「教師的一項簡單職責，不論任何時刻，都是要保持學生自然的活力。創造或改變一個人的人格是超出了教師的能力；不過他所能做的及吾人所能期望於他的，就是使學生免於各項危險及禁止對他有不當的影響。」（註四〇）

2.教學上的自由原則，教學活動應該提供學生發展自由、自信的情境。

3.利用對談：在師生交談與對話中，教師應該留意到學生自信心的培養。

4.教學並不單單是提供學生知識或訊息而已。教學尚需顧及形成道德的觀念以培養良好的品德。

5.教學活動，尤其是語文方面，不再是心能的鍛鍊而是觀念的類化了。

6.教師的任務即在正確地提供學生類化的觀念，使其類化觀念能繼續成長；同時使學生順適地接受觀念而沒有混淆。

十九世紀後期，主張社會進步說並鼓吹科學知識最有價值的斯賓塞（Herbert Spencer 1820-1903），在教學上對後代的影響，或許沒有他對課程上的影響爲大，不過在斯氏的論著「教育論」（Education: Intellectnal, Moral, and Physical）中，亦可找到一些有關教學的原則。

1.**由簡至繁** 認知發展上，例如：對「花」的認識，就是一種由簡至繁的過程。隨着個體對花的認識，逐漸地花的概念內涵會增加；花的型態會有明確的認識；花的組成部分會指出。

2.**由具體至抽象** 從科學知識產生的過程上，斯氏以爲或經由演繹，或經由歸納，或經由實驗。單就兒童認識抽象的事理而言，斯氏以爲兒童認識的過程，係從個別事物的觀察、理解而歸納出原則來。這種程序是符合兒童成長的現象。

3.**由經驗至推理** 學習的起點不是規則，原理，而是一些實際的活動。有了經驗的活動，抽象思維的活動才易着手。以學習語文爲例，首要的工作不是熟記文法規則，而是經由多次的練習以獲致語文的規則。

4.**自我發展**（Self-development） 兒童學習過程中，自我始終佔了一個相當重要的地位。因此，斯賓塞在教育理論中，常以「自我教育」(Self-instruction)、「自我教導」(Self-taught)，期望兒童「成爲自己的教師」(to make children their own teacher)。

5.**快樂主義教學原則** 教學活動應引起學生快慰的感覺而不應造成兒童的痛苦。氏以爲凡正常且恰當的行爲是會令人快慰的；反之苦痛的行爲則會令人生厭，產生不悅。教學活動貴在應用同情的態度，喚醒兒童對智慧的興趣而樂意於去接受教學活動（註四一）。

6.由不確定到確定　兒童在認知發展上，係由不確定的認知，發展至確定的認知。這種發展的過程、表現在概念、知識及技能的學習上。就如一個年幼的兒童，初次看到花之後而形成了對花的知識，但是這種認識，絕對無法與一位植物學家所擁有的花的認識來得明確相比。

7.啓發式教學法（the heuristic method）　斯賓塞在其「教育論」中，曾經說道：「應該引導兒童們去作自己的研究，提出自己的推論來。孩子們應該儘量告訴的少，而要自行儘量的去發現。」（註四二）就求知的活動而言，斯賓塞亦如早期的自然主義學者盧騷，認爲兒童的好奇心是教學上要好好地加以利用的一項法寶，因爲兒童的好奇，帶動了兒童的求知活動，形成了自我發展的條件。

8.感官訓練　兒童天賦上可資應用的潛能，就在於兒童的感官能力。利用實物教學並不是着重於兒童對知識的學習而是强調對感官的訓練。以繪圖教學爲例，除了認識到初步的幾何知識外，重要的是應用繪圖活動訓練兒童的感覺能力。

從以上一些著名教育家的教學心理化的思想上來看，無疑的教學走上心理化，實乃由於心理學知識的增進使然。心理學眞正走上科學的實驗法，則要推舉德國心理學家溫德(Wilhelm Wundt 1832-1920）於萊比錫大學設心理實驗室了（一八七九年）。以實驗的研究方法，探求心理現象，並以計量的方法，描述人類心理發生的事實。馮德的貢獻是草創了實驗心理學的發展而其嫡傳弟子美國心理學家豪爾（Granvill Stanley Hall, 1844-1924）及卡泰爾（James Mckeen Cattell 1860-1944）在兒童心理研究及教育之心理化上，卓著貢獻。

教學的心理化，除了在教學方法上的改進外，尚有教育測驗的日漸興起，例如：卡泰爾曾在一八九〇年，著文探討心理測驗與測量的問題。其次，法國心理學家比索（Alfed Binet 1857-1911）及西蒙（Theodore Simon）於一九〇五年編製完成了兒童智力測驗。這些具有開路先鋒的教育心理學家對教育之走上心理化的發展，深具開創的意義。

值得注意的尚有教育心理學之正式成立。緣由一九〇三年，美國心理學者桑戴克（Edward Lee Thorndike 1874-1949），將其教育心理論著出版公諸於世，書名卽爲教育心理學。以動物實驗心理學爲其基礎，桑氏提出了人類學習的理論與學習的定律。氏以爲學習的定律有預備律（Law of Readiness）、效果律（Law of effect）及練習律（Law of Exercise）。就刺激與反應的關係而論，預備律乃在强調某一刺激的發生，若個體正準備予以反應時，則此刺激所引起的反應，會帶給個體一些滿足的快感，若個體不在預備的情況下，給予反應時則會引起個人的不快。爲此，學習時的反應，最好是個體能予以預備的狀態爲佳。就效果律來說，個體對刺激的反應，若能得到適度的滿足，則刺激與反應間的聯結力會增强，因而提高了反應的出現次數。其次，練習律的涵義在於確認刺激與反應間的聯結力，可因近期間的練習及多次的練習而增强了聯結。

學習理論的出現，除了有助於教學情境中，對學習現象的解釋、對於教師應用學習理論以增進教學方法、强化學習效果、有諸多貢獻。是故，近代教育的發展，具有科學研究方法的心理學之助益至大。吾人不能不給予適度的關切。

三、教育內容的科學化

西方世界在十五世紀以後，由於受到科學興起及其穩定發展的影響與大量科學知識累積的結果，逐漸的使教育界人士感覺到有容納科學知識於課程的必要；另外一方面，重視教育內容提供實用性知識的呼聲，也逐漸地成爲人們所談論的一項話題。在科學知識具有較大的實用價值前提下，從十五世紀開始，西方教育機構——大學、類似中學者，就顯著地在課程的內容上，逐漸地增加了科學的研究與知識。教育內容的科學化，遂成爲教育發展上的一個趨勢。

義大利曾經是文藝復興運動的發源地，同時也是科學繼續發展的一個重要起始點。天文、醫學、物理等學科的發展，不能不歸功於義大利。這乃因爲它是希羅文化的傳承者。就在十六世紀（一五六〇年）義大利的拿不勒斯（Naples）科學院（Academies of Science）對科學問題的探討，已經開始了。十七世紀帶給學術思想界最大衝擊的要算牛頓的物理學上的貢獻了。由於牛頓在物理學、數學上的影響，使英國的大學對自然科學、數學的研究，加快了其步伐，不過，生物學上的大力研究則是十九世紀的事了。在英國一些顯著的科學研究機構，於十九世紀先後出現，如：一八四五年有化學院（the College of Chemistry）之設置；一八五一年有礦業學校（the School of Mines）之成立；一八五三年設立了科學、藝術局（the Department of Science and Art）；工程學校、與陸軍及海軍有關之科學學校則在十九世紀中期，先後爲之成立（註四三）。

再如：一八六〇年倫敦大學才有了科學學科方面的教授（the Faculty of Science）。同時，有關學士、博士學位課程，亦才開始頒授。一八六九年前的牛津、劍橋大學，尚未設置科學方面的課程（註四四）。

美國大學軔始於哈佛大學之成立（一六四二年）。曾任哈佛學院院長的頓斯特（Dunster），在學校課程內，就設有天文學、植物學。一六九〇年的哈佛學院，其教授內容中，有物理學或稱之爲自然哲學。一七五四年美國哥倫比亞大學之前身——國王學院（Kings College），在一則廣告中言及該校的課程內容計有：語文、藝術、讀、寫、算、測量、航海、地理、歷史、農事、商業、政府、自然知識——礦物、植物、動物及宗教知識（註四五）。

一七五六年美國賓州大學的課程，已經開設了自然哲學、數學、天文、自然史、化學及農學的課程；一七六〇年哈佛開授化學；一七七九年由於受傑佛遜的影響，賓大取消了神學，開設了化學的課；一七七六年後，耶魯大學（Yale）已設有化學、植物、動物學科；此時希伯來文成爲選修課；法文亦改爲選修；一七八七年開設有自然史；至於醫學學科之設置，當以國王學院——即哥倫比亞大學之前身——爲早係在一七六七年而哈佛則爲一七八二年；賓大則爲一七九一年；一八二五年時的哈佛大學，其課程已設有機械、光學、地質、天文、化學、自然史、電學、磁學；一八六七年偏重科學研究的康乃爾大學（Cornell）成立；一八六二年美國國會爲了鼓勵各州推展應用科學知識與技術，特通過毛里爾法案（The Mourrill Act），經由聯邦政府擬以一千三百萬阿克（Acre）之土地，補助每一州設置一所農、工學院，以大力推廣科學與技術（註四六）。

十九世紀的德國中學，在受到先前的感覺唯實主義教育運動、傾向於自然主義教育的汎愛教育運動、唯物思想及新人文思想的影響，古典人文教育實施，就不得不有所更改了。一八一六年，普魯士之古文中學（Gymmasium），在其課程內容上，引進了科學的教材，當時每週已有二小時的物理及自然史（註四七）。

其次，德國於一八五五年改組了唯實學校；其類型之一爲九年制，課程中有拉丁語文，須研習九年；其二爲課程內容授權地方教育當局決定。一八八二年唯實學校更名；前者改爲唯實古典中學（Realgymnaisium）；後者改爲（Oberralschnle），依然取消拉丁語文，不過，課程內容則重視自然史、物理學、化學、礦物學、數學、地理及繪畫。一八二三年增添以技術爲主的技術學校。

十九世紀的英國，在教育思想上，已經有了人文與科學知識孰重孰輕的爭論。緣由一八三五國英國愛丁堡（Edinburgh）及哥拉斯格（Glasgow）兩地學校的爭論，導致了着重科學課程之學校的設置。一八四九年有了非教會設置之學校。一八五九年成立了科學及藝術局。一八九八年科學藝術局及教育局合併。此後，英國科學推展甚速；物理學、動物學、化學、地質學、礦物學、植物學紛紛納入學校課程。此外，在一九〇一年時，全英國境內已有七十八所獨立性之以科學爲教授主體的科學學校（Science Schools）了（註四八）。

美國因受了英國阿克登美（Academy）設立的影響，促使一向富有唯實精神的富蘭克林（Benjamin Franklin）於一七四三年建議成立賓州第一所的阿克登米，將唯實的教育課程，像德國的唯實中學一樣，容納了科學的科目。天文、自然哲學、地理、化學均成爲課程中的一部分。其他科學課程的發展有：一七八四年美人摩斯（Morse）著有美國地理；以一八三二年爲例，在美國境內已有三十九本地理教科書；十一本天文學教本；六本植物學教本；五本化學教本；六本物理學教本。這些教科書，均專爲阿克登米的學生而編輯與出版。一八〇七年的哈佛大學，在其入學的要求中，已經列入了地理學科。另外，在一八二一年成立的波斯頓公立中學，其課程內容，已顯著地表現了濃厚的科學色彩，因爲，課程中列有幾何、地理、三角、航海、測量、自然哲學（物理）及天文等科目。

當巴斯德（Basedow）在德國推行汎愛教育時，一些自然科學的科目，已經被引進到小學的教育階段了。十九世紀初期，裴斯泰洛齊式教育運動向歐洲各地傳播，影響到了普魯士的小學階段的教育，諸如：繪畫、幾何之類的科目，也就納入在課程中了。

英國的初等教育，在一八五九年成立科學藝術局之後，曾經提倡小學課程中設置繪畫、手工訓練等科目。在一九〇〇年以前，英國小學教育注重讀、寫、算學科的教學，有關自然科學科目之教學，則常受到政府補助經費之控制。

十九世紀以前的美國，其小學課程幾乎是沒有任何爭論性的問題。讀、寫、算，就是課程內容的主體；不過，部分小學的課程，含有算術、地理、歷史之教學。一八三二年時，小學階段的地理教科書，已經出版而問世的有卅二種；同時，最先納入小學課程的是地理與生理學。一八三七年已有初等生理學教科書問世；一八五〇年麻州教育立法中，規定學校須教授生理學（註四九）。

從以上西方幾個主要國家教育機構的教育內容上日漸增多的科學課程看來，明顯的一項事實就是，隨着科學知識的增加，課程內的科學科目，也就日益增多。這乃是科學知識的增加，課程內的科學科目也就日益增多的現象。這乃是一項水漲船高的情勢。保守的人文思想家，也有無可奈何的感覺。科學知識之被大量引進學校課程，伴隨的一項活動乃是教授科學求知的方法及科學求知的態度。由於科學知識的獲得，少不了一些實驗的活動，因此在自然科學科目的教學上，實驗、觀察、測量等活動，教師也就應用在實際的教學活動了。科學知識的獲得也需要具備科學家的態度：求眞、客觀、懷疑、實證的精神。一般科學學科的教師，也會在日常教學中予以注意到。因此，課程內容的科學化，尙需從幾個層面去了解其所觸發的變化。教育內容湧入大量的科學知識，的確爲教育走向科學化，提供了不少動力。

第四節　科學教育思想

一、科學教育價值

自十八世紀工業革命以後，科學與技術的發展，帶給西方人無限的憧憬。至十九世紀中葉以後，歐洲人對科學的體認，已經有了「科學是福音」的看法了。這種相信科學萬能的說法，主要是來自於科學與技術，對西方人生活的重大改變。大量物質生活的改變，啓示了人們對科學的信賴，特別是物質產品的大量發明上。這些發展至少對一般人會產生一個信念：卽「科學是實用的知識。」

根據格銳渥斯（Frank Pierrepont Graves）在「現代教育史」（A History of Education in Modern Time 1974）的說法，盧騷的愛彌兒（Emile）一書，開啓了近代教育上科學的、社會的、心理的運動（註五〇）。無庸置疑的——盧騷在其「愛彌兒」中，早已提出了教育的內容要有自然科學的知識，而且所教的內容，必須注意到實用的要求。

「人類的智慧是有限的，故沒有人能夠知道一切。他甚至不會獲致別人全部的有限知識。因為每一個假命題的反面，就是眞理。假理和眞理是一樣的多。如果吾人必須選擇所教的內容以及何時去教，在吾人可及的範圍內，有些資料是錯誤的；有些是無用的；有些僅是提供具有者的吹噓而已。眞正有助於吾人幸福的知識，數量不多，却是值得聰明人去學習的，故想要聰明的兒童應去學習的，不祇要知道是什麼，而且還要知道什麼是有用的。」（註五一）

教育上看重科學，至少有着下列的幾項原因：

㈠滿足生活的需要

主張科學知識最有價值的斯賓塞，在選擇教育內容時，注意到了知識的實用價值和生存上的需要。斯賓塞在教育主張上，提出了教育的理想是完滿生活的預備。為了個人完滿生活不同階段的預備，各個階段生活上需要的知識也就有了不同。不過，各個階段中的知識類別雖然有所不同，但是屬於科學的知識却是一致的。一個人在生命的展現階段，不論是對待身體、處理事務、對待心靈、養育子女、維持家庭、做好公民，應用自然所提供的幸福資源以及追求完滿的幸福生活等等，處處都需要科學的知識。

㈡提供心智的鍛練

十九世紀的西方教育實施，深受心能心理學說的影響。當時一般的教育家以為教育的內容，必須兼顧及學習者心能的訓練。斯賓塞的看法，就認為古典語文陶冶心能的價氏，一般自然科學知識也具備，例如：科學知識在鍛鍊心智上，當有助於養成個人心智上的特質如：判斷能力、記憶能力、推理能力等是。科學不僅可以比美於古典語文的知識而且有過之；甚至個人品德上的一些特質如：堅忍、眞誠、活動性、憐憫、須從自然等，亦可從學習科學知識中養成。

「我並不僅僅祇是重視化學、物理的知識；心智的强化，了解的增廣，在研究自然知識之後，是會出現的。」（註五二）

是故，信奉科學知識具有鍛鍊心智能力的教育家，會認爲科學知識有助於心智習慣的養成，諸如：觀察、歸納的思考、確實的態度、見識的廣濶，獨立的思想、無私的胸懷及免於迷信等（註五三）。

(三)指導行動的功用

斯賓塞認爲教育的理想乃是完滿生活的預備。這是一個知識爲導向的社會。人們生活的各方面都需要知識的指導，以便在生活上，獲致人們所嚮往的幸福。

「信仰書本及自然，已是吾人現代生活中的迷信了。」（註五四）

作爲知識的主幹——科學知識——不僅在個人維持直接生存的活動上需要，就是個人間接自存的謀生活動上、個人生育子女的家庭生活上、參與社會政治生活上以及休閒活動上，均有賴於科學的知識。科學知識的指導功用，可以使個人的行動、減少了錯誤，消除了因錯誤行爲而引起的痛苦。科學知識的積極功用，就在增進個人完滿生活，進而獲致幸福，例如：個人爲了獲致健康起見，必須知曉生理學方面的知識，了解身體各項器官的功能，明白健康維護的法則，從而在個人生活中實踐此等法則。又如：爲了攝取均衡的營養，有關營養學的知識，就有必要具備，進而使個人有正確的能力，選擇食物，以維持健康。這些行動上的指引是有賴於科學知識的具備。

(四)職業條件的形成

科學與技術的日益發展，改變了許多傳統社會的職業面貌。原有的職業人員，一部分需要具備機械的知識與能力，以從事現代社會中的職業活動。新興的職業，已隨着科學、技術的進步而陸續問世了。這些新興的行業，大部分都會牽涉到機器的使用與應用到科學的知識。個人為了謀得求生的技能，覓求職業工作上的方便，嫻習科學與技術方面的智能，已經成為現今社會的一種風尚。尤其自十八世紀以後，工業革命的速度加快、加深，其影響的層面已廣泛地深入到人類生活的各個層面。新興職業的出現，雖然在性質上，不盡然全是屬於科學與技術的範圍，不過，一些新興職業中，不論是生產方面的或服務方面的，依賴科學與技術之處，已經日益加多了。從事科技方面的職業工作，已經成為人們所關注的一項焦點了。教育的作用，在使個人獲致謀生的智能，假如沒有科學知識，個人謀生問題的解決，有時會發生困難。

(五)科學方法的熟練

科學知識和科學方法是分不開的。前者猶如應用方法後的一種結果，而後者則為獲取科學的一種程序或步驟。人們生活在現代社會中，具備科學知識並不就算夠了，尚須熟練科學的求知方法，始能應用科學方法於生活問題的處理上。在求取科學知識上，個人漸漸明瞭到科學求知的態度，對於個人處理生活中的事務是會有所幫助的。例如：生活中時時需要個人作出一些判斷來。當然為了事務處理上的順適，個人所作的判斷，最好是正確無誤的判斷。如果能以科學的求知方法與態度，作一個正確無誤的判斷，那麼判斷的正確性就可預期了。其次，生活中有時需要以科學的態度，諸如：實事求是的精神、客觀判斷的態度、認識到自然的規則、相信人的理性能力等來處理問題，如此，才會使事務的處理快速、便捷及周詳。

二、科學與教育目標

對於鼓吹科學至上的一些學者來說，教育實施無疑是要強調獲致科學知識；如此，一方面可以應用科學知識於實際生活問題的解決，一方面在獲取科學知識時，也具有鍛鍊心智的作用。傾向於科學中心教育的斯賓塞，更認爲科學乃是完滿生活預備上所不可缺少的一項條件。因此，在探討科學中心思想教育家對教育目標的主張時，似可概括在下列的一些主張上：

㈠獲取科學的知識

經過十八世紀自然主義教育家，如：盧騷的鼓吹，自然的知識，在教育上逐漸變得重要起來。自然知識在解決生存問題上，較之人文知識顯得實用而有助益。及至十九世紀後期，由於科學知識大量而快速的形成，因此，科學知識在教育內容上，已漸爲教育家所注意到。無奈傳統的教育思想依然盛行。人文思想在古老的教育機構裏依然是主宰的勢力。斯賓塞在提出科學知識最有價值時，他的科學知識概念，在範圍上尚包括了社會科學的知識，並未嚴謹地侷限在自然科學知識的範圍內。科學知識的獲取，被視爲從事完滿生活的必具條件。因爲科學知識是滿足選擇教育內容的二個條件：即一是滿足如何生存所需要的知識；二是滿足有何用的條件。

不論是英國的斯賓塞或是德國的赫爾巴特，這二位教育家在思想上，都承襲了啓蒙運動的遺緒，卽相信知識的作用是不可低估的。因此，教育的具體目標，就是具備經由科學方法而形成的知識。

㈡完滿生活的預備

主張科學中心教育的思想家，對於知識的實用價值，是深信不疑的。尤其是英國的斯賓塞，就曾將當時流行的人文知識命名爲裝飾性的知識。科學知識就視爲實用性的知識。斯賓塞提出了生存才是個人及社會所應關注的問題。生存問題的解決需要科學知識。依據斯賓塞的主張，舉凡個人直接自存活動、個人間接自存活動、養育子女的活動、參與社會生活的活動以及休閒生活的活動，都需要科學知識以爲肆應。一旦這些活動，在缺少科學知識的情況下，就難以應付與解決了。教育的目標，近程的要求是放在科學知識的具備上，遠程的要求則是以科學知識作爲實現完滿生活的憑藉。

㈢心智能力的陶冶

十九世紀的西方教育理論中，心智的形式訓練說，依然大爲盛行。主張科學中心教育思想的斯賓塞，不只重視教材的內容價值，而且對於教材的訓練價值亦相當重視。教材的訓練價值，以往完全强調古典語文對心智能力的陶冶，而今，科學知識已成爲人文古典語文知識所取代的對象了。科學知識對於個人的實用性，已經爲不爭的事實；而科學知識在獲取上，則經由科學的認知活動。在認知過程上，個人的觀察能力、推理能力、記憶能力、想像能力、分析能力等，均可經由科學的求知活動而予以鍛鍊之、强化之。

㈣鍛鍊强健的體魄

在教育思想上，科學中心教育家，有傾向於自然主義教育思想的色彩。由於重視生存乃是個人一切問題的中心，因此，如何維持個人自存上的要求，實是教育上的一大目標。個人自存是個體維持其生命延續所必需，而一個强健的個體，必需要有健全的身心始可，如此才能肆應複雜的現代工業社會生活的環境。正如早期的自然主義學者盧騷所說的，一個人必須先作好一個動物，才能作好一個人（註五五）。

斯賓塞對於體育的重視，一方面出諸於他自己幼年身體的孱弱，一方面由於他本着生存第一的思想使然。斯賓塞認識到體育的實施，應該從個體的養護開始。個人健康的身體，有賴於家庭及早地注意到兒童的養護：諸如：營養的均衡、衣服的適宜、衞生的注重、自然的活動、健康的習慣、良好的遊戲等等。另外值得注意的是斯賓塞重視消弭當時流行的禁慾主義，以使個體的活動，更爲切合自然的要求。

(五)養成良好的品格

主張教育要走向科學的赫爾巴特，對於教育目標的界定，是以倫理學爲其基礎的。依據赫爾巴特的看法，正確的道德觀念，才會產生正確的道德行爲。赫爾巴特認爲：

「教學創造了心靈的內容，而教育則創造了品格。無前者即無後者，因而教育的主要原則即在此。」（註五六）

赫爾巴特了解的是道德行爲與道德觀念是相連接的。這也是西方教育家，自蘇格拉底以至赫爾巴特，不少人所深信不疑的。赫爾巴特以爲教學上可利用文學、歷史、詩的內容，提供道德觀念的來源。另外，在道德教育上，赫爾巴特重視訓練（discipline），以此來强化道德的品格。具備高尚的品德，可以說是赫爾巴特教育的理想所在。

科學對教育目標的影響，顯現在教育內容的要求上，遠較教育目標的要求上爲多，這點至爲明顯。一般教育家，多認定教育乃是一種工具，以期達到生活的完備。因而隨着時代的演變，確認科學對人們的影響至鉅，已經毫無疑義。社會中人們重視科學知識、利用科學方法，甚至應用科學態度於實際生活中，都已逐漸地爲一般人所接受。

第五節　代表人物

一、斯賓塞

最後，在討論科學教育中心思想的結尾部分，將分別提出英國的斯賓塞(Herbert Spencer 1820-1903）和德國的赫爾巴特（Johann Gottfried von Herbart 1744-1803）作爲此派學說的代表人物。從前述二人的出生順序上來看，或許應該先敍述赫爾巴特，再及於斯賓塞。不過，爲了表達斯氏對科學中心教育思想的重要性起見，於此，就先從英國的斯賓塞談起。

斯賓塞出自英國一個非國教派的家庭背景中。自小就受到家庭成員思想上較爲傾向於自由、個人主義及反權威的思想薰陶。斯賓塞自小是生活在英國維多利亞女王時期。在重視古典語文文化價值中，社會風尚所及，趨向於傳統的重視，權威的服從，對於科學所帶來的震撼，在沒有嚴厲的批評下，教育上的變動，顯得極爲和緩而不急驟。斯賓塞自小並沒有像一般中上層家庭的兒童一樣，接受完整的學校教育。他實在可以說是一個自學成功的人，如果他也像一般兒童，踏入學校教育的行列，也許他思想的發展，就不會像日後那種情形了。

斯賓塞在青年時期，曾從事鐵路工程師的工作；而後從事新聞性工作；直至著書立說產生興趣後，始以著書爲主。斯氏幼年雖然沒有進入學校接受完整的教育，不過，年長後曾涉獵羣書，推薦德國哲人的書籍。追隨斯賓塞多年的一位私人秘書，曾言及斯氏並沒有完整地讀過一本科學方面的書（註五七），但是他個人有關科學方面的知識，却都是得自於個人的經驗、觀察以及與人的交談。

斯賓塞在近代西方教育思想史上顯得重要，主要的原因乃是：

1. 他提出科學在教育實施上的重要性，引發了課程上的激烈變動；
2. 由於科學知識逐漸編入了學校課程的內容，使科學知識的內容價值與訓練價值，同樣地受到教育家的重視；
3. 課程中加重了科學的比重，激發教育家去分析社會生活內容以推動學校課程的研究；
4. 學校課程內容與社會生活之配合，改變了教育的面貌；
5. 教育實施的評估，提出了功利的觀點，得到人們的注意與採用。

依斯賓塞的論點，教育乃是爲了完滿生活而作的一種準備。古典課程爲主的學校教育，是以文化的陶冶爲主，而且强調古典語文的價值。在斯賓塞看來，這些知識都是裝飾性的知識，沒有實用的價值。斯氏以爲，處此工、商變動時代，人人均應具備科學知識，始能應付個人生活之所需。

一八五九年，斯賓塞在英國西敏寺文摘雜誌（Westminister Review）發表了「什麼知識最有價值？」一文中提出了科學知識的重要性及其教育上的價值。

斯賓塞說道：

「於此，對於吾人先前所提出的問題——什麼知識最有價值？一致的答案就是科學。這是基於各種情況而下的一個論斷。爲了直接自我生存，或者爲了生命與健康的維持，最重要的知識就是科學。爲了間接自我生存而獲得一個生計，最有價值的知識是科學。爲了適當地履行父母的職能，適當的給予指導，只有在科學裏才會找到。爲了明瞭過去和現在的社會生活，如果沒有這些知識，一位公民是無法正確地規範其行爲，而所不可缺少的知識，也是科學。爲了創造並欣賞各種形式的藝術，最重要的預備依然是科學。其次，爲了陶冶的目的，不論是思想的、道德的或宗教的——最有效的研究，再一次的還是科學。」（註五八）

先前曾經提到，斯賓塞認爲科學的價值，不僅在教育上具有教育內容的價值，而且也具有陶冶心智能力的價值。由於斯賓塞的教育理論，深受他對生物學知識了解的影響。因此，基本上，他把人定位在自然的歷程上，以人的完滿生活之預備，作爲教育的宗旨所在，而分別依其重要性的大小，將完滿生活之預備，區分爲以下的五種活動。每一種活動，在邏輯上都是有其先後的順序。同時每一種活動的完美進行，也都有賴於科學的知識。

1.有關自我直接自存的活動　斯賓塞列爲第一類的活動；因爲自我生命的維繫是個人生活中優先值得重視的問題。這方面的活動，在他看來需要自我健康的維持，因此生理學、生物學、物理學、化學、衞生保健的知識就非常迫切而需要了。

2.有關間接自存的活動　此項活動乃是個體爲了生存活動，必需充分的培養職業能力，以獲致個人所需的食物、衣服、住所。爲了達成此一要求，個人就有必要獲取職業的能力。另外在應付職業的活動上，個人尙需數學、物理學、化學等，各種實用性之科學知識。

3.有關養育子女的活動　個人自存活動實現之後，他在組織家庭生活中，亟需的相關知識乃是如何有效地去照顧下一代？這方面的知識，就需要諸如：生物學、生理學、心理學等方面的知識。

4.有關適當運用休閒　享受生活方面的活動：爲了提高生活的素質，使生活不限於自存活動的水準，藝術、心理學、生理學及物理學方面的科學知識，就有其需要了。

5.有關公民職能的活動　個體是生活在一個組織日益嚴密的社會中。個體如何成爲一個好鄰居、或社區有用的一分子，乃是現代社會公民所應學習的項目之一。鑑於社會日益的複雜，現代公民所應具有的知識，相對地也就爲之增加，諸如：政治學、社會學、經濟學以及心理學方面的知識，就有其需要了。

斯賓塞重視科學知識在教育上的價值，開啓了教育實施上的重大改變。在一般學校課程的變動上，歐洲地區由於社會傳統及歷史因素的使然，改變的進展，顯得略爲緩慢外，在美國大學課程的改變上，哈佛大學校長義律（Charles William Eliot）曾於一八六九年起，對該校課程內容，引進了新興的科學科目而帶動了美國其他大學課程的改變，可謂影響深遠（註五九）。

另外斯賓塞對於近代教育上的一項影響，就是有一些學者從生活內容上，分析教育活動的主要項目。這些教育家試圖從科學的見地，來選擇課程內容及決定教育的目的。由於教育家逐漸相信科學是較爲可信且較爲客觀的一種憑藉，爲此，他們利用科學的方法，探討教育的目的與課程的問題，如：

由對教育有深入研究的專家、學者處，提出較爲一致的看法；

從人們生活中所發生的活動項目，逐一統計，以常常發生者，歸諸於教育的目的；

就現有社會生活中，有關職業活動之分析，列出生活中的職業活動項目，訂爲教育的目的。

這些教育家，如：波比特（Franklin Bobbitt 1876–1956）、查特爾斯（Werrett W. Charters 1875–1952），均爲以科學的見地，來分析並釐訂課程內容的著名學家。

斯賓塞在教育理論上的著作，是以他於一八六〇年討論智、德、體三育的一篇論文爲主。由於斯賓塞相信人類所面對的一個認知實體乃具有不可知性，且難以獲取最後與終極的實體知識，因此，他相信科學應去探討經驗的世界而宗教則應偏重於不可知的世界。基本上，他不同意科學與宗教的對抗，反而傾向於二者的協和。他也是一位依戀於官能心理學的教育家。這就是他主張科學知識一如古典語文知識一樣，具有訓練心智能力的原因所在。斯賓塞也是一位傾向於個人主義的教育家。這種情形充分地表達在他對體育實施的見解上。斯賓塞也是一位具有功利思想的教育家。這使得他主張知識的實用價值而反對當時虛飾的、不實用的語文知識。基本上，斯賓塞也是一位自然主義的信徒。這使得他相信兒童具有天賦的權利，父母教師都不能嚴厲地去懲罰兒童。由於相信自然主義的結果，使他像盧騷一樣，主張自然的懲罰說。基於這些基本的信念，使斯賓塞對於當時教育太過於書本化、形式化、抽象化而與實際社會生活相脫節，提出了大聲的批評。現在擬就斯賓塞主要的教育見解，提出如下的幾個重點，以爲說明。

1.以喜悅的心情去獲取知識　斯氏以爲知識是人類生活上所需要的；人們應該依照生活上所需要知識的順序，去獲得知識。重要的事是要認爲知識的獲取爲一件樂事而不是一件苦事。

2.智育實施上　如何激發兒童的求知慾望？以使兒童有着內心的需要感、喜悅感？如此，智者的實施，也就會事半功倍了。

3.學校教育的實施　其遵循的法則，究竟應採自何方呢？斯賓塞主張應該依照兒童身心的演進與發展的順序爲之。這不是人爲的法則而是自然的法則。

4.教以原則而不是教以規則　斯賓塞反對傳統教學活動中，教師以既有規則來教授給兒童。這種教學活動，未能照顧到兒童的自我學習活動。倘若教師能以學生的經驗活動或事例的認識，自行歸納出一個原則來，那麼這種學習就是學生自我思考的結果，而不全是由教師的傳授或給予了。

5.教學的原則　斯賓塞在教學方面，提出了幾個較爲具體可行的原則，即：

由簡單到複雜：生物的進化，就是依此順序而來的；由同至異：社會現象中的分化，具有此項特徵；由不定到確定：變遷中的事物，多有此種現象；由經驗到理性：符合個人經驗上的認知活動過程。

6.複演的教育原則　教學對個人而言，就是個人要再一次經驗民族文化的演進過程。依斯賓塞的說法：

「兒童的教育必須循歷史的發展，一方面依人類教育的方式，一方面依人類教育的安排。這也就是說，個人知識的獲得，必須依民族知識產生的順序爲之。」

7.發現式的教學法　教學活動不在於講的多，給的多，而在於學生自我去發現知識，以自我經驗來形成知識。

8.教師在教學活動上　要少告知（telling），多訓練（training）。教師告訴學生的內容要少，爲的是學生才會有機會去發現知識。教師令學生多訓練，爲的是讓學生多從經驗性的活動中去學習。避免使學習成爲純粹的思考活動，輔助的練習活動就有其需要了。

9.教以認識關係　自然科學中，充滿了現象與現象間的必然關係。爲了掌握科學上的基本信念，有必要使學生了解到透過思考而認識關係的存在。

10.科學就是常識的進一步發展　在當時不了解科學的偏見下，科學之要受到人們的重視尚得經過一番努力。斯賓塞覺得由於人們對科學不甚明瞭，因而促使科學的普及，遭遇到了不少的阻礙。因此，正確的教學觀之建立，乃是一項重要的工作。依斯氏的意見，科學並非難以接受；因爲：

「何謂科學？爲了明白反科學人士的荒謬偏見，吾人祇需指出科學乃是常識進一步的發展。」又說：

「夏天裏的太陽升得早，落得晚，這是一件普通的觀察，就可以知道的事。天文學就是將類似如此的觀察，加以組成一系統的陳述以表達的更爲淸晰，並擴大到更多的星體；同時對天空中的各

星球的眞正組合，有眞正的發現，另外消除吾人對天象的一些錯誤認識。」（註六〇）

無可諱言的，科學知識之納入學校課程中，是經過了一番的掙扎。在社會傳統的思想體系下，科學的價值還沒有完全彰顯的情況下，科學價值的被肯定，就需要一段時間，逐漸加以調適。不過，在十九世紀後期，西方社會工業化的步調加快以後，科學之在教育上的地位，早已凌駕其他學科之上了。這對一個以完整人格爲基準的教育，又形成了另一種的挑戰。從而促成了廿世紀六十年代西方教育，不論是理論上或實施上，出現了主張人文教育的運動，對教育以科學爲中心時，照樣會引起有識之士的沈思與評擊。

二、赫爾巴特

赫爾巴特（Johann Friedrich Herbart 1776–1841）係德人，出生於奧汀堡（Oldenburg）一個路德派的宗教家庭。氏自小就在母親的呵護下，先是在本地古文中學接受希臘文、拉丁文、數學、物理學、哲學方面的陶冶後至外地接受大學教育。由於赫氏才華出衆，聰敏過人，擅於記憶，因而學習能力甚强。赫氏在年尚十三歲時，就能著文討論「永恒神存在的佐證」的問題。十四歲時，就著文寫出「人類自由論」的文章。

氏自小就浸潤於音樂，故能演奏樂器，如：小提琴、大提琴、豎琴、鋼琴，空暇之餘並寫奏鳴曲及演講音樂方面的問題。

氏於一七九四年進入耶拿（Jena）大學學習法律，不過，此學乃是父母的本意，但不合赫爾巴特

的興趣，故在耶拿大學唸書期間，常常聆聽有關哲學方面的課。此一時期，他對德國哲人費希德至為推崇，

一七九七年赫氏離開德國，受聘於瑞士，擔任殷特拉坎（Intertaken）行政長官家庭中的私人教席，出任其三位子女的家庭教師，在瑞士授業期中，逐漸對教育產生興趣，並造訪裴斯泰洛齊（Pestalozzi）在貝多佛（Burgdorf）的學校。此後，赫氏又返回德國，就讀於哥丁金（Gottingen）大學而於一八〇二年獲致博士學位。一八〇八年擔任該校教授，次年轉赴康尼斯堡（Konigsberg）大學，就任先前康德曾擔任過的講座職位。在此，赫氏竭力從事研究、講學、著作的工作。他一方面專注於研究自己專長的領域，一方面又提供意見、指導學校裏的研討會及提供研究哲學者一些意見，並監督實習學校中的各項事務，

赫爾巴特在任教康尼斯堡大學這段時期，可以說學術研究正達於巔峯。一些著名的論著，先後在此出版，如：「心理學手册」（A Manual of Psychology 1810）、「心理學乃依經驗、形上學、數學而建立之科學」（Psychology as Science, Founded According to a New Method on Experience, Metaphysics, and Mathematics 1824）以及一八二八年出版之「普通心理學」（General Psychology）。

赫爾巴特之對教育理論有所貢獻，乃是得力於他放棄了流行已久的心能心理說，而主張聯結心理說（Association Psychology）。聯結心理說以為人的心靈不是一個實體，也不是由各種心能組合而成者。心靈可以說是由觀念的聯合而形成。赫爾巴特認識到觀念與觀念的聯結，乃是由於觀念間的類

化作用。舊的觀念對新的觀念具有整合的作用。如此一來，心靈的內容才是重要的，心靈的能力就顯得不是那麼重要了。利用觀念的類化原理——赫爾巴特就可以解釋學習的現象。當一個人學習新經驗時，他就從利用舊經驗來作爲學習的基礎。

赫爾巴特的教育目的，充分地顯示了倫理學的基礎。眞正教育的目的，並不是心智的陶冶而已。一個人品格的培育及其道德的發展，才是教育的眞正目的所在。教育的理論與實施，不能完全以知識來決定其目的；也不能以自然作爲其基礎；同樣的，也不能以心靈的發展爲其基礎，而要以倫理學作爲基礎。因爲，教育的眞正本質乃是個人健全品德的養成。

至於赫爾巴特的重要教育論點，可以簡略歸納爲以下幾個論點：

1. **道德是教育的最高要求**　赫爾巴特反對以自然發展作爲教育的目的。他也反對早先流行的心能形式訓練說。赫氏重視的是經由多方面興趣，發展出個人的品德。在培養個人品德時，多方面的興趣是可資利用的一項手段。赫氏相信由正確的知識、觀念所培養出的興趣，對於個人的意志才有所幫助。

2. **強調興趣原則**　興趣是認識的結果；是觀念的結合。欲收教學的功效，必須以學生的興趣，作爲推動學習活動的勢力。經由純正興趣得來的知識，才會影響到個人的意志；才會有適當的行爲。教學不能太過於迎合兒童的需要；也不能以討好兒童的方式，或所謂糖衣式的方式，或強迫式的方式來實施教學。這些方式，都難以維持一個眞正的學習活動。

3. **主張相關（Correlation）原則**　依赫爾巴特的主張，課程中相關的教材，應編組在一起，如此學習起來才較爲便捷，不至於使所學習的材料有孤立、分割的問題。在個人獲得知識上，太過於孤立的知識，對於實際問題的解答，幫助並不太大。赫爾巴特的相關原則，提供了後人課程上注意相關知識的合併，使知識間的關連性能彰顯出來。

4. **提出集中（Concentration）原則**　赫爾巴特對於集中原則的說法是知識上若有相關者，就應該突出結合成爲一個核心，不要使相關連的知識，過於分散與孤立。這一觀念，導致了後人在課程的組織型態上，形成了所謂的核心課程。

5. **贊同文化的複演說（Culture Epochs theory）**　社會中的每一個體，在個人汲取文化的過程上，就像生物的演變一樣，從單細胞有機體，演變至複雜的多細胞體；亦即個人從胚胎的單細胞，演進至多細胞的成人。這是生物上的複演。就文化上的複演來說，個人初生一無文化，就像原始部落社會一樣，文化至爲單純。但是，個人在社會環境中的成長，一如從野蠻至半文明，再由半文明演進至文明。個人獲取文化的過程，就如民族文化發展的過程一樣，是漸次地演進。

6. **教材的區分以興趣為之**　大體上，赫爾巴特將學習的內容區分爲二類：其一是個人與環境中眞實事物接觸所形成的知識。前者如科學、數學、純粹藝術等；後者如語言、歷史等是。基本上，赫爾巴特强調的是觀念，因爲，唯有觀念的連結，才能構成知識。

7. **類化原則的應用**　教學活動中，必須運用學習者先行存在於意識中的觀念。舊的觀念是學習新觀念的基礎。新觀念的解釋與意義上的確定，也都是要用舊的觀念才行。這種類化的學習原理，使赫爾巴特創立了系統的教學方法，促成了教學活動組織化的運動。

8. 赫氏的四段教學法　赫爾巴特應用學習上類化的原理，創立了系統的教學方法，使其教學的程序，能夠有一嚴密的組織。至於赫爾巴特原先創設的教學步驟，係四個顯著的程序卽：

(1)清晰（clearness）：教師所提示的觀念，必須清晰、明白；

(2)聯合（association）：學生就教師所提示的觀念，加以聯合；

(3)系統（system）：將組織起來的觀念，形成系統；

(4)方法（method）：應用所形成的觀念。

將前述的四段教學法，衍生爲五段的乃是赫爾巴特的弟子玆拉爾（Ziller）。玆氏所提示的五段教學爲：

(1)預備（preparation）：任何教學當以學習者所熟悉的舊經驗作爲開始。學習者早先的觀察或感覺經驗，可作爲教學的始點。不如此，則提供學習者卽時的觀察，亦可作爲隨後教學的開端。

(2)提示（presentation）：教師依學習者所有的舊材料，應用活動將所欲講述的，或傳授的材料——觀念，給予學習者；

(3)聯合（association）：教師對先前所給予的教材，令學習者加以比較，並注意預備階段中，已熟悉的材料而予以結合；

(4)系統或概括（systematization or generalization）：教師提供與舊經驗相類似的新例子。藉此，學習者可以類化於聯合一階段中的學習內容。

(5)應用（application）：依先前所概括而成的規則，解決學習者學習內容上的困難或問題。

9.歷史、文學的道德教育價值　兹拉爾秉承赫爾巴特的教育見解，相信歷史與文學的教學價值，不祇是提供內容方面的教育價值，而且有助於兒童道德的發展，培養良好的人際關係。從觀念的教育價值言，這兩種科目，對於觀念的提示是有着豐富的潛力。

10.實驗學校的創設　赫爾巴特爲了將教育的理論，加以驗證其成效起見，特設立實驗學校，驗證教育理論在付諸實施時的各項問題。這種開創性的實驗學校，對於教育的科學化，助益自然不小。

總之，英國斯賓塞對於教育上引進科學，厥功至偉；隨着科學的進展，以科學方法來研究教育的學者，從廿世紀開始，也就如雨後春筍般地在歐洲各地興起！至於赫爾巴特這位早期極欲給教育一個科學的基礎者，則使其系統的教學方法，風行於十九世紀後半期的美國；對教學方法的重視，引發了學者們的注意。這也是教育思想史上的一項貢獻所在。

〔註　釋〕

註　一　J. Bronowski: Science and Human Values, Harper & Brothers Publishers, New York 1956. pp. 25-26.

註　二　Encyclopaedia Britannica V. 20. Encyclopaedia Britannica, Inc. London 1972 p. 6.

註　三　同註二　頁七

註　四　同註三

註五 同註一 頁一四

註六 同註五

註七 同註二 頁七

註八 同註七

註九 Norman Campbell: What Is Science? Dover Publications, INC. New York 1952 p1.

註一〇 同註九

註一一 同註一

註一二 Philip H. Phnix: Philosophy of Education, Holt, Rinehart and Winston, New York, 1958. p.p. 323-330.

註一三 同註九

註一四 Bertrand Russell: The Impact of Science on Society, George Allen & Unwin Ltd 1952. p. 15.

註一五 同註一四 頁二二

註一六 同註一二 頁三三一

註一七 同註一 頁二四

註一八 Bertrand Russell: History of Western Philosophy 1960 p. 549

註一九 張身華譯 邏輯概論 幼獅文化事業公司出版 六十八年 頁一八八—二〇一

註二〇 John Dewey: How We Think, Boston, Heath 1910.

註二一 Jamcs B. Conant: Modern Science and Modern Man, Columbia University Press, New York 1953 p. 20.

註二二 陳驥 西方文明史 九思出版有限公司 六十九年印 頁七七

註二三 同註二二 頁七十九

註二四 王文俊 人文主義與教育 五南圖書出版公司印行 七十二年 頁八

註二五 同註二四 頁一二

註二六 同註二四 頁一四

註二七 Moody E. Prior: Science and Humanities, Northwestern University Press, Evanston, 1962 ppix-x

註二八 Paul Monroe: A Text-book in the History of Education, The Macmillan Company New York 1960 p. 470.

註二九 同註一八 頁五五一

註三〇 同註一八 頁五五七

註三一 John S. Brubacher: A History of The Problems of Education, McGraw-Hill Book Company, Inc. 1947 p. 266.

註三二 同註三一 頁二六九

註三三 同註二八 頁四四三至五〇二

註三四 同註二八 註四四五

註三五　同註二八　頁四五二

註三六　S. J. Curtis & M. E. A. Boultwood: A Short History of Educational Ideas University Tutorial Press Ltd London 1966.

註三七　Hugh C. Black, Knenneth V. Lottich & Donald S. Seckinger: The Great Educators Readings for Leaders in EducationNelson-Hall Company, Chicago 1972, pp476-7.

註三八　Alan Cohen & Norman Garner: Readings in the History of Educational Thought, University of London Press Ltd 1967, p. 170.

註三九　同註三八　頁一七一

註四〇　同註三七　頁五〇三

註四一　徐宗林　斯賓塞之哲學及其教育思想之研究　師大教育研究所集刊　第八輯　頁九六。

註四二　註三六　頁四二二

註四三　E. H. Wilds: The Foundations of Modern Education, Rineharte Company INC, Publishers, New York 1950, p.692.

註四四　同註四三　頁六九三

註四五　同註四三　頁六九三

註四六　同註四三　頁六九六—六九七

註四七　同註四三　頁六九七

註四八　同註四三　頁六九九

註四九 同註四三 頁七〇一

註五〇 Frank Pierreport Graves: A History of Education in Modern Times, Gordon Press, New York 1974 p. 320.

註五一 Rousseau: Emile, 收於 徐宗林編 教育名著選讀 文景出版社印行 頁一四九。

註五二 同註五〇 頁三三六

註五三 同註五〇 頁三三七

註五四 Gabriell Compayre: The History of Pedagogy, Swan Sonnenschein & Co., LIM 1900 p. 547.

註五五 同註五一

註五六 Luella Cole: A History of Education, Holt, Rinehart and Winston, New York 1950, p. 499.

註五七 Adolrphe Meyer

註五八 Herbert Spencer on Edvcation Edited: With an Introduction and Notes, by Andreas M. Kazamias, Teachers College Press, Teachers College, Columbia University New York 1966, pp. 157-8.

註五九 同註五七 頁三八四

註六〇 同註五八 頁一六八

註六一 同註五八 頁七六

第七章　民本主義教育思想

第一節　西方民主思想的淵源

民主是現代人的口頭禪，同時也是現代進步社會所致力追求的一項政治理想。對於那些尙處在集權式的國家而言，人類追求民主的熱望和努力，從過去二千四百年的文明歷史中，不難發現到這股力量的壯濶。人們深信人類的努力，將會隨着時間的脚步逐漸前進；民主的政治制度，終將爲絕大多數的人類所樂於享用。

雖然民主是西方較早實施的一種政治制度，不過時間上已有二千餘年的歷史了。在不同的時間和不同的地方，所實施的民主政治情形，也並不是相同的。民主政治制度的運作是極其廣袤的，因爲沒有兩個國家，在實施民主制度上是相同的；也沒有二個國家，在實踐民主政治的步驟上是一致的。誠如美國學者李普生（Leslie Lipson）在其「民主的文明」（The Democratic Civilization 1964）一書中所說的：

「當一個人考量到民主意義的範圍是多麼地因時、因地、因文化而遼濶時，一項明顯的眞理，就是沒有二種民主政治是完全同一型式的。民主政治制度的差異性，乃是値得予以分析的事實之

一。」（註一）

依據李普生的看法，現今通行於世界各地的民主政治制度，不論是就政府組織、政黨系統的運作、各種不同操作性的理想之意義及其重要性、公民與官員之間的關係、社會秩序和政治秩序之結合的特性等等，是不會有二個民主政治制度是相似的。因爲，就國家的體制而論，有單一政體的國家而實施民主政治制度的；也有數個邦聯合成爲聯邦政體的。在行政權力制度上，有採總統制者、有採協同制（Collegial）者、有採內閣制者。次就政黨系統來講，有二黨組織運作者；亦有六個政黨或多於六個政黨運作者；至於投票的方式，則有依比例而選舉代表制、有優先投票制（Preferential Voting）及以選區多數投票而決定選區所屬者（註二）。眞是不一而足；顯現了「民主」一辭的單純性而其涵義及所衍生的制度則極爲複雜。

一、民主的淵源

就西方世界而言，民主政治制度的濫觴是在古希臘的雅典城邦。英文的「民主」（democracy）是來自於希臘文。從希臘雅典城邦的民主政治史上去了解，雅典的民主政體，大約在紀元前六至四世紀逐漸爲之成熟。雅典人從所羅王（Solon）到狄摩森尼斯王（Demosthenes）之間，使得民主政治制度初具規模。

古希臘時的中亞波斯人兼歷史學家赫鋭道特斯（Herodotus 484-425 B. C.），就曾首先系統地處理政權權力的分類問題：即超越個人的權力，究竟應該握在何方？握於一個人之手？抑或屬於少數人之手？還是屬於多數人之手？這種數字上的對比，以政權名詞來說明就是君主政體、貴族政體及民主政體三種。赫氏相信民主政治制度最能符合此一美名之處卽：法律的平等性以及不會蹈犯君主政體所犯的任何過錯（註三）。

其次，古希臘時期哲學大家柏拉圖（Plato 427-347 B. C.）的著作，也提到了民主政治制度的問題。不過由於柏拉圖家庭背景的關係，使他的政治主張，比較傾向於貴族政治理想。此乃因爲他的叔父克里特斯（Critias）是貴族及母親方面的親屬是所羅王（Solon）的緣故，再加以他對恩師蘇格拉底（Socrates 469-399 B. C.）竟在雅典式的民主政治制度下，遭受了民主政治制度下法律的迫害，因而使他對民主政治制度喪失了信心，反而對斯巴達式的貴族制度心懷好感。

依照柏拉圖的看法，在一個民主政治制度中，同一的要求是排除了的，因爲，民主政治的主要原則是自由。在民主政治的要求下，人人從事他所期望的活動，因而各種的人格，各種的生活方式，都會由於自由的原則而發展出來。是故在一個民主的城邦中，就整體社會而言，强制或陶冶同一性，就難以要求其社會分子一一具備了（註四）。

亞里斯多德（Aristotle 384-322 B. C.）將政治制度大致區分爲三種型式：君主政治制度、貴族政治制度及國家政體（Polity）。前兩者的變體，又可稱之爲專制政體及獨裁政體。民主政體則認爲係由國家政體變形而來。民主政治就是由人民治理的政府，係以人民的利益爲治理的準則。亞里斯多德曾給民主制度和寡頭政治制度作了一個區分，卽民主政治制度是窮人治理其政府，因爲窮人是佔絕大多數的，而寡頭政治制度則是富人治理的政府，因爲，富人是屬於少數。顯然，亞里斯多德是將政治的權力和經濟的條件結合在一起了。

其次，亞里斯多德以爲民主政治的特徵有三：其一爲平等，其二爲自由，其三爲多數人統治。平等乃是就其物質財富而言，因爲一般民衆（demos）擁有的財富是極其平等的，不會有着過份的貧富差距；自由乃是因爲一般民衆並非屬於奴隸階級。是故他們是自由民，因而享有自由。多數人統治乃是因爲貧窮佔絕大多數。這些人的結合乃是權力的來源（註五）。

李普生對古希臘時期所實施的民主政治制度，曾就古希臘學者赫銳道特斯、柏拉圖、亞里斯多德諸人的意見，作了一個歸納性的結論，並從三方面，列論了古希臘人的民主政治見解。

從社會背景言：民主是一般窮人治理其城邦；剝削富人權力；廢止債務性奴隸及取消依財產條件而任官的規定；儘量提供個人稟賦得以發展的機會；不依家世或財富而任官職。

從政府制度言：公共事務及其決定係由全體公民裁決，故視爲多數人主政；由多數人投票贊成而擔任公職；公職人員均須盡忠職守；多數公民組成陪審制，以維護司法制度。

政治哲學的理想：平等；言論自由；否定無知；自由和變易受到讚揚；放縱和無秩序受到貶抑；服從法律及公職人員的權威；不斷地參與公民事務的活動（註六）。

英國哲學家、政治思想家洛克（John Locke 1632-1704）對於西方民主政治的思想，有着不少鼓吹的作用。他從自然律的普遍見地，認爲：

「人類經營共同的生活，不是受着地面上一個共同的優越者的權威而作其判斷的，而是依着人的理性；依理性而經營社會生活是極其自然的。」（註七）

這裏洛克對於一般君主所擁有的優勢權威，顯然提出了强烈的質疑。從自然律中，他認定了人人平等的信念，雖然不見得這就是民治理想的要求，不過平等原則的實現，即是民主政治理想的一項重要標的。

其次，從洛克於一六九〇年出版的第二論文（the Second Treatise）中，可以發現他認識到每一個個體都可以說是神的資產。個體需要經營其生存的必要活動。這也就是個體在履行自然所交付給的使命——生命的維護。爲了個人生命的維護，個體就得仰仗於財產的保護。在洛克看來，一個良好的、理想的政府，其功能就在於能保護個人的生命、自由及財產。在一個理想的、自然的政治組織中，一切的律令規章，都是來自於神。在自然的國家中，當人們面對神及其同胞時，人人都享有着自由與平等。在人人均充份享有自由的條件下，自然的規律，就顯得非常重要了。因爲如果沒有自然律的限制和約束，人們所享受的自由，就失去了保障。人人都享用自由的結果，反而使得自由爲之淪喪了，變成了混亂的狀態（註八）。

在自然狀態下的政府，由於各人都以自己的立場來判定事物，爭論之事也就不會終止。藉由政治的力量，釐訂人們所共同遵守的法律，一方面維護個體的生命與自由，一方面也使個人的財產得到保障。

「人們結合成一個共同的社會，使他們在政府的治理下；而其最大及主要目的，就是財產的保護。」（註九）

人們爲了個人的安全與財產的保障，同時爲了接受因政府而制定的法律，以免使社會在各自獨享自由的狀況下變得混亂，故個體是有賴於政府的設立，以爲之保護。

以「社會民約論」（The Social Contract）名噪一時的大思想家盧騷，對於西方民主思想的影響亦至爲深遠。盧騷的「愛彌兒」（Emilee）是一部教育的名著，也是一部討論兒童成長過程的書，更是一本以人的培養爲主的書；而「社會民約論」則是一部以社會中之公民的造就爲中心的書。「社會民約論」的思想，反映了他對社會的組織、個人與政府間的關係等的看法。

盧騷以爲國家的最高權力，並不是像洛克及孟得斯鳩（Montesquieu 1689–1755）所主張的要加以限制。他並不主張對國家的權力以基本的律則去限制之。因爲他强調的公意：民衆的權力是要超越任何形式的權力。他覺得人民在任何時間，都有權力來更迭政府的行政形式。就是國家的根本大法，人民認爲不妥當時，也是可以予以修正的。其次盧騷所主張的公意，並不是全體人民的意志而是結合者的意志之顯現。

在盧騷論述到民主政治制度時，往往是以古希臘的城邦所推行的民主政治制度爲例。這種直接民主的政治制度，他並不以爲可以完全地加以實行。因爲人們絕不可能完全出席集會而參與公衆事務的討論。至於藉由代議制的方式，來實施民主政治制度，盧騷則稱之爲選擧式的貴族政治制度。盧騷以爲在無法實施直接民主政治制度下，代表制的民主政治制度，無疑的是最好的一種政治制度（註一〇）。

從以上所列擧的幾位西方思想大家對民主政治制度的主張看來，不難發現他們對民主政治制度的主張爲：

1.古希臘城邦的民主政治制度，是他們所認爲的一種直接式的民主政治制度。由於城邦規模不大，人口集中，故較易於實施之。

2.民主政治制度，在於多數人分享政治的權力。民衆對公衆事務具有積極的參與權和決定權。故可以反映出多數人的意見。

3.權力的分享，注意到了平等的原則；公衆事務的權力來源是多數人而非少數人。

4.在民主政治制度下，人們是自由的，可以自由地表達其意見和決定。自由意志的顯現，就在充份表露個人的意見。

5.選舉適任的人員，擔負特定的公務，也是民主政治制度的一項準繩。

6.民主是人民自己治理自己的事務。這裏的人民就是大衆之意，不是少數富有的人，也不是少數承襲權力的貴族，而是一般的社會民衆（demos）。

7.政府的組織是藉由法律的規定使然。人民與政府間的關係是種約定的關係。當人民將其權力委諸於政府時，政府就是以人民的意旨爲意旨。人民在適當的時機，可以修正其與政府的約定關係。

8.立法是民主政治制度下人民所具有的一項權力。法律顯示了人民的公意。一個爲人民服務的政府，同司法權力是須與行政的權力相分離的。行政、立法、司法三權分立的雛型，漸漸成形。

二、民主的意義

民主政治的制度，在理論上和實踐上，都顯示了極大的紛歧。同時民主政治的實施，在不同的時問、不同的地點和在不同的文化環境中，都會有着實際上的差異。是故在民主意義的探討上，也就不易理出一個確切而適用的定義來。不過，基本上，民主乃意謂着主權在民的一種政治制度，則是可以被大家所接受的。

(一)從西方歷史的發展來看民主政治的涵義乃是

1.希臘城邦中，人民治理政務之意，即由公民決定與大衆相關之事務。

2.由於現在國家疆域遼濶，直接民主政治制度不易實行，故採間接民主制，經由選舉代表爲主，故有代議民主制（Representive democracy）。

民主政治制度之實行，既然有賴於選舉制度之運行，因而選舉的方式，關乎民主之能否貫徹至爲重大。在判定一個政治制度是否合乎民主的規準時，下列條件可以提供作爲參考：

(1)選舉是否自由地進行？是否有定期性？是否常常舉行？公民是否均有權投票？在野黨是否可自由與執政黨競爭？投票是否採秘密投票方式？

(2)選擧是否提供了有效的選擇？候選人是否僅限於一個政黨？若多數人反對統治者，是否能導致執政者的更迭？

(3)代議者的組織，諸如國會、議會、國民大會，是否有立法之權？控制預算投票決定稅收法案之權？是否有權質詢、討論、批評、反對政府施政而免除干涉及被拘捕？

3.民主係依個人價值之尊重的信念而來；是否民主？即在取決於個別公民權利之保障（不止是法條而在於實際）。言論自由、出版自由、集會自由、個人安全之獲致、不許濫捕、監禁；並有請願自由、結社自由、宗教自由、講學自由，另外民主政府中，司法獨立、法庭地位超然（註一一）。

㈡民主乃政府的一種形式

在紀元前四世紀希臘雅典城邦所實施的民主與字彙的意義甚爲接近。雅典人的 demos 實際上有着較多的權力（Kratos）。此乃因係直接民主的政治制度之故。當雅典人民聚集在一起時，亦卽城邦集會式的民主，主在決定公共事務。在聚會中，數千位公民表示他們的贊成與否決。城邦市民的集會，只是外表的現象，實際上此一集會，可以使全體的決定，成爲個人遵循的決定；而個人的意見亦有機會成爲全體的決定。「全體要求個人，而個人反過來要求全體，」正如亞里斯多德所說的。在民主政治的運作下，權力之有效地運用，主要的是由於官員的更迭。分享權力的制度，也是有效的，因爲大部分官員都是經由投票而被選擇的。

在希臘人的民主意義上，一方面有自治之意（Self-governing）；另一方面個人亦有輪到成爲治理者的機會。是故，古希臘式的民主政治制度是一種實際參與政府的直接民主制度。現代民主政治制度，則完全不同；非植基於直接參與而係植基於代議制；非直接運作權力，而係採取代表制；非自治式政府，而係對政府加以控制與限制（註一二）。

㈢哲人對民主的看法

1.亞里斯多德　對民主的意義，有下列的看法：

「在一個民主的政治制度中，最高的權力是操諸於全體人民。」

「一個城邦會墮落到一個暴政的城邦；一個貴族式的城邦，會成爲一個寡頭政體的城邦，而一個城邦，也會成爲一個民主的政體。」

「就像一般人所想的，如果自由和平等主要的可以在民主政治社會中找到，則只有當全體人民均能完全地參與政府的事務時，自由和平等才能獲得。」

「民主政治之形成，乃是由於別人認識到，如果人是有平等的地方，那麼各方面就都應該平等。」

2.盧騷 對民主的說法是：

「嚴格的講，一個完美的民主政治制度是從不會存在的，而將來也不會存在。多數人治理而少數人被治理是違反自然的。」

「如果有一個神的國家是存在的，該國是可以以民主的方式來治理的。一個如此完美的政府是不適合於人類的。」

3.伏爾泰（Voltaire 1694–1778） 的看法是：「民主政治的最大缺失，當然不是專政統治及對人民的殘酷：曾經有居住住於山區的民主共和國國民是野蠻而殘酷的；但是這並不是共和國人的精神之如此，而是自然使之如此。」

4.傑佛遜（Thomas Jefferson 1743–1826） 的說法：「民主政治的信奉者，認爲人民乃是擁有權力的最佳保有者；他們珍惜既有的權力，而且期望將所有的權力，都交由人民去運用。」（註一三）

㈣**杜威對民主的看法**

美國的民主政治制度是歐洲民主政治思想發展下的結果。基本上，美國政治的民主化是受到了歐洲啓蒙運動思想家及洛克、盧騷、孟得斯鳩、彌勒（J. S. Mill 1806–1873）等人的影響。至於二十世紀杜威對民主的看法，則基本上是前述思想傳統的延伸與發揮。杜威從經驗的交流上來看民主，在意義上就不限於政府的一種型式了，其所看重的是經驗能否自由地去溝通。倘若社會是處在專制政府型態下，則各社會團體之間的經驗溝通，要不是採取單向式的溝通方式，顯示權威機構對下屬單位的溝通，就是採取隔離的、孤立的，互相不溝通的方式，因爲各社會團體之間的利益是處在相互牴觸的狀態中之故。基於這種看法，杜威對於民主政治的了解，就不是一般着重政府型式的民主政治的意義了。

杜威以爲民主政治制度的意義是：

「一個民主政治制度，並不限於一個政府的型式而已；一個民主政府的制度，主要的是社會結合生活的方式和相互溝通經驗的方式。」（註一四）

從前述引用的資料看來，杜威對於民主一詞的意義，較爲强調社會團體間的溝通。杜威以爲在一個民主政治制度下，各社會團體中的分子，具有共同的利益，此乃是社會控制的一種方式。在一個民主政治制度的社會裏，各分子所享有的利益是較多的；所享有的種類亦是較多的。其次，在民主制度下的社會團體裏，各分子之間，各分子與團體之間以及各社會團體與團體之間，皆能自由地交互活動。

在各種相互交往的活動中，隨着交互活動而能引發出新的情境，進而需要繼續地調適各社會團體的交互活動。杜威爲民主政治制度所定的規準，因而就與一般學者爲民主政治制度所定的規準有所不同。他以爲一個民主政治制度，其應具備的規準爲：

1. **自由交換經驗**　不論是社會中的個人或團體，都可以自由地、毫無限制地交換其經驗，使經驗成爲開放性的，繼續使經驗成長的資產。經驗不是僅僅屬於某一分子、某一團體而沒有分享的溝通方式。這會阻礙了經驗的充實和擴大。

2.經驗的共享　閉鎖的社會或專制的政治制度下的社會，其個人或社會團體的經驗是閉鎖的，不願意提出來作爲各分子、各團體間共享的資產。專制政治制度下的個人或社會團體，在利益衝突下，各自保守各自既得的經驗，深恐他人竊得，損害到自身的利益。但是在民主政治制度下的個人或社會，經驗是要共享和共有的，以便增進社會大衆的福祉。經驗不會成爲某一社會團體的專利品或壟斷下的利益。

3.利益爲社會所共享　民主政治制度中的社會，其所獲致的利益，不會成爲社會中某一階級或某一團體所專享的利益。在社會團體間，若發生利益衝突時，亦能注意到以社會整體的利益爲利益。處此情形下，民主政治制度下的社會利益是普遍地分享給它的構成分子，只要他能維護共同社會利益的話。

杜威對於「民主」（Democracy）一辭的用法，並沒有一定的、精確的意義。胡克（Sidney Hook）在「杜威全集」（John Dewey）卷十的導言中曾說道：

「有時民主被用在狹義的政治意義上；有時民主被用在廣義的解釋上，當作開放的經驗；而有時民主一辭與教育視作同義詞。」（註一五）

在此，要提的是民本主義（democracy）一詞，實係對一九一六年杜威所著的「民本主義與教育」一書中，將民主與教育之結合而欲引申的一種教育思想，所欲陳述之理由，有下列幾點：

1.美國教育思想中，杜威堪稱爲代表人物。這一思想脈絡，可以涵蓋了美國早期開國諸先哲的部分教育思想。

2.民本主義與教育已不僅是一個地區的教育思想了；它已擴張到了凡是自由、民主的國家，莫不競相使兩者有一融洽的結合，以期理想社會之獲致。

3.將教育視爲達成民主社會的一項手段，並致力於民主社會的實現，已是二十世紀民主社會應用教育或謀求與教育配合的一項政策了。

基於前述的論點，吾人試圖從民本主義與教育之結合上，來了解美國近二百餘年教育思想的更迭，未嘗不是一項新的嘗試。

三、美國的民主

美洲在一七七六年以前，尚未有獨立的國家出現。就在這一年的七月四日，美利堅合衆國終於掙開英國的羈絆而正式成爲美洲的第一個共和國了。美國的獨立精神和立國思想，充分地顯示在它的獨立宣言中。獨立宣言中的政治理想，正是十八世紀歐洲啓蒙運動思想家的理想；同時也反映了十八世紀歐洲人，尚未能享受到的自由、平等和博愛的價值上的理想。

美國獨立宣言起草委員中有傑佛遜（Thomas Jefferson）、謝爾曼（Rager Sherman）、富蘭克林（Benjamin Franklin）、利溫史頓（Robert R. Livingston）及亞當姆斯（John Adams）等人，不過，主要的起草工作是由傑佛遜執筆。從一七七六年六月十一日被國會任名起草至七月四日正式發佈，在不到一個月的時間裏，傑佛遜的初稿經過亞當姆斯及富蘭克林的潤飾，終於成爲震驚世人的一篇鉅文。宣言中所揭櫫的崇高理想，包括了英國哲學家洛克的社會民約哲學思想，提出了人人皆平等的天賦人權說；主張民約式的政府形式，尊重被治者的政治允諾，强調被治者具有革新政府的基本權利——一旦人民認定政府的治理，已失去了公正時（註一六）。這些政治理想，在當時雖然算不上是新鮮的理論，可是值得注意的是這些政治理想，却第一次被正式地表達在一份重要的歷史文獻中。

美國在從殖民地轉變成爲一個合衆國的過程中，受到了歐洲移民至美境的殖民者的種族、文化、宗教、政治信仰等因素的左右，而使得殖民地區的發展，有着主觀上的不同現象。再加上各殖民區域在自然環境上客觀因素的差異，因而影響到了爾後各州的發展。不過，基本上早先移民於新英格蘭地區的英國移民，由於他們教育程度較高，宗教信仰强烈，追求自由的意願堅强，民治的思想亦較爲濃厚，因而，獨立的、民治的政治理想，也就在新英格蘭區奠下了基礎，成爲其他隨後建立州自治組織的始點。例如：早在一六〇二年，從英國移民至新英格蘭地區馬色秋塞斯（Massachusetts）州撲來茅斯（Plymouth）的一百二十位清教徒，曾經實施直接民主的政治方式，來處理他們間的事務。另外，在詹姆斯鎮（Jamestown）成立十二年之後，就有維吉尼亞自治院（the Virginia House of Burgesses），仿效英國議會之型式，自治組織即告成立（註一七）。

基本上，美國式的民主政治制度，是當時歐洲民主政治思想和殖民於美國的歐洲移民，針對實際環境而孕育出來的一種政治制度，其主要的特徵爲：

1.人民是主人，政府是僕人　起草美國獨立宣言的傑佛遜，有着下列的一段話：

「政府不只是人民的僕人，而且政府還是一位不可信託與不可信任的僕人。人民不能給政府完全的自由，以經管其主人的事務。相反的，必須以各種方法，來限制其權力；在每一方面，都須加以檢視，而且必須時時以懷疑的態度對待之，否則政府就不再是僕人而變成爲主人了。先前人們對政府的恐懼是不能不予以重視的。因爲他們認爲歷史上的偉大教訓，就在警惕政府成爲一個壓制人民的組織，進而會成爲個人自由的最大敵人。」（註一八）

2.政府是人民所有、人民所治與人民所享　這是美國解放黑奴運動中，最受人民擁戴而具有卓見的政治人物林肯（Abraham Lincoln 1809-1865）在蓋次堡（Gettysburg）演說中最爲世人所稱道的民主一辭的註釋。

3.三權分立的政治制度　一切法律都由人民代表爲之制定、審定而交由行政機構執行。司法是獨立於行政權力之外。行政機構則依法而執行事務，接受人民代議士之監督。

4.權力的制衡　美國是實施總統制的行政體制，但是在民選總統的制度下，爲了深恐其權限過於膨脹，故其權力在運用時，會受到議會——國會：參、衆兩院——的節制：即總統的提案，有被國會否決之可能而國會之提案，亦有被總統否決之可能。

5.聯邦式的共和國　美國是由各自獨立的五十州（State），亦即五十個獨立的自治體組合而成。各州有各自的法律與行政體制。聯邦政府與州政府間的關係，有着憲法作爲明文之規定。五十個獨立的地方政府，提供了人民參與和監督的機會。

6.定期的選擧活動　美國行政上的負責人，高至總統，小至鎭長，都是由人民的選擧爲之決定。因此，定期的選擧，不只是選擧行政上的負責人，就是各級立法機關的代表，如：參議員、衆議員、州議會之成員等，亦經由選擧爲之決定。選擧在美國政治制度上，是頗爲顯著的一項政治活動。

7.法治的國家　民主政治制度的落實，有賴於法律的維繫。美國聯邦的憲法和州的法律是維繫社會共同生活的依據而法律的制定則是由人民的代表爲之擬定或審定，因而民主的政治是藉由人民自己的意願，來治理自己。

8.個人的自由　爲了實施共同的社會生活，政府在獲得人民的允諾下組成了。政府的職能，就在於保護人民的生命、自由和財產的權利。人民在社會生活中，具有表達其思想的權利，例如：言論自由、出版自由、集會自由、宗教自由。另外，法律之前人人平等，沒有社會階級的存在。美國的獨立，開啓了美洲第一個共和國的出現，亦且引導美國後人對其開國先驅所揭櫫的政治理想的追求與恪導。處在美國日益發展的歷史軌道中，一些美國的思想家、教育家，深覺民主政治制度的維繫，有賴於教育的實施。他們深信，民主社會理想之貫徹，有賴於接受良好教育的公民，否則民主的理想，甚難完全實現。這就是民本主義教育思想所要關注的一些問題。因而，基本上民本主義教育思想就是美國思想家對民主與教育必須結合的一種認定。

四、民主條件

在西方世界裏，民主政治制度的形式，雖然隨着時代的不同而不同，但是作爲以人民爲主體的政治制度，在實施上其涵義則持久不衰。不過從西方民主政治制度的發展上來了解，並不能說民主政治制度已經普遍地爲西方世界所完全接受，否則歷史上就不會出現專制的政府，也不會出現第二次世界大戰中的納粹及現在的共產國家。民主政治制度並未完整地被西方世界的國家所接納，因而，在廿世紀的今日，提倡民主政治制度的價值，並利用民主政治制度下的教育，來推動並發揮其功效，以期民主政治制度能廣泛地爲世人所接受，則世人所能享有的權利，自然又會爲之擴大而加多。

不過，一個良好的民主政治制度，並不是社會自然發展下的結果，而是社會在追求進步，所獲致的一項產物。民主政治制度的建立，民主政治制度的實踐，也需要一些先置的條件，例如：

㈠經濟的發展

一個社會在推展民政治制度時，往往和該社會的經濟發展條件有所關連。利普賽特（Lipset）就以爲一個社會愈是富裕，就愈有較多的機會來實行民主政治的制度。在現今較爲民主的國家中，諸如：英、法、美、瑞士、等國家中，經濟的、工業的及都市的現代化都是相當的高。値得注意的是這些例子僅能作爲說明來用，因爲一個社會的民主與其經濟發展之間的關係，究竟關係到什麼程度、實在難以確定。再者，一個社會民主化的程度和經濟發展之間，亦甚難完全說是有着一定的因果關係。是故，吾人所能作而較爲確切的一種說法，就是一個社會在推進民主政治制度時，經濟發展是其中的一項條件。

在經濟發達的社會中，大衆傳播媒介衆多、交通狀況良好、人民收入較高、物質產品較爲豐盛的狀態下，都或多或少對民主政治制度之運作和推展有着一些助益。

(二)中間的結構 (intermediate structures)

在一個民主政治制度的社會中，常常有些社會團體或社會結構是居於政府和人民之間的。這些社會團體或社會結構，在民主政治的社會中，充任了政府和人民之間的橋樑。通常的情況下，這種居中的社會團體或社會結構，其所扮演的角色，是將社會大衆的意見，通過一些途徑，反映給執政的政黨及其所主政的政府。社會中的知識分子或中產階級，就是一個溝通者。由於民主政府在行政措施上，往往以民意爲導向，是故民意的探尋、民意的反映、民意和施政政策的結合，就是一個民主社會所應關注的地方。除了中產階級和知識分子之外，在民主社會中，尚會發現到一些自願性的社會團體。這些自願性的社會團體，不僅致力於社會改革運動之推廣，而且透過社會團體的活動，參與了社會民主化的運動，例如，扶輪社等團體，往往以促進社會之和諧發展爲目標，對於社會民主運動之强化是有所貢獻的。

(三)領導的角色

民主的政治制度，在實施上是會因着社會、文化、歷史、經濟、環境的不同而不同。民主政治制度在運作上，往往藉由人民代議士的選擧、立法、質詢、施政、審議、預算、民選代議士的提名、投票等，都須顯示行政的運作及領導的技巧或藝術。民主政府之可貴，卽在施政上能以民意爲依歸。民主政府的施政在付諸於實際時，其行政的運作，當以講求效率爲優先。倘若一個毫無績效的政府，在實施民主政治制度時，各項提名候選人的作業、投票選擧、開票統計及各項選擧的功能，就大大地爲之受損了，因此難以順適地發揮民主精神的眞諦。

(四)教育的功能

教育在推動民主政治制度的建立與實施上，也能顯示出其一定的功效來。民主政治的實施，有賴積極參與政治活動的經驗提示。教育的實施，就是提供此一經驗的最佳途徑。教育對於青少年的政治活動經驗，雖然不能提供眞實的參與經驗，不過藉由類似經驗的提供，青少年在學校所舉辦的各項選舉活動中，多少可獲致一些類似將來政治活動參與的經驗。民主政治活動之推行，也有賴於具有獨立思想與判斷之個人的培養。因爲，在個人參與政治的活動中、在督導政府的施政中、在提供民意作爲施政的參考中、在有機會成爲代議士、作爲人民的代表時，莫不需要有對各項爭議性的問題，提出個人意見，作最完善的決定。民主政府的價值，就在容許個人充分地表達意見，以期滙合成民意，作政府最佳的施政參考。

其次在民主政治制度下，個人須是一位獨立的判斷者而不是一位權威下的服從者。獨立的判斷者，需要有能力作最好的智性判斷。這就需要有足夠的知識，協助個人去作智性的判斷；需要有足夠的能力，去獲致知識，以爲了解各項社會事務的途徑。當然，教育也擔負了培植民主政治意識的功能。民主政府所涉及的一切制度之建立與實施，也需由社會大衆透過教育來認識民主政治的制度及其運作；同時也要了解到個人與民主政治之間的關係如何。有了民主政治的意識，對於推行民主政治自然是具有功效的，因爲在共識的條件下，較易有相近的的意見和態度。因此，教育對民主政治制度的關係，可以說是一個建築物的基礎和建築物之間的關係了。在教育普及的社會裏，個人有能力作獨立思考和積極參與民主政治的活動，如此，民主政治始能得到保障。

(五)在華蘭（H. G. Warren）等人所著的「我們民主的運作」（Our Democracy at Work 1967）一書中

作者曾經就民主政治制度的條件，提出下列的一些要求來：

1. **受教育的公民**　民主社會中，注重個人對政治事務的參與，重視民意的表達與採納。爲此，一個民主的政府，就得經由教育使其公民具備前述政治活動的能力。是故一個民主政治的國家，教育的普及當有助於民主政治的推行。

2. **思想的自由**　專制政府下的社會，人民思想的自由往往受到限制。人民常常不能違背執政者及其團體的政治見解。然而在一個民主的社會中，法律必須給予人民思想上的自由，才能期望人民自由地表達其思想，以作爲執政者施政的參考。在民主政治制度下，相異的思想是被允許的，因爲民主的特徵，就是自由受到尊重之故。

3. **經濟的安定**　人民私有財產受到保護，容許人民有追求幸福的權利，那怕人民視財富的追求即爲幸福，民主政府亦得妥爲保護之。在財產得到保護之下，人民的生活才有所謂幸福可言。

4. **多數人治理**　民主政治就是多數人治理政治之意。不論多數人治理的方式是透過直接的參與或透過選舉適宜的代表以參與立法、行政等事務。

5. **組黨的自由**　民主政治的另一種方式，就是藉由政黨政治的運作，而展現民意。英、美等國就是典型政黨政治的民主方式。

6. **民主的意識**　民主政治制度之紮實，需要人民對民主有强烈的信念。另外也需要對民主政治制度各方面如政府、選擧、法律等，有近似的認識，始能有助於民主政治制度的有效運作（註一九）。

第二節　民主與教育的關係

先前曾提過，近代發揮民主教育思想的杜威，於一九一六年著有「民本主義教育」（Democracy and Education）一書，其副標題爲「教育哲學導論」（An Introduction to the Philosophy of Education 1916）。這一本書，時至今日，依舊成爲美國大學中講授教育哲學課時的一本必讀參考書。該書在教育哲學上來說，委實規劃了美國本土教育哲學的輪廓，引申了美國早期開國先哲所醉心民主社會之思想。杜威在該書的緒言中，就曾指出他著述的本意，乃致力於探求並陳述民主社會中的思想及其應用於教育事業上的各項問題。杜威以爲民主的政治制度是社會發展而來的。由於民主和科學實驗方法的結合，已經促使社會的發展，有了新的變化而帶動了教育上的變遷（註二〇）。

教育活動基本上是一種社會現象。社會和教育之間的互動，充分地表現在教育深受社會發展的影響上。當社會處在農業社會環境中時，教育的目標、教育的內容、教育的方式等，莫不受着社會型態的影響。在廿世紀初期，西方教育深受工業社會發展的影響，教育活動的基礎，也就需要奠立在科學的實驗方法、生物進化的理論以及實用的哲學基礎上。

基本上，美國的教育實施，就在於：保存先民開國創業的文化傳統，使民治的理想，不致因時間的變遷而爲後人所遺忘了；其次，充實民主社會生活的內容，因爲從實用哲學的角度，世間一切的事物，都是處在變易的過程中，社會隨着生活經驗上的變動，難免不會產生變化；因此，在一個變動不居的社會中，教育的功能就不全在保存文化了。教育的另一項功能，就是充實社會生活，帶動社會生活的變動，使之迎向理想社會的實現。

教育和民主政治制度之間的關係，是相當密切的。現僅就美國一些思想家的觀點，作一綜合性的論述：

一、民主社會與教育

起草美國獨立宣言的傑佛遜，對於教育的推廣至爲重視；以一七七九年他提議的法案爲例，「知識的更廣備」(A Bill for the More General Diffusion of Knowledge) 卽爲其提案的標題。傑佛遜以爲廣設學校卽可打破當時美國殖民地貴族式的教育型態。在致維吉尼亞州的法案中，傑佛遜的教育平等是限於美國歐洲殖民者子弟，而他的獎勵英才教育，也是爲了教育的普及，期使歐洲殖民者的子弟，能享有較多的教育。

崇尚天賦人權的傑佛遜，相信人權的運用，需要良好的政府給予保護，使人民自由地運用其權利，但是爲了避免政府陷入暴政，最好的途徑，就是讓人民具有知識，特別是讓人民具有歷史的知識。另外，傑佛遜認爲有最好法律的人民，而且實行法治最好的人民，應該是最爲幸福的人民。十八世紀後期的美國開國先驅，非常重視普及文雅教育的內容，因爲他們覺得文雅教育的實施與個人德性的發展至爲相關。另外，傑佛遜對於稟賦較爲優越者，亦至爲珍惜，亟欲透過教育，以使其才能充分發揮出來而有助於民主政府的實現。

在民主的意義上，傑佛遜式的民主政府還是精英人才組成的有限權力的政府。他不希望政府的權力過於龐大，以免人民無力駕御政府，不能爲人民服務。

傑佛遜之所以在維吉尼亞州提出法案，藉由教育而擴散知識，乃是期盼人民有足夠的知識來駕御政府，使政府成爲人民最好的僕人，以便眞正貫徹民主政府的本意。

傑佛遜所希望於其社會精英人士具備的廣泛知識，計有：道德哲學、自然律、純粹藝術、法律、警政、歷史、宗教史、教會史、數學、解剖學、醫學、自然哲學、自然史、古典語文及現代語等（註二一）。

傑佛遜所論述的教育與民主關係，可以總結爲：假如要使人民眞正能夠駕御政府，使政府服務於人民，則人民需要充分而必備的知識，以期藉由立法等途徑，來增進政府對人民的服務與人民對政府的控制。其次，政府的行政部門是需要優秀的人才去參與其事的。這些社會精英人士的培養是需要教育的協助。因此民主政府之建立、維繫與發展，都繫乎教育之良窳。這就是傑佛遜强調將知識更廣泛地擴散給人民的理由。

杜威對於民主政治的意義，比較强調一個眞正的民主政治制度，必然能容許人們自由地交換經驗，以期使經驗能爲各社會分子所共享。就這一層意義來看，杜威認爲教育就是經驗繼續不斷的改造和重組的一種過程；而教育活動不啻是在社會環境下，協助個人的經驗，作適宜的改造和重組而已。在民主社會中，個人是被容許分享社會經驗的。如此，個人才能反饋於社會、提供個人的經驗，以期促成社會經驗的不斷成長。

「在一個專制的社會團體中，各分子間沒有太多的共同利益；在社會團體中，沒有自由往來的溝通。刺激與反應完全是單向式的。爲了具有共同的利益，社會團體中的各分子，必須享有同等的機會，將利益分享予他人。因此，必須享有多種的共同行動及經驗，否則，就會影響到教育一些人成爲主人，教育另一些人成爲奴隸。」（註二二）

就杜威而言，關閉了社會經驗交流的管道，一部分人就會失去了經驗的成長機會，淪入無知或無能的狀況。這也就是專制社會中會出現愚民政策的原因。民主社會的建立、維護與發展是需要社會團體中各成員均能同等地分享這種社會經驗。教育在協助社會中未成熟分子的民主生活經驗的成長，自然扮演了一個重要的角色。

二、自由公民與教育

民主社會是一個強調個人價值、重視個人尊嚴的社會。在民主社會中，個人需要有獨立判斷的能力，需要自由思想的能力。在各種紛擾意見的爭議上，個人需要辨識是與非、利害與得失，以便作最好的判斷。民主社會中的教育，一方面透過適宜的教育，使個人成爲一個西方文化傳統中的所謂自由人，一方面教育的功能，就在培養民主社會中的共同見識，以便形成民主政治信念的共同基礎，一如推動平民學校（Common School）的賀銳斯·曼，對此提出的下述看法：

「所有具有感性及理智的人、所有愛國者，所有眞正共和主義者，均必須贊同共和論中的那些條

文，因爲這些條文，均須由大家接受，大家相信，這便形成了政治信念的共同基礎，故而也需教導給大家。」（註二三）

不過，單是共同政治信念，對於一個民主政治社會的發展，還是不夠的。民主社會爲了本身的發展，必須培養自由的公民和獨立思想的公民才行。這種自由思想的公民，不是一蹴而成的，必須在教育和生活互相連貫的情形下，藉由教育的實施，使個人及早地參與民主社會生活的活動，才能逐漸形成自由思考的公民。

所謂自由的公民，在意義上即指不受外在權威的左右，自己能夠形成獨立的判斷或見解。其次，自由的公民表現在智性的活動上，亦即他不是一個無知者，難以運用其智慧來辨明事物。

「就政治而言，我們認識到這個國家不會容忍一半人民是自由的，另一半是奴隸的。吾人將會同樣的發現到鼓勵自由、獨立及創造力的困難，如果學校依然教導學生要依靠外在的權威的話。」（註二四）

民主社會中的學校，不是獨立於民主社會生活經驗之外的機構。民主社會中的學校，應該充分地將社會生活的經驗，反映在學校生活的內容中。爲此，在培養自由公民的前提下，學校生活的內容及教學的活動，就應該注意到個人自由原則的應用。在尊重團體的規範下，學校可容許個人作適當的自我選擇，並賦予其自由，以便養成能夠運用自由，順從團體規範的自由公民。如此，才能充實自由的意義，而不至於養成濫用自由，或唯權威爲馬首是瞻而失去獨立自主的個人。

三、民主經驗與教育

民主社會像其他社會一樣，是有着一些特爲該社會分子所共同接受的認識或經驗的，否則，在極爲不同的認識和經驗下，一個社會就難以經營共同的生活了。美國早期開國的諸先哲，多醉心於單軌的公共學校（Common School）的設立。因爲公共學校意謂着突破了貴族和平民間的差距，並且注意到了啓蒙運動思想家所强調的平等原則。

在美國新澤西州的道尼司教（Bishop George W. Doane）就曾說道：

「公共學校是共同的，但却不是水準低的學校，也不是專爲貧民子弟而設的學校；公共學校乃是像光線及空氣一般是屬於大家的。」（註二五）

在殖民時期的美國教育家眼光中，公共學校不只是由大衆的經費支助，而且應該提供近似的教育內容。公共學校的教育內容，應該提供民主社會中的生活經驗，以期學生的經驗，能夠及早地成長，且與社會的民主經驗相切合。

在課程的設計上，學校除了提示民主社會生活的理想外，尚需提供有關民主運動的歷史，提示先民實施民主政治的經驗。

經由學生自治團體的活動，諸如：選舉、立法、議會組織等活動，學校可給學生提供民主生活的經驗。

學校可藉由安排的活動，使學生從學校生活中，陶冶民主社會生活中所需要的合作、負責、勤奮及守秩序等習慣。

總之，民主生活的經驗是可以透過教育使之繼續生長的，不過這種生長是在經驗相似的情況下以及產生經驗的活動在相似的情形下才能有效。學校就是最好的場所，用來提供學生民主生活經驗的成長。

四、民主參與及教育

民主政治是全民主政的政治形式；民主政治也是人民積極參與政治活動的一種方式。隨着政治活動形式的日益繁雜、人民參與政治活動的方式，也就日益而復雜。然而人民參與政治活動是需要具備一定的能力，諸如：表達思想的能力、運用語言文字的能力、分辨爭議問題的能力等。故參與民主政治活動，事先必須具備此等能力，才能充裕地應付民主政治活動的挑釁。

在民主參與及教育的關係上，教育似可從下列幾個層次，發揮其應有的效能：

在教育的實施上，透過課程的設計，來引發學生對公衆事務產生興趣，並經由教育的實際活動，積極鼓勵學生參與校內公共事務之討論、辯論、計畫與推動。

教育活動之設計上，可以專爲激發學生對公共事務參與之責任上，來設計課程的內容，以使學生認識到公共事務與個人利害得失之間的關係。

其次，公共事務的推動，有些需要少數學生爲之領導與策劃，有些則需要學校內一般學生的支持。不過，推動任何一項與公共事務運動有關的活動，都需要整體中多數成員的響應與支持。公共事務參與的活動，因而，也需要有着近似一致的認識才行。爲此，許多意見溝通上的活動，就成爲民主政治制度運作當中，不可缺少的一部分了。

參與者面對公共事務時的責任感、義務感及奉獻精神也是有賴於學校培養的一些民主社會中個人的特質。教育雖不能承擔這一切的責任，以使民主政治活動之參與，能夠盡善及盡美，不過，就如先前所提過的，教育對民主活動經驗的傳承，却是可經由學校來實施的。經由學校裏民主生活經驗的涉獵，終而能在社會生活中，有益於民主政治活動之推展。

五、民主思想與教育

民主政治的運作，也需要民主觀念的指引。在此，教育的功能即需提示民主的思想，以及安排民主生活的活動，以期民主政治的經驗，能夠及早地持續地發展。正如在新英格蘭地區推行公共教育的賀鋭斯・曼（Horace Mann）所說的：

「爲了使成人能夠準備從事自治政府的各項活動，他的民主特質之陶冶，必須從兒童期開始。自治政府的一些特性，不是生而有之，也不是一天就培養起來的；如果學校中兒童不予以陶冶，那麼吾人將來所期望於成人者，必定是令人失望的。」（註二六）

賀鋭斯・曼顯然淸楚地認識到自治政府——民主政治的一種制度——理應及早讓兒童認識到，尤其是自治政府的各項特性。民主政府的特性是全民所有的政府，就如美國林肯總統所主張的：民有、民治、民享。民主政府的特性、民主政府的理論、民主政治制度的比較、民主政府的理想，民主政府的運作等，都是教育中有關科目的內容：諸如：公民、政府、憲法、比較政府制度等。這些認識都應該成爲教育的關注所在。

教育也擔負着民主思想的傳導任務。民主也可以簡約的說就是一種社會生活的方式。例如：在傳導民主思想時，有需要檢視一下社會生活中，有那些活動是可以與民主思想相結合？就以家庭中一些事務的決定，如能充分的將家庭中各成員的意見作一交流，從而作成決定，這就是民主思想的貫徹。民主思想如能充斥在實際生活的活動中時，對於整個社會之民主化，當會有不少的幫助。顯然，教育在這方面是可以提供一些助益。

民主和教育的關係，從前述各論點中，可窺見兩者的相互影響之深切。鑑於現代自由國家在追求進步時，莫不將政治的民主化，列爲一重要目標，而欲達到此一目標時，亦多利用經濟的發展、文化的提昇與乎教育的發展。故教育發展之良窳，不難想像到其對民主政治之推展是否順利？這也就顯示了民主和教育間的關連性。

第三節　民本教育的哲學基礎

民本主義乃單就政治哲學而論述的一種思想體系，不過，若以美國開國諸先哲的思想而言，則又多傾向於洛克、盧騷的政治理想，如信奉自然律及崇尚天賦人權的信念。然而，早期的美國先哲，在哲學思想上，多不及近代杜威的哲學，較能代表美國本土的哲學思想。因此，在敍述民本主義的教育哲學基礎時，此處卽以杜威的實驗主義爲圭臬，以期便於陳述。

一、哲學與教育

從西方哲學史上去探討，哲學乃是愛哲之學。哲學家們致力於探究人類經驗的整體性、全面性及終極性。由於哲學在以往較爲着重對生活經驗的展望，因而，哲學與人的關係，也就顯得關係非常密切。哲學研究上，給人們的一個印象就是哲學期望對普遍的和一般的經驗，能夠提供一些規律上的建立。在早先的哲學研究上，除了熱衷於一般規律的尋求外，哲學也試圖在人的經驗領域內，形成一些內容上的認識。這也就是以往哲學家渴望於建立偉大思想體系的緣故。

杜威對於哲學的認識，可以說是着重於哲學的功能及其動態性的思考活動和解決問題的作用，而不單從靜態的角度，去確定哲學的意義。是故，在杜威看來，哲學不是着限於認識吾人所身處的世界，而是要有助於人如何去控制、改造吾人所處的世界。哲學的研究，不應孤立於人的問題之外，而應將其研究的重點，放在社會衝突的一些問題上，特別是民主問題、工業化問題及科學問題，對社會所形成的一些交互影響。

從功能的立場來論，哲學卽在淸理人們實際生活當中，有關社會和道德的各項爭議性的問題。另外，哲學也在將人類的經驗，作一合理化的處理。由於哲學的研究，並非以事實作爲其探究的對象，因此，在研究哲學時，人們的態度、方法等，反而顯得重要了。杜威就强調一個富有哲學態度的人，其心胸是開拓的，不會偏蔽於某一特殊的論點，而且一位有哲學態度的人，對新思想是會敏感的。哲學家在思想上的冷靜、沉着、才能使他具有忍受困難及錯失的能耐。

由於這些認識，使杜威在討論哲學和教育時，有了下列的看法：

「如果我們有意認定教育乃是人對於自然及人的心智及情緒基本特質之形成的歷程，則吾人可將哲學界定爲教育的一般原理。」（註二七）

哲學可爲教育的實施，提供一個原則或一個理論，作爲教育實施時的一些假定。同時，杜威强調在哲學成爲教育的一般理論時，哲學並不僅是提供現成的知識材料，應用於教育活動的指導而已，而是以哲學問題處理的心智和道德習慣、來解決教育上的各種問題。這就顯現了杜威確認哲學和教育的關係，乃是教育在實施上，需要哲學提供一些假設及解決教育問題時的心智習慣和態度。

二、變易哲學

從存有論的角度，民本主義的哲學，認爲吾人所面對的存有，並不是一個固定不變的存有。相反的，存有界的一切，均處在一變化的歷程中。人們所活動的世界，就是一個充滿變易現象的世界。因此，照民本主義思想家杜威來論，除了人們所經驗的世界外，並不存有着另一個世界。不管人們喜歡或不喜歡，個人所經驗的此一世界，就是一個不容懷疑的眞實世界。

在變易的哲學思想下，下列兩點可以說是信奉實驗主義哲學家杜威所承認的：

1. 無目的性　人們所經驗的世界，就是唯一的實存世界。因此，一連串的而繼續不斷的變易現象，就是存在於一個變易的歷程當中。變易是沒有目的的；不是事先設計好的變化；也不是趨向於一個固定的目的。這個永不休止的變化歷程，人處其中，因而就提供了不少的可變性與可能性。

2開放性　信奉實驗主義哲學思想的民本論者，認爲整個的變化，就是一個沒有終極目的而開放的存在。由於一切均在變化的過程當中，人們經驗性的認識，也是隨着變化的歷程而不時的在演進。人們不應將過程中的認識結果，視爲終極的眞知。由於知識或經驗的可變性，因之也就不會有不變的眞理了。

變易的哲學思想，使民本思想家杜威放棄了絕對不變的眞理論，也捨棄了信奉終極的實體論。在一個充滿可變性與可能性的宇宙當中，許多事物變化的目的，往往就因人而有所不同了。此處强調人對變易價值的認定，使美國本土色彩較爲濃厚的實用主義，帶上了人文思想的論調。

三、歷程特性

由於杜威的哲學思想，深受達爾文（Charles Darwin 1809–1882）强調歷程的影響，故在其一九一九年出版的「哲學之改造」（Reconstruction in Philosophy）一書中，曾明顯地對傳統哲學中每每視實在（Reality）爲一固定不變的存在，因而發出了下列的意見：

「現在，科學所提示給吾人的乃是一個無限空間與時間的宇宙，而不是一個封閉性的宇宙。宇宙是沒有限制的；不論宇宙的內部構造及外在構造，都是極其複雜，而不是單純的。因此，宇宙是一個開濶而無限複雜的存有；絕不能再以舊有的觀點、來衡量此一宇宙了。宇宙是如此的複雜而難以捉摸，吾人是不能以一個簡單的公式來概括的。如今，是變易而不是固定，來作爲度量實在或有能量的存在的方法了。現代科學家所熱衷的律則，是動的律則、通則及結果。」（註二八）

從以上這段話裏，吾人似乎可以得到以下的幾項認識：

1. 宇宙是一無限的存在，不論其外在的構造或內在的結構，那是極其複雜的。
2. 宇宙不應視之爲一封閉的存有，而應認定宇宙中的變化是一永不休止活動的歷程。
3. 變易是實在的一個特性，因而任何存在，都會顯示在功能上及活動上。
4. 現在應該以動名詞來描述實在，以顯示實在的繼續不斷的變化。
5. 一些變化和另一些變化之間有其關係時，變化的繼續性就形成了所謂的歷程。
6. 歷程是由一連串相關的變化所組成；至於向何方變？這是沒有固定的發展方向；也沒有終點的，除了目的性的活動以外。

肯定變易的歷程，才是眞實的實在，這使民本主義的信奉者杜威，深信實在就是歷程的開展。實在不是靜態的、不變的、固定的事物。就像人們追求「健康」一樣，健康絕不是靜止不動的一種狀態，而是一連串的活動，所構成的追求健康活動的歷程。在一切都是變易的狀態下，杜威覺得不要用一個名辭去陳述實在，而最好是用動名詞去陳述實在，以便顯示出變動不居的程序特性來。

四、知識觀點

知識是人與環境交互作用而形成的認識。由於人與環境間的不斷交互作用，故隨着交互作用而使認識發生了演變；復加以沒有一個眞實不變的客觀實在，因而人們對於認知的結果，也就不應形成一個永恒不變的認知結果。知識在杜威看來，於其說是固定的，不如說是變易的、精進的；於其說是純認知性的，不如說是解決問題、克服困難的工具、手段或方法。

概括來說，知識的觀點，可以用以下的一些說明來表示：

1.認知是一種永無休止的經驗活動。個體在認知活動上，知識的形成，絕不是一蹴而成的；認知是一種反復的求眞過程。它是不會休止的；也是不會有終極的終點。

2.認知到某些事物時，只是對此一事物，有一暫時性的了解，同時所獲得的認知結果，亦不能視之爲一成不變的結果。

3.在個人與環境的交互活動中，其所形成的知識，僅能作爲再行認知的一個出發點，而不能視之爲一終極的或固定成形而不會改變的知識。

4.個人所獲致的知識是暫時性的認知結果。它是具有試驗性或試探性的；也是個人進一步求知的一個始點。

5.認知者與所知者，不是二個對立的實體。所知者和認知者是結合在一起的，因爲認知在經驗上的改變，也會影響到認知者的認知活動。

6.知識是具有工具的性質，因爲知識的眞假，決定於認知者是否對於他的問題、疑惑、困難得到了解決。因此有用的知識，是會對問題、疑惑、困難產生解決或解答的實效。

7.認知是個體參與了認知情境的活動，所以認知者在投入認知情境，對所知者發生認知活動時，實具有重要的影響力。在所知者沒有確切的、客觀的眞假情形下，認知結果的眞假認定，就繫於參與認知的個體了。

8.知識也可以視之爲一種探究的過程，故不必完全從認知結果的觀點來討論之。另外，在知識的獲取上，程序的、方法的活動，因此就顯得重要了，因爲若將知識視爲成形的，固定的結果，就不會顯出知識的方法性了。爲此，知識的獲得，可視之爲一問題的解決，疑惑的澄清或困難的消除，其重要步驟如下：

1.**待解決的問題**　在個體與環境的交互活動中，一旦個體遭遇到了一個尚未解決的問題、或一個疑惑、一個不確定的狀態時，個人在迷惑的情境中，急欲在疑慮、不安、焦急的情緒中，獲致一個明確的認知結果，以釋其疑慮。就是在這樣的處境下，開啓了個人求知的歷程，從而覓求所欲的知識。

2.**界定疑難的問題**　根據個體認知活動的資料，從而尋求問題的確定。此時個體會利用舊有的經驗、觀察到的發現，找出資料間的相關性，從而希求對問題的確定，明白所疑惑的境況，以便精確地說出問題的性質來。

3.**提出問題的假設**　從與問題相關事物的觀察與了解當中，個體可以根據已有的資料，構想可能的假設，以解釋個體所面對的疑難問題或困惑。在此一過程中，個體藉由想像的運用，利用推理的活動，以形成對問題的假設。這種假設也就是對問題的解決，提出一個初步的、可能的，解決之道。不過，此處假設的提出，應在有事實性資料的情況下爲之。這樣的建構假設，自然會使得假設有所依據了。

4.**從假設中推出結果**　從個體所面對的問題中，運用思考的活動，建構解決問題的假設，然後就需從問題的假設中，推論出可能的結果來。此處所謂的結果，仍尚未得到應有的驗證程序。爲了確定可能的假設結果，須從事實的蒐集中，驗證前述的結果，這就是下一步的程序了。

5.求證假設的結果　以蒐集到的事實或利用邏輯思考的方式，來查驗可能的結果。如若得到了事實的佐證，先前的假設就可以成立，而問題的答案，於焉獲得。早先不確定的狀況，亦可明朗化，而予以界定，是故困難亦可獲得消除。

五、價值問題

致力於民主政治理想實現的杜威，在價值問題上，就像主張知識是可以訴諸於科學研究一樣，故强調價值也是在經驗方法的研究範圍內。這就使價值的研究，可使用科學的研究方法了，亦即不認爲價值問題是超越於人類經驗範圍之外的一個問題。

在人的經驗活動範圍內，價值並不是一項孤立的問題。價值在人的許多經驗活動中，是會出現在許多行動的選擇上。其次，個人在與環境交互活動的過程中，難免會發生認知以外的其他經驗活動，諸如：人會有需求、期望、恐懼等方面的情感經驗。在交互活動的歷程中，屬於價值性的判斷，就像認知性的判斷一樣。價值是屬於經驗的範疇，因此價值並不是一成不變的實體。價值會隨着個人所處的情境以及個人經驗的重組而有所變化。在杜威看來，以歷程和變易來看事物時，價值就像事物一樣，也是處在一個變易的歷程中。爲此，杜威以爲用動名詞的價值（Valuing）是勝過用名詞的價值（Value）來描寫價值。因爲前者更能顯露出變易的特性來。基於這項認識，價值就不是永恒而不變的存有了。因爲價值是個人生活經驗的一部分，故而，他所生活的社會環境，對個人價值的形成、發展與變易，都是深具影響的。

價值既然是個體生活經驗的一部分，因此，除了此一經驗活動的世界以外，是沒有其他價值的領域，也沒有絕對的價值觀念，能脫離開經驗活動的範圍。就跟知識一樣，人們可以運用經驗，來組織知識，改造知識。人們也可以利用經驗來組織價值、改造價值。由於價值是繫於個人所處的環境與所作的判斷，故而價值的判斷，就不宜作爲普遍性的論斷。最佳的價值判斷，就是附着於價值判斷的情境了。在價值情境中，所顯示的價值判斷，並不是單方面僅屬於個人的因素而已。它也包含了情境的因素，以及兩者交互活動的相互影響。

其次，價值一經評定，隨着變易的情境及參與情境的個體而仍然會繼續發生一些再評量的經驗活動。它不能被視爲一種永不改變的評斷。因爲，一項價值的認定，有時、空、事、物、個人以及個人所生活的社會環境等複雜的因素。無可諱言的，個人所生活的社會環境，對個人價值的評斷是具有影響的。正如一顆金剛鑽，對於毫無經驗的落後社會中的一個土著來說，他所能體認的，只是這顆發亮的石頭是很少看見過的一種石頭。至於金剛鑽的價值，由於土著社會生活經驗的不足，也就難以評定其價值了。但是，當這顆金剛鑽拿到一個文明的社會時，由於社會生活經驗的豐富，對於此一特殊的石頭，自然會產生出全然不同的價值評量來。價值的認定，單憑個人的認定，會失之於果斷；單憑於絕對的觀念，會失之於孤立，惟有訴諸於價值判斷的情境，才能作出合乎持平的價值判斷來。

六、道德判斷

道德行爲的判斷，也是屬於價値研究的範圍，因爲基本上，道德的判斷是涉及到善的選擇的問題。由於道德判斷的問題，卽：「我應該如何做？」乃是個人面臨價値選擇時所謂善的問題，而且也是個人生活經驗中的一個問題。因而，本質上此一問題是存在於成熟的個體社會生活活動中。所以，這不是一個抽象的或空泛的問題。在研析「我應該如何做？」的問題時，個人的行爲目的爲何？個人是否有能力處理此一行爲情境？個人在其決定行爲結果的效益是如何？這些與「我應該如何做？」有着極爲密切的關連而對於道德的判斷，能提供實質上的參考價値。

在道德判斷上，實驗主義者的杜威是較爲着重於行爲的結果。單單一項道德判斷上的原則，能否產生實質的效用，頗爲値得懷疑。因此，任何一項道德判斷的原則，是不能以觀念作爲評量的參考。對道德行爲作一判斷時，必須將道德行爲的情境，作一了然。一個道德行爲的情境，也就是一個社會性的情境。個人的行爲，能否表現爲一善的行爲？往往需要將此一行爲、劃歸在社會性的情境中。換言之，個人行爲的評量，必須以其所涉及的周遭相關連的環境資料作一評斷。這就顯示道德的判斷，有其所屬的特質，卽：

1.道德判斷所依據的原則，不是超越於社會生活經驗之外。道德判斷的原則乃是產生於社會生活經驗之中。

2.道德行爲的認定是與社會環境相呼應的。往往一個道德的行爲是取決於對社會所發生影響的性質爲何？因而，個人行爲的評定，是要在一個社會性的情境下始有意義。

3.道德判斷的原則，必須從產生實際效果的各項條件上加以評量，故不是具體及有效的評定，對道德行爲之適宜與否，亦無由判定。

4. 必須認識到道德判斷所依循的原則不是絕對的；亦不是普遍的。

5. 道德判斷的依據是有其變動性的，就如價值的演變一樣，非一成不變的。

民本主義思想中，傾向於實驗主義的道德哲學家，會認爲價值是社會大衆所分享的；其意卽任何價值的確定，均具有公衆性並開放給社會大衆去釐定、質疑、批判，而且還需經由人的生活，不時地加以試驗（註二九）。由是而知，一項道德的判斷，必須訴諸於道德行爲所發生的情境。同時亦需受社會生活的試驗。在個人與社會環境互相活動下，不時地調適個人的行爲以期使社會中各個人的行爲，能作最佳的選擇。

第四節　民本主義教育思想

教育是一種社會的現象。它離不開人的社會環境，因爲在純自然的環境中，教育根本就不會存在的。自然中沒有文化，故結合不起社會團體；沒有社會的人，也就沒有傳遞文化的人，故也就沒有接受文化的受教者。因此，倘若教育脫離了社會的基礎，教育的實施，就好像是浮萍一樣，不但沒有根而且沒有發展可言。教育除了社會是它的重要基礎以外，教育還有個人的心理基礎。因爲，一切教育活動中，最顯著的一個活動，就是教學和學習互相結合的一種心理活動。這就是杜威在「我的教育信條」（My Pedagogic Creed）一文中特別强調教育有二端的論點。爲此，在進入民本主義教育思想之探討前，將先行對社會與學校、經驗與教育，幾個基本概念加以探討，然後再擴及到民本主義教育思想中有關教育的意義、目的、內容和方法的說明。

一、社會與學校

基本上，社會是一個籠的語詞，但是社會却包含有許多的事物。社會的形成，並不是基於單一的目的。人們爲了不同的目的，而組織有不同的社會。有爲了同一嗜好而組成的社會團體；有爲了同一利益而組成的社會團體；也有爲了同一興趣而組成的社會團體。這許多不同的社會團體，都可以概括在社會一辭中。因此，社會是一個籠統性的名詞；眞正值得注意的是那些爲了不同目的而組成的社會組織及其相互之間的關係。

社會的生存，是依靠社會的遺傳，而生物個體的延續則是藉着生物的遺傳。社會的延續就有賴於社會對其分子所實施的社會化了。上一代將社會文化傳授給下一代。這就是教育的方式了。在社會化的過程中，未成熟的社會分子，經由教學的過程，獲得了生活的經驗、技能、態度、信念和行爲規範等。一方面社會的遺產，保留了下來；另一方面共同的社會生活經驗，使社會各分子爲之結合在一起。社會就在經驗的傳遞過程中，維持了生存與發展。因此吾人可以說，社會的延續是有賴於個體的社會化——教育。

㈠賀銳斯・曼對於學校的基本認識

十九世紀中期的美國，尚致力於公共教育的推廣，顯然對學校的看法，賀銳斯・曼是會有着不同的主張。賀銳斯・曼深信共和國的基業，有賴於教育的奠立。但是當時教育機構，多半操諸在宗教團體的手中，因此，賀銳斯・曼所嚮往的學校乃是：

1.學校是公共的，而不是某一社會團體所據有的教育場所。他强調的是公共性（Public）。

2.學校是大衆的（Common），而且是一視同仁地爲各社會階層子弟所服務者。

3.學校是自由的(free)。這是指學校的功能，在於發展人們的智性，使其不會受到無知的蒙蔽。

4.學校是共有的，故不能由少數人,維持、支援,而須經由公共賦稅，作爲維護學校的經費來源。

5.學校是公民養成之所。共和政府的主人——公民，須由公共學校培育之。

6.公立學校是不傳授宗教教育的機構，因爲公立學校是全民所有的學校。

秉持天賦人權觀念的賀銳斯・曼，對於學校所提供的教育機會是從衆人平等，人人皆能享有的普遍規律來論教育的。在賀銳斯・曼的心目當中，免於無知而眞能奉獻於民主社會的自由民，是需要從公共學校中培養的。因爲，它沒有宗教教派的色彩，同時在公共經費的支應下，當會受到全體社區人民的監督。是故學校必定是社會的公器而不致於淪爲禁錮人心的迫害工具。這樣才不會使民主社會受到任何的傷害。

(二)杜威對於社會的基本認識

1.民主的社會裏，存在着顯著的流動性。社會中有充足的管道，分配社會的經驗，因而在教育實施上，較能注意到教育其分子具有個人的創造性與適應性。

2.民主社會中，社會的利益，被社會中各分子廣泛地享用到；利益不是由某些社會團體所獨佔。

3. 自由民主的社會中，社會團體間的交互活動的自由性，大於專制社會中的團體。

4. 杜威强調社會經驗的交流。他以為一個社會的存在，乃是藉由社會經驗的傳遞而繼續存在。社會的存在，亦有賴於團體之間的溝通。如此，才能使同一區域的人民，有着共同的生活經驗。

5. 社會團體間的溝通是社會團體組織結合的一種方式。社會組織的溝通是負有教育的意義，因為在溝通的過程中，社會組織中的個體，會從溝通中，分享他人的經驗、領受他人的思想，因而對個人發生了態度上的轉變。杜威深信的一個道理，就是與他人溝通時而未受其影響者是不會有的。

杜威說道：

「因此，實在地而言，任何社會的安排，如果是有社會性的或與人共享時，對那些參與者而言，必具有教育性。」（註三〇）

6. 社會和教育發生密切的關係，充分顯示在社會環境影響個人社會經驗的成長上。一個無生命的物體，對其周遭現象的改變，並不關心，並不在意。然而對於一個社會中的個體，情形却是不然的。他留意於社會環境對他的影響，而這些影響是藉着社會傳播媒體，來影響個體的，顯著的例子如語言。因為語言是學習事物的重要工具之一。個體從社會交互活動中，助長了個人社會經驗的重組及生長。

㈢杜威對於學校的基本認識

1. 學校為一特殊的社會環境　社會中充斥着各種交互活動而來的經驗。未成熟的個體，或無意地藉着社會性的交互活動而使個人的經驗成長；或有意地在成人控制的社會環境中，使個人的經驗繼續不斷地重組、成長。因此，學校可以說是一個設計性的社會環境。一個好的家庭環境，主要的是對環境作了一番選擇，顯示了智性的作用與意義。

2.**學校是一個限制環境中，對心智習慣產生影響的社會機構**　學校在使環境發揮教育的功能上，必須審愼選擇適宜的環境因素，剔除環境中不適當的因素，如此社會的進步才有可能。

3.**學校是突破個人所處社會環境的一個場所**　現代社會是在大社會中包含了許許多多，形形色色的小社會。每一個小型社會，都有它的社會環境及與社會環境交互活動而產生的個人經驗。學校是將個人從不同的社會環境，集合在一起，從而接觸其他社會環境的一個場所。這也就是說學校提示了各種不同社會環境及其經驗給受教者，如此，突破了個人所屬社會環境的侷限，開拓了個人經驗的領域。

4.**學校是協調和統整個人不同社會經驗的機構**　例如：個人從同儕得來的信念，可能與學校生活的規範牴觸，也可能家庭中的行爲規律與同儕的行爲規律有所衝突。學校的功能就在統整這些鄰居、宗教團體、社區、街坊間的經驗。

5.**對學校的了解，不完全從靜態的物質環境上去了解**　反倒要從動態的、功能的、歷程的層次來了解。這樣看來，學校應該較着重它的傳遞作用，強調學校的媒介作用，因爲學校是提供個人社會經驗成長與發展的一個最佳機構。在人爲的、控制的環境下，個人的社會經驗才能獲得有效的重組與成長。

6.**學校是帶動社會進步的一種社會組織**　倘若學校充分地達到了它應有的功能，那麼學校在將個體引導至社會而使其成爲社會的一員時，在教育歷程中個人所薰陶到的服務精神，自我指導方法等，將來都會對大社會產生影響。換言之，如教育成功的話，未來社會生活就更有價值，更和諧而令人喜愛。（註三一）

二、經驗與教育

傳統哲學上，比較强調經驗的認知性，因而往往將經驗視爲認知活動的一種結果，加重了經驗具體性的意義。不過，主張變易哲學思想的杜威，較爲傾向於以認知歷程來取代認知結果。他從生物學的見地，來了解人與環境的作用。他覺得人和其他生物體一樣，不時地與環境產生着交互的活動。但是，這種活動不是單向式的作爲。人對環境的作爲，會導致環境對人的施爲。在作爲與施爲的交互作用過程中，人會產生經驗。

「在主動方面言，經驗是試探——其意與試驗的意義相同。在被動方面言，經驗卽施爲（Underdoing）。當吾人經驗一事物時，吾人會產生作用，而事物也會做出一些反應。然後吾人會遭受或經歷前述作爲的結果。吾人對某事物有所作爲，然後事物對吾人有所反應。此卽爲一特殊的結合。這二個經驗層面的連結，可以評估經驗的豐盛性及價值性。因此，單單活動，不會構成經驗。」（註三二）

杜威對於經驗的重視是無以復加的，因爲他深切地認識到經驗才是眞實的存在。至於經驗的重要意義，可列述如後：

1.經驗是具有成長性的　人們在與環境產生交互活動時，所獲致的認識是會應用在類似的情境中。幼兒看到燃燒的蠟燭，用手去觸摸，在灼熱之後，蠟燭對幼兒所引起的燒灼的認識——二種現象間的關係，是會繼續增加的。這裏也就肯定了新舊類似經驗的關連性。

2.經驗是有預測性的　在相似情境下所獲致的經驗，個體可以將之應用在以後類似情境的認識上。這就形成了對隨後情境的預測能力。個體從行爲與反應間的因果關係上，能夠了解到隨後可能要發生的現象或結果。

3.經驗是有行動性的　個人與環境交互活動中，對環境作了一些行動，他會從行動所引起的反應，產生了意義上的認識。因此，經驗就有着二個先前提到的層面，即其一是主動的作爲；其二是被動的施爲。換言之，個人經驗的活動是會引出環境的反應——施爲來。

4.經驗是要有連結性的　個人對環境的作爲與環境對個人的施爲，這兩者之間的連結，能產生意義，才是個人獲致經驗的眞正意義。有意義的經驗，就是指兩者所產生的連結爲個人所認識到。前者對環境作了一些試探和嘗試，後者則提供了一些教導和學習。如此，經驗的內容，才能豐富起來。

5.經驗是有繼續性的　說得清楚一點，經驗是存在於作爲與施爲所交織的歷程當中，而且，經驗是繼續地發展着的。因而，經驗不能視之爲一靜止而不動的結果。它是隨着人的作爲，繼續發展的。

由於將經驗採取較爲廣泛的意義來看，因此，杜威對經驗的界定，就不限於認知的一隅了。個人在環境中的作爲所引起的種種環境施爲，不論是認知的、情感的、感受的、苦痛的、行動的種種，都是經驗一辭所要概括的。由此可知，個體對環境的參與乃是產生經驗的一個主要條件，不管這種參與是直接的參與或是間接的參與。

經驗與教育的關係，吾人可以從杜威對於教育所下的一個專技性定義中看出來。杜威爲教育意義的界定，有下列的說法：

「教育卽經驗的重組或改造，以便增加經驗的意義並增進爾後指導經驗或控制經驗的能力。」(註三三)

就杜威的觀點言，個人所從事的活動，會隨着個人的經驗而增進對活動和結果間連繫的認識。個人對活動初初開始的狀況並不甚了解，甚至會有些盲目性的試探行動在內。在活動的過程中，個人甚至對於活動所引起的相互性的活動，認識不夠。當然，對於活動的結果如何，更是所知不多了。個人從經驗活動中，能夠認識到活動間的關連，對於尚未發生的行爲結果，如有了較爲淸楚的認識，這就是經驗的改造或重組，亦卽教育的意義。

另外，經驗和教育的關係，顯現在經驗具有指導或控制爾後所發生的經驗，此亦可謂教育性的經驗。當一個人不僅知道他所爲何事，而且，還能夠預先了解到活動的結果，並預先使活動的發展，能朝着個人所欲的方向發展：亦卽期望所發生的結果，令其發生而避免所不欲發生的行爲結果。在利用所欲發生的行爲結果和避免所不欲發生的行爲結果上，個人就控制了行爲引發的經驗。因此，教育和經驗的關係是極其密切的。概括地說，兩者的關連性在於：

1.當個人認識到經驗的意義時，這種經驗就具有教育性了。

2.教育即在提供個人認識經驗的意義，並提供經驗的繼續重組或改造。

3.經驗的結果，倘若並未提供行動者一些預見和控制經驗的能力，那麼這種經驗，就沒有改造或重組的價值了。

4.經驗的重組或改造是需要經驗所在環境的改變。因此，教育的活動，不單是個人內在能力的發展，而且也是個人外在環境反應的配合。

5.教育既然是經驗的重組或改造，因此，經驗活動就是此時，此地個人與環境交互活動的開展了。處此情況下，教育就不是過去經驗內容的吸收和未來經驗的事先預備了。

這就是杜威對教育的了解。這顯示了教育的了解，不單應從過去和未來了解教育更應該從現在了解教育。

三、教育的意義

民本主義教育思想的代表人物，可以杜威爲首要。故有關教育的意義，亦可以杜威之「民本主義與教育」一書中的教育涵義爲範例加以說明，現摘錄數則如下：

1.「教育的歷程就是一個繼續重組、重建和轉變的歷程。」（註三四）

2.「教育即經驗的重組或改造，以便增加經驗的意義，並增進爾後指導或控制經驗的能力。」（註三五）

3.「就廣義而言，教育乃是社會生活之繼續。」（註三六）

另外，就教育的狹義觀點而論，杜威有着下列的一個定義：

「一般人都了解到學校教育的目的，就是透過確保成長的能力，使教育繼續下去；使受教者傾向於從生活本身獲得學習，而且使生活的環境，成爲學習的歷程。這乃是學校教育宗旨之所在。」（註三七）

從前面的一些教育定義看來，杜威把握住了教育卽生活的特性。他捨棄了教育的回顧（retrospective）論點，也否定了教育的展望（prospective）論點。他採取的論點，可以說是現實的論點。因爲從回顧的論點來看教育，往往以爲教育是將人類社會生活的經驗，加以傳遞、保存，甚至以過去形式化了的社會經驗，作爲陶冶個人心智的一些材料。在這種教育論點下，教育活動的重點，放在過去的經驗、知識、技術，因而往往與現實社會的生活經驗相脫節。故教育所關注的事項是過去的那些形式化了的知識。教學的活動，當然也就侷限於熟稔這些有價值的形式知識。

其次，從展望的論點來看教育時，難免會將教育的活動，視爲一種未來社會生活的預備。教育活動的重心，就放在未來而不是過去，更不是現在了。因爲，一個未成熟的社會分子，所要形成的一切特質，都是以未來社會理想一分子爲其範型。這種教育的論點，一方面抹殺了現在社會生活經驗的價值，亦未必能和爾後的生活經驗相互有連貫的事實；一方面也忽略了個人經驗是一種繼續不斷的發展歷程。在現實社會生活經驗和未來社會生活經驗之間是沒有一個隔絕的鴻溝。將教育活動的重心，置諸於未來，難免會使個體的學習心理驅力爲之延宕下來。

杜威經驗的繼續成長說，使他將教育活動的重心，放在與現實生活經驗關連的活動上。在杜威看來，教育既不是為未來生活作準備，也不是以過去的生活經驗，來形成一個認知性的心靈，也不是複演人類過去生活經驗的軌跡，更不是開展個人先天的稟賦。教育就是個體在社會生活環境中與環境不時地作出交互活動而使個體增進了因交互活動而來的經驗，有更充實的認識，並具有控制經驗的能力。在這一連串繼續重組經驗的過程中，個體經驗的繼續重組、改造、轉變，於是就不會休止。這種教育的涵義，當然矯正了過去視教育與現實社會生活不相干的弊端。「教育即生長」、「教育即生活」，這些耳目一新的教育涵義，才漸漸為人們認識到。

四、教育目的

重視歷程眞實性的杜威，對於目的在開展歷程上，所扮演的角色，提出了與前人不盡相同的見解。目的不能被視為存在於歷程之外的；目的也不是事先預懸於活動之外的。目的是具有智慧的性質。在歷程的開展上，目的具有指導活動的作用。在杜威看來，要使活動具有智性，就得對活動有一縝密的詳實計畫，否則活動在嘗試與錯誤的動作下，會無法使活動完滿地照所願的開展下去。

在「民本主義與教育」中，杜威曾經提到了良好目標的一些規準，即：

1. 一個良好的目的，必須是從現存的條件中產生的。目的必須與已經進行的事物相關連；必須與當時情境的有利條件和困難條件相連結。

2. 初初出現的目的，僅是一個試探性的草案或大綱。在活動中，經由測驗以定其價值。外來的或挿入的目的是不會與情境的實際情況，有任何關連的。

3.目的必須經常表示活動的有效性。在一連串的活動中，目的即在使活動有其成效的意義，期使此一活動，成爲下一活動有效開展的條件，或使下一個有效的活動實現之後，成爲再一個有效活動的基礎。如此連續有效地開展下去，目的才眞正有意義。（註三八）

至於將上述目的的規準，應用在教育上，有關教育目的的重要觀念則有下列幾點：

1.一項教育目的，必須奠立在受教者個人內在的活動及需求上(包括原有的本能及習得的習慣)。

2.一項教育目的，必須能夠將正在進行的教學活動與實現目的的方法互相配合。

3.教育家必須反對一般性及終極性的教育目的。（註三九）

在討論到教育目的時，人們必須首先想到民本主義教育哲學家杜威的一些觀點。從教育即生活的觀點來看，教育本來是與社會生活相互密切地關連着。由於社會生活經驗的急遽增加，再加以社會生活經驗在教育上的抽象化和符號化，愈發使得教育的內容，走上了形式化。這種情形的存在，加速了教育和生活經驗的脫節。在杜威强調教育應與民主社會生活經驗繼續的交互活動下，教育應該成爲民主社會生活歷程的一部分。民主社會生活的經驗，必須與教育有着密切的關連。教育的歷程即在提供個體在民主社會生活經驗歷程中更多的經驗之成長與重組。

教育即生長，除了生長以外，是沒有其他目的的。教育上若有所謂的目的，那應該是父母、教師，人們所有的目的，而不是在教育歷程中，接受教育的個體所擬定的目的。因爲在教育歷程中的個體，其所具有的教育目的，即是具備更多的民主社會經驗之成長和重組。簡要地來說，民本主義教育的目的，可以提示如下：

1.民主不是理論而是實際的社會生活。因此，教育的目的，就是繼續此一社會生活經驗的成長、重組和改造。

2.作爲經驗繼續成長的教育，即在民主社會生活中發現價值，並使個體確認其爲目標而予以追求並實現之。（註四〇）

3.培育具有獨立而批判思考的能力及積極參與民主社會生活的個體。

4.民主和教育是互相影響的二個社會變易歷程。教育的目的即在使民主社會的意義更爲彰顯；使民主生活的經驗更爲創新。

5.民主社會生活中，需要熟悉社會生活經驗的個體，尤其是需要具備智性判斷事物的能力及溝通經驗的能力。

6.民主社會生活中的個體，須是一位自尊的、自主的、自足的及自由的個體。他能忠於工作、獻身於民主、與人合作、樂於分享其經驗。

總之，從教育歷程中特定地列出一系列的教育目的，是不太切合於杜威對教育目的的看法。不過，教育活動如能眞切地與民主社會生活經驗歷程之開展相互參照，則教育活動所組成的一連串的歷程，就不會溢出於社會生活經驗的範圍之外了。總之，教育就是民主社會生活經驗的重組、改造與成長。

五、教育內容

教育內容可以說是達到教育目的的一種工具。民本主義中的近代學者，在信奉實用主義的哲學思想下，諸如杜威、克伯屈（Wlliam H. Kilpatrick）、波德（Boyd H. Bode）等人，在教育內容的論點上，就比較傾向於不以固定型式的知識、絕對的觀志及實體性的事實，作爲教育的內容。由於社會經驗多是處在尚未確定而繼續發展的狀態下，故最爲符合這些學者的是將宇宙視之爲一繼續演進歷程的觀點。

從一個簡單而實在的觀點來論，教育內容就是生活在民主社會中的個體與其他社會分子在生活結合時所說、所做的種種內容而已。基本上，教育內容不能脫離開民主社會的生活經驗。

民本主義者相信，眞正符合民主社會的教育，不能只由少數社會菁英分子去接受形式化了的教育內容——抽象的知識就算可以了。教育的內容，必須與受教者的社會環境相符應。因此，教育者的主要工作，就是設計適切的教育環境，提供學習者所要接受的刺激，以指導學習者的學習進程。在受教者接受刺激、指導反應的過程中，以期形成思想上、道德上及情緒上的性質。

關於教材方面的論點，下列意見，頗有值得注意之處：

1.討論教材方面的問題，傳統上只是從教師、成人或形式化了的知識見地去出發，往往未能兼顧到學習者的立場。如此，會使教材和未成熟社會分子的實際生活經驗相脫節。

2.基本上學校是雛型的社會。學校所教授的內容，必須切合於社會生活的經驗，尤其是活生生的社會問題爲甚。

3.教學的內容，如果能夠出自於學生所關注的問題，而這些問題是自然地引發出來，則教材的選擇，就頗能迎合學習者的需求了。

4.教材的選擇應以學生個人直接經驗認識者爲佳。此種認識方式得來的教材，能增進學生應用經驗的效用及擴大其經驗的意義。

5.民主社會是要將知識落實在社會的基礎上。因此，不論是何種資料，也不論是何種系統化了的知識，都是在社會環境下形成的，而且均由社會媒介爲之傳遞。

6.民主社會中，教育的材料不是少數人所專享的，而需以常人爲前提，選擇材料，然後才顧及到專業的需求。

7.民主社會注意到教育的不同，往往造成了不同的社會階級。鑑於基本知識應爲大衆所共享，因而教材的選擇，必須以多數人所能共享者爲原則。

8.從教師的觀點言，教材是指有用的資產，可用的資源，確定了的認識或邏輯上有其一定關連性的材料，不過，這些對於學習者却會有着經驗上的鴻溝。

9.從學習者觀點言，教材是浮動的經驗，不完整的經驗，需要與個人的工作活動相連結。因此，所教的與所學的材料，這其間是有所差異的。

10.就教材和教學的關係言，教學即在使學生的經驗趨向於教師所有的經驗之謂。

由前述論述可知，民本主義教育家所重視的教材，並不是那些與社會生活經驗相隔絕而系統化的知識，而是强調在學校教育中，教材的選擇，須從社會生活經驗作爲開始。就是已經組織和系統化了的知識，也是先從生活經驗上相關連的地方開始。至於構成教材內容的一些科目，現在擬列舉如下。

1. **遊戲與工作**　爲了打破傳統教育的窠臼，民本主義教育家希望以類似校外兒童從事的遊戲與工作，將教學的型態能有一突破性的改變，亦卽以活動來實施教學。此處的遊戲及工作是指有建設性的活動而有助於學生身心及道德的成長者。例如：郊遊、園藝、烹飪、唱歌、演戲、鋸木、印刷、編織、繪畫、說故事、讀、寫等。基本上，這些適合於學前及初等教育的教學內容，都是從活動中及做實際的操作中，學習到了技巧和手藝。如何做？就被認爲是邁向成熟學習的一個開始。

就以前述的園藝來論，園藝的教材，並不是爲了培養園藝人才或純爲休閒而設計的課程內容。實則經由園藝教材，使學習者認識到耕種及園藝的土壤以及農耕在民族發展上的地位。由此而認識到植物生長的情形、土壤的化學知識以及光線、空氣、潮濕等對動、植物生活的有利或有害的影響。從園藝而再進一步的進入動、植物以及對人類生活關係之探究，乃是此一教材的眞正作用。

2. **物理學**　學習物理學的知識，並不是從抽象的觀念作爲開始，而是從具體及常用的工作器具上着手。物理方面的知識，係來自於利用機器及工具。學習者可從槓桿、滑輪、斜面體的實用中發現知識。另外，從電學上了解到電子通訊、交通、照明等方面的效用。知識和社會的連結，就是民本主義學者所極爲關注的一個教材環節。

3. **數學**　數學爲極其抽象的知識之一。不過，數學中也有實用性的科目，如幾何最早就是運用在土地的丈量上。另外算術乃是對事物的計算時有所需要。由於科學研究的逐漸增多，利用數學知識之處，亦愈來愈多。

4. **歷史**　歷史教材的作用，就在於透過背景性的內容，對個人非直接及非個人接觸的生活能有充實，更有自由的意義。歷史所重視的是社會層次，而地理則重視的是物質層次。歷史描述了人類社會生活當中的成功與失敗；表現了過去人們經驗活動的功過得失。歷史所强調的，不是時間、不是過去的發明如何？而是了解以往人類如何在自然的限制下，作出了對自然的征服。

5. **地理**　在選擇地理教材時，必須將人與地球的關係，列在考量的範圍內。地球是人類的住所；也是人類追逐、探險、競爭的場所。地理的教材，必須兼顧到整個人所棲息的園地，而不可淪爲瑣碎的資料，列述山有多麼高？河有多麼長？縣的界線在那兒等等。地理教材如果能夠將學習者引發至自然環境的認識，那就算是成功了一大半。是故，如何以整然的地理教材，作爲學習者的資料，也就顯得格外重要了。

6. **科學**　科學知識構成了現代課程的一個重要內容。科學被認爲是經由觀察、反省思考及試驗方法而形成的結果。同時，科學也是認知上，求取完美境界之意。作爲教材內容的科學知識，就須注意到：

(1)科學知識在構成教材內容時，必須不可忽略了科學知識乃係利用科學方法而始獲致的知識。

(2)科學知識在教材內容中，必須注意到相互的關連性，不要使科學的知識陷於孤立，瑣碎及零散。

(3)科學知識是來自於人的經驗活動。在教材內容上，科學知識不應僅限於學習那些抽象的符號，而忽略了符號意義的掌握。

(4)科學知識是吾人對所欲認知者以科學方法而獲得者，不過，科學知識也有其社會層面的意義，如：科學的進步，促使人們具備了發展的觀念，改正了人們懷古的情愫及建立了前瞻性的人生態度。

(5)科學知識也帶有促進社會進步的功能，因此，將科學知識列入在課程內容時，切忌陷於抽象的、符號的及公式化資料的認知。

站在民本主義者的立場，科學知識和人文知識，在選擇教材內容時，必須予以同等的重視。二者不僅不是互相牴觸的，同時二者皆有助於學習者，明了人類經驗的多樣性。科學—以自然科學知識爲例—其對社會中人與人之溝通，厥功甚偉。其次，在認識到社會發展的工具及阻礙時，也有賴於完整的人文知識。總而言之，知識解放了人的理智，促進了人與人之間的了解與同情。因此，只有合乎人性的知識，才是合乎教育的知識。

另外，依照杜威教育思想的闡述者克伯屈（Kilpatrick）的意見，有關教育內容方面，可從初等、中等及高等教育三方面作一敍述，其意見如下：

基本上，課程的內容，乃是達成教育理想的工具。在運用上，課程內容的主旨乃在達成：

1. 完整性（All-Roundedness） 即視生活的內容愈豐富、意義愈充實乃爲生活的鵠的所在。

2. 意識到的理想為目的（Conscious Ideals as Aims） 具體的行爲是難以計算的。是故若欲求取每一行爲的完美，必須訴諸於個人行爲才行。於此，應如讓各個學習者自己認識到求取完美的理想以作爲要求個人行爲理想化的動機，因而，可促成個人興趣的成長。

3. 繼續成長為目的（Continuous Growing as the Aims） 民本主義者相信，教育應視爲一自我指導生活的歷程。依此一論點，學習者對於生活歷程中的任何學習，都不會產生「延遲性價值」

(deferred values) 而減弱了學習的成效。（註四一）

至於各個教育階段的教材內容，克氏雖沒有詳細列出課程組成的內容，不過，克氏對於課程之型態，倒是有所論述的。

關於初等教育方面：以統合的知識爲主，先不要强調知識的分化。因此之故，初等教育的課程，在實施上當以普通教育 (general education) 爲主。蓋因生活經驗若過份分化，難免會產生支離破碎的感覺。同時，過份的將生活經驗割裂，難免形成了將教育視爲工廠生產製品，分工製造產品之感。是故，初等教育的教材，是以「充實的生活」(full living) 爲考量選擇教材之尺度。

關於中等教育方面：至於中等教育方面的課程內容，一方面要繼續初等教育中之普通教育的內容來實施，另外也須爲專門化的生活經驗之學習預作準備。至於究竟用何種課程類型予以實施之？克伯屈則認爲不妨以「核心課程」(the Core Curriculum)，提示一般共同性之生活經驗。另外，對於將來打算進入大學的學生，則設計熟悉一些分科的知識內容。

關於高等教育方面：對於以學院爲主體的高等教育，其教材內容，若以教育性質來區分，下列幾項可爲主要範圍：

1. 普通教育提供共同的知識及生活經驗；
2. 職業導向的課程內容，爲直接有關專業之預備者；
3. 非職業性課程而陶冶個別興趣者，如：文學、音樂；
4. 工作經驗以爲專門性之專業活動所需者。（註四二）

總而言之，民本主義的教育家，較爲看重社會經驗作爲教材的內容，一則由於社會經驗具有了開放性的特質，在教學討論過程當中，殊難理出一個絕對正確的論斷來；再則社會經驗是學習者生活內容的一部分，尤其是關於民主政治生活的經驗，更是與學習者不可須臾而離者。因爲民主實卽生活的一種方式也。基於這一原因，社會研究在初等教育階段，也就格外受到民本主義學者的重視了。

六、教育方法

在民本主義的教育家看來，每一個人都是一個生物的有機體；在其生命的繼續活動期間，個人與其生活息息相關的環境，不論是物質的自然環境或人爲的社會文化環境，無時無刻不在發生着交互的活動。環境不時影響着個人；個人亦從環境的影響中，產生了對環境的一些作用。因此，若要從廣義的角度來看教育的方法時，也就甚難將方法與其所關連的活動完全抽離開。不過，由於民本主義教育學者，有着不同已往傳統教育學者的理論立場，因此，在教育方法上，也許可以找出一些有所特別差異的地方來。在介紹有關的教育方法之前，一些重要的教育方法觀點，似可先行列述如次。

1.個體的主動性　未成熟的個體，具有着自然的傾向，其本身與外在環境的交互活動，意謂着生命的繼續活動。因此，在教學過程中，受教者的主動性是需要加以肯定的。他或她是在個人所欲的情況下，積極地從事其與環境交互的活動。因此，個體不能再被視爲一被動的刺激接受者或靜態的聆聽者，對外來的刺激，勿需加以反應。

2.經驗的繼續性　整個接受教育的過程，就是個體與環境交互活動經驗的繼續成長。因此，一個良好的教學方法，就是如何選擇適宜的環境以產生個體成長的經驗。在方法上，就應注意到經驗成長的繼續性，千萬不能有所妨害、阻礙而形成經驗成長歷程上的斷裂現象。

3.活動的參與性　有機體與環境的交互活動是形成經驗的來源。直截了當的可以說，沒有活動就沒有交互活動以產生經驗。是故，民本主義學者所重視的是個體必須參與教學的活動，否則經驗的成長，就會失之於空泛。參與活動意謂着個體與環境發生了交互活動；個體或加諸於環境一些活動，或接受到環境的作用。是故，經驗的質才能精進，日後相似的情境，個人才能予以控制、而舊經驗才能加以運用。

4.社會的溝通性　民主是一種社會生活的方式，因此，為了及早培養民主社會中的個體，教育的方式，就得儘量利用社會團體的活動來進行。其次，一個社會的集合是有賴於經驗的溝通。在共同經驗藉由溝通而分享之後，社會生活的經驗，才能具有眞正的意義。為此，在教育的方法上，就須注意到如何利用團體的活動方式，在良好的溝通下，將社會生活的經驗，分享給所屬的各社會分子。教學活動，也是溝通的一種，而有效的教學，當然是一種相互交往的雙向溝通。

5.平等的學習者　教者與學者是處在一個平等的學習地位。在民主的社會中，個體的獨立性是應受到尊重的。因此，具有知識與技能的人，在教學活動上並不具有特殊的地位。在教學的過程中，施教者和受教者，並不是處在一個主從的關係中。相反的，施教者應以協助者的地位，對受教者給予教學上的指引。因此，施教者並未具有支配，指使和命令的地位。

前述的教學觀點，對於教育方法的釐訂，自是有着不可缺少的影響。

民本主義教育思想大家杜威，是一位重視個人獨立思考價值的學者。他的觀點乃是在一個民主社會裏，由於個人的判斷，不能依賴於一些傳統的權威，是故在遇到具有爭執性的議論時，個人必須運用其獨立的思考能力，就各項爭議性的問題，提出個人最佳的判斷。獨立的思考能力，應是教育方法所要培育的一個項目。就如杜威對思想的作用所作的論斷，即：

「思想的目標即在獲致結論，就是在已有的認識基礎上，投射出一可能的結果。因爲思想是一探究的歷程，而認識事物的歷程，也是一種研究的歷程。故獲致認識總是其次的；對探究行動而言，總是工具性的。思想所追逐的目標，並不是現成的，亦不是在手邊的。」（註四三）又如：

「良好的思考習慣是教育上所應該培養的。思考本身就是教育經驗上的一種方法。學生必須有純正經驗的情境，以作爲思考的出發點。」（註四四）

由上述引文觀之，思想的運用，對於個人經驗之成長作用至大。在教育方法上，當然不能等閒視之。至於具體的方法，似可列舉如下：

1.**科學思考的方法**　在杜威一九一一年的「思維術」（How We Think）及一九一六年的「民本主義與教育」（Democracy and Education）二書中，杜威都提到反省的思考方法。從杜威看來，思考是來自有機體與環境的作用中，因此，思考乃是一動的行進歷程，具有問題解決的導向，其重要程序爲：

(1)有一個待解決的問題：在有機體面對一個疑惑、迷惘而存疑未定的狀況時，有機體必須運用其思考，以便確定此一未定的情境。

⑵一種推測性的預見：有機體運用思考，對環境中相關因素，作一試探性的解釋，提出一種類似假設的說明，以期對疑惑的狀況有一陳述。

⑶經由仔細的考察，即考驗、檢查、試探、分析的活動以便對問題能有一明確的界定。

⑷推演出具體的及可能的結果，以謀求與相關事實之符合。

⑸根據先前所列學之假設，以行動而獲致預見的結果以考驗假設。（註四五）

2.行動的學習方法　經驗是來自有機體對環境所作的交互活動。更重要的是在學校教育實施上，要給學習者一些事情去做而不是給一些事情去學，例如：

「學校裏應該給學生一些事情去做而不是給一些事情去學；行動具有要求思考的特性，或者有意地能注意到事物間的關連性；學習自然就產生了。」（註四六）

較為受到人們注意的是「從做中學」（Learning by doing）的教學方法。鑑於民本主義教育家杜威深信知識是產生於有機體與環境的交互活動，因此，任何觀念性的認知結果，均有待於行動的證驗。這種實用主義（Pragmatism）的認識理論，也為杜威所接受。行動是驗證觀念的一項條件。單純的觀念，難以確定其認知為眞或為妄。

不過，「從做中學」的教學方法應用時也有些限制：即較為適用於低教育歷程階段中的學習活動；需有可行的活動以資配合；是在學習者能力範圍之內者，包括思考，運用肢體的活動及操作工具的能力等；須擇量而實行之，不能凡是學習活動，均由做中去學。如此，前人經驗的價值，就付諸厥如，而事事均從做中學，會阻礙了經驗的快速增加，此點尤需予以注意。

3.設計教學法　教學並不是將知識傳送給學生而已。教學乃是運用環境，使學習者繼續其經驗的成長之謂。爲了達到經驗的繼續成長起見，民本主義的教育家，覺得現實生活情境之利用，頗能符合教育即生活的主張。

設計教學法卽係針對此種理論的運用而來。設計教學的活動，可以配合各項可行的活動而爲之；例如，可以配合手工、說故事、觀察事物、遊戲、欣賞、問題解決、練習、建造、技能、傳達等活動實施。其顯著的教學方法，不僅可以透過活動發展學習者的創造能力、表達能力，更重要的可以經由團體的活動，培養民主社會中的互助、合作、協助和思考等迫切需要養成的德性。如此，卽可使教學活動，具有了社會化的功用。

設計教學法的主要程序，依克伯屈的看法，有如下幾項：

決定目的（Purposing）：活動的目的，須予以確定，然後對活動相關的問題，才能有所確定；

提出計畫（Planning）：周詳的計畫，有助於設計活動之推展。其次，可使活動經濟而有效，不致使活動失去意義。

付諸執行（Executing）：設計教學之活動，經過詳細研擬而訂定出計畫之後，接下來的一個步驟，就是依前述的計畫一一執行。

進行評斷（Judging）：設計教學活動之進行，俟告諸一個段落之後，卽需加以評斷，以裁決前述各項付諸實施後的缺失與成效。

設計教學的優點是容許學習者自由研商可行的活動；提供發展創造能力的機會；活動的學習方

式，替代了原先被動接受的學習方式；學習者由於有着强烈的行動目的，因而，學習動機堅强。設計教學法注重具體的學習活動結果，可滿足學習者的成就感。設計性的教學活動，提供了經驗成長的環境，同時，使學習者的經驗活動，可以與現實社會生活的經驗相結合。在方法上，頗能兼顧到經驗的溝通與活動之參與。故爲民本主義教育家如克伯屈者所鼓吹不已。

4.**指導教學的程序**　民本主義者的教學法，被認爲是所謂新的教學法，其主要的程序依克伯屈的意見爲：

(1)創立一項活動，並選擇其目的；
(2)計畫如何推動前述的活動；
(3)執行計畫以使活動爲之展開；
(4)在進行中，評量活動進展之缺少，考評目的實現之情形；
(5)引導學習者作進一步之學習；注意新的建議事項；
(6)協助學習者形成新的建議，以爲清理學習者思想之用；
(7)協助學習者批判其思想；
(8)回顧整個學習之歷程，熟記重要學習的要點。

5.**問題解決教學法**　從民本主義者的認識觀點來論，學習是發生在一個困惑或疑難而待解決問題的情境中。個體處此情境，最迫切需要的，就是能夠將此問題加以解決，以釋心中的疑慮。民本主義者將此種認識方法，推演在教學方法上，遂構成了所謂的問題解決教學法。

此一方法的特性，似可從下列的論點中窺知：

(1)能夠將知識或技能作實際的應用，而不純粹是以獲得知識與技能爲滿足。

(2)學生較爲有興趣於所欲解決的問題。因爲，此一問題的提出，不是教師所提示者，而係學習者所提出的。

(3)能夠注意到既有經驗的應用，從而作新經驗的探測，使新舊經驗之間有所連貫。

(4)因爲以解決問題爲學習之導向，學習者的主動參與思考之活動，因而也就較多。教學不再是學習者，被動地接受一定的知識或技能之謂。

(5)可以充分利用學習者的心理條件，因爲學習者必須去思索、去觀察、去檢驗事實、去了解資料等等。

(6)學習不只是運用心智而已，有些動作尚須身體方面的配合。

(7)眞正具有從做中學習的活動。在問題解決的過程中，學習者是處在一種與環境交互活動的過程中。他不時地要學、要做。這些經驗就成爲再學習的根據了。

(8)教科書、教材以及相關圖書資料，都視之爲解決問題的資料；甚至社區內相關人員，亦被視爲諮詢的對象。學生的學習面就爲之廣闊不少；經驗的成長，因而就是整體性的了。

在整個問題教學的過程中，教師所處的地位，不再是一個教導者的地位而是一個協助者和輔導者的角色。在一個班級中，所要解決的問題，也不是教師指定的或命令的而僅是師生共同商議下所決定的一個問題而已。當然，這一問題是在學習者能力和經驗範圍之內。在將某一問題確定之後—可能是社會的、經驗的、文化的、知識的、技能的、學校的、班級的、社區的、就要分組進行；或搜集資料，或擬定有關活動之開展等。在相互合作的過程中，共商問題有關的事項，以期清理出問題解決的方案來。一位民本主義的教師是不會忽略利用社會團體性的學習情境來影響個體，而達成經驗的溝通與分享。經過共同性的討論前述的方案之後，經由實際的活動，再予以證驗之，學習者可望獲得較爲完整性的經驗，故能勝過傳統的教學法，如演講法等。

6. 民本主義的教育家，不期望他的教師是一位宣傳家、灌輸家或指揮家　他所希望的教師，可以說是一位研究設計的指導家（註四七）。

一位宣傳家似的教師，不應該是民主社會所歡迎的教師，因爲他宣傳的內容，不一定是眞實的。他所宣傳的資料，可能是編製而成的。然而一位民主社會中的教師，却應該是一位眞理的宣揚者及眞理的追求者。

一位灌輸家是一位將自己所認爲對的認知內容，不加批判地就教授給學習者。學習者也沒有運用其理智加以批判地就要接受。然而處在一個民主社會中，一位教師却是一位常常運用理智去從事思考的人。他能夠容忍學習者對所傳授的內容加以質疑。他也不會忽視學習者可運用其理智去思辨教師所教的內容。灌輸式的教學，會使教學者的權威太重，主觀的意味太强。這種教學並不適合於民主社會中學生自由精神的培育。

一位研究設計的指導者，既不是一位宣傳家似的教師，也不是一位灌輸家似的教師。這乃是由於在民本主義者看來，學習者不再是一位被動的接受學習內容的接受器了。一位受教者乃是一位主動的實驗思考者；在整個學習的歷程中，他要主動地思考、探究、研討、閱讀、設計及構想等等。學習者本身是投入在教學的情境中。因此，一位民本社會中的教師，不應該完全主宰了教學的活動，而要使活動成爲社會生活活動的一部分。

其次，教師不只要對教材充分了解透徹，同時對於學生也要明白其心理狀態，尤其對於學生的反應，更需特別留意，並明了其實際的意義。教師跟學生一樣，都處在教學的歷程中。他要知道學生的反應和態度上的變化，也要協助學生處理不時引起的一些問題。

第五節　代表人物

民本主義教育思想，集中討論自美國獨立以來，以迄二十世紀將近二百餘年的教育思想之發展。因此，在列舉代表性人物時，就以傑佛遜（Thomas Jefferson 1743–1826）、賀銳斯・曼（Horace Mann 1796–1859）、杜威（John Dewey 1859–1952）、克伯屈（William H. Kilpatrick）及波德（Boyd H. Bode）等人爲主而摘其要點論述如下：

一、傑佛遜

這位主要負責美國獨立宣言起草工作的思想家，對於美國立國精神的奠立，其影響至深且鉅，尤其重要的是爲美國的普及教育，立下了不朽的昭示。傑佛遜在思想上是傾向於歐洲啓蒙運動以來的自由和理性、民主和平等、天賦人權和普及教育的理想。早在一七九二年法國思想家康道斯特

(Condorcet 1743-1794) 就在國民會議 (the National Assembly) 提出了「公共教學之一般組織報告書」(Report on the General Organization of Public Instruction)。該項報告的主旨乃在闡揚一個信念即：只有普及教育才能使公民有效地接受教育，分享其權利而履行其責任。之後，在十八世紀後期，很多具有前進思想的學者，如米拉比恩 (Mirabean)、杜蘭 (Tallyrand)、魯許 (Benjamin Rush)、蘇里文 (James Sallivan)、可蘭姆 (Robert Coram) 及乞波曼 (Nathaniel Chipman)，均具有推廣公共教育的思想 (註四八)。

美國獨立宣言中，對個人天賦的權利，推崇備至。秉持自由，理性和改革的傑佛遜，在教育見解上，就是着眼於普及的公共教育的理想，尤其認爲唯有在知識廣備的條件下，共和國的基礎，始能穩固。

1.天賦的權利，奠基在公共教育的實施上 傑佛遜崇尚自由的社會。他相信公民的天賦權利，有賴於一般人民獲致良好的教育，如此才能維護其權利，不至於使此一社會，走上了獨裁的及專制的政府型態。傑佛遜以爲一個自由的社會，需要良好的立法制度、法律條文以及接受法律約束的人民。他以爲在傳統的文雅教育實施下，不管個人的財富如何？社會地位如何？法律的執行必能順暢。在所有兒童均接受公費的教育方式下，個人天賦的權利，才具有保障。

2.人民智慧的開拓，有賴於知識的傳播 一七七九年的「更廣泛地傳播知識法案」(A Bill for The More General Diffusion of Knowledge)，經由傑佛遜的提案而希望能獲得維尼吉亞州立法機構的通過，不幸是項法案，在當時並未獲得通過。不過，單就鼓吹知識廣備至各個公民而言，的確已是一件了不起的思想了。

另外，傑佛遜希望藉由初等教育、中等教育及高等教育機構的功能，來達成知識普及的理想。在初等教育學校教授的內容上，傑佛遜提到了閱讀、寫作、算術、希臘、羅馬、英國及美國歷史。傑佛遜所構想的初等學校教育，前三年可謂免費的，三年後的教育費用則由家長、監護人爲之負責。教師薪俸、學校建築，校舍修護，亦均由公共經費支用之。

至於文法學校係中等教育機構，可普設於各地，其課程有拉丁文、希臘文、英文文法、地理、數學等科。

3. **菁英的通才教育**　傑佛遜的教育理想，着重在菁英人才的教育上。從初等教育機構的地方性小學開始起，在兒童接受了一定的教育年限後(二年)，倘若由於家庭經濟情況不佳而係資優兒童，卻無法進入當地文法學校時，傑佛遜主張可經過嚴格而公平的競試，經過甄試的程序後，可以由公共經費資助資質優異的兒童，進入地區境內之文法學校就讀。像希臘哲人柏拉圖一樣，傑佛遜重視的是個人的才智，不應由於家庭經濟情況的限制而埋沒了眞正具有才華的人。傑佛遜的觀點是人類在智慧上不見得平等。傑佛遜將教育視爲選擇眞才的一項工具。每年這些經過甄選的文法學校學生，都須再經過考核的程序，以定奪其公費是否能夠繼續享有？凡合於資質優異的條件者，其才能會出類而拔萃。

4. **廣博的文雅教育**　傑佛遜雖然具有普及知識的觀念，不過，在教育實施上，他還是着重於傳統的西方文雅教育。以他所構想的學院課程來論，其內容就包括了道德哲學、自然律和國家律（The laws of nature and nations）、純粹藝術、法律與司法、一般歷史、教會史、數學、解剖、醫學、自然哲學、自然史、古代語文、現代語文。就這些科目來看，學院教育的內容，已經有了迎合當時社會發展中的新學術內容。這就是他提到科學知識內容的原因所在。

5.新設置的學院　雖然是造就社會菁英的機構，但是，當地的學院也具有研究周遭社會文化環境的功能，此即學院可設置專人，負責對印地安人之法律、風俗、宗教、傳統、語言之研究（註四九）以便能夠對印地安人各部落有深入的了解與認識。如此，便能夠對印地安人各部落有深入的了解與認識，自然可培養一些熟悉印地安人語言的人才。傑佛遜的教育思想，在此處已顯現了知識和實用結合的端倪。

傑佛遜對美國民主政府和教育的關係，有着深切的認識；公共教育的推展，對人民福祉攸關緊要的信念，就從這些美國開國的元勳人物中爲之散播開來。從歷史的發展中，逐漸地就成爲美國教育實施上的一項傳統而歷久不衰。

二、賀銳斯・曼

以公共教育之推廣，爲終身職志的賀銳斯・曼，係出生於馬色秋塞斯（Massachusetts）州的小鎭福蘭克林（Franklin）。他是生長在一個貧窮、艱困、自我未受尊重的環境裏。賀銳斯・曼，在幼年並未接受良好的教育。他的學識，多半是他自我教育的結果。在自我進修一段時日後，他曾於一八一六年進入布朗大學（Brown University）就讀二年級。畢業之後，他曾返回布朗大學擔任教職，年薪爲三百七十五美元。不過，賀銳斯・曼很早就形成了服務人羣的志向，不以財富之追求爲滿足，他曾向友人說道：

「所有童年的夢想，都是極想爲人類的福祉，提供一些心力；很早我的雙親就將慈善的道德原則教導給我，使我逐漸向這方面發展，而知識就是我所需要的工具了。」（註五〇）

早年賀銳斯・曼曾經以從事法律或神學的研究爲職志。一八一九年他選擇了前者。一八二三年賀銳斯・曼進入律師界服務。賀銳斯・曼在服務律師的工作中，逐漸對教育工作感到興趣。在第維特 (Edmund Dwight)、卡特 (James G. Carter) 等知名人士的協助與推動下，馬州立法當局開始對歐洲普魯士，法國教育之改革發生了莫大的關注。在第維特的勸導下，一八三七年提案於馬州立法機關，成立教育董事會以着手於公共教育的推展。賀銳斯・曼就是在這種外在的環境下，踏入了教育界，展開了新英格蘭地區公共教育的改革運動。

1一個國家不能無知卻有着自由　就像先前所提過的傑佛遜一樣，賀銳斯・曼深信民主的政治體制，是不會由無知的人民去主宰的。祇有將知識廣泛地散播在人民當中，公民的權利及自由，才能保持的穩穩固固。因此，普及的公共教育乃是一個安定共和政府的基礎所在。賀銳斯・曼以爲立法機構能否有智慧，就繫於公共學校是否培養了一些具有智慧和見識的人士及一些具有道德見地的人士，因爲知識雖然是一種力量，不過，知識是可以用來爲善，也可以用來爲惡。因此，賀銳斯・曼強調國家的自由與否，可以說完全繫於公共教育的有無和辦理的是否有得失上。

2公共學校的新意義　不像歐洲傳統教育實施上，採取的雙軌制，即一種制度是爲了貴族子弟而設立的學校，另一種制度是爲了平民子弟而設立的平民學校。賀銳斯・曼所鼓吹的公共學校乃是爲所有人民子弟而設立的學校。公共學校是美國公民子弟皆可進入的學校；每一個人都平等地具有進入此類學校的權利。不管學生的經濟地位如何？是貧窮的？抑或富有的？另外，在素質上，賀銳斯・曼期望公共學校能夠與私立學校的素質一爭長短。

3. **設立師資養成的師範學校**　賀銳斯・曼曾有機會至歐洲學習教育，對於普、法設立專門學校以培養師資人才，留下了深刻的影響。一八三九年麻州力克辛頓（Lexington）師範學校成立，就是賀銳斯・曼重視師資應由公共經費支助信念的具體表現。賀氏的看法是小學乃是民主理想的維護者而教師的養成，其所需要的費用，應由州政府爲之負責。另外，教師的來源應該遍及於社會的各個階層。雖然，師範學校制度在美國並沒有一成不變地維持到目前，不過，在講究平等的原則下，教師並沒有限制出自某一社會階層，這却是值得推崇的一項原則。

4. **學生須主動的學，教師須予以輔助**　賀銳斯・曼對於教育的認識，已經有了新的理解，如：

「知識是不能夠像裝在容器中的水，從一個容器倒在兒童的心靈中。學生可能由於直觀而做出一些事來，不過，一般來說，他必須有意地努力去做才行。學生不是一個被動的接受者，而是一個主動的、自願的活動者。他必須做的多，而不是認可及接受的多；他必須伸出手，去捕捉，然後將之帶回家來。教師的責任，就是將知識帶進學生可資攫取的範圍內……。」（註五一）

學生在整個教學歷程中，其所扮演的角色，就不再是被動的接受了。學生是主動的求知者；這一新教學的角色認定，就是爾後進步教育學者所追求的一項原理了。

5. **接受教育是個人的絕對權利**　賀銳斯・曼在思想上深受科學思想的影響。他以爲自然律是普效性的，萬事萬物都要遵行自然的規則，那怕是社會的事務也不例外。基於這種信念，他以爲每一個人都具有絕對的權利來接受教育。因此每一個政府就有責任將教育提供給社會大衆。人人有接受教育的權利，充份地顯示在自然的規則上。政府的職責就是透過教育使其人民具備公民的政治和社會的責任。另外，在教育上也需要教導人民認識到身體健康的各項自然法則，擔當法律事務上有關的責任以及承受國家的文化傳統等。視教育之接受爲遵守自然之法則，這在當時的學者看來，並沒有什麼不對。就是本着這種自然規律的信念，公共教育的推展，似乎才有着牢不可破的基礎，爲其後盾。

6. 宗教教育　十九世紀的美國，在教育實施上，不是沒有爭議的。就以宗教教育來說，當時就流行着二種對立的理論：一種以爲宗教信仰的建立與維護，一如軍隊和賦稅一般，應是政府的一項責任及功能；一種却以爲宗教信仰的建立與維護是個人及家長的責任。賀銳斯·曼採取後者的立場。基於宗教信仰是個人的選擇，因此，賀銳斯·曼認爲政府似不應以法律控制個人的宗教信仰，强迫兒童在學校中，接受一定的宗教教學。雖然，在當時的公立學校中尙有「聖經」的講解，不過，並沒有各個宗派的教學活動。因此，尙不能說那時的公立學校中，完全沒有宗教教學的活動。公立學校拒絕各宗派的教學活動，就成爲美國教育的一項傳統了。

7. 道德教育　爲了防止社會的敗壞，賀銳斯·曼在一八四八年第十二次年度報告中曾經提到道德教育的重要性。這一段文字裏，他雖然沒有舉出道德教育的方法來，不過，對於道德教育重要性的呼籲，却是非常的明顯，值得人們去深思。

賀銳斯·曼以爲社會的進步，往往也帶來了人們的作奸犯科，例如：醫藥上爲了減輕病人的痛苦，發明了使人沉睡的藥物，但是這項發明，卻會被惡人使用在對婦人強暴及其他的罪行上。人們發明了新的產品時，馬上就有仿冒的商品；新的制度產生時，就會有人鑽探制度的漏洞等等，諸如此類的勾當，眞是不勝枚舉。因而，社會的進步，造成了一些新的犯罪誘因。一些沒有道德及行爲原則的人，其對社會爲害，也就相當的大了。

賀銳斯‧曼有見於此，因而主張道德教育的實施，必須及早付諸行動，「以正當的行爲方式，薰陶兒童的行爲；一旦他長大成人，他就不會踰越正途。」（註五二）

道德是社會生活所不可或缺的一部分。在培養社會未來的一分子時，道德教育乃是淨化其品格，建立其道德規範的一個起點。爲此，從家庭，到學校，都不可輕視道德教育的重要性。

8.智育乃消除貧窮，獲致繁盛的工具　賀銳斯‧曼曾經旅居歐洲一段時期，對於歐洲自十八世紀工業革命所帶來的社會變遷，有着深刻的認識。當時歐洲尚流傳着傳統社會中社會階級的觀念，認爲人可區分爲二類：其一必須勞累，以賺取生活的種種物品；其二無需勞累卽可享受生活的各種物品。可是這種傳統的歐洲理論，在美國的馬色秋塞斯州，已經不被人們接受了。馬州地區人們所相信的是社會大衆都具有一個平等的機會以賺取生活的物品；人人都平等地具有享用賺來的物品的權利。在當時的馬州沒有階級上的對抗；也沒有尖銳的勞資對立情形。

逐漸地走上工業社會途徑的美國，當時的馬州，人口最爲聚集，也最會造成貧富的懸殊。有鑑於此，賀銳斯‧曼就強調透過普及教育來消除人民的貧窮。在他看來，就是人人有得吃、有得穿、有得住，倘若心中的無知，沒有除去，物質生活的豐盛，並不能代表一切已夠美好了。

「因此，遠勝過人類其他各種的設施，教育久是人類情境的偉大平等者；教育可以說是社會機構的平衡滑輪。」（註五三）

社會中的各個分子，可以藉由教育的作用，帶動了社會的流動。在民主而自由的社會中，教育可以使人力爭上游，爭取到較高的社會和經濟地位。這也是現在美國人所相信的，亦爲賀銳斯・曼早在十九世紀的美國所鼓吹的一項信念。

9. 體育：民族健康的維護之道　賀銳斯・曼並不完全着眼於個人的健康與強健，作爲體育的目標。體育的內涵在此就採取一較爲廣濶的意義而包括衞生保健、生活習慣、環境衞生及飲食衞生等項目。健康不僅是個人的，也需要擴大到民族的健康上。從健康的要求上，新鮮的空氣、整潔的環境，良好的衞生習慣等，都有助於人們平均壽命的延長及生活的美滿。

10. 抽象的文字，具體的實物，兩者必須符合　受到歐洲教育家裴斯泰洛齊的影響，賀銳斯・曼在兒童閱讀的教學上，已經注意到兒童學習文字時，對於文字所代表的事物，必須加以注意。他以爲當兒童面對鏡子或畫布時，他除了注意鏡子裏的形象和畫布上的圖象外，往往熱切地注意鏡子或畫布的後面，看看是否存在着具體的事物。這就充份地顯示了兒童在學習閱讀時，除了代表事物的文字及其認知外，更重要的是讓兒童接觸到用文字代表眞正的實物。如此，在學習上才能引起兒童的興趣，提昇學習的效果。

11. 最後介紹賀銳斯・曼在一八四六年第十次年度報告中的一段文字作為本部分的結束

「在此，下列三項主張，可作爲馬州公共學校體制廣泛而永久的基礎。

馬州一代一代的居民，集體地組成了一個偉大的民主共和國。此一共和國的特質卽在致力於其青年全體的教育，使青年得以免除貧窮及罪行，有能力適宜地履行社會和公民的責任。維護此一特質的是馬州公民。他們將對所付託者，忠誠地去執行此一神聖的義務；因爲掠奪和侵呑兒童的罪行，一如對現代人們所犯的罪行。」（註五四）

三、杜　威

杜威（John Dewey 1859–1952）出生在維蒙特（Vermont）州伯林頓(Burlington)城的1位雜貨商人家中。小時候杜威個性內向，但喜歡讀書，不擅於與異性朋友交往。當地中學畢業後，適逢維州大學在當地家鄉附近成立，杜威卽進入維蒙特大學繼續深造。大學卒業後，曾至賓州之油城（Oil City）一所學校任教。稍後返回家鄉一所學校授課。爲了滿足强烈的求知慾，杜威特於任教一段時期後，至約翰霍布斯金大學（Johns Hopkins）研究所研究。一八八四年終於以研究康德心理學的論文而獲致博士學位。研究期間，杜威曾至德國留學，蒐集論文資料。該年杜威卽任教於密西根大學（the University of Michigan）。至一八八八年，杜威轉至明尼蘇達大學（the University of Minnesota）擔任哲學教授。次年又回密西根大學任教。一八九四年出任支加哥大學哲學、心理、教育系系主任。期間並創立名噪一時的實驗小學。一九〇四年離開支加哥大學，受聘爲紐約哥倫比亞大學（Columbia University）哲學教授。在哥大授課時，結識東方學生，因而促成他講學東京帝大及我國的遠東之旅。杜威亦曾至蘇俄講學，並至土耳其協助教育之改革。杜威論著甚多，論文和書籍合計超過一千種以上(註五五)，其中較爲著名的計有：「學校與社會」一八九九年出版；「思維術」一九一〇年出版；「民本主義與教育」一九一六年出版；「哲學之重建」一九二〇年出版；「經驗與教育」一九三八年出版；「經驗與自然」一九二五年出版；「藝術卽經驗」一九三四年出版；「認識與所知」一九四九年出版，其中「民本主義與教育」是杜威教育思想最爲完整的一部鉅著。

在哲學派別的分類上，杜威是屬於實驗主義（Experimentalism）的哲學家。嚴格的說，這是從經驗主義而實用主義而實驗主義一脈相承的思想演進。杜威在敍述「美國實用主義的發展」（The Development of American Pragmatism）時提到「實用」一詞及其意義的來源，乃係出自德國哲學家康德（Kant 1724-1804）之「道德形上學」（The Metaphysics of Morals）中區分實用的（pragmatic）與實踐（practial）二詞。康德强調「實用」一詞其意乃以經驗爲基礎的藝能及技能之原則也。

美國哲學家皮爾斯（Charles Peirce 1839-1914）在「如何使吾人觀念清晰？」（How to Make Our Ideas Clear?）一文中，言及一位實用主義者（pragmatist），就是使命題或觀念實際應用在情境上。命題或觀念之有無意義，完全決定於該命題或觀念之應用性，此卽基本上觀念是和行動有所關連的。實用主義除皮爾斯之開創以外，詹姆斯（William James 1842-1910）的鼓吹，也是使實用主義普遍化的原因之一。詹姆斯是一位將實用方法應用到信仰、哲學、宗教及眞理的問題上者。及至杜威承襲了實用主義的哲學思想之後，更進一步使實用的思想方法，有了知識論的基礎。杜威重視知識的試驗性或實驗性。在他看來，知識的眞僞，必有賴於知識本身的試驗活動。知識的眞僞，因此就不是先驗性的而是後驗性的。另外杜威的思想，亦有名之爲工具主義（Instrumentalism），此即從知識被視作爲解決問題的工具或將知識當作更進一步求知的工具之意。

杜威的思想，其特色顯現於捨棄傳統哲學上的二元對立論，亦即他不主張「非此即彼」（either……or……）的觀點。傳統上，往往有許多觀念上的對立，例如：勞力與休閒；實用的與思想的；人與自然；個人與社會；身與心；精神與物質；善與惡；秩序與混亂；有限與無限；主體與客體等等，不一而足。杜威捨棄了從實體存有的觀念上，來探論這些觀念的對立。他採取繼續性的歷程以及個人與環境的繼續發生交互活動，來消除前述的對立性。就以個性來言，傳統上這是與社會性相對待的一個概念。個性並不是存在於一個空洞的環境裏。一個生物有機體，他是不時地與其周遭的環境發生交互的作用。因此，個性並不是先天而具有的性質，乃是在其環境當中，交互作用下所產生的一種結果。因而，個性的產生是在一個社會的環境中，而絕非在一個眞空的環境中。如此則個性和社會性是相輔相成的，絕非要此不要彼的一種關係。

從生物學的見地，每個人就是一個不休止的與環境交互作用的有機體。這種交互活動的終了，就是生命的終了。在有機體與環境的交互作用中，具有智慧的事，因爲可以從個人對環境的作爲和環境對個人作爲的反應施爲中，形成經驗，以謀求其交互作用的順適。

下面擬就杜威在教育思想上的主要見解，摘要提示如下：

1. 注重思想　在一個民主政治社會中的個人，必須是一個具有獨立思想與見解的個人。由於民主社會中，個人的意見得到了充分自由發表的機會，衆多雜陳的意見，需要個人縝密的分析與評斷，然後對所接觸到的意見才能有所定奪。思想可以使個人經驗中的智慧因素展現出來，亦可使其行動有了一定的方向。由於杜威確認思想乃一探究的歷程而認識結果則是其次的，故重要的是探究成了一種認知的過程和解決問題的工具了。

2. 強調經驗　經驗可以視之爲一試探的過程，具有試驗的意義。經驗亦可視之爲一主動的認知過程。鑑於個人不時地須與環境產生交互的活動，因認知而所獲致之經驗，並不是脫離開情境的產物，而是個人運用其智慧所開展的一個歷程。這是强調個人的認知乃參與了情境中的活動而非孤立於情境之外，僅作爲一個旁觀者之謂。由此而知，經驗是主動參與情境之活動而得來的。教育實乃是個人經驗繼續不斷改造、重組、生長的一個歷程。因此，教育不是將生長的經驗給予學生，而是令其在生長的歷程中，獲致經驗。由於經驗是個人在成長歷程中所獲致者，故教育歷程卽在提供受教育經驗生長的諸般條件。這種否定教育是給予個人經驗的說法，改變了教育的型態，促使學生主動地在教育歷程中獲致經驗而不是被動地接受經驗。

3. 教育卽生長　肯定了人是生物的一分子，再確認了人是和生存的環境，有着繼續不斷的交互活動在進行着，杜威認爲單從人的幼兒生長的觀點來看，人的幼兒最顯著的一個特徵就是無助性。其他動物的幼兒，獨立經營其生活的時間都很早，但是人的幼兒卽具有最長的依賴期。這種看似弱點，却是優點的依賴期長，幼兒的學習促使他具備了適應社會的各種能力。這就是生長的條件：**可塑性與未成熟性所使然。可塑性提供了個體適應環境的能力，未成熟性提供了個體生長的基礎。**

生長是生物的現象，而將生長應用在教育上則是類比的說明。教育上的生長乃是指定具有教育意義的經驗的成長。這並不是說任何型式的經驗，都具有教育上成長的意義；將教育上經驗的成長，限制在規範性的經驗範圍內，當可消除了不當的經驗成長，避免了對教育涵義的混淆。

4.教育即生活　有機體與其生存環境的交互活動，是無時無刻不在進行中的。每一時刻就是它生存的時刻，否則生存就沒有意義了。從這一點來看，個體在教育歷程中的各項主動活動就是活生生的成長，而且，每一時刻的成長，都是眞實的成長，絕無此時此地的成長乃是爲了彼時彼地的成長。因而杜威在其教育鉅著：「民本主義與教育」中極力反對英國斯賓塞（Herber Spencer）所主張的教育預備說，因爲教育的預備說，使教育與現實的個人生活脫節；使個人學習的動機爲之延宕；使教育的內容，忽略了社會生活經驗的提示。

教育即生活的警語，促使教育家反省教育的眞正意義，同時使得教育工作者對於流於形式化的，過份抽象化的教材，有了一些改正。這不能不說是由於杜威的教育即生活的見解，對進步主義教育實施影響的結果，具體地顯現在學校教育內容之走上了與生活經驗的結合。杜威在支加哥大學實驗小學就注重生活中之衣、食問題之探討以及藉由設計性活動來促使學生經驗之成長，落實在生活經驗之基礎上。

5.學校即社會　傳統教育實施上，認爲學校是孤立於社會之外的一個社會組織。學校祇提供了學習書本知識的機會而無視於學校與社會的關連性。杜威所主張的新教育，認識到社會整體的發展性而學校則爲社會中的一部分。學校不應再從教師與學生間的關係上來論究。學校必須從社會整體演進的角度來看學校。任何一個社會，都有它共同生活的目的、精神與努力的方向。在學校與社會關係緊密的社會中，學校的工作是不能撇開這些共同生活的目的、精神和努力的方向。學校如果不能隨着社會的演進而演進，則學校所扮演的角色，就祇僅限於提供書本的知識而已。

在杜威的鼓吹下，學校所提供的經驗已不限於知識一隅。學校的各項活動，對於社會生活所需要的合作、分工及扮演好領導者與被領導者的角色等特性，都具有陶冶的責任。學校已不僅是雛型的社會，積極的意義是更要帶動社會趨向於所欲的方向。

6. 實驗卽方法　杜威所主張的求知方法，偏重於知識獲取過程中的實驗方法。這是單純地從嘗試錯誤認知的方法中引申而來的。在野蠻人的認知活動上，他也經常使用實驗的活動，來辨別自然界的事物。不過，正如杜威所說的，野蠻人的實驗活動，多訴諸於運氣；運氣好，他實驗求證的活動就會有結果；如果運氣不好，他實驗求證的結果，就未必會有所收穫。然而，一位科學家所作的實驗求證，則不是如此。一位科學家的實驗活動是在受到科學家心目當中觀念的支使。實驗求證的活動是在思慮及可資利用的知識條件下作的活動。

杜威區分了知識和意見的差別。知識是經過驗證後的認知而意見則是未經查證亦沒有認知結果的論見，就如假設、理論、建議、猜測等。在沒有實驗求證之前，任何的假設、建議或猜測都是暫時的；都是需要進一步求證處理的。當然，這些論見是不等於知識的。知識的成立，有賴於實驗的方法。同時，一項實證性的認識是不是知識，亦唯有依賴於實驗方法始能確定。

7. 知識卽工具　知識乃是解決問題的工具，而且也是進一步求取知識的憑藉。任何知識都應視之爲暫時性的認知結果而不應視之爲絕對不變的認知結果。作爲一個具有高智慧的有機體，個人必須肆應他與環境交互活動中的各項難題。由於知識乃是個人與環境交互活動的產品，其與環境的關連乃是明顯的，因此知識不是溢出於人類認知範圍的經驗結果，而是與環境切合着的。

在進一步求取知識的過程中，先前所獲得的知識，可以視之爲求取新知的始點或基礎。在求取進一步知識的過程上，既有的，現成的知識，就被利用作爲獲得新知的工具了。既有的，現成的知識，可以被利用作爲新情境中，對新知判斷上的一種資料。在求知的過程中，既有的知識有助於發現新知的參考，或者有助於某項認知問題之解決。總之，知識的暫時性及工具性是杜威所强調的二個特點。這種知識的觀點使他趨向於實用的眞理說。

8. 心靈顯現在對環境中活動的控制　在討論到心靈觀時，杜威認爲傳統上人們認爲心靈是與外在環境脫離的，於是形成了二元論的觀點，一個是主體的心，一個是客體的外界：又有勞心和勞力、精神和物質、心智與實用、人與自然、個人與社會等的二分說。這種觀點顯然認爲心靈是與實際的活動，諸如：身體的器官、物質器具的操作以及自然的物體相分離。這種論點顯然也未能注意到心靈的作用乃是個人對環境中所涉及的活動加以控制之謂。由於心靈的活動，必然牽涉到環境中的事物及個體身體器官之活動，不能只視作爲個體心靈單獨的一項活動而已。心靈活動是與環境中的各項所涉及的器物有互相配合之意。一位駕駛小客車的人士，其心靈的作用，就展現在他如何有效地操縱該輛小客車，使之行駛平穩而正常。另外，一位厨師的心靈活動，乃是對其所涉及的周遭環境中的活動，運用的、控制的與支配的極爲順適，而一旦在遭遇到難題時，又能謀求解決之道。因此，心靈不是與外界事物相互隔絕的，而是與外界事物相互關連着的。傳統的二元論是不足以解釋心靈的活動。

9.教育哲學是教育的一般理論　哲學並不是哲學家建立起來的思想體系而已。哲學乃是運用思考去處理其所面對的來自社會生活的一些衝突問題。本乎此種信念，哲學的眞正意義，就在乎運用哲學的思考，來解決並處理社會生活的各項難題了。教育是經驗的重組歷程，也是社會維繫其存在的一項憑藉。既然如此，教育卽是社會生活的一項內容了。教育上的問題，如若運用哲學的思考而謀求問題的處理與解決，這就是教育哲學的應用了。教育活動和社會生活中的其他活動一樣，隨着社會生活的變動，不時會出現新的問題，新的困境需要教育人員謀求問題的解決。這種需要不斷的重組教育經驗，就落在教育哲學的使命上了。

10.教育的規準是民主社會的發展　在分析教育的眞正本質時，杜威心目當中的教育，乃是建立在民主社會發展的基礎上。在此一前提下，民主社會中的教育，必須是社會生活經驗的繼續不斷的重組，並增進個人的思考能力以指導此一涉及個人經驗重組的歷程。在民主社會中，教育是允許個人享有獨立思想的自由並維護社會的利益而不盲目地信託於社會階級的權威。另外，教育給予個人充分的機會，去發展其獨立的思考能力和特長，以便在衆說紛紜的爭論中，能夠運用個人的判斷能力，作出最好的選擇。

這位美國民主教育思想集大成的教育家，對於啓蒙運動以來傳統上的民智開放理想，篤信最深，秉持最力；而對於以教育達成民主社會建立之信念的實踐，則從不鬆弛。故其對民本教育思想發展之影響亦最大，則爲史家所共認。

四、克伯屈

曾經受業於杜威，可以說是杜威教育思想闡述甚力的一位民本教育思想家。氏曾任美國哥倫比亞大學師範學院資深教授。經由他的著作及教學，對杜威教育思想，作了最好的詮釋。具體的貢獻，除了傳揚民本主義的教育思想外，克伯屈可以說是設計教學法的創始者，也是活動課程的鼓吹者。

1. 克伯屈以爲教育實施的出發點是兒童。兒童乃是一位生長中、發展中的個體。教育的眞正用意，就是協助兒童作最好的生長。教育要使孩子們的生活豐富、生活得好、成長得好、以便兒童能有效地參與社會生活，成爲社會的一分子。

2. 教育的內容，來自設計性的課程，不過，教育的重心，不再以書本材料爲課程的中心。學生學習的內容，不再遠離生活的經驗。教育的內容，來自於實際的生活，其決定的方式是由師生共同建構，再由教師負責、學生決定，以期課程的內容，有助於學生從思考行動中獲得所需的學習。

3. 在社會快速的變遷下，教育的目標，不應拘泥於心智習慣的形成，因爲，社會快速變遷之下，認知已是一不斷的歷程。固定的、成型的認知結果，會與變遷的社會節奏脫離，因而，智性的思考，就顯得更爲重要了。

4. 學習的目標，在要求兒童面對他個人所遭遇的情境。因此，兒童個人的反應，就是他個人所作的反應，否則，兒童所面對的情境，不是他個人的實際情境而是學校爲他所設置的情境。處此情況下，兒童所處的情境，就是外在的、人爲的，而不是他個人所眞實感受和實際所需要的情境。在克伯屈看來，兒童的教育情境，最好就是他眞實生活經驗的情境。

5.兒童是在成長中的個體、他必須成爲社會所認可而具有價值的一分子。成長卽個人充分地、負責地成爲社會的一分子，使個人充分地具有社會的文化之謂。

6.克伯屈鼓吹杜威的教育卽生活的信念，因此，課程的中心就不再是書本了；不再是遠離生活經驗的課程了。學校課程的內容，不再是教什麼，就考什麼，而是要從經驗的參與中，獲得學習。因此，新課程的內容是與實際生存活動攸關，同時將思考的訓練與實際生活的問題相互結合。

7.另外，克伯屈的一些重要信念是：

(1)人民的生存是最重要的價值；

(2)良好的生活是人們主要的目的；

(3)道德是社會所必需；

(4)民主是選擇過的一種生活方式；

(5)最好將人視爲追求目標的有機體；

(6)人類事務具有變易性；

(7)心智自由之應用乃是人的資源；

(8)可能性提供了人們思考及行動的指導；

(9)意識經驗之能力及文明之體認，取決於由社會而形成的自我；

(10)人們需要建立起思考過的人生哲學。（註五七）

8.良好的生活是指民主的生活方式。克伯屈的教育理論，注意到個體實現其良好的生活時，必需具有良好的品德才行。什麼才算是良好的品德呢？克伯屈提示出良好品德有下列的一些特性：良好的品德是具有適應性的人格；具有實用的知識而能面對變化的人生情境；能先思而後行；能尊重別人的權利與情感；具有公民的責任感；與趣廣泛；個人的理想、標準及行爲的原則，具有人生哲學的基礎（註五八）。

9.克伯屈對於杜威的民本主義教育思想，發揮甚爲詳盡。在肯定了人類基本的生存目的之後，他以良好的生活，作爲人類活動的指針。民主式的生活方式，就是克伯屈所渴望的理想生活方式。在民主的社會中，個人才能眞正得到成長。因爲，只有在民主的社會中，個人才智的發展才能得到公平的待遇。在公正、自由、平等、互相尊重下，在個體積極參與民主社會生活的狀況下，教育就可爲民主社會生活之維護而盡其所能了。是故，教育實卽民主社會發展中的一項支柱。

五、波德

1.**民主是一種生活方式**　波德在提到民主一辭的意義時，深信民主並不是一個存在的概念而已。民主是現實社會生活的一種方式。民主的意義，需要不時的檢驗才行。波德强調西方人的民主傳統，其來有自而深具歷史的意義。不過，由於民主並未與實際的社會生活相結合，因而在歷史的變動下，竟淪爲純觀念性的辨析。自近代以來，美國人的民主思想，已與生活相結合，由於民主生活的不斷更新，也就更需要對傳統的信念、態度、加以重建，以期使民主的生活基礎，更爲紮實。因此，民主的生活，就是將自由平等、法治的信念與精神及民治的政府，貫徹執行於實際的社會生活之中。

2.民主的意義，已經隨着社會生活的變遷，而需要重新檢驗其意義了 同時，波德覺得民主意義的重行檢驗，有賴於對西方傳統信念和態度加以重建。這種重建的任務，就落在教育的身上。教育要使人們貫徹民主的精神於實際的生活上， 養成人們民主的生活方式。 依據波德的看法——民主的眞諦，就個人的角度來言，乃是使個人的心智獲得充分的自由。

3.波德在「民主卽生活的方式」（Democracy as a Way of Life 1950）一書中 對民主的意義，作了如下的解釋：

「個人成爲社會的一分子，他是自由而平等的具有權利；平等地享有社會所維持的生活方式，就像先前所說的，政府的主要作用，就是使此一安排，不致受到外界的干預。在政府的功能逐漸增强下，這些功能有可能威脅到個人的自由與平等。因此，政府必須以法律之前，人人平等的原則，來行使其權責。這就更顯得民主極爲重要了。」（註五九）

從以上所引的文句看來，波德不愧爲一自由主義的教育家。在堅信政府與個人之間，謀求適當的繇應關係下，個人的自由，才能得到適當的發展。在此情況下，法律卽個人自由的屏障。

4.學校是民主生活方式的一個場所 在傳統教育的窠臼下，學生在學校裏的主要活動，就是知識的攝取。這種誤認學校的功能，侷限在學習知識上，難免忽略了現代民主社會裏所要求於學校的任務乃是民主生活經驗的體認。因而，學校卽社會的縮影；學校不能與社會相隔離，而應成爲未成年者了解並經驗民主生活的一個場所。不僅要使學校眞正認識到民主的意義，更要使學生從學校裏的各項民主生活活動，經驗到眞實的民主生活。因此，學校就應儘量使學生自由地運用其心智，極力地參與學校的團體活動，恪遵學校生活的規範，培養自由發展的能力，並尊重個性的發展。

5. **教育既然肩負了民主意義檢驗的責任**　而且，學校教育的目的即在使個人的心智得到充分自由的運用，因而學校必須當作爲社會中具有民主意義的一個範例，不論是在學校的組織上，課程上及活動的程序上，都應本諸民主生活的原則加以實施。如此，學校和社會的關係是密切的、緊湊的、不至於有學校和社會隔離的現象。

6. **學校課程的內容，基本上不能脫離開學校周遭社會生活經驗的內容**　學校教育的實施即在將這些社會生活的經驗，予以組織起來，而學校教育實施上，必須兼顧到個體能力的發現與利用，以期加深個人在社會秩序中，成爲社會一子分的認識與能力。

〔註　釋〕

註一　Lesie Lipson: The Democratic Civilization New York Oxford University Press 1964 p. 7.

註二　同註一

註三　同註一 p. 22.

註四　同註一 pp. 28-29.

註　五　同註一 p. 33.

註　六　同註一 pp. 35-6.

註　七　Bertrand Russell: History of Western Philosophy The Southeast Asia Book Co., Inc., 1960 p. 649.

註　八　International Encyclopedia of Social Sciences, Edited by David L. Sills The Macmillan Company & The Free Press 1968. vol. 9. pp. 446-7.

註　九　同註八 pp. 567-8.

註一〇　同註七 p. 726.

註一一　The Fontana Dictionary of Modern Thought, Edited by Alan Bullock and Oliver Stallybrass Fontana/Collins Alan Ballock & Oliver Stallbrass 1977, pp. 160-1.

註一二　同註八 p. 115.

註一三　Saul K. Padover: The Meaning of Democracy, Frederick A. Praeger, Publishers NewYork 1964, pp. 79-90.

註一四　John Dewey: Democracy: and Education, The Free Press, New York, 1966, p. 87.

註一五　John Dewey: The Southern Illinois University Press 1977. v.10.

註一六　A. B. Saye & M. B. Pound: Principles of American Government, Prentice-Hall., Englecvood Cliffs, N. J. 1966, p. 28.

註一七　H. G. Warren etc, Our Democrary at Work, Prentice-Hall, Inc, Englewood Cliffs, N.

J. 1967, p. 6.

註一八 Boyd H. Bode: Democracy As a Way of Life, The Macmillan Company 1960, pp. 18-19.

註一九 同註一七 pp. 8-9.

註二〇 同註一四 見緒言

註二一 Frederick M. Binder: Education in the History of Western Civilization, Collier-Macmillan Canada, Ltd, Toronto, Ontario 1972, p. 280.

註二二 同註一四 p. 84.

註二三 R. Freeman Butts & Lawrence A. Cremin: A History of Education in American Culture Henry: Holt and Company New York 1953, p. 217.

註二四 John Dewey: The Middle Works, 1899-1924, vol. 3. the Southern Illinois University Press 1977, p. 239.

註二五 同註二三 p. 194.

註二六 The Republic and the School: Horace Mann On the Education of Free Men Edited by Lawrence A. Cremin Teachers College, Columbia University 1957, p. 58.

註二七 同註一四

註二八 John Dewey: Reconstruction in Philosophy, The Beacon Press Boston 1964, p. 54.

註二九 Van Cleve Morris: Philosophy and the American Shcool, Houghton Mifflin Company

Boston 1961, p. 212.

註三〇 同註一四 p. 6.

註三一 John Dewey: The School and Society, The University of Chicago Press, Chicago & London 1943, p. 29.

註三二 同註一四 p. 139.

註三三 同註一四 p. 76.

註三四 同註一四 p. 50.

註三五 同註一四 p. 76.

註三六 同註一四 p. 2.

註三七 同註一四 p. 51.

註三八 同註一四 pp. 104-7.

註三九 同註一四 pp. 107-9.

註四〇 John L. Childs: American Pragmatism and Education, Hery Holt and Company, New York 1956, p. 294.

註四一 William Heard Kilpatrick: Philosophy of Education, The Macmillan Company New York 1951, pp. 320-22.

註四二 同註四一

註四三 同註一四 p. 148.

註四四 同註一四 p. 163.

註四五 同註一四 p. 154.

註四六 同註四一 p. 307.

註四七 同註二九 p. 209.

註四八 同註二三 p. 190.

註四九 同註二一 p. 288.

註五〇 同註二六 p. 4.

註五一 同註二六 p. 35.

註五二 同註二六 p. 100.

註五三 同註二六 p. 87.

註五四 同註二六 pp. 77-8.

註五五 Paul Nash, Andreas M. Kazamias and Henry J. Perkinson: The Educated Man, John Wiley & Sons, Inc. New York 1965, p. 304.

註五六 同註一四 p. 338.

註五七 同註四一 pp. 421-3.

註五八 同註四一 p. 428.

註五九 同註一八 p. 37.

附錄：教育史研究的主題──博茲的論點

教育史的研究，在探求人類以往種種屬於教育性的活動；了解人類過去教育活動在整個人類社會活動中所佔的地位；同時，分辨教育活動之在人類文明建構的過程中，究竟擔任了何種角色？進而有助於人類之現在及其未來有關教育活動，與其他社會活動關係上的認識，以期使教育活動有助於其他社會活動之促進。因此，人類了解過去自身之所爲，不僅是對自身作一反省的了解，知悉何者狀況下，作了何種的抉擇？在何種抉擇下，又得到了何種的結果？而歷史的研究是有益於人類自身的反省。從反省中領悟於人類自身所作所爲，以繪畫出人類未來以及現今所應遵循的途徑來。歷史的研究倘若如此，則人類教育史之研究，就在一方面去了然於人類過去教育上的諸項活動，一方面就在利用對過去教育種種活動之經驗，以期刻劃出一個即將可以採行的方向來。是故，從教育史的研究上，現今及未來教育活動的發展，是可以奠立在一種歷史的基礎上。

然則，教育史之在人類整個社會文明的演進中，究應以何種觀點視之？教育史的撰述，又應以何種主題，作爲其陳述的依據？這些似乎都是値得加以探索的教育史課題。

在教育史家的研究當中，由於教育史家從考古學家及語言學家的研究成果中，獲益不淺，使得教育史的研究和考古學及人類學，以及社會學的研究，有所結合，有所謂科際的整合。教育史的研究，也就不再囿於自身偏蔽的一個狹小的範圍了。尤其是因爲文化上的任何創造與革新，都不認爲是一個孤立的事件，或單方面發展的結果，而應將之視爲整體社會文明發展下的一個產物。教育因爲是一個社會與文化交織下的結晶品，故在應用知識以爲解釋時，是不能侷限於教育現象的一隅，而應視之爲社會整體發展下的一個必然結果。這種新的體認，在解釋文明與社會的關係上，就顯得格外有意義，而特別能夠將某一類現象之了解，置諸於一個全盤的關係中。

查爾德（V. Gordon Childe）就曾以「文字」之在文明及教育的關係上，提出如下的見解：

「文字不僅代表了人類經驗傳遞的新工具及知識積聚的新方法，而且也表徵了一種新穎的社會經濟結構——城市。」（註一）

博玆（R. Freeman Butts）接着提出他個人的解釋：

「我想這裏的確存在着一種看法，即接受文字之發明是有着社會性的意義，因爲，完全成形而發展良好的文字，必須由專習文字者加以創造。此等專人必定在專爲文字的機構中，接受過正式的教育。」（註二）

是故，就歷史上史實的探究，正確性的解釋，是會有助於吾人對史實的了解。不過，在了解史實上，不能執意於單方面的解釋，必須從其相關性上去深入，進而發現相互的關聯性。以文字的產生爲例，社會上有了專習文字的人員，勢必顯示了社會已經進入了分工的狀態！連帶的必須有其他的專人去維護及支持這類專門研習文字的人，尤其是生活必需品的供應及勞役之提供爲然。

教育史根本上是一種應用歷史方法而研究的學科，因此一些歷史相關的概念及方法，亦可應用在人類教育經驗的研究上。往往歷史的研究，在方法上，會由研究者從其史識的了然上，提出一個適切的主題或旨意，作爲解釋過去某一歷史階段中的人類特殊活動。這種理論上，爲人類過去經驗，提供一中心意旨，對於人類的經驗活動，往往因時，空，事物，及其他因素，而表現出人類經驗活動內裏有一主導的因素。藉由此一主導的因素，而可以將相關性的活動，作一前後銜接，上下一貫性的串連。歷史演進中主題之提出，在歷史活動的體認上，是有其價值的。

博玆（R, Freeman Butts）這位當代西洋教育史上深具素養的美國學者，在其教育史的認識上，有着不少可以爲之介紹的論點。

博玆曾任美國哥倫比亞大學教育史教授，曾經先後出版了兩部西洋教育史，甚負名望。一九六五年起，即擔任哥大國際研究所的負責人。他一生致力於西洋及美國教育史之研究，使他深信人類教育的活動，在以往、在目前、甚至在未來，都會成爲人類文化及社會活動中的一個主要環節。教育之在往昔所肩負的任務，雖然與現在甚或未來所擔當的角色，會有差別，但是不可避免的，任何社會在企求其文化的延續與保存上，以及實現其文化的理想上，教育的重要性，將不容許有任何的懷疑。尤其是處在廿世紀的今天，許多社會或國家所遭遇的問題，在盤根錯節的關係中，是愈會顯得教育所具有的重要性。

博玆認爲人類歷史的演進，一般史學家會採取兩種不同的理論：一種認爲人類的歷史是有着循環性的。人類的歷史，就其文明的產生與發展而論，是有醞釀階段、成長階段、繁盛階段及衰退階段。

人類的歷史演進，就像自然中生物現象所具有的，有其初生的型態，亦有其生長、發達、達於成長巔峰的階段。在繁盛之後，必然是歸之於衰萎，而終至於消滅，另待次一社會，或文明的再起。在人類的歷史現象上，就像春、夏、秋、冬節氣的變化，是有其一定的發展階段；有其一定的發展次序，不容逾躐，亦不容變更。這種帶有決定論的歷史演進程序，無疑的對於處在文明巔峯的人們來說，一種難以避免的看法，就是人們不必再展望於未來了，因爲未來是一個必然來臨的毀滅。人們也不必眷念過去了，因爲，過去的繁盛，是未來毀滅的一種延伸。在循環的、上下起伏、有盛有衰的歷史演進中，人類的未來，就是過去演變型式的一種翻版。這種歷史演變的型式，並不是人類自身所能掌握住的。歷史所能昭示的，僅是這樣一種簡約的程式，自然會使得人類對於未來喪失了奮鬪的勇氣。一種悲觀的潛在意念，就像一個心中的陰影，左右了人類歷史的巨輪。人類處在這種歷史觀下，其絕望的心情，是非常的明顯。

博茲在其教育史的歷史觀上，是採取了十九世紀社會學、生物學以及人類學的一種見解。鑑於人類對於科學上的研究成果，逐漸地對於未來充滿了信心，故在社會學、人類學及歷史的新見解相繼提出後，一種進步的觀念，不僅在哲學思想上逐漸形成，而且就是對於人類的歷史觀，亦有了新的詮釋。人類的過去是在一種求新、求進步、求改良的希望下，推動了一切的活動。這種人類所追逐的日日新的理念，就成爲博茲用來解釋其教育是文明建構的主題了。

博茲認爲西方教育史的發展，應該採取所謂直線向上發展的歷史觀。歷史充分地展現了人類在其適應環境，創造環境活動中，綿延不絕的進展性。歷史過程中雖然就發展的盛衰上，可以找出一個顯著的型態，以成長，衰退爲之代表，但是歷史終究是一個歷程，具有繼續性的特徵，否則社會與文化發展就會失去了連貫的性質，而且，對於橫的，即社會與社會之間的關係，無法加以詮釋。採取一種直線的、向上的、求取進步的歷史觀，不但說明了人類過去，現在及未來之間的連貫性，而且社會相互之間的影響，亦得到了合理的說明。

博茲採取人類歷史是向上的，求進步的，跟他個人的背景極爲有關。因爲博茲提到他個人之得自社會的恩賜甚多，而這些社會所賜給的恩惠，實則上都是社會制度進步下的一個產物。社會分化下的制度，都是追求進步的一種表現，而社會之不斷改變其自身的各種制度，莫不是爲了求新，求進步信念的具體實現。

教育在人類的歷史舞臺上，曾經扮演過極其重要的角色。在現在以及未來人類事務的舞臺上，教育亦將扮演同樣的角色，甚或更爲重要的角色。教育在史前期及人類創有文明後的歷史階段，都是在使文明的生命能夠繼續發展下去，同時在新的社會環境下，賦予了教育更多的新任務。文明之從創有到保存，以至於文明的更迭，都擺脫不開教育的功效。教育與社會的成長，文化遺產的綿延，新文明的締造，都是息息相關的。歷史上的教育活動，不祇是被動的保存文化，而且更有其積極性的一面，開創新的文化領域。

文明的建構是博茲爲西洋教育史所擬定的一個歷史主題。博茲在其一九七三年所出版的「西方的教育」(The Education of the West)，刻劃了這樣一幅人類歷史演進的圖案。人類是經歷數百萬年的演化才漸漸地出現了具有智慧的「人」。祇是具有人形，但一切行爲多係動物的習性，在人類的文明歷史上，其所佔的時間，不知是有史期的人類所具有的時間的多少倍？這也就是說史前期的人類所存在的時期是難以估量的。現在人類所生存的文明期，僅是短短的幾千年而已！這些資料的應用，當然，教育家必須從人類學家、考古學家、種族學家等，所研究的成果上去求取。教育歷史學家，是不能單靠片面的材料，去整理出較爲正確的早期教育史來。博茲在這些方面，儘量採取人類學家及語言學家的考古發現，去概略地陳述人類早期的教育。

博茲在選詞方面也作了一些修正。以「文明人」與「野蠻人」二個對立的詞來說，在十八、十九世紀的西方世界，由於殖民政策之推展，往往有着一種白人自傲及自負的氣概，認爲白種人有一使命，就是將文明帶給野蠻人，以便開化原始社會（Primitive Societies）。科學與技術爲主所建構的西方文化，是需要白種人肩負此一使命，以將文明傳播開去。這是一種偏見的反映。實則由於人類學及社會學家的研究，文明與野蠻，開化與原始社會之間，僅是一種程度上的差別而已，並不是一種「有」與「無」的對比。各民族或社會，在其文明的進展上，有着先後而已！以白人爲中心的歷史觀是不切實際的！這些地方博茲都有所改正，所以在他的西方教育中，就不再採取這些具有歷史偏見的字眼，而採用較爲中性的字彙。

他採用了人類學家以食物獲取（food-gathering）及生產食物（food-producing）社會，來代表二種不同生活型態的人類。前者是一種到處獵取食物、覓食、與獵物搏鬥，從海中、河中、湖中、甚至地上所繁殖的植物處，逐一的找尋食物。食物純粹是來自於自然的所賜，人類不知如何應用其對自然的認識，以改良其生存的方式。當然，在這種生存的方式下，社會型態是簡單的，社會組織是極其有限的。而且所使用的工具，亦必定是簡陋的！在生產食物的社會裏，人羣定居在一處，不僅社會關係複雜了，就是社會的結構，亦較移動性的、流徙性的生活時期為複雜。這就是博玆在描述西方文明的發展上，所認為的第一期文明：

第一期文明是以鄉村式的社會為主（folk society）。有定居的社會生活。社會關係主要為親屬關係。正規學校教育尚未存在。大約相當於紀元前十萬年至紀元前五千年。

第二期文明是城市興起了之後，亦卽是傳統文明階段。從紀元前五千年以迄紀元後一千五百年左右。城市生活代表了社會的分化，政治制度的建立。社會的關係不再建立在親屬的關係上，而係建立在政治制度的隸屬上。正規的學校教育，是城市與起的一種必然結果。由於社會分工的緣故，專業的教育人員出現了，以迎合文字系統化後的人才需要。城市與文明是分不開的。這是强調文明的眞正意義，不僅僅是在物質上、工具上的發明，而實係整個社會發展的一個頂點。

第三期文明是指紀元後一千五百年至現在的工業化社會型態。知識的大量出現，不僅是有賴於工藝與科學，而且在知識的儲藏上，也有賴於科學及工藝。電子技術、電視、無線電的傳眞設施，普及的教育、社會高度的分化、使得人類在知識的獲取上，超過了任何一個時代。教育在這一個階段，從提高文化、促進文明、至實現國家理想，完成工藝之再創造，都為人類作了更多更多的貢獻！也許目前教育所擔當的使命，較之以往任何一時期都為重要（註三）。

教育活動是為人類締造文明，這是教育史料所顯示的一個正確意義，而為博玆所接受。博玆以文明的建構，來解釋人類各社會的教育活動，是不限於西方的，亦可應用在東方的歷史上。衡諸於一些史實的發現，對於博兹的說法，似乎可以加以謹慎的採信。其次，博兹個人對文明的進展，究係表現在何種特殊的因素上，他也有所分析。他以爲文明概括上有四個重要的因素：

「本章的任務，就是要討論教育在文明建構的角色。文明建構是一極其複雜的歷程，尙未能完全洞悉其全貌，不過至少對於文明演變歷程的各種因素，都已廣泛地同意了。我認爲文明歷程中的因素是：城市化、社會分化、政治制度化及文字知識。」（註四）

博兹所提的文明演進的四個基本要素，由於四者相互之間的關係，未能獲致確切的討論依據，所以博兹未便表明四者出現的先後順序，而且四者是否有着一些因果的關係，博兹亦未能明確指出。在博兹所著的西方教育一書中，其主要的論點卽在强調教育與文明中的任何一項因素，都是密切地連結在一起。顯然，教育之與文明的四個基本要素也是牢不可分的，相互影響的。

城市化可以認爲是人類另一文明誕生的一個開始。城市不只是人口集中在一起，社會關係密切起來，而且由於人口的集中，單純的親屬關係，就不足以維持社會之發展了。同時城市化的結果，使得依賴生產食物的農人爲之增加。因爲有些專業人員開始形成：諸如製造工具者、建築房舍者、衞護社會治安者等等。文字的發明雖然不完全是由於城市化，但可以想像的，城市生活需要系統性的文字，更需要研習文字的人，去整理、去修訂、去創新，以求文字的流通性與流廣性。

隨着社會的分化，社會組織增多了，個人擔負社會的角色，也隨之增多。個人確定的維生方式，也隨之確定。

社會團體的增加，專業化也就隨之提高了。一般教育家的認識，以爲文字的創造及城市化的生活，是設立學校的先決條件。因爲學校不僅是爲了培植文字的專業人員，也是使社會爲了實現其文明的更進一步的發展與提高，而設置的一個特殊機構。教育遂成爲社會的一個制度，深深地植基於社會與文化的活動中。

就政治的制度化而言，政治是爲了衆人的事務而設置的一種措施。在政治制度化下，政治事務之執行，有了專人，也有了專門的規章，約束政治上各個人相互間的關係。政治制度化後，教育不僅僅是爲了文化的傳遞與保存，是更爲了統整社會份子的思想。當然，這種政治和教育的相互結合，作大規模性的統整，在歷史上爲期甚晚。早期的政治措施之與教育相互結合，還是以培植使用文字的人才爲主，以便作文字符號溝通之需，貫徹政令而已。

從前面的介紹，可以了解到教育史的研究，需要確定一個能夠涵蓋人類全體教育活動的主體。主題之作用，就是在解釋人類教育現象，使之可以合理地被吾人接受，而不會有礙難之感受，或悖乎常理之譏諷。教育與文明的建立，發展與繁盛，是一個很恰當的論題。從這一主題的確立上，更可以確定教育之在未來文明的發展上，必將有更沉重的任務與責任。教育人員的使命，自然是不可以輕視的了。

〔註釋〕

註一 Butts, R. Freeman: The Education of the west 1973 P. 34.

註二　同上 P. 34.

註三　同上 P. 17.

註四　同上 P. 35.

國家圖書館出版品預行編目資料

現代教育思潮／徐宗林著.
--二版.一臺北市：五南,民79
面；　公分
ISBN 978-957-11-0168-2（平裝）
1.教育-哲學，原理
520.19　　　　　83006863

1147
現代教育思潮

作　　者 — 徐宗林
發 行 人 — 楊榮川
總 編 輯 — 龐君豪
主　　編 — 陳念祖
責任編輯 — 李敏華
出 版 者 — 五南圖書出版股份有限公司
地　　址：106台北市大安區和平東路二段339號4樓
電　　話：(02)2705-5066　傳　　真：(02)2706-6100
網　　址：http://www.wunan.com.tw
電子郵件：wunan@wunan.com.tw
劃撥帳號：01068953
戶　　名：五南圖書出版股份有限公司

台中市駐區辦公室/台中市中區中山路6號
電　　話：(04)2223-0891　傳　　真：(04)2223-3549
高雄市駐區辦公室/高雄市新興區中山一路290號
電　　話：(07)2358-702　傳　　真：(07)2350-236

法律顧問　元貞聯合法律事務所　張澤平律師

出版日期　1988年3月初版一刷
　　　　　1990年9月二版一刷
　　　　　2011年3月二版五刷
定　　價　新臺幣415元